“十二五”职业教育国家规划教材
经全国职业教育教材审定委员会审定

汽车及配件营销

（第4版）

曹红兵　主　编

王新伟　赵浩兴　蔡爱敏　副主编

電子工業出版社
Publishing House of Electronics Industry
北京 • BEIJING

内 容 简 介

本书是普通高等教育“十一五”国家级规划教材、“十二五”职业教育国家规划教材。

本书系统阐述了汽车及配件市场营销的基本知识和基本理论，全书共 14 章，主要内容包括：我国汽车市场、汽车市场营销环境分析、汽车市场营销战略、汽车市场细分与目标市场选择、汽车用户购买行为分析、汽车市场调查与预测、汽车产品营销策略、汽车价格营销策略、汽车分销渠道策略、汽车促销策略、汽车营销实务、汽车配件营销、汽车服务策略、汽车网络营销与电子商务。在每章内容后均有案例分析或相关内容文摘，以及分析与思考和课程实践项目。

本书既可作为高等学校汽车类专业的教学用书，又可作为汽车营销与售后服务行业的培训教材，还可供从事汽车营销与售后服务理论研究与实践的技术与管理人员阅读。

图书在版编目（CIP）数据

汽车及配件营销 / 曹红兵主编. —4 版. —北京：电子工业出版社，2014.8
“十二五”职业教育国家规划教材

ISBN 978-7-121-23929-8

Ⅰ. ①汽… Ⅱ. ①曹… Ⅲ. ①汽车—市场营销学—高等职业教育—教材②汽车—配件—市场营销学—高等职业教育—教材 Ⅳ. ①F766

中国版本图书馆 CIP 数据核字（2014）第 172851 号

策划编辑：程超群
责任编辑：郝黎明
印　　刷：北京京华虎彩印刷有限公司
装　　订：北京京华虎彩印刷有限公司
出版发行：电子工业出版社
　　　　　北京市海淀区万寿路 173 信箱　邮编　100036
开　　本：787×1 092　1/16　印张：18.75　字数：492 千字
版　　次：2005 年 5 月第 1 版
　　　　　2014 年 8 月第 4 版
印　　次：2017 年 9 月第 4 次印刷
定　　价：39.00 元

凡所购买电子工业出版社图书有缺损问题，请向购买书店调换。若书店售缺，请与本社发行部联系，联系及邮购电话：（010）88254888，88258888。

质量投诉请发邮件至 zlts@phei.com.cn，盗版侵权举报请发邮件至 dbqq@phei.com.cn。

本书咨询联系方式：（010）88254577，ccq@phei.com.cn。

第 4 版前言

随着国民经济持续、健康、快速的发展，以及国家将汽车工业作为国民经济支柱产业予以扶持，我国的汽车需求进入高速扩张时期，市场容量迅速扩大。2013 年，我国汽车产销量双双超过 2000 万辆，增速大幅提升，高于年初预计，并且再次刷新全球记录，已连续五年蝉联全球第一。预计，我国汽车工业在今后十年里仍将呈现一个快速增长的发展态势。

汽车与配件营销人员是较典型的应用型人才。在中国汽车消费市场长期被看好的同时，为了满足行业对人才的需求，目前，越来越多的高等学校开设了汽车营销或汽车营销相关专业。在此情况下，我们编写了《汽车及配件营销》一书。从 2005 年第 1 版至今，已是第 4 版修订，并成功入选“十一五”和“十二五”国家规划教材。

本书坚持以“必需、够用”为原则，注重内容的现实性、针对性和实践性，并具有一定的超前性，在结构和内容的安排上做到了理论与实践的较好结合。为便于学生学习本书内容、提高分析问题的能力，每章内容前均有本章学习目标与要求，每章内容后附有分析与思考和课程实践。为突出汽车营销实践技能的培养，扩展营销思维，开阔眼界，在每章内容后还附有案例分析或相关内容文摘。

本书可作为高等学校汽车类专业的教学用书，也可作为汽车营销与售后服务行业的培训教材，还可供从事汽车营销与售后服务理论研究与实践的技术与管理人员阅读。

本书是集体劳动的成果，由曹红兵任主编，王新伟、赵浩兴、蔡爱敏任副主编，其中第 1、2、4、5、7、9、11、12 章由曹红兵编写，第 13、14 章由王新伟编写，第 8、10 章由赵浩兴编写，第 3、6 章由蔡爱敏编写。在编写过程中，杨如顺、陈汉生等也对编写工作提出了宝贵的建议，提供了丰富的技术资料，在此向他们表示感谢。

在本书的编写过程中，编者参考了大量的国内外市场营销和汽车营销方面的书籍、论文等文献资料，在此，谨向原作者表示谢意。

由于编者水平有限，编写时间仓促，书中难免有不妥或错误之处，敬请读者及有关专家批评指正。

编　者

目 录

第 1 章 我国汽车市场

第 2 章 汽车市场营销环境分析

第 3 章 汽车市场营销战略

第 4 章 汽车市场细分与目标市场选择

第 5 章 汽车用户购买行为分析

第 6 章 汽车市场调查与预测

第 7 章 汽车产品营销策略

第 8 章　汽车价格营销策略

第 9 章　汽车分销渠道策略

第 10 章　汽车促销策略

第 11 章　汽车营销实务

第 12 章 汽车配件营销

第 13 章 汽车服务策略

第 14 章 汽车网络营销与电子商务

第 1 章　我国汽车市场

学习目标与要求

1. 了解汽车工业在国民经济中的地位与作用。
2. 掌握当前我国汽车市场的基本特点。
3. 了解我国汽车市场的发展趋势。
4. 掌握我国汽车市场的运行特征。

1.1　汽车工业在国民经济中的地位与作用

1.1.1　汽车工业在世界经济中的地位与作用

汽车工业在国民经济中地位极为重要，在国民经济和社会发展中发挥着重要作用。

在很多发达国家及发展中国家，汽车工业已成为一个非常重要的支柱产业，对世界经济的发展和社会进步产生了巨大的作用。发达国家在其工业化过程中，都伴随着汽车工业的高速发展，汽车工业的增长速度远超过国民经济和其他行业的增长速度。

所谓支柱产业是指产品市场广阔，在国民经济中具有辐射面广、关联度大、牵动力强的产业。由于它的启动和发展可以促进其他产业发展，甚至对国民经济的腾飞起直接的推动作用，进而可以提高一个国家的科技水平和综合国力。一般认为，支柱产业应具有以下特征：①产品市场广阔，对经济增长贡献度高，在国民经济中具有突出地位；②对其他产业波及效应大，牵动力强，能够大面积促进相关产业的发展；③有利于优化国民经济的产业结构，促进产业结构高级化；④能够创造大量的就业机会。汽车是世界上唯一兼有零件数以万件计、年产量以千万辆计、保有量以亿辆计、售价以万元计的综合性、高精度、大批量生产的工业产品，汽车工业完全具备支柱产业应具有的四个特征。

1. 汽车产品市场广阔，汽车工业对经济增长的贡献程度高，在国民经济中地位突出

世界发达国家汽车工业发展都与国民经济发展直接相关，并基本保持与国内生产总值（GDP）的同向增长。日本经济高速发展的 15 年间，国民生产总值增长了 6 倍，而汽车工业的产值却增长了 57 倍。汽车工业完成的工业增加值在其国内生产总值中的比例，西欧平均为 7%，日本在 10%以上，美国也超过 5%。因而，有人从数量上理解支柱产业完成的工业增加值占同期 GDP 的比例，应不小于 5%。

随着汽车业全球化发展，全球汽车业产值大幅度提高。目前，全球汽车工业年总产值在 15000 亿美元以上。这个数字表明，汽车工业是全球性创造产值巨大的产业。

美国《财富》杂志依据年度营业收入高低，对 2000—2007 年进入世界 500 强行列的汽车企业的情况进行排序，见表 1-1。

表 1-1　2000—2007 年《财富》杂志世界 500 强汽车企业情况

年份（年）	2000	2001	2002	2003	2004	2005	2006	2007
汽车企业第一位在 500 强排序	1	3	3	2	5	5	5	5
汽车企业进入 500 强户数	19	19	19	19	20	20	21	20
汽车企业 500 强排序位次中位数	63	99	112	87	82	76	80	86
汽车企业第一位营业收入（亿美元）	1766	1846	1773	1868	1953	1953	1926	2073

2012 年 7 月 9 日，《财富》杂志公布了 2012 年度世界 500 强企业排行榜，按 2011 年营业收入进行排名。整车和零部件企业占据其中 33 席（中国汽车企业为 5 席），各行业中仅次于银行的 54 席和炼油的 44 席。汽车企业中排在首位的仍然为日本丰田汽车，不过在总排名中由 2011 年的第 8 位跌至第 10 位，2011 年营业收入为 2353.640 亿美元。德国大众汽车仍然以 2215.505 亿美元营业收入居于汽车企业次席，总排名从 2011 年的第 13 位提高到第 12 位。美国通用汽车营业收入 1502.760 亿美元，保持了汽车企业前三甲地位，总排名也从第 20 位提高到第 19 位。汽车行业前 10 名均为跨国整车公司，第 4 到第 10 位分别是：戴姆勒股份公司、福特汽车公司、日产汽车公司、EXOR 集团（包含菲亚特汽车及菲亚特工业）、本田汽车、宝马汽车和标致汽车。零部件类企业中排名最高的是德国博世公司，2011 年营业收入 715.999 亿美元，在汽车行业中排名第 11 位，总排名从第 119 位升至第 110 位。

2013 年 7 月 8 日，美国《财富》杂志公布了 2013 年度世界 500 强企业排行榜，共有 32 家整车和零部件企业入围世界 500 强榜单中（中国汽车企业为 7 家）。排名前三位的分别是丰田汽车公司（排名总榜单第 8 位）、大众公司（排名总榜单第 9 位）以及通用汽车公司（排名总榜单第 22 位）。汽车零部件企业排名前三位的分别是博世公司（排名总榜单第 131 位）、电装公司（排名总榜单第 242 位）以及德国大陆集团（排名总榜单第 250 位）。

2. 汽车工业对其他产业波及效应大、牵动力强，能够大面积促进相关产业的发展

汽车工业是一个高投入、高产出、集群式发展的产业部门。汽车工业自身的投资、生产、研发、供应、销售、维修，前序的原材料、零部件、技术装备、物流，后序的油料、服务、报废回收、信贷、咨询、保险，直至广告、租赁、驾驶员培训、汽车运输、汽车救援、汽车美容、汽车运动、加油站、基础设施建设、汽车旅游、汽车旅馆、汽车影院、汽车餐厅等，构成了一个无与伦比的长链条、大规模的产业体系。

汽车产业链长、辐射面广、关联度高、就业面广、消费拉动大，与其相关的上游产业包括钢铁、有色金属、橡胶、玻璃、机械、化工、电子、石油等，其下游产业包括销售、维修、公路建设、交通、物流、保险理赔、汽车美容和旅游等。汽车工业的发展能带动钢铁、机械、电子、橡胶、玻璃、石化、建筑、服务等 150 多个相关产业的发展，汽车制造业对其他产业带动效应的直接相关度为 1∶2.4～1∶2.7。汽车消费的拉动作用范围大、层次多，是典型的波及效应（相关产业为汽车工业服务所形成的增加值）大的产业，波及效应是数倍于汽车工业本身的效益。以美国为例，汽车工业消费了美国 25%的钢材、60%的橡胶、33%的锌、17%的铝和 40%的石油；在商业领域，汽车经销商的收入占美国批发商的 17%和零售商业的 24%。可见，汽车行业的发展不但可以带动相关制造行业发展，还可强力拉动服务业，对经济的拉动作用巨大。

3．汽车工业科技创新和科技成果吸收能力强，有利于促进国民经济产业结构升级

汽车诞生 100 多年来，汽车制造技术的进步使得汽车的面貌日新月异，汽车工业变得日益强大和成熟。20 世纪 70 年代以后，汽车在安全、节能和环保方面又有了新的突破和进展。特别是电子技术与汽车技术的结合，使得汽车技术又有一个新的质的飞跃，汽车正在走向电子化、网络化、智能化、轻量化、能源多样化。同时，汽车的能耗、噪声和污染等公害日趋减少，安全性、经济性、舒适性、使用方便性日益提高。汽车科技是国家整体提高科技水平的领头羊，是国家创新工程的重要阵地。

汽车工业的发展，不断地对相关产业提出新的要求，促进相关产业的技术进步。例如，高性能燃料和润滑油、特种钢材和有色金属、子午线轮胎、工程塑料、夹层玻璃和钢化玻璃、汽车电子设备等，就大大推动了石油工业、冶金工业、橡胶工业、化学工业、玻璃工业、电子工业的技术进步。现代汽车科技涉及空气动力学、人机工程学、结构力学、机械工程学、热力学、流体力学、材料学、工业设计学等多个学科，它们紧密相连，相互依附、相互促进。

汽车工业还是带头应用最新技术成果的行业。新技术经过在汽车行业的试验、研究和完善，然后再推广和运用到其他工业。组合机床、自动生产线、柔性加工系统、机器人、全面质量管理等新技术、新工艺、新方法，都是在汽车工业最先得到推广和应用。汽车工业是消化吸收科技成果（尤其是高科技成果）最强的工业部门之一，如世界上 70%的机器人被应用于汽车工业，CAD/CAM 技术正被广泛用于汽车设计和生产，以电子产品为代表的一大批高科技产品在汽车上的装车率日益提高。机械、电子、化学、材料、光学等众多学科技术领域取得的成就都在汽车上得到了体现和应用。

汽车工业的发展，直接促进国家产业结构的升级。由于汽车工业的水平几乎代表着一个国家的制造业水平、工业化水平和科技水平，汽车科技及其相关科技对其他产业的辐射，直接促进有关产业的进步，特别是技术含量相对较高产业的发展，从而使得国家的产业结构不断走向高级化。产业结构的升级，提高了产业的国际竞争能力，必将导致国家出口产品结构的优化，形成以深加工、高附加值为主的出口结构。第二次世界大战后，汽车“国际贸易第一大商品”的地位从未被撼动。2006 年世界汽车产品贸易额突破万亿美元，其中，日本汽车出口连续 5 年实现增长，德国的汽车出口业是欧洲最大的对外经济贸易，一些发展中国家，如巴西、墨西哥、马来西亚，都把汽车作为出口创汇的重要手段。

4．汽车产业能够提供众多的就业机会

发展汽车工业是提供就业机会的有效途径，其就业机会不仅量大、面广，而且技术含量也高。有统计数字表明，汽车工业每提供 1 个就业岗位，上下游产业的就业人数是 10～15 个。目前，在几个主要汽车生产国和消费国中，汽车产业及相关产业提供的就业机会约占全国总就业机会的 10%～20%，尤其是汽车服务业的就业人数大幅度增长，就业比例明显提高。西欧的主要发达国家，全国平均每 6～7 个就业人员中就有一个是与汽车产业相关的。也就是说，汽车工业与相关产业的就业人口的比例高达

11%～14%。汽车工业为汽车发达国家提供了巨大就业机会。我国与日本、德国相比，汽车行业总就业人数相对较多。2005 年，我国汽车产业就业人数已达 4215 万人，占全国就业人数的 10%。有专家预测，到 2030 年将达 1 亿人以上。

1.1.2 汽车工业在我国国民经济中的地位与作用

1953 年 7 月 15 日，第一汽车制造厂在长春破土动工，我国的汽车工业从这里起步。1956 年 7 月 13 日第一汽车制造厂第一辆解放牌汽车下线，开始了我国的汽车工业。从 1953—1993 年的 40 年间，我国汽车工业经历了以计划经济为主的基本建设阶段（1953—1977 年）和由计划经济向市场经济过渡的快速发展阶段（1978—1993 年）。

汽车工业前 40 年的得失使我国政府意识到，要尽快把汽车工业建成国民经济的支柱产业，就必须尽快制定、颁布并实施稳定有力的综合政策，来改变投资分散、生产规模过小、产品落后的状况，增强企业开发实力，提高产品质量和技术装备水平，促进产业组织的合理化，实现经济规模。1994 年 2 月，国家计划委员会（现已更名为国家发展计划委员会）正式颁布了《汽车工业产业政策》，这是我国唯一正式颁布实施的行业产业政策。《汽车工业产业政策》出台，标志着我国汽车工业的发展进入了新的阶段。《汽车工业产业政策》响亮地提出：通过本产业政策的实施，国家汽车工业到 2010 年发展成为国民经济的支柱产业，并带动相关产业迅速发展。

自 1994 年《汽车工业产业政策》发布并执行以来，我国汽车工业有了长足发展，企业生产规模、汽车产销量、产品品种、技术水平、市场集中度均有显著提高。进入新世纪，国内外环境发生了深刻变化，我国汽车工业既有良好的发展机遇，又面临着严峻挑战，同时一些深层次的矛盾和问题也逐渐暴露出来。要促进汽车工业的健康发展，需要有一个具有创新性、前瞻性、科学性，并具有指导意义的产业政策。在此背景下，2004 年 6 月，经国务院批准，国家发展改革委正式颁布实施了《汽车产业发展政策》。《汽车产业发展政策》指出：通过本政策的实施，使我国汽车产业在 2010 年前发展成为国民经济的支柱产业，为实现全面建设小康社会的目标做出更大的贡献。

2009 年 3 月，为应对国际金融危机的影响，国务院办公厅公布了《汽车产业调整和振兴规划》（规划期为 2009—2011 年），《规划》再次指出：汽车产业是国民经济重要的支柱产业，产业链长、关联度高、就业面广、消费拉动大，在国民经济和社会发展中发挥着重要作用。

进入 21 世纪以来，从我国经济增长的实际情况看，我国汽车产量年均增长 20%以上，对世界汽车增长每年的贡献率达到近 50%。2000—2004 年，汽车工业每年新增产量所形成的增加值，平均占当年全部新增 GDP 的 11.6%，平均可带动当年 GDP 增长 1 个百分点以上，汽车工业的发展速度一直位居机械工业之首，也明显高于同期国民经济的发展速度。近几年来，我国汽车工业发展势头强劲，在国民经济中的地位不断提升。据国家发改委统计数据显示，到 2008 年，汽车工业总产值占 GDP 的比例已超过 8%，如果再加上对整个上下游行业的带动，汽车工业对国民经济的拉动作用远远超过 10%。据统计，2010 年，我国汽车产业实现工业总产值 4.34 万亿元，占国民经济总产值的 6.13%。汽车行业税收 9500 亿元，占全国税收的 13%。经测算，2011 年，我国汽车产业税收总计约为 8000 亿元，占全国税收收入的比重为 9%，比 2010 年提高约 1 个百分点。可以说，此时的汽车制造业已经真正成为了我国的支柱产业之一，不仅成为我国国民经济发展的重要组成部分，而且全面带动了国民经济的发展。据预测，汽车产业作为国民经济支柱产业的地位会越来越突出。

我国幅员辽阔、人口众多，物质生产和经济运转需要现代公路交通的强力支持。我国的现代化，必然要求交通方式和交通工具的现代化。我国正在致力于建设以快速列车、高速公路、立交桥、地铁、轻轨、空运、海运为组成内容，各种交通运输方式彼此协作、相互协调发展的现代化综合交通体系。由于汽车具有使用上的灵活性、快捷性、方便性、适应性和广泛性，现代公路交通已成为现代交通体系最重要的组成部分。随着百姓生活水准的提高，方便、快捷、舒适的公路交通也是满足人们出行的客观需要。在这样的国情和发展背景下，汽车在我国已经呈现出市场广阔、需求量大的特点，并且在未来较长时期内，这种需求趋势仍将维持下去，入世后我国汽车市场的快速增长便是最好的例证。同时，由于我国存在着大量剩余劳动力，就业矛盾突出，汽车产业对于多方面扩大就业途径，带动间接就业特别是服务业就业的增长，具有比其他国家更大的作用。这种作用，无论是其经济意义，还是其政治意义，都是不可低估的。

我国已明确将汽车工业列为国民经济的支柱产业予以扶植和发展，这种战略地位是我国经济社会发展和汽车产业自身的特点所决定的，这是保证我国经济持续、健康发展的重要举措之一。

1.2 我国汽车市场的特点与发展趋势

1.2.1 我国汽车市场的形成与发展

与西方国家在其商品经济发展过程中自然形成汽车市场的过程有所不同，我国的汽车市场是通过经济体制改革而形成的。按照市场机制（价格机制、供求机制和竞争机制）在汽车生产、流通和消费各环节的作用程度不同，我国汽车市场的形成过程大体可以分为如下三个阶段。

1．孕育阶段

从 1978 年宏观经济体制开始转轨，到 1984 年城市经济体制改革着手实施，这 7 年是我国汽车市场的孕育阶段。从汽车产品的流通看，这一阶段仍具有较浓厚的计划色彩。

1978 年，中共中央《关于加快工业发展若干问题的决定》指出：加强物资管理，要统一计划，统一调控。但中央对一部分计划外分配的国产汽车，允许各省、市、自治区自行安排分配。1981 年，国务院批准《关于工业品生产资料市场管理暂行规定》，规定各生产企业在完成国家计划前提下有权自销部分产品，企业自身利益开始得到承认，汽车产品流通也开始向市场化转变。但严格地说，这一阶段汽车产品分配仍属于国家计划控制之下，只是在管理方式和严格程度上有所改变。汽车产品的指令性计划由 1980 年的 92.7%下降到 1984 年的 58.3%，表明计划管理有了较大松动。由于在这一阶段，指令性计划对汽车的生产与流通仍占主导地位，企业自销与市场机制只是处于补充地位，计划体制没有根本改变，汽车市场尚未真正形成。

2．诞生阶段

从 1985 年以后，市场机制在汽车产品流通中的作用日益扩大，并逐步替代了传统的计划流通体制，汽车流通的双轨制向以市场为主的单轨制靠拢，市场机制开始成为汽车产品流通的主要机制。这一阶段的特点是正面触及旧体制的根基即计划分配体制，大步骤缩小指令性计划，大面积、深层次地引入市场机制，为形成汽车市场创造了条件。至 1988 年，国家指令性计划只占当年国产汽车产销量的 20%，1993 年进一步下降到 7%，并在一些中心城市建立了全国性的汽车交易市场、零部件市场、汽车自选市场等有形市场。

在这一阶段，由于市场机制对汽车生产、流通和使用的作用越来越大，并上升至主导地位。因而可以说，我国的汽车市场已经全面形成。

3．市场主体多元化成长阶段

这一阶段以 1994 年我国开始全面进入市场经济建设为标志，并持续至 2010 年或稍后一些时间。届时汽车工业基本建成国民经济支柱产业，在数量和品种结构方面，基本满足国内市场需要，市场主体将以私人消费为主导，从而使汽车市场转入私人消费主导阶段。

目前这个阶段的主要市场特点是：市场机制进一步被充分尊重，那些影响和制约汽车市场发育的不和谐因素将逐渐减少，甚至得以消除；市场需求的规模迅速扩大，市场需求主体由过去比较单一的公费购买，向公务需求、商务需求和私人需求转变，并且私人需求的份额逐步升至主导地位；进口汽车与国产汽车的竞争逐步加剧，从数量竞争到深层次竞争都更为明显。

1.2.2 我国汽车市场的基本特点

随着国民经济持续、健康、快速发展，以及国家将汽车工业作为国民经济支柱产业予以扶持，我国的汽车需求进入高速扩张时期，市场容量迅速扩大，需求结构迅速变化。我国汽车市场总体上呈现出以下特点。

1．汽车需求增长较快，拉动汽车产销量连创新高

我国自 20 世纪 50 年代中期开始生产汽车，至 1992 年汽车产销量首次突破百万辆大关，经历了 36 年的时间。从 100 万辆发展至 2000 年产销量超过 200 万辆，其间经历了 8 年的时间，而到 2002 年突破 300 万辆仅仅用了两年多时间。

2002 年被称为“我国汽车元年”，汽车产量达到 325 万辆，轿车产量逼近 110 万辆，涨幅高达 55%。2003 年，汽车产销量分别为 444.37 万辆和 439.08 万辆，比上年同期增长 35.20%和 34.21%。其中轿车共生产 201.89 万辆，同比增长 83.25%；销售 197.16 万辆，同比增长 75.28%，产销量分别比上年净增 92.81 万辆和 84.56 万辆。2004 年，我国汽车产销分别为 507.05 万辆和 507.11 万辆，比上年分别增长 14.11%和 15.50%。其中轿车产量为 231.63 万辆，增长 11.99%，销售 232.65 万辆，增长 15.17%。轿车所占比例接近 46%，比 3 年前提高了十几个百分点。

“十一五”期间，我国社会生产力和综合国力显著提高，2006—2010 年国内生产总值年均增长率达到 11.2%，城镇居民人均可支配收入和农村居民人均纯收入年均分别实际增长 9.7%和 8.9%。

2006 年，我国汽车产销分别为 727.97 万辆和 721.60 万辆，同比增长 27.32%和 25.13%，其中乘用车产销分别为 523.31 万辆和 517.60 万辆，同比增长 32.76%和 30.02%；商用车产销分别为 204.66 万辆和 204 万辆，同比增长 15.25%和 14.23%。这意味着，我国在 2006 年已经成为仅次于美国的全球第二大汽车消费市场。

2007 年，我国生产汽车 888.24 万辆，比上年净增 160.27 万辆，同比增长 22.02%；销售 879.15 万辆，比上年净增 157.60 万辆，同比增长 21.84%，均创历史新高。

2008 年，受国际金融危机、特大自然灾害及国Ⅲ排放标准实施等一系列因素影响，我国汽车产销呈现“前高后低”的走势。2008 年，汽车累计产销 934.51 万辆和 938.05 万辆，同比仅增长 5.21%和 6.70%，自 1999 年后增幅首次跌破 10%。其中，乘用车产销量分别达到 673.77 万辆和 675.56 万辆，同比增长 5.59%和 7.27%，增速同比分别回落 16.35 个百分点和 14.41 个百分点。尽管增速回落较快，但乘用车所占比重依然呈现稳定增长，分别占汽车产销总量的 72.10%和 72.02%，所占比重同比提高 0.26 个百分点和 0.39 个百分点。与乘用车相比，商用车 2008 年表现更为低迷，产销量分别为 260.74 万辆和 262.49 万辆，同比增长 4.24%和 5.25%，低于全行业 0.97 个百分点和 1.45 个百分点，增速同比回落 17.97 个百分点和 17.00 个百分点，占汽车产销总量的 27.90%和 27.98%，所占比重略低于 2007 年。

2009 年以来，在一系列汽车相关产业政策密集出台的拉动下，汽车行业产销呈现大幅度反弹。2009 年，汽车产销量分别达到 1379.10 万辆和 1364.48 万辆，同比增长 48.30%和 46.15%，分别超过 2008 年全年 444.60 万辆和 426.43 万辆，其中乘用车产销均超 1000 万辆，分别达到 1038.38 万辆和 1033.13 万辆，同比增长 54.11%和 52.93%，增速创历年最高。在乘用车品种中，

1.6 升以下乘用车表现尤为出色，累计销售 719.55 万辆，同比增长 71.30%，占乘用车销售总量的 69.70%，市场占有率为历年最高。此外，自主品牌乘用车稳居市场占有率第一，共销售 457.70 万辆，占乘用车销售总量的 44.30%，同比提高近 4 个百分点。商用车产销 340.72 万辆和 331.35 万辆，同比增长 33.02%和 28.39%，总体继续向好。

2010 年全年，我国汽车产销量刷新世界纪录，产量达到 1826 万辆（含商用车），同比增长 32.44%，销量达到 1806 万辆（含商用车），同比增长 32.37%，全年销量呈现出两头高中间低的形态。乘用车产销 1389.71 万辆和 1375.78 万辆，同比增长 33.83%和 33.17%，商用车产销分别为 436.76 万辆和 430.41 万辆，同比增长 28.19%和 29.90%。在乘用车品种中，基本型乘用车（轿车）市场继续保持较快增长，共销售 949.43 万辆，同比增长 27.05%，SUV 销售 132.60 万辆，同比增长 101.27%，MPV 销售 44.54 万辆，同比增长 78.92%，交叉型乘用车销售 249.21 万辆，同比增长 27.77%。2010 年购置税优惠政策力度有所减弱，1.6 升及以下车型市场份额开始下降，节能惠民产品补贴政策的实施，对该类车型市场份额回升起到了积极作用。自主品牌同比增长高于行业同比平均增长，市场份额有所提升。2010 年，乘用车自主品牌销售 627.30 万辆，同比增长 37.05%，占乘用车销售总量的 45.60%，比上年提高 1.30 个百分点。

2011 年是“十二五”的开局之年，2011 年全年国内生产总值为 471564 亿元，比上年增长 9.2%，城镇居民人均可支配收入和农村居民人均纯收入分别实际增长 14.1%和 17.9%。随着我国经济的快速增长和居民收入水平的持续提高，对汽车等商品的需求不断上升。

2011 年，由于国家宏观经济政策的调整、购置税优惠等有关促进政策的退出、部分城市汽车限购、日本地震以及行业自身所需调整的影响，汽车产销在持续了两年的高速增长后，全行业增速大幅回落，由 2010 年的高速增长转为平缓增长，汽车工业增速出现了罕见的跑输 GDP 现象。2011 年汽车产销分别为 1841.89 万辆和 1850.51 万辆，产销均超过上年。从增长率来看，产销分别增长 0.84%和 2.45%，比上年分别回落 31.60 和 29.92 个百分点，产销增速为 13 年来最低。其中，乘用车市场保持平稳增长，商用车市场下降较为明显。乘用车产销均超过 1400 万辆，分别完成 1448.53 万辆和 1447.24 万辆，同比分别增长 4.23%和 5.19%，同比增长率较 2010 年分别下降 29.6 和 28.0 个百分点；商用车全年产销分别完成 393.36 万辆和 403.27 万辆，同比分别下降 9.94%和 6.31%，同比增长率较 2010 年分别下降 38.1 和 36.2 个百分点。2011 年自主品牌乘用车共销售 611.22 万辆，同比下降 2.56%（扣除出口国内销量同比下降 5.42%），占乘用车销售总量 42.23%，占有率较上年同期下降 3.37 百分点。2012 年一季度，汽车产销 478.43 万辆和 479.27 万辆，同比下降 1.83%和 3.40%。2001—2011 年我国汽车销量及其增长情况如图 1-1 所示。

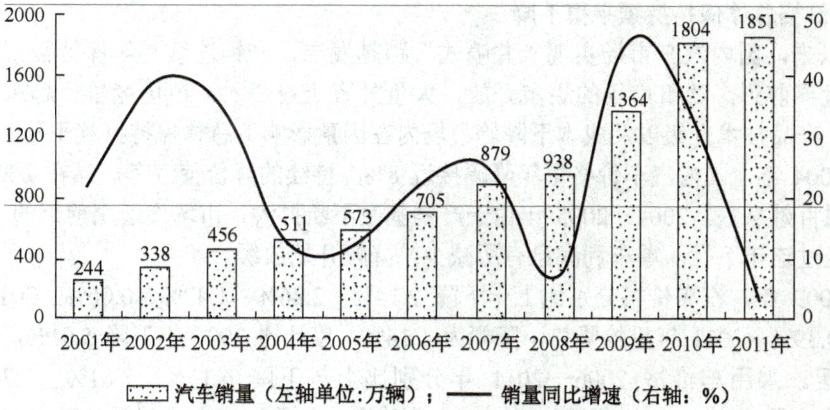

图 1-1　2001—2011 年我国汽车销量及其增长情况

2012 年，我国汽车市场继续保持平稳增长态势，全年累计产销超过 1900 万辆，又一次刷新全球历史纪录。2012 年，我国全年累计生产汽车 1927.18 万辆，同比增长 4.6%，销售汽车 1930.64 万辆，同比增长 4.3%，产销同比增长率较 2011 年分别提高了 3.8 和 1.8 个百分点。其中，乘用车产销 1552.37 万辆和 1549.52 万辆，同比分别增长 7.2%和 7.1%；商用车产销 374.81 万辆和 381.12 万辆，同比分别下降 4.7%和 5.5%。

为了衡量一个国家和地区汽车使用的广泛性和普及程度，学术界引入了“汽车密度”的概念，主要使用“千人汽车拥有量”指标，系指一个国家或地区每千人拥有的汽车数量（辆/千人）。这里，汽车拥有量又被称为汽车保有量，系指全社会拥有的可以上路行驶的各类汽车的总辆数。以 2007 年为例，截至该年底，我国的汽车保有量大约为 6000 万辆，千人汽车拥有量为 44 辆左右，但是美国达到 780 辆、欧盟 340 辆、日本 380 辆，世界平均水平为 110 辆。截至 2010 年末，我国汽车保有量为 7802 万辆，每千人汽车保有量仅为 58 辆，不及世界平均水平的一半。2011 年，我国平均千人汽车拥有量为 69 辆，接近 140 辆的世界平均水平的一半。即使达到世界平均普及程度，我国的汽车市场还有很大的增长潜力，尚有近亿辆的净增空间。换言之，按每年市场净增 1000 万辆，现有保有量中按每年 10%的更新需求计算，我国每年保持 1500～2000 万辆的需求，还可以维持 10 年以上的时间。事实上，由于汽车普及是个复杂过程，实际增长过程将远远超过 10 年，这表明我国汽车市场在今后一个较长时期内，仍然是一个市场趋于增长的阶段。

2．商用车和乘用车的产品结构向国际市场靠拢

轿车一直是我国汽车工业最薄弱的环节，我国现代化的轿车工业的建设始于 20 世纪 80 年代中后期。1986 年，我国轿车产销量不到 1 万辆，占汽车市场份额不足 3%。到 1993 年，轿车销量迅速提高到 22.5 万辆，占汽车市场份额的 16.7%。如上所述，2003 年，汽车产销量分别为 444.37 万辆和 439.08 万辆，其中轿车共生产 201.89 万辆，占汽车总产量的 45.4%，销售 197.16 万辆，是总销量的 44.9%。2007 年，乘用车产量 638.11 万辆，销量 629.25 万辆，分别占汽车总产量和总销量的比例为 71.84%和 71.57%。2009 年，国产汽车产销 1379.1 万辆和 1364.48 万辆，乘用车产销 1038.38 万辆和 1033.13 万辆，占汽车总产量的 75.3%、总销量的 75.7%。2010 年，我国汽车产销分别为 1826.47 万辆和 1806.19 万辆，乘用车产销分别为 1389.71 万辆和 1375.78 万辆，占汽车总产量的 76.1%、总销量的 76.2%。这个比例与国际汽车市场基本一致，如美国汽车市场上乘用车的比例为 73%左右，日本的这个比例在 76%左右，欧盟则在 90%左右。以轿车为主的乘用车需求（主要是私人消费需求）的迅速增加，已经成为推动我国汽车业及市场发展最活跃、最重要的力量。

3．汽车价格总体保持持续平稳下降

自入世以来，国内汽车市场实现“井喷式”跨越发展，产销连续几年保持百万辆增长速度，并快速跻身世界前列。随着市场的逐步开放，大量外资企业涌入，市场竞争日趋激烈，汽车价格在供给增加、产品技术升级以及成本下降等市场内在因素影响下总体保持持续平稳下降。

2001—2004 年，国内汽车价格每年降幅接近 8%，持续的降价使汽车产品在 2003 年前后开始快速步入普通百姓家庭。2004—2005 年由于产销基数不断扩大，市场增速由前期的 35%降至 15%以内，车价经过连年下行，单车利润已有所减少，降幅开始放缓。

2006—2009 年，汽车价格分别比上年下降 2.14%、2.86%、1.42%、0.06%，2010 年汽车价格比上年上涨 0.39%，2011 年重拾降势，降幅为 1.14%，累计比 2006 年下降 5.01%，降幅较入世之初已明显趋缓。乘用车价格 2006—2011 年分别比上年下降 4.11%、3.61%、1.74%、2.84%、1.64%、2.59%，累计比 2006 年下降 11.84%，不难看出，乘用车市场仍是拉动汽车价格整体走低的最主要动力，但降幅也较 2004 年以前有了较为明显减弱，年均下降幅度已降至 2%左右。

进入21世纪以来，我国汽车工业和价格总体呈现出“一升一降”的特点。一方面，在国民经济持续向好以及产业政策适度调整下，汽车市场取得了空前发展，年均增速基本保持在两位数以上，2009年在全球车市低迷的外部环境下，国内市场更是以超过40%的增速，首次超越美国位居世界第一；另一方面，汽车价格伴随着市场规模的不断扩大升级、竞争加剧，而基本呈持续单边走低态势，在经历了入世初期的快速下降后，近年来价格已逐步趋于稳定。

2012年全国汽车市场受上年市场低迷惯性作用影响，产销继续呈疲弱态势，价格持续走低。上半年国产汽车价格累计比上年底下降0.71%，其中，5月份环比下降0.53%，创2012年以来单月最大降幅，上半年各月平均价格比上年同期水平下降1.07个百分点。其中，乘用车仍为拉动价格下降的主要动力，1～6月份乘用车价格累计比上年底下降1.06%，月平均价格比上年同期下降1.63%。商用车价格总体稳中略降，上半年商用车价格累计比上年底下降0.30%，月平均价格比上年同期下降0.37%。

另外，2012年以来进口汽车降多涨少，价格持续走低。由于2011年下半年进口汽车持续热销，年底进口豪车一度排队加价，个别车型加价额达数十万元，使经销商赚取利润充盈。而2012年以来车市整体处于疲势，消费者消费心态趋弱，进口汽车降价促销成为经销商抢占市场份额的主要手段。上半年进口汽车价格累计比上年底下降0.83%，月平均价格比上年同期下降2.94%。其中，进口轿车价格累计比上年底下降1.87%，月平均价格比上年同期降幅达4.58%；进口越野车价格累计比上年底微涨0.19%，月平均价格比上年同期下降1.26%。

4．自主品牌获得长足发展，但自主开发能力仍然较弱①

长期以来，技术落后严重制约了自主品牌汽车的发展，随着国家调整汽车产业政策，鼓励与支持国内汽车企业进行自主研发能力和自主汽车品牌的建设，国内汽车生产企业加大了在研发能力方面的投入，自主品牌产品的技术水平日益提高，在国内市场的地位进一步提升。2005年以来，多家国内汽车生产企业先后推出了自己的发动机，中国汽车在技术研发上又前进了一步。具体来看，自主品牌的发展因领域不同而有所不同。在商用车领域，大部分产品系自主开发，市场基本由自主品牌占领，占有率达90%以上；在乘用车市场，国内自主品牌所占市场份额呈稳步增长趋势。

2010年乘用车自主品牌共销售627.30万辆，占乘用车销售总量的45.60%，比上年提高1.30个百分点。日系、德系、美系、韩系和法系分别销售268.84万辆、197.49万辆、141.21万辆、103.60万辆和37.34万辆，占乘用车销售总量的19.54%、14.36%、10.26%、7.53%和2.71%，与上年相比，日系、韩系占有率有所下降，德系、美系和法系呈一定增长。

2011年自主品牌乘用车共销售611.22万辆，同比下降2.56%（扣除出口国内销量同比下降5.42%），占乘用车销售总量42.23%，占有率较上年同期下降3.37百分点。自主品牌轿车共销售294.64万辆，同比增长0.46%，占轿车销售总量的29.11%，份额虽排各系首位，但比上年同期下降1.78百分点。增长下滑，份额下降，自主品牌形势严峻。从不同系乘用车增长情况看，德系、美系、韩系仍保持了两位数增长，德系增长达2成，法系、日系乘用车回落至一位数；从市场份额看，德系份额同比增加2.12个百分点，日系下降；从不同系轿车增长情况看，德系、美系仍保持了两位数增长，韩系、法系回落至8%，日系仅增长1.33%；从市场份额看，德系份额同比提高1.91个百分点，日系同比降低1.13个百分点，其余提高不到1个百分点。2007—2011年轿车品牌市场份额比较如图1-2所示。

① 注：乘用车涵盖了轿车、微型客车及不超过9座的轻型客车。乘用车下细分为基本型乘用车（轿车）、多功能车（MPV）、运动型多用途车（SUV）、专用乘用车和交叉型乘用车。

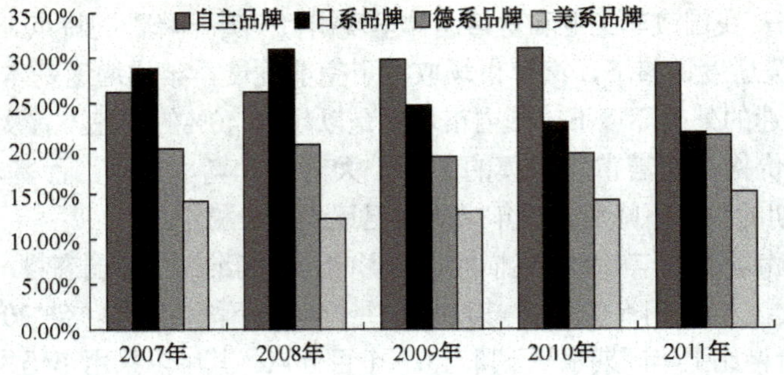

图 1-2　2007—2011 年轿车品牌市场份额比较

国家对汽车产业的政策基调正由“做大”变为“做强”，支持鼓励自主品牌汽车的发展，计划到 2015 年使自主品牌乘用车的市场份额达到 50%，其中自主品牌轿车的市场份额将达到 40%。

虽然我国自主汽车品牌取得了较快的发展，但国内汽车企业自主开发能力总体仍然较弱，主要依靠引进国外技术。在汽车工业整体利润受到挤压的大背景下，如果继续沿用技术引进和组装生产的模式，将影响企业的长远发展。

5．产业集中度稳步提升，合资汽车生产企业占据主导地位

目前，我国汽车市场初步形成了以四大（一汽集团、上汽集团、东风集团、长安集团）为第一梯队、十小（广汽集团、北汽集团、奇瑞汽车、比亚迪、华晨集团、江淮集团、吉利汽车、中国重汽、福汽集团、陕汽集团）为第二梯队的产业格局。据中国汽车工业协会统计，2010 年销量排前四位的企业集团共销售汽车 1271.01 万辆，占汽车销售总量的 70%。其中，乘用车共销售 1005.69 万辆，占乘用车销售总量的 73%；商用车销售 265.32 万辆，占商用车销售总量的 62%。2010 年销量前十家企业共销售汽车 1559.60 万辆，占汽车销售总量的 86.35%，同比微降 0.81 个百分点。

据中国汽车工业协会统计，2011 年，销量排名前十位的汽车生产企业依次是：上汽、东风、一汽、长安、北汽、广汽、奇瑞、华晨、江淮和长城，分别销售 396.60 万辆、305.86 万辆、260.14 万辆、200.85 万辆、152.63 万辆、74.04 万辆、64.17 万辆、56.68 万辆、49.48 万辆和 48.68 万辆（表 1-2）。与上年同期相比，比亚迪跌出前十名，长安、广汽和奇瑞有所下降，其他企业各有增长，其中长城增速最快，一举跃居第十名。2011 年，上述十家企业共销售 1609.13 万辆，占汽车销售总量的 87%。

表 1-2　2011 年国内主要汽车企业销售情况

排　名	企业名称	销量（万辆）	市场份额（%）
1	上汽集团	396.60	21.43
2	东风汽车	305.86	16.53
3	一汽集团	260.14	14.06
4	长安汽车	200.85	10.85
5	北汽控股	152.63	8.25
6	广汽集团	74.04	4.00
7	奇瑞汽车	64.17	3.47
8	华晨集团	56.68	3.06
9	江淮汽车集团	49.48	2.67
10	长城汽车	48.68	2.63
合计		1609.13	87

为应对经济调整的影响，国务院于2009年3月出台了汽车产业调整振兴规划细则，提出鼓励上汽集团、一汽集团、东风集团、长安汽车集团在全国范围内实行兼并重组，支持北汽集团、广汽集团、奇瑞汽车、中国重汽实施区域兼并重组。如中国航空工业集团在2009年将其持有的昌河汽车、哈飞汽车、东安动力、昌河铃木、东安三菱的股权划拨中国兵器装备集团旗下的长安汽车集团，中国兵器装备集团将旗下长安汽车集团23%的股权划拨中国航空工业集团。新长安汽车集团成立后，产品谱系更加完善，现有汽车产能突破200万辆/年。

同时，新出台的产业政策继续支持自主品牌汽车的发展，包括研发、技术进步等。但目前来看，自主品牌汽车的市场地位仍不及合资企业，尤其是在乘用车领域，包括大众、通用、丰田、福特、戴姆勒-克莱斯勒、日产、本田、标致雪铁龙、现代、菲亚特和宝马等10余家跨国汽车公司先后通过增资、重组和合资等方式进入我国，而且基本垄断了中高端汽车市场；包括奇瑞、吉利、华晨集团和比亚迪在内的自主品牌汽车只能以中低端市场为突破口，实现资本、技术和人力资源的积累，进而伺机达到扩张、壮大的目的。虽然自主品牌企业经过多年的发展，目前在市场中已具有一定的地位，但仍需在研发实力、技术水平、整车设计和配套以及品牌影响力上提高。

6. 汽车交易和消费行为趋于理性化

由于汽车消费的总体结构出现私人消费为主和汽车市场买方市场的全面形成，家庭、个人和私营企业购买比例不断增加，汽车消费行为趋于理性化。一方面，汽车厂商及其代表（如经销商等）必须正视消费者的需要，生产或提供适销对路的产品或服务，正确开展现代市场营销活动，提高经营水平；另一方面，消费者的消费心理日益成熟，已能够在购买时做出明智的分析和选择，冷静地对待购买、使用和消费环节，根据自己的需要选择厂家、品牌和价格等，以求最大限度地满足自己的需求。

7. 汽车市场环境和市场秩序逐渐规范

随着社会整体市场体系的健全和规范，汽车市场中相应的法律、法规也趋于逐步完善，除了市场通行的规则外，严格的汽车排放标准和产品认证制度正在全国范围内推行开来，国际上通行的召回制度也已实施，从非正当渠道流入市场的进口车数量大幅降低，这些举措净化了国内汽车市场的生产经营和消费环境。

1.2.3 我国汽车市场的发展趋势

2008年下半年一场突如其来的金融危机席卷全球，给北美、欧洲、日本等几大汽车市场带来沉重打击，美国三大汽车巨头在金融风暴冲击下轰然倒塌，依靠申请政府援助、破产保护、变卖资产、削减员工苦苦挣扎。日本丰田汽车公司全年本土销量下滑5%，降至215万辆，海外销量下滑4%，降至682万辆，被迫关闭部分工厂减少企业开支，维系运营。法国雷诺汽车2008年同样遭受重创，其在北非、罗马尼亚以及俄罗斯等新兴市场销量锐减41%，全球销量下滑超过4%。然而，中国汽车市场在金融危机突袭下却仍保持了近7%的增长，并成为全球最大汽车消费市场。

从世界汽车工业发展经验看，每次大的经济危机之后都会产生一些重大变革。20世纪70年代石油危机之后，日本丰田汽车以其独特的精益生产模式、安全高质的节能汽车产品快速跻身世界汽车强国之列，最终形成6大（通用［菲亚特-铃木-富士重工-五十铃集团］、福特［马自达-沃尔沃轿车集团］、戴姆勒-克莱斯勒［三菱集团］、丰田［大发-日野集团］、大众集团、雷诺［日产-三星集团］）3小（本田、标致-雪铁龙和宝马）的6+3汽车工业格局。此次由美国次级贷款引发的国际金融危机，使全球经济衰退，汽车市场大幅萎缩，车价下滑，众多企业运营艰难。2009年世界主要贸易国经济回升乏力，汽车工业整体表现低迷，除中国、印度以外世界主要市场销量比2008年下降约1500万辆，德国大众在华销量更超过其本土数量，全年中国汽车销量达1364万辆，占世界销量的22%，比2008年增长超过400万辆，同比增速高达46%，全球每销售4辆汽车就有一辆来自中国市场，中国、印度、俄罗斯等新兴汽车市场的快速崛起，使世界汽车工业格局在动荡中悄然改变，重心逐渐东移。

因此，汽车工业成为我国国民经济重要支柱产业，"十二五"期间国家继续鼓励扶持汽车生产、销售的宏观产业政策不会有所改变。预计未来5～10年，汽车消费需求仍将保持平稳增长势头。随着我国汽车产业快速发展、市场规模迅速扩大，我国汽车市场正呈现出行业竞争白热化、消费需求个性化、私车消费主流化和二手车规模扩大化四大发展趋势。

1. 行业竞争白热化

国民经济快速稳定发展推动了对汽车消费的持续需求，导致目前各大汽车生产企业产能快速扩张。2003年以来汽车行业的投资主要集中在轿车制造上，当年产能增量达到41.90万辆，其后新增产能不断放大，到2010年末，国内14家主要汽车生产企业的整车制造产能接近1600万辆。从公布的产能扩张计划来看，到2012年末这14家主要汽车企业的总产能将接近2000万辆。据不完全统计，到2015年底，我国前30家汽车企业（集团）的产能将达3124万辆，已经远远大于国家发改委预测的市场需求。未来2～3年，国内汽车行业的产能将继续上升，促使汽车市场竞争程度进一步加剧，而且长期来看，汽车消费也面临城市交通环境拥挤、能源价格持续走高以及汽车消费支持政策取消、部分大城市限制购车等多方面不利因素。而且，随着国内汽车生产企业设计和生产能力的提升，汽车新品上市频率加快。此外，汽车和汽车零部件的进口关税下降、人民币升值也刺激着进口汽车不断进入国内市场，汽车进口量由2001年约7.10万辆增至2011年的约100万辆，行业竞争日趋激烈。

2. 消费需求个性化

过去，消费者选择车型时比较注重经济实用。近几年来，随着市场竞争的日趋激烈，在售车型产品不断丰富，内外设计元素的差异将向更加细化的方向发展，以突出产品的个性特点。轿车消费的一个重大变化是进入了个性化、时尚化时代，购买大排量的SUV汽车的人越来越多，汽车改装的需求越来越多，年轻人追求轿车外形时尚化的趋势日益明显。轿车的消费距离原来最基本的功能——解决上班交通问题越来越远，汽车已成为张扬个性的工具。人们对各种汽车比赛趋之若鹜，消费者对轿车的评价也越来越重视其外观是否"酷"，中国人不仅终于接受了两厢轿车，而且对于最时尚的轿车很是追捧。为了满足消费者的多种需求，国内汽车厂家不断推出新车型，最近两年每年都超过100款，包括全新车型和改款车型。专家认为，新车型过多，导致单种车型年销量过低，并不利于提高企业的规模效益。

3. 私人消费主流化

自我国加入世界贸易组织后，我国汽车市场大举对外开放，带动了国内汽车产业的迅速发展。国家又出台了一系列鼓励轿车进入家庭的政策。长期以公车消费为主的轿车市场转变为以私人消费为主。我国汽车技术研究中心的一份研究报告指出，国内轿车消费中私人购买轿车比例从2001年的58%提高到2006年的77%。国家统计局发布的统计数据显示，截至2010年末，我国民用汽车保有量达到9086万辆（包括三轮汽车和低速货车1284万辆），比上年末增长19.3%，其中私人汽车保有量6539万辆，增长25.3%。民用轿车保有量4029万辆，增长28.4%，其中私人轿车3443万辆，增长32.2%。2011年末，我国民用汽车保有量达到10578万辆（包括三轮汽车和低速货车1228万辆），比上年末增长16.4%，其中私人汽车保有量7872万辆，增长20.4%。私人轿车保有量4322万辆，增长25.5%。有关专家指出，由于2011年国产轿车销售增幅仅在7%左右，但私人轿车保有量增幅却超过25%，由此可见，2011年轿车销售绝大多数皆为私人购买。2012年末，我国民用汽车保有量达到12089万辆（包括三轮汽车和低速货车1145万辆），比上年末增长14.3%，其中私人汽车保有量9309

万辆，增长 18.3%。民用轿车保有量 5989 万辆，增长 20.7%，其中私人轿车 5308 万辆，增长 22.8%。由此可以看出，私人购车已成为当今轿车市场消费的主流。

4．二手车规模扩大化

二手车市场是汽车市场的重要组成部分，在发达国家早已成为汽车销售的主流形式，其销售量往往数倍于新车销量。据统计，2000—2012 年，我国二手车交易量由 25.17 万辆上升到近 480 万辆，增长了近 20 倍，其中的 2011 年，堪称我国二手车市场元年，这年累计交易量达 433 万辆，同比增长 12.47%；累计交易额达到 2108.8 亿元，同比增长 18.56%。根据有关机构的预测，2013 年全国二手车成交量将接近 600 万～650 万辆的水平。然而，与欧美成熟市场相比，我国的二手车交易市场尚处在起步阶段。从国际平均水平来看，二手车在乘用车市场中已占到 57%的比例，明显高于新车的交易量，在美国、德国等成熟市场中，二手车的比例均高于 70%，而我国 2012 年的二手车交易量仅为 26%。这些数据表明，我国二手车市场还具有很大的发展空间，二手车市场潜力巨大。随着二手车车源的不断扩大和有车一族换车者增多，有专家认为我国汽车市场今年将步入“置换时代”。目前，人们对于二手车交易的观念正在形成，二手车交易市场模式开始被注入新的内涵，厂商主导的品牌认证二手车业务的优势也逐渐显现，独立二手车经销方兴未艾，二手车拍卖与网站交易服务平台日趋活跃，种种迹象表明：二手车业务将成为未来中国汽车行业发展的新亮点。商务部在 2011 年底发布的《关于促进汽车流通业“十二五”发展的指导意见》中提出，2015 年中国二手车交易量超过 1000 万辆，年均增长率达到 15%。目前，我国二手车交易量与新车销量之比已从 1∶6 上升至 1∶4，预计 2020 年，中国实现新车 4000 万辆交易规模时，二手车、新车销量比将达到 1∶1。

1.3 我国汽车市场的运行特征

1.3.1 我国轿车市场的运行特征

世界各国汽车市场的发展都表明，随着经济和汽车工业的发展，轿车必然进入人们的消费领域。

研究表明，随着人均国民收入的增加，轿车普及率（千人轿车拥有量）将按图 1-3 的规律变化。即在经济发展程度很低（$R<R_1$）时，轿车普及率也很低，这个阶段即为轿车普及前期；当经济发展到一定程度（$R_1<R<R_2$）时，轿车普及率呈缓慢增长态势，这个阶段即为缓慢普及期；随着经济的进一步发展（$R_2<R<R_3$），轿车开始以较快速度进入个人消费领域，普及率呈迅速上升态势，这个阶段即为快速普及期；当经济发展达到相当水平（$R>R_3$），轿车普及率较高时，普及率又呈缓慢增长态势，这个阶段称为轿车普及后期。进一步研究还表明，R_1 大体相当于普及型轿车价格的 1/3～1/2，R_2 大体相当于普及型轿车的价格，R_3 大体相当于高级轿车的价格。

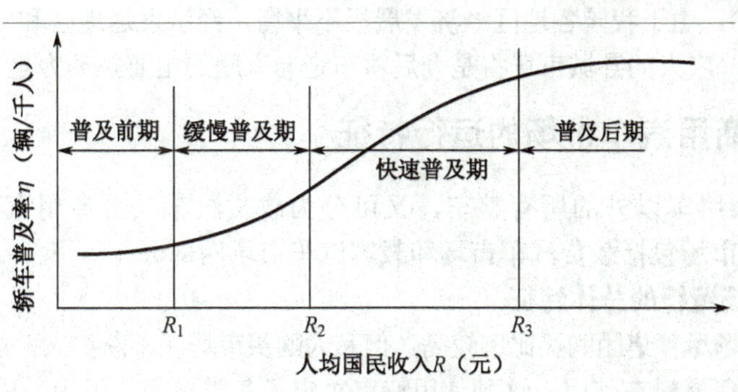

图 1-3 轿车普及率的变化

一方面，居民消费水平提高，轿车必然走进家庭消费领域，轿车普及率也将提高。另一方面，轿车也只有进入家庭消费领域，才能赢得广阔的市场，从而促进汽车工业的发展。多年来，我国依靠公费购车，依靠商用汽车，甚至仅依靠载货汽车，赢得的只是一个相对狭小的汽车市场，它不可能支撑强大的民族汽车工业。我国汽车工业过去发展慢的一个重要原因，就是有关部门曾经对轿车工业的地位，对轿车是否能够进入家庭持不同看法。这从反面说明了汽车市场，尤其是轿车市场的发展关键是轿车进入家庭消费领域。

纵观世界各个轿车普及程度高的国家，其轿车市场的发展一般都经历了导入期、成长期、成熟期等几个阶段。目前，在我国，轿车开始大量进入一部分先富裕起来的家庭，我国轿车市场基本步入成长期，具有以下主要特征：①轿车生产规模迅速扩大，产量保持快速增长，品种日渐增多，产品成本迅速下降，轿车工业体系基本形成，并逐步占据汽车工业主导地位。生产企业初步具备产品开发能力，但高科技成果的开发和应用尚显不足，产品在国际市场上的竞争力相对薄弱；②私人消费迅速增加并逐步占据市场主导地位，需求规模迅速扩大，需求波动幅度明显下降，保有量快速增长，轿车普及程度提高较快；③流通渠道多元化，市场机制逐渐占据主导地位，价格大体上按价值规律由供求关系调节，市场竞争日趋激烈。

为此，汽车生产企业应采取措施，提供多种可供广大消费者选择的车型品种，以满足不同层次的需求。特别是要提供适合广大工薪阶层能够消费的经济型轿车，因为只有轿车进入普通百姓家庭，而不只是进入少数富裕家庭，才更有实际意义，所以量大面广的经济型轿车应作为汽车企业的主导产品。

经济型轿车一般应具备如下两个条件：一是价格合理。对工薪阶层而言，价格是他们购车时的首要因素，家用轿车的价格必须与购买者的经济收入相称；二是满足“经济、实用、安全、可靠”的要求。“经济”系指家用轿车的使用必须是经济的，以免形成“买得起、用不起”的现象。这包括燃油费和保养、维修、保险、停车及其他税费等在内的使用费用应当是合理的。“实用”系指家用轿车必须具有的实用功能，能够满足个人购买者代步、旅游、运送行李、舒适及适合道路交通条件等要求。“安全”指家用轿车必须符合汽车安全法规要求，能够保证个人购买者的人身安全需要。“可靠”指家用轿车的可靠性和耐久性必须达到国家对轿车规定的质量标准，具有一定的使用寿命，有利于个人消费者节约维修、保养费用等。

有关研究还表明，发达国家经济型轿车在轿车市场的份额还表现出以下规律：在轿车普及初期，经济型轿车的销售比例增加，基本完成普及之后，经济型轿车的比例又趋于下降，而大型轿车比例增加（家庭轿车消费升级）。随着经济发展水平的进一步提高，许多家庭开始拥有两辆轿车，此时，经济型轿车的销售比例又开始增加。

由于目前我国私人轿车已经进入工薪收入较高的家庭（少数群体市场），接下来将主要进入普通工薪家庭（大量市场）。由于我国各地区经济发展极不平衡，经济发达地区和中心城市是现阶段私人汽车购买的主要市场，广大的县城市场将是今后轿车走向家庭的主要拉动力量。

1.3.2 我国商用汽车市场的运行特征

商用汽车系指乘用车以外的所有整车，又可分为载货汽车（含专用汽车）和载客汽车两大类。因而，商用汽车市场包括载货汽车市场和载客汽车市场两部分。

1. 商用汽车市场运行的总体特征

（1）商用汽车市场尽管集团购买比例较高，但私人购买市场在不断扩大。由于商用汽车主要是作为生产资料和集团消费资料在使用，这种使用特点决定了各类集团（组织）成为商用汽车的重要市场，集团组织市场在商用汽车的市场份额高于轿车的市场份额；同时，随着私人购买商用汽车从事客货运输的现象越来越多，私人购买也已经成为商用汽车市场的越来越重要的组成部分。

（2）商用汽车市场与国民经济运行息息相关。商用汽车主要从事客货运输，其市场需求与全社会运输需要紧密相关。众所周知，社会运输量的多少与国民经济运行情况息息相关，因而商用汽车市场的需求在相当大程度上取决于国民经济运行状况。

（3）商用汽车市场规模虽然在扩大，但在整体汽车市场中所占比例呈下降趋势。随着国民经济的发展，一方面，社会对商用车的需求稳步增加，商用车市场容量不断扩大；但另一方面，随着汽车市场内部结构的调整，轿车市场必将占据主导地位。因而，商用汽车市场的份额呈相对下降的趋势。

（4）柴油车在商用汽车市场上的占有率将逐渐提高。由于商用汽车用户对经济效益的追求，使得柴油汽车在商用汽车市场的比例日益提高，尤其是大型商用汽车几乎都实现柴油化。发达国家尤其如此，例如，西欧各国各类柴油载货汽车占载货汽车总销量的比例高达 90%，总质量在 4 吨以上的载货汽车柴油机化基本已达 100%，4 吨以下的载货汽车柴油机的装备率也超过 70%。

2．载货汽车市场运行特征

载货汽车市场系指普通载货汽车、越野载货汽车、自卸车、专用车和特种汽车，以及各类载货汽车底盘等汽车品种的市场总和，在我国汽车市场上占有重要地位。下面对重型、中型、轻型和微型载货汽车、专用汽车市场的特征分别予以讨论。

重型载货汽车市场包括装载质量不小于 8 吨的重型载货汽车及其各种变型车市场的总和。我国重型汽车市场的主要特点有：①重型汽车需求的主要影响因素有固定资产投资规模、经济增长速度、公路交通条件、企业微观经济效益及相关政策。随着我国基础产业和交通运输业的大力发展，特别是公路条件的改善和高速公路的建设，重型车特别是大吨位汽车的需求增长较快；燃油税的实施将对高技术性能的重型车辆需求促进较大，对车辆超载运输的抑制也会促进重型车的需求，集装箱货车等专用车的需求比例较大。②重型汽车的需求价格弹性较小，用户购车更注重产品的可靠性、维护成本等非价格因素。重型汽车属于一种大型生产资料，购买者十分注重其使用价值，因而对其价格波动的反应一般不太敏感，而对其性能、质量、维修、配件供应及交货期却非常关心，这些非价格因素是影响重型汽车购买者的首要因素。③专用汽车、特种汽车比例相对较高。由于重型汽车主要作为大吨位、远距离公路运输用车和作为专门机械使用，为了提高运输和作业的工作效率，装备专用、特殊装置的重型汽车的比例也就较高。参照国外经验，专用车占载货汽车市场需求量的 50%～70%。专用车是载货汽车市场需求潜在增长的产品，尤其是高性能的重型专用汽车。

中型汽车市场包括装载质量大于 3 吨而小于 8 吨的普通载货汽车及其各种变型车市场之总和。中型载货汽车曾经是我国汽车工业十分重要的产品，但随着重型汽车和轻型汽车的发展，中型汽车正面临越来越狭小的市场。相对重型汽车而言，中型汽车缺乏批量运输优势和远距离运输优势，因而也就没有经济效益优势；相对轻型汽车而言，中型汽车又缺乏机动灵活、货物批量运输适应广的优势。因此，20 世纪 90 年代中期以来，中型汽车的销售增长率不断下降，多年保持负增长，目前这个市场已经非常狭小。由于国际市场的中型汽车生产规模和供给量较小，我国的中型汽车在生产成本方面具有比较明显的优势，因而中型汽车市场应逐步转向国际市场。

轻型载货汽车市场系指装载质量在 1～3 吨的轻型载货汽车及其各种变型车市场之总和。我国轻型汽车市场的主要特点有：①轻型车具有价位低、灵活、方便等优点，能满足运程短、货运批量小、时间性强、出车频率高的用户需求，适用于社会各类企业单位，特别是第三产业的使用。这个特点也使得轻型汽车的市场规模较大。②由于轻型汽车购车者一般需自己解决购车资金，因而轻型汽车的需求价格弹性就较大。③轻型载货汽车在档次上将向高、低两档发展，高档车用于满足城市第三产业的需要，低档车则主要替代农用汽车。

微型载货汽车市场系指装载质量小于 1 吨的普通载货汽车及其各种变型车的市场总和。我国微型汽车市场的主要特点有：①微型车因为结构简单、机动灵活、穿街走巷、使用方便、价格便宜，特别适合于个体经营者、小型企业和零售商业部门使用，也适合改装为客、货两用车。②微型车因为产品价格不能太高，其排放性能和产品质量不可能非常好，部分中心城市为提高城市形象的需要，不断限制其使用，而农村道路条件不断在改善，因此微型车市场正在由中心城市向县乡等农村市场转移。农村市场为微型车的发展提供了广阔空间。③微型车排量小、节油的优势，将会使其成为因燃油税改革而受益的车型。

随着新兴行业的不断出现及发展，专用汽车在专门运输和专项作业中的优越性越来越明显，专用车市场正在逐步扩大。当前，我国专用车市场具有 3 大特点：①市场十分广阔。专用汽车广泛服务于国民经济的各个领域，在不同时期有着不同的热点。当国家加大基础设施建设投入时，自卸车和工程建筑专用车便成为热点；扩大内需加快了商品流通，商品运输使得厢式运输车市场升温；金融保险业加强对暴力抢劫犯罪的防范，防弹运钞车的需求便增长。从保有量上看，20 世纪 70～80 年代，主要发达国家的专用车保有量占载货汽车保有量的 50%左右，如今已增至 60%以上，而国内专用汽车的保有量仅占商用车 20%左右。同时，欧美经济发达国家历年的专用车产量占载货车总产量的比例均在 70%以上，国内目前仅为 40%左右。可以预见，专用车无论是年产销量和保有量，在货车中的比例都有很大的发展潜力。②生产、需求呈多品种、小批量特征。目前专用汽车已有 28 个种类 1553 个品种，由于各行业特点不同，各品种的需求量也就不同。厢式运输车、牵引半挂汽车、自卸车等需求量较大。在经济全面发展时期，专用汽车市场可以出现多个热点并存的局面，为生产企业提供广阔的发展空间。③我国在某些专用汽车品种上具有价格优势，部分产品具有国际竞争力。国内专用汽车主要品种，例如半挂车、冷藏车、混凝土泵车、高空作业车、部分油田用车和随车起重运输车等通过合资合作、引进技术或引进专用装置，其质量已接近或部分达到国外先进水平，价格上具有与国外产品竞争的能力。一些需求量较大的产品，如重中型自卸车、厢式车、罐式运输车和作业车等，有较稳定的国内外市场。

载货汽车市场的未来发展将具有以下特点：①今后一定时期内，商用汽车将面临良好的发展机遇。例如，大中型企业经济效益明显提高，民营企业、私营企业迅猛发展，村镇经济和第三产业进一步增长，公路建设飞速发展，旅游业蒸蒸日上，农村城镇化趋势加快，西部大开发及加入世贸组织所带来的出口机遇等，这一切都将促进汽车需求增长，使商用汽车市场面临新的机遇。②商用汽车仍将是我国汽车市场的重要组成部分，其市场需求趋于平稳增长。在国家宏观经济平稳增长的支撑下，我国商用车市场将保持平稳增长。③载货汽车市场将出现重大的结构变化：其一是向重型、轻型载货汽车两头发展，中型载货汽车产销量将继续减少；其二是部分轻、微型载货汽车向农村市场拓展，取代农用运输车；其三是产品向重型化、柴油化、高技术化、专用化方向发展，载货汽车高档化，以满足大中型生产企业、城市运输企业和高等级公路货运的需求。④专用汽车及改装汽车市场将出现较快的增长。例如，集装箱专用汽车、中小型厢式专用汽车、罐式汽车、各种车辆运输车及能够适应现代物流产业需要的各种车辆，都将会得到较大发展。

3．客车市场运行特征

客车如按车身长度划分，可以分为大型、中型、轻型和微型客车。客车市场就是这些客车及其各种变型车的市场总和。

大、中型客车按用途可分城市客车（市区公共汽车和郊区短途客车）、公路客车、旅游客车、团体客车及特种客车五类。大、中型客车的需求以各类经济、社会集团为主，各类集团对大、中型客车的档次需求相差较大，因而大、中型客车市场是一个高、中、低档客车并存的市场。

城市客车拥有量虽不是很大，但是其利用率很高，是公交系统的主体。目前，我国城市客车市场结构比较单一，主要是一些车速低、装备水平不高的低档次车辆，但其发展方向是大型化、柴油化、低地板化和高档化。公路客车市场基本上可分为两类，即长途客车市场和农村短途客车市场。其中，长途客车市场是大、中型客车的需求市场，短途客车市场是轻微型客车的需求市场，这是由于客流及运输成本特性决定的。旅游出租客车市场是中、高档客车的需求市场，它要求客车必须装备效果良好的空调、具有比较舒适的座椅、大玻璃车窗、高地板、方便的行李舱、优美的外观造型、密封隔声效果好等。随着旅游事业的发展，这一市场将保持较快的增长。团体客车是指用于载运公务和载运职工上下班的自备客车，目前，由于受到企业事业单位后勤剥离，部分团体客车被剥离出来加入社会营运，团体客车的职能部分地被轿车、出租车和公共汽车取代等因素的影响，这一市场对客车的需求暂时不太大，但预计未来将呈缓慢增长的局面。

轻型、微型客车具有载客量适中、机动灵活、实用性强、价格相对便宜，适合多人次、高频度和点多分散的客运特点。同时，该类车型经过适当变型，可为公安、医疗、环境监测、科研、消防、商业、邮电等部门提供各种专用车辆。此外，因价格优势，微型客车及轻型、微型客货两用车对众多的城镇中小型企业等基层组织来说，是填补轿车需求最理想的替代产品。微型客车也被广泛用作中小城市出租汽车，不仅有利于购车者尽快回收购车资金，也有利于降低出租运输价格，带来良好的社会效益。轻型、微型客车以上诸多优势，使得其占据了客车市场的主体地位，其市场份额一般在70%以上。

近年来，轻型、微型客车在公路营运（特别是短途公路客运）用车中的比例趋于上升，成为补充和衔接长途客运的主要交通工具。此外，由于轿车价位高、税费多，又充当不了生产资料，而微型客车省油、价廉、客货两用、体积小、灵活，使个体业主和私营企业主转向购买微型客车，这类用户的快速增长，使得微型团体客车的保有量和需求量的比例将有较大的增长。

1.3.3 我国二手车市场的运行特征

二手车，是指从办理完注册登记手续到达到国家强制报废标准之前进行交易并转移所有权的汽车（包括三轮汽车、低速载货汽车，即原农用运输车）、挂车和摩托车。由此可知，法律意义上的二手车定义包括各种旧机动车上市交易的前提、条件和对象三层含意，这三层含意完整统一，不可分割。

我国二手车市场的出现始于20世纪80年代国家改革开放之后。1985—1992年，国家经济体制由计划经济向有计划商品经济过渡，二手车交易呈缓慢上升趋势。1992年，中央决定建立社会主义市场经济体制，经济的多元化发展加快，私人购车市场迅速增加，国有企业、事业单位和机关富余车辆大量流动，二手车的交易量大幅增加，二手车交易市场发展迅速。其中一些城市还形成了个别的初具一定规模、功能较为齐全、管理较为先进、在社会上有一定影响的二手车市场（交易场所）。近年来，我国二手车市场伴随着国内汽车工业的迅速发展和汽车保有量的快速增加获得了快速发展，交易量与交易额均大幅度攀升。纵观我国二手车市场发展过程及近年的一些变化态势，主要呈现以下特点。

（1）二手车交易总量增长速度快，发展潜力巨大。随着近几年我国新车市场的火爆，二手车交易也随之兴旺。尽管我国二手车销量多年来都一直呈现两位数的增长态势，但由于起点基数小，使得我国二手车的年销量目前还不到新车年销量的1/3。根据发达国家汽车市场中二手车与新车销量比例来看，我国二手车市场还有很大的发展空间；同时，随着经济的发展及新车技术的不断进步，车主换车的频率将会相应增大，这将给我国二手车市场带来发展机遇。

（2）二手车地域性发展突出。在我国，二手车市场还凸显出地域性发展的特点，经济越发达地区，二手车交易量越大；经济较为落后的地区，二手车的成交量远不如经济发达地区。以深圳与武汉地区为例，深圳作为我国改革开放的一线城市，拥有其特有的经济优势与地理优势，是国内发达地区之一，其二手车交易明显高于中部城市武汉，而且交易方式更为多样化，各项交易活动也更为制度化。

（3）二手车经营模式正在发生转变。当前我国二手车市场经营模式出现了一些新的变化，最显著的就是二手车经营主体出现了由单一模式向多元化的转变。在我国二手车交易行业发展初期，其交易方式主要为单一的车贩子与购车人之间的交易，此种方式具有多方面的局限性。如今，在已形成的二手车交易市场、二手车经营公司、二手车品牌经营公司和二手车经纪公司等多元化经营主体的同时，出现了二手车拍卖、置换、连锁经营等新型营销模式，二手车市场交易模式呈现向多元化方向发展的局面。

目前，我国二手车市场正处于快速发展时期，在快速发展过程中也难免出现一些问题，如二手车市场规模小、对国内汽车工业发展未能起到明显的支撑作用，二手车交易体制不成熟、交易不规范，二手车信息不对称、鉴定评估缺乏科学统一的标准，二手车交易形式相对落后、售后服务体系不完善，等等，这些问题在一定程度上制约了我国二手车市场的健康发展。从总体上看，我国二手车市场尚处于发展的起步阶段，二手车市场还不完善，其功能和作用未得到充分发挥，尚需要扶植和发展。

【文摘1.1】

2011年中国汽车产销量再次刷新全球历史纪录

网易财经 1 月 20 日讯　工业和信息化部于今日发布《2011 年中国汽车工业经济运行情况公告》。公告显示，2011 年，我国汽车市场实现了平稳增长，汽车产销量双超 1840 万辆，再次刷新全球历史纪录。节能与新能源汽车积极推进，产业集中度进一步提高。出口高速增长，汽车产业结构进一步优化。

一、汽车产销量双超1840万辆

2011 年，我国汽车市场呈现平稳增长态势，产销量月月超过 120 万辆，平均每月产销突破 150 万辆，全年汽车销售超过1850万辆，再次刷新全球历史纪录。

据中国汽车工业协会统计，我国2011年累计生产汽车1841.89万辆，同比增长0.8%，销售汽车1850.51万辆，同比增长2.5%，产销同比增长率较2010年分别下降了31.6和29.9个百分点。其中，乘用车市场保持平稳增长，商用车市场下降较为明显。2011 年，乘用车产销分别完成 1448.53 万辆和 1447.24 万辆，同比分别增长4.2%和5.2%，同比增长率较2010年分别下降29.6和28.0个百分点；商用车产销分别完成393.36万辆和403.27万辆，同比分别下降10.0%和6.3%，同比增长率较2010年分别下降38.1和36.2个百分点。

2011年12月，全国汽车生产169.20万辆，同比下降9.3%；汽车销量168.92万辆，同比增长1.4%。其中，乘用车生产 136.42 万辆，同比下降 5.6%，销售 136.89 万辆，同比增长 4.6%；商用车产销分别为 32.78万辆和32.07万辆，同比分别下降21.9%和10.4%。

2011年1～4季度，我国汽车销量同比增长分别为8.2%、-0.8%、4.4%和-0.7%。

二、1.6升及以下排量乘用车市场平稳发展

2011 年，在节能汽车推广政策的作用下，1.6 升及以下排量乘用车市场保持平稳发展。1.6 升及以下排量乘用车全年累计销售 983.93 万辆，同比增长 4.0%；占汽车销售市场的 53.2%，汽车市场占有率较 2010 年增长0.8个百分点。

三、乘用车自主品牌市场份额略有下降

2011 年，由于汽车下乡、小排量乘用车购置税减征等刺激政策的退市，交叉型乘用车销量同比下降9.4%，回落明显。受此影响，2011 年，自主品牌乘用车销售 611.22 万辆，同比下降 2.6%，占乘用车销售市场的 42.2%，市场份额同比下降 3.4 个百分点。其中，自主品牌轿车销售 294.64 万辆，占轿车市场的 29.1%，市场份额同比下降 1.8 个百分点，较排名第二的日系车高出 7.5 个百分点。

四、节能汽车推广政策成效显著

2010 年 6 月，节能汽车推广政策开始实施。至 2011 年 9 月，1.6 升及以下排量节能汽车车型由推广前的 101 个增加到 427 个，14 个月共生产 433 万辆。

2011 年 10 月，节能汽车推广政策调整，将节能汽车推广标准提高了 8%，推广车型综合工况燃料消耗量从百公里平均 6.9 升调整为 6.3 升。节能汽车推广政策对节能技术的持续进步发挥了积极的推动作用，汽车产品升级换代提速。2011 年 10～12 月，节能汽车推广车型快速发展，产量逐月攀升，列入《第七批节能汽车推广目录》的 49 个车型共生产 25.55 万辆。

2011 年，节能汽车推广专项核查制度建立，为政策有效实施提供了保障。组织了两次全国性的汽车燃料消耗量专项核查行动，在市场抽取了 148 辆样车进行油耗检测，发布了两批《节能汽车推广专项核查检测结果公告》。

五、汽车节能管理体系进一步完善

2011 年，我国已建立了较为完善的乘用车产品节能管理体系。从汽车燃料消耗量检测方法、限值、标识等国家标准到汽车燃料消耗量公示制度、汽车燃料消耗量抽样核查制度，以及与燃料消耗量挂钩的节能汽车推广、节能与新能源汽车车船税减免等财税政策，都已建立并实施。

2011 年，工业和信息化部建立了“中国汽车燃料消耗量网站”，进一步完善了汽车燃料消耗量公示制度。2011 年，工业和信息化部发布了 12 批《轻型汽车燃料消耗量通告》，累计发布 127 家企业、3912 条轻型汽车燃料消耗量数据。在中国境内市场上销售的所有轻型汽车（包括进口轻型汽车）燃料消耗量情况都可通过“中国汽车燃料消耗量网站”查询、对比。

2011 年 12 月，《乘用车燃料消耗量评价方法及指标》、《重型商用车辆燃料消耗量测量方法》、《重型商用车辆燃料消耗量限值（第一阶段）》等一批重要标准发布，汽车产品节能管理体系将进一步完善。

六、新能源汽车试点示范深入推进

2011 年，公共服务领域节能与新能源汽车示范推广和私人购买新能源汽车补贴试点城市混合动力汽车、纯电动汽车等节能与新能源汽车市场应用继续推进。截至 2011 年底，共有 75 家汽车生产企业的 361 个车型列入《节能与新能源汽车示范推广应用工程推荐车型目录》。2011 年，列入推荐目录的车型共生产 12784 辆，同比增长 74.3%，其中商用车生产 5722 辆，乘用车生产 7062 辆。

2011 年，《电动汽车充电接口和通信协议》、《电动汽车用传导式车载充电机、纯电动乘用车技术条件》等重要标准通过审查或发布，对电动汽车应用及充电基础设施建设具有重要促进作用。

七、经济效益实现较快增长

2011 年 1～11 月，全国汽车行业规模以上企业累计完成工业总产值 4.50 万亿元，同比增长 16.8%。17 家重点企业（集团）累计完成工业增加值 4302.70 亿元，同比增长 6.8%；累计实现主营业收入 1.84 万亿元，同比增长 5.4%；累计实现利润总额 2106.09 亿元，同比增长 11.3%。

八、产业集中度进一步提高

2011 年，4 家汽车生产企业（集团）产销规模超过 200 万辆，其中上汽销量接近 400 万辆，达到 396.60 万辆，东风、一汽和长安分别达到 305.86 万辆、260.14 万辆和 200.85 万辆。上述 4 家企业（集团）2011 年共销售汽车 1163.45 万辆，占汽车销售总量的 62.9%，市场占有率同比提高 0.8 个百分点（图 1-4）。

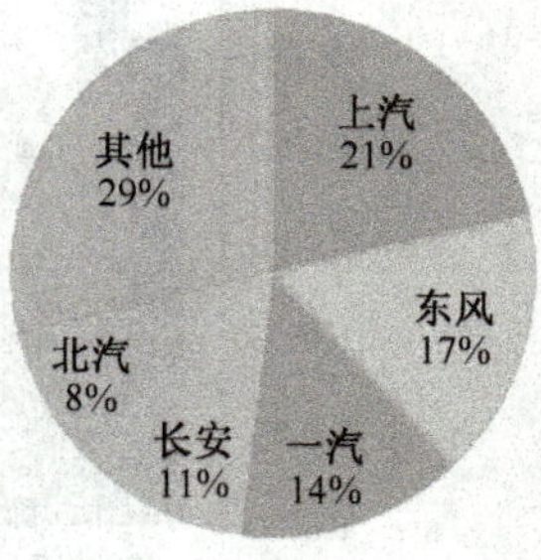

图 1-4　2011 年国内汽车销售市场占有率

我国汽车销量前十名的企业（集团）共销售汽车 1609.14 万

辆，占汽车销售总量的 87.0%，占有率同比提高 0.7 个百分点。

九、汽车出口创历史新高

2011 年，我国汽车整车累计出口 81.43 万辆，同比增长 49.5%，比上年同期增加 26.94 万辆，创历史新高。其中乘用车出口 47.61 万辆，同比增长 68.3%；商用车出口 33.82 万辆，同比增长 29.1%。1～11 月，汽车整车累计进口 93.24 万辆，同比增长 28.15%。全国汽车商品累计进出口总额为 1297.48 亿美元，同比增长 33.0%。其中进口金额 672.88 亿美元，同比增长 32.5%，出口金额 624.60 亿美元，同比增长 33.6%。

【文摘 1.2】

2012 年我国汽车产销量保持世界第一

中国网 2013 年 1 月 30 日讯　据工业和信息化部网站消息，2012 年，我国汽车市场实现平稳增长，节能与新能源汽车快速发展，出口高速增长，产业集中度进一步提高，汽车产业结构进一步优化。

一、汽车产销量双超 1900 万辆，产销量世界第一

2012 年，我国汽车市场保持平稳增长态势，产销量月月超过 120 万辆，平均每月产销突破 150 万辆，全年累计产销超过 1900 万辆，再次刷新全球历史纪录。

据中国汽车工业协会统计，我国全年累计生产汽车 1927.18 万辆，同比增长 4.6%，销售汽车 1930.64 万辆，同比增长 4.3%，产销同比增长率较 2011 年分别提高了 3.8 和 1.8 个百分点。其中，乘用车产销 1552.37 万辆和 1549.52 万辆，同比分别增长 7.2%和 7.1%；商用车产销 374.81 万辆和 381.12 万辆，同比分别下降 4.7%和 5.5%。

2012 年 12 月，全国汽车产销分别为 178.49 万辆和 180.99 万辆，同比分别增长 5.5%和 7.1%。其中乘用车产量 144.23 万辆，同比增长 5.7%，销量 146.29 万辆，同比增长 6.8%；商用车产销分别为 34.26 万辆和 34.70 万辆，同比分别增长 4.5%和 8.2%。

2012 年 1～4 季度，我国汽车销量同比增长分别为-3.89%、10.03%、3.78%和 6.91%。

二、1.6 升及以下排量乘用车市场平稳发展

2012 年，在节能汽车推广政策及节约能源、新能源车辆车船税优惠政策的作用下，小排量乘用车市场占有率逐步回升。2012 年，1.6 升及以下排量乘用车全年共销售 1040.50 万辆，同比增长 5.7%；占乘用车销售市场的 67.2%，较 2011 年下降 0.8 个百分点；占汽车销售市场的 53.9%，较 2011 年增长 0.7 个百分点。

三、乘用车自主品牌市场份额持续下滑

2012 年，自主品牌乘用车销售 648.50 万辆，同比增长 6.1%，占乘用车销售市场的 41.9%，市场份额同比下降 0.3 个百分点。其中，自主品牌轿车销售 304.96 万辆，同比增长 3.5%，占轿车市场的 28.4 %，市场份额同比下降 0.7 个百分点，较排名第二的德系车高出 5 个百分点（图 1-5）。

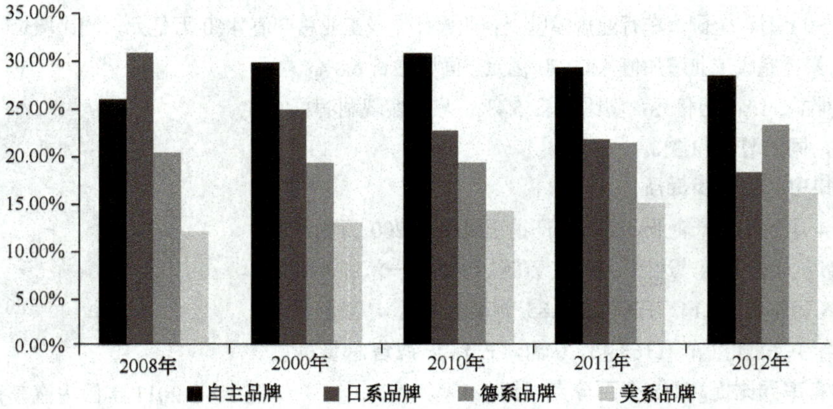

图 1-5　2008—2012 年国内轿车市场份额变化比较

四、节能与新能源汽车产业发展政策体系进一步完善

2012年6月，国务院发布《节能与新能源汽车产业发展规划（2012—2020年）》，为我国节能与新能源汽车产业的发展指明了方向、明确了任务、提供了保障。

工业和信息化部会同相关部委制定了《乘用车企业燃料消耗量核算办法》。从2012年开始，乘用车新车燃料消耗量管理将延伸到进口汽车，国产、进口汽车的企业平均燃料消耗量评价考核体系已基本建立。

新能源汽车产业技术创新工程正式启动。国家明确对符合条件的、全新设计开发的新能源汽车车型及动力电池等关键零部件技术研发项目给予专项资金支持。2012年，有25个项目已列入本年度新能源汽车产业技术创新工程支持项目名单。

节能与新能源汽车标准体系进一步完善。2012年，乘用车第四阶段燃料消耗量标准（2016—2020年）、轻型汽车第二阶段燃料消耗量标准、汽车燃料消耗量标识标准的制修订工作已全面启动；重型商用车燃料消耗量国家标准完成报批稿。

2012年，工业和信息化部印发《电动汽车综合标准化技术体系》，明确电动汽车标准体系建设重点。截至2012年底，累计发布60多项新能源汽车相关标准，涉及电动汽车及动力电池安全、能耗消耗量测量、充电接口及通信协议等领域。电动汽车标准法规国际交流合作进一步加强，与欧、美、日等国家和地区启动了电动汽车安全、环保等全球技术法规共同研究制定工作。

五、节能汽车推广政策成效显著

2012年，节能汽车推广政策、节约能源与新能源车辆车船税优惠政策的实施，积极地引导了节能与新能源汽车产品的消费，促使汽车企业把发展立足点转到质量和效益上来，极大地推动了汽车行业技术的进步和产品结构的调整，汽车产品升级换代提速，节能车型快速发展，产量逐月攀升。

列入第七、八批节能汽车推广目录的198个车型共生产230多万辆。节能汽车推广专项核查制度进一步完善，开展了全国性的汽车燃料消耗量专项核查行动，在市场抽取了65辆样车进行油耗检测，节能汽车推广专项核查检测结果进行了公示。

2012年1月1日，节约能源、使用新能源车辆车船税优惠政策开始实施。财政部、税务总局、工信部联合发布了两批减免车船税的车型目录、两批不属于车船税征收范围的车型目录，共346个车型、150多万辆节能型乘用车、新能源汽车可享受车船税优惠政策。

六、新能源汽车试点示范深入推进

2012年，公共服务领域节能与新能源汽车示范推广和私人购买新能源汽车补贴试点深入推进，混合动力客车推广范围将从25个示范城市扩大到全国所有城市。

2012年，列入《节能与新能源汽车示范推广应用工程推荐车型目录》628款车型共生产2.48万辆，产量同比增长94%，其中乘用车1.47万辆，商用车1万多辆；纯电动汽车1.33万辆，常规混合动力汽车1.04万辆，插电式混合动力汽车1000多辆。

七、经济效益实现较快增长

据行业快报统计，2012年全国汽车行业规模以上企业累计完成工业总产值5.29万亿元，同比增长11.8%。

2012年，17家重点企业（集团）累计完成工业总产值2.09万亿元，同比增长3.3%；累计实现主营业收入2.41万亿元，同比增长2.8%；完成利税总额3916.85亿元，同比增长0.6%。

八、产业集中度进一步提高

2012年，5家汽车生产企业（集团）产销规模超过100万辆，其中上汽销量突破400万辆，达到446.14万辆，东风、一汽、长安和北汽分别达到307.85万辆、264.59万辆、195.64万辆和169.11万辆。上述5家企业（集团）2012年共销售汽车1383.33万辆，占汽车销售总量的71.7%，汽车产业集中度同比提高0.5个百分点（图1-6）。

我国汽车销量前十名的企业集团共销售汽车1686.28万辆，占汽车销售总量的87.3%，汽车产业集中度同比提高 0.3 个百分点。

九、汽车出口市场快速发展

2012 年，我国汽车整车累计出口 105.61 万辆，同比增长 29.7%，比上年同期增加 24.18 万辆，再创历史新高。其中，乘用车出口 66.12 万辆，同比增长 38.9%；商用车出口 39.49 万辆，同比增长 16.8%。1～11 月，汽车整车累计进口 105.43 万辆，同比增长 13.1%。

2012 年 1～11 月，全国汽车商品累计进出口总额为 1400.75 亿美元，同比增长 8.0%。其中，进口金额 722.56 亿美元，同比增长 7.4%，出口金额 678.19 亿美元，同比增长 8.6%。

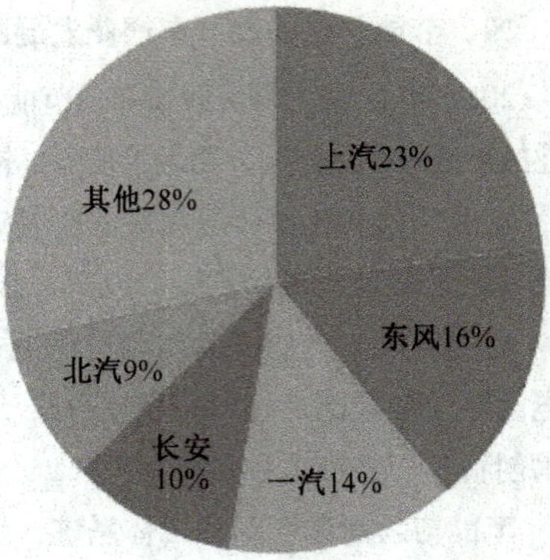

图 1-6　2012 年国内汽车销售市场占有率

分析与思考

1．当前我国汽车市场的基本特点有哪些？

2．我国汽车市场有怎样的发展趋势？

3．我国轿车市场的有怎样的运行特征？

课程实践

1．目标

了解当前我国汽车行业及市场的现状、特点及存在的问题。

2．内容

（1）由学生自己组织一场关于我国汽车行业及市场的研讨会。将学生分成若干小组，按小组拟定报告题目，分头查阅资料，起草主题报告。每个小组选定一名同学代表本小组发言，时间限定在 5 分钟。

（2）邀请汽车行业知名人士、专家学者做专题报告，并回答学生关心的问题。

3．要点及注意事项

经常从网络、报刊、杂志中收集汽车行业及市场相关信息资料，特别注意就行业内的重大事件重点阅读专家的深度分析文章。经常深入汽车生产、销售与服务企业，与同行交流行业信息。

2

第2章 汽车市场营销环境分析

学习目标与要求

1. 了解微观环境的各种因素对汽车市场营销的影响。
2. 掌握宏观环境的各种因素对汽车市场营销的影响。
3. 掌握企业适应营销环境变化的策略和措施。

汽车企业作为社会经济组织，它总是在一定的外界环境条件下开展市场营销活动。企业的营销环境是指在营销活动之外，能够影响营销部门建立并保持与目标顾客良好关系的能力的各种因素和力量。即市场营销环境是企业营销职能外部的不可控制的所有外部力量和相关因素的集合。营销环境是不断变化的，它既给企业造就了新的市场机会，又给企业带来某种威胁。因此，市场营销环境对企业的生存和发展具有重要意义。企业必须重视对市场营销环境的分析和研究，并根据市场营销环境的变化制定有效的市场营销战略，扬长避短，趋利避害，适应变化，抓住机会，从而实现自己的市场营销目标。

营销环境可以分为宏观环境和微观环境两大类。

2.1 汽车市场营销微观环境

市场营销微观环境是指与企业紧密相联、直接影响其营销能力的各种参与者。可分为企业内部环境和外部环境。

2.1.1 企业的内部环境

企业内部环境系指企业的类型、组织模式、组织机构及企业文化等因素。企业的组织机构，即企业职能分配、部门设置及各部门之间的关系，是企业内部环境最重要的因素。

一般而言，企业内部基本的组织机构包括高层管理部门、财务部门、产品研发与技术部门、采购部门、生产部门、营销部门。营销部门必须与其他部门密切合作；营销计划必须经高层管理层同意方可实施；财务部门负责寻找和使用实施营销计划所需的资金；产品研发与技术部门研制适销对路的产品。用营销概念来说，就是所有这些部门都必须“想顾客所想”，并协调一致地提供上乘的顾客价值和满意度。

企业内部环境是企业提高市场营销的工作效率和效果的基础。因此，企业管理者应强化企业管理，为市场营销创造良好的营销内部环境。

2.1.2 企业的外部环境

企业的外部环境包括生产供应者、营销中介、顾客（用户）、竞争者、有关公众。

1. 生产供应者

生产供应者，系指向企业提供生产经营所需资源（如设备、能源、原材料、配套件等）的组织或个人。供应商的供应能力包括供应成本的高低（由原材料价格变化所引起）、供应的及时性（由供应短缺或延迟、工人罢工所引起）是营销部门需要关注的。这些因素短期将影响销售的数额，长期将影响顾客的满意度。

企业应处理好同生产供应者之间的关系，而为企业的市场营销营造较为有利的环境。我国不少的汽车企业对其生产供应者采取“货比三家”的政策，既与生产供应者保持大体稳定的配套协作关系，又让生产供应者之间形成适度的竞争，从而使本企业的汽车产品达到质量和成本的相对统一。实践表明，这种做法对企业的生产经营活动具有较好的效果。

对汽车企业的市场营销而言，企业的零部件（配套协作件）供应者尤为重要。汽车企业不仅要选择和规划好自己的零部件供应者，而且还应从维护本企业市场营销的长远利益出发，配合国家有关部门对汽车零部件工业和相关工业的发展施加积极影响，促其发展，以改变目前我国的汽车零部件工业和相关产业发展相对滞后的状况，满足本企业生产经营及未来发展的配套要求。特别是现代企业管理理论非常强调供应链管理，汽车整车生产企业应认真规划自己的供应链体系，将供应商视为战略伙伴，不要过分牺牲供应商的利益，而应按照“双赢”的原则实现共同发展。

2. 营销中介

营销中介系指协助汽车企业从事市场营销的组织或个人。它包括中间商、实体分配公司、营销服务机构和财务中间机构等。

中间商是销售渠道公司，能帮助公司找到顾客或把产品销售出去。中间商包括批发商和零售商。寻找合适的中间商并与之进行有效的合作并不是一件容易的事。制造商不能像从前那样从很多独立的小型经销商中任意挑选，而必须面对具备一定规模并不断发展的销售机构。这些机构往往有足够的力量操纵交易条件，甚至将某个制造商拒之门外。

实体分配公司帮助企业完成原产地至目的地之间存储和移送商品。在与仓储、运输公司打交道的过程中，企业必须综合考虑成本、运输方式、速度及安全性等因素，从而决定运输和存储商品的最佳方式。

营销服务公司包括市场调查公司、广告公司、传媒机构、营销咨询机构，它们帮助公司正确地定位和促销产品。由于这些公司在资质、服务及价格方面变化较大，公司在做选择时必须认真考察。

财务中间机构包括银行、信贷公司、保险公司及其他金融机构，它们能够为交易提供金融支持或对货物买卖中的风险进行保险。而大多数公司和客户都需要借助金融机构为交易提供资金。

营销中介对企业市场营销的影响很大，如关系到企业的市场范围、营销效率、经营风险、资金融通等。因而企业应重视营销中介的作用，以获得他们的帮助，弥补企业市场营销能力的不足并不断地改善企业的财务状况。

3. 顾客（用户）

顾客是企业产品销售的市场，是企业赖以生存和发展的根本。企业市场营销的起点和终点都是满足顾客的需要，汽车企业必须充分研究各种汽车用户的需要及其变化。

一般来说，顾客市场可分为五类：消费者市场、企业市场、经销商市场、政府市场和国际市场。消费者市场由个人和家庭组成，他们仅为自身消费而购买商品和服务。企业市场购买商品和服务是为了深加工或在生产过程中使用。经销商市场购买产品和服务是为了转卖，以获取利润。政府市场由政府机构组成，购买产品和服务用以服务公众，或作为救济物资发放。最后是国际市场，由其他国家的购买者组成。每个市场都有各自的特点，销售人员需要对此做出仔细分析。

4．竞争者

任何企业的市场营销活动都要受到其竞争者的挑战，这是市场营销的又一重要微观环境。现代市场营销理论认为，竞争者有各种不同的类型，企业应针对不同类型的竞争者分别采取不同的竞争策略。

5．有关公众

公众系指对企业的营销活动有实际的潜在利害关系和影响力的一切团体和个人。一般包括融资机构、新闻媒介、政府机关、协会、社团组织及一般群众等。

公众对企业市场营销的活动规范、对企业及其产品的信念等有实质性影响：金融机构影响一个公司的获得资金的能力；新闻媒体对消费者具有导向作用；政府机关决定有关政策的动态；一般公众的态度影响消费者对企业产品的信念等。现代市场营销理论要求企业采取有效措施与重要公众保持良好关系、树立良好企业形象。为此，企业应适时开展正确的公共关系活动。

2.2 汽车市场营销宏观环境

企业的市场营销活动除了应重视研究本企业微观营销环境的具体特点外，更重要的是要研究市场营销的宏观环境。宏观环境系指能影响整个微观环境和企业营销活动的广泛性因素，通常包括人口环境、自然环境、经济环境、科学技术环境、政策法律环境和社会文化环境等诸多方面，涉及面广，诸因素间又相互制约、相互影响，形成十分复杂的因果关系。一般地说，宏观环境因素对企业的市场营销具有强制性、不确定性和不可控性等特点，对企业的发展有极大的影响。企业只能适应却不能改变宏观环境。

2.2.1 人口环境

人口环境系指一个国家和地区（企业目标市场）的人口数量、人口质量、家庭结构、人口年龄分布及地域分布等因素的现状及其变化趋势。人口环境是一切社会经济活动的基础和出发点，是影响企业市场营销的基本宏观因素。

1．人口总量与自然增长状况

在收入不变的情况下，人口越多，对汽车的需求量也就越大；反之，需求量则小。随着科技进步、生产力发展和生活条件的改善，世界各国的人口平均寿命大为延长，死亡率大幅度降低，尽管出生率有所下降，但总人口仍呈现增长态势，这为汽车营销提供了新的潜在市场。

2．人口结构

婚姻状况与家庭的数量、规模在很大程度上会影响以家庭为消费单位的汽车需求。随着经济的发展，人口平均受教育程度提高，独生子女增多，使得家庭结构日趋小型化，子女一般不和父母一起生活和居住，相互之间的交通方式就是以车代步。

成年男女的经济比较独立，工作流动性增强，人们工作和生活的节奏加快，使得人口更富有个性和独立性，对能够彰显车主个性的车辆的需求有所增加。随着职业女性的增加和经济地位的提高及其自主、自立意识的增强，已经有越来越多的女性成为现实的或潜在的汽车消费者，女性已经成为汽车消费市场中一支举足轻重的力量。

人口平均寿命延长，老年人的人口比例增加，社会出现老龄化现象，对方便老年人驾驶的车辆的需求会有所增加。汽车厂商必须生产出符合老年消费者需要的汽车，占领老年人市场，这在人口老龄化的社会里是非常重要的。美国福特汽车公司推出的“福特老人”系列轿车就是专门为 60 岁以上的老人设计的。该车考虑了老年人大多腿脚不便、反应迟钝的特点，不但车门较宽、门槛较低，而且特别配备了主动驾驶座、放大的仪表盘和后视镜、按钮式制动及自动锁车系统等，以适应老年人对安全性和方便性的特殊要求，深受老年人欢迎。

3. 人口分布

人口分布的动态变化对汽车企业的营销活动也产生一定的影响。目前，我国人口的地域分布出现城市化、郊区化趋势。城市化是工业化和现代化的必然趋势。随着社会经济的发展，农村剩余人口大量向城市转移，人口数量的增加直接导致城市规模不断扩大，许多从前人口较少的郊区，也逐渐发展成繁华的居住区。人们居住在这些远郊地区，却都要到原来的市区上班，这无形中就增加了市民买车的需要。另外，由于市区人口拥挤，空气污染和噪声污染严重，市区人口不断向郊区流动，出现在市区上班、在郊区居住的格局。第二次世界大战以后，发达国家的城市人口大量流向郊区，近年来我国也明显呈现这种趋势。以上变化，无疑都将增加汽车的消费需求，给汽车产业的发展创造市场机会。

汽车营销人员在研究人口环境时，还应注重区别人口环境对国际、国内两个汽车市场的不同影响。如对西方发达国家而言，由于汽车尤其轿车已经作为耐用消费品广泛地进入家庭，人口因素就是营销者必须充分重视的环境因素。而对国内汽车市场，由于汽车正处于私人消费的普及时期，人口因素正在成为越来越重要的环境力量。在这个时期，营销者应着重研究高收入阶层的人口数量、职业特点、地理分布等因素的现状及其发展变化，加强对我国人口具体特点的研究，以抓住不断增加的营销机会。

2.2.2 自然环境

自然环境系指影响社会生产的自然因素，主要包括资源环境、土地环境、地理环境、生态环境和能源环境等因素。

1. 资源环境

汽车的大量生产和使用，需要消耗大量的自然资源，如钢铁、有色金属、橡胶、石化、木材、水资源等。汽车工业越发达，汽车普及程度越高，汽车生产消耗的自然资源也就越多。而自然资源总的变化趋势是日益短缺，因此，自然资源将对汽车厂商构成一个长期的营销约束条件。

为了减少资源约束对汽车营销的不利影响，汽车厂商应努力减少资源消耗，提高原材料的综合利用率和循环利用率，并通过技术进步，积极发展新型材料和代用材料。第二次世界大战以后，汽车生产大量采用轻质材料和新型材料，每辆汽车消耗的钢材平均下降 10%以上，自重减轻达 40%，为节约钢铁资源做出了巨大贡献。

2. 土地环境

土地资源是否丰富，直接关系到道路交通条件和城市交通条件的好坏，如公路、城市道路、停车场、加油站、维修站的建设，都需要占用必要的土地资源，因此土地是汽车使用非常重要的环境条件。总体来讲，随着人口增长和城市化进程加快，土地资源对汽车营销也是一个长期的约束条件。但在一定的发展阶段，一个地方或城市拿出必要的土地资源，改善交通条件和促进城市发展也是必需的，这时可能就会改善汽车的使用环境，从而促进汽车需求的增长。因此，土地资源对汽车营销的影响是通过公路交通和城市道路交通条件而间接影响的。

长期以来，我国公路建设与国外先进水平相比，存在着公路数量少、密度低、等级低、汽车通过能力差、各种车辆混流等状况，公路建设滞后于汽车工业发展。近年来，我国公路建设的步伐加快，预计到 2020 年，我国高速公路将建成总规模为 8.5×10^4 千米，连接北京、各省市首府、中心城市、主要交通枢纽、重要口岸的“7918”公路主干线。四通八达的高等级公路网将改变人们的出行方式，有力地促进汽车市场的发展。

由于我国城市的布局刚性较大，城市布局形态一经形成，改造和调整的困难很大，我国城市道路交通的发展面临较大的土地供给压力，因而城市道路交通条件对汽车营销的约束作用，相对公路交通而言更为明显一些。目前，有关方面正着手考虑通过建立现代化的城市交通管理系统、增加快速反应能力和强化全民交通意识等手段，提高城市交通管理水平。同时，国家和各城市也将更加重视对城市交通基础设施的建设，改善城市道路交通的硬件条件。随着我国城市道路交通软、硬件条件的改善，城市道路交通对我国汽车营销的约束作用将会有一定的缓解。

3. 地理环境

地理环境主要包括一个地区的地形地貌、山川河流等自然地理因素。地理因素对汽车营销的影响有：自然地理对经济地理尤其对道路交通条件（如道路的宽度、坡度、弯度、平坦度、坚固度、耐久度、隧道涵洞及道路桥梁里程等）具有决定性影响，从而对汽车产品的具体性能有着不同的要求。因而汽车厂商应向不同地区推出性能不同的汽车产品。例如，在我国西南高原地区，汽车运输承担了大部分的运输任务，针对其海拔高、山高坡陡等地理特点，有的汽车厂商在这一地区销售带有废气涡轮增压装置及电涡流缓速器的车辆，就深受广大用户的欢迎。

地理环境还常常决定一个地区的自然气候条件，包括大气的温度、湿度、降雨、降雪、降雾、风沙等情况及这些因素的季节性变化。自然气候对汽车的冷却、润滑、起动、充气效率、功率的发挥、制动性能及对汽车机件的正常工作和使用寿命等，均会产生直接的影响，同时对驾驶员的工作条件也有实质性的影响。因而汽车厂商在市场营销的过程中，应向目标市场推出适合当地气候特点的汽车产品，并做好相应的技术服务。

4. 生态环境

生态环境系指人类及地球上动植物赖以生存和发展的各种环境因素。随着人类社会物质文明的发展，生态环境遭到严重破坏，个别地方甚至出现毁灭性破坏。传统石油燃料汽车的大量使用，会明显地增加空气污染，对人类的生存环境造成较大的压力，这成为传统汽车的诟病。

日趋恶化的生态环境，已经引起人类自身的高度警觉，各国环境保护的法规越来越健全，执法也越来越严格，这对石油燃料汽车的营销构成很大的约束。为了应对这种挑战，汽车生产大国的政府及其汽车厂商，纷纷投入巨资，加强对汽车节能、减少排放新技术的研究，积极开发新型动力和新能源汽车。现在被普遍采用的电子控制燃油喷射系统、废气再循环系统、三元催化净化器等降低排放污染的技术，就是汽车工业为适应环境保护的产物。未来的汽车将采用更多的新材料和新技术，并且将大大减少对环境造成的污染。例如，电动汽车、混合动力汽车、燃料电池汽车等即将成为未来汽车的主流。

5. 能源环境

能源环境泛指为汽车提供动力的各种能源形式。虽然能源形式的类别很多，但能够转化为汽车动力的能源种类却是有限的，目前汽车产品广泛利用的能源形式主要有石油（包括汽油和柴油）、石油液化气、天然气等几种，部分特定场合下还包括电能、氢能、生物能（生物柴油）等。

从营销角度看，能源的形式、能源供给是否充足及能源供给的结构比例，直接影响到用户对汽车产品品种的选购，甚至是否实施购买行动。传统石油虽然增加了环境污染，但仍然是目前理想的汽车燃料，因此，石油资源成为国家能源安全的重要因素。另外，为了减少传统石油对环境的污染，提高能源的战略安全和综合利用，各国政府及其汽车厂商，近年来均投入巨资开发汽车节能技术，寻找替代能源和发展新能源汽车，以应对能源危机。例如，国内各大汽车公司都纷纷开发了低油耗的经济型轿车，并及时投放市场，取得了较好的销售业绩。

2.2.3 经济环境

经济环境指那些能够影响消费者购买力和消费方式的经济因素。经济环境影响汽车产品市场需求的大小，从而对汽车市场有着最重要的影响。多年的实践经验表明，国民经济形势的好坏与汽车市场是否景气具有密切的相关性，宏观经济对全社会的消费能力和汽车产品的需求量具有决定性影响。因此，经济环境是汽车营销最重要的宏观环境因素。

1. 消费者收入分析

收入因素是构成市场的重要因素，因为市场规模的大小，归根结底取决于消费者的购买力大小，而消费者的购买力取决于他们收入的多少。企业必须从市场营销的角度来研究消费者收入，通常从以下三个方面进行分析。

（1）国民生产总值（GNP）。国民生产总值指一个国家或地区的国民，在一定时期（一个季度或一年）内创造的以货币表现的全部最终产品（含货物和服务）价值的总和，它等于国内生产总值加上来自国外的劳动报酬和财产收入减去支付给国外的劳动者报酬和财产收入。GNP 是衡量一个国家经济实力与购买力的重要指标。GNP 增长越快，对商品的需求和购买力的提升就越大；反之，就越小。一般来说，当人均国民生产总值从 300 美元上升到 1000 美元时，经济就进入了起飞前的准备阶段；当人均国民生产总值超过了 1000 美元时，经济就会进入高速发展的起飞阶段。“十一五”的五年间，我国国内生产总值（GDP）平稳较快增长，长期稳定保持在 9%以上。2006 年，我国国内生产总值达 26301 亿美元，排名世界第 4 位。人均国内生产总值为 2001 美元，排名世界第 108 位。到了“十一五”末的 2010 年，我国 GDP 总量已达 62740 亿美元，排名世界第 2 位，首次超过了日本，成为世界第二大经济体，人均 GDP 达到 4682 美元。“十二五”的最初两年，我国经济仍然保持良好的发展势头，2011 年我国 GDP 达到 74660 亿美元，继续保持世界第二大经济体的位置，人均 GDP 达 5432 美元。2012 年中国 GDP 总量 83626 亿美元，人均 GDP 达到了 6100 美元。我国人民的生活水平明显提高，在消费支出中个人可随意支配的收入比例增加，越来越希望追求较高的生活质量。就汽车市场而言，私人购车及私人汽车保有量的比例正在迅速增加，私人购车已进入中等收入阶层及中等收入家庭，家用轿车日益普及。

（2）个人可支配收入。个人可支配收入是指消费者的名义收入扣除政府或法律规定的必须由消费者个人缴纳的各项刚性开支后，消费者可用于现实消费和支配的收入。这些刚性支出包括社会保险金、个人税赋、罚款、学费、住房公积金等，不包括通货膨胀。个人可支配收入构成实际购买力，是影响汽车消费者购买力的决定性因素。

（3）家庭和个人可任意支配收入。家庭和个人可任意支配收入是指个人可支配收入再扣除消费者个人的基本生活支出（食物、衣服等）和固定支出（房租、商业保险、分期付款、抵押贷款等）后，消费者可随心所欲支配的收入。这部分收入是消费需求变化中最活跃的因素，一般用于购买高档耐用消费品、娱乐、教育和旅游等，也是企业开展营销活动时所要考虑的主要因素。目前，我国大多数家庭开支依次用于吃穿、住房、子女教育、医疗、交通及通信。城镇家庭在住房、子女教育、医疗、交通及通信等方面的开支已占家庭收入的 20%，而发达国家则占 40%。家庭经济承受能力是轿车进入家庭的先决条件，衡量家庭是否具备购买和使用轿车的经济承受能力，国际上通常以轿车价格与人均 GNP 的比值 R 来表示。由于各国家庭收入结构、家庭消费结构、国内货币实际购买能力，以及发展家用轿车的政策不尽相同，因此，R 值有所差异。按照部分国家的经验，当轿车大量进入家庭时（每百户拥有轿车 5 辆以上），其 R 值波动在 1.4～2.0 之间。针对我国情况分析，按照排量 1.0 升轿车正常价格 6 万元（相当于 7000 美元）、年行驶 1 万千米、年使用费 6000 元计，我国轿车大量进入家庭的 R 值预计为 2.0～3.0，也即人均国民生产总值为 2 万～3 万元，相当家庭年收入 5 万元的水平。这样，一般用 2～3 年的积累，可买一辆轿车，其使用费占家庭年收入的 12%。

2．消费者支出分析

消费者支出是指消费者的收入支出结构，以及这种结构随消费者收入变动而变化的情况。随着消费者收入的变化，消费者支出会发生相应变化，继而使一个国家或地区的消费结构也发生变化。德国经济学家恩格尔于 1857 年发现了消费者收入变化与支出模式，即消费结构变化之间的规律性：随着居民家庭收入的增加，用于购买食物的支出比例会下降，而用于交通、休闲、保健、教育及储蓄等方面的支出比例会大大上升。经济学界将这种现象称为恩格尔定律，并使用恩格尔系数作为度量指标。

恩格尔系数（%）=（食品支出额/个人或家庭支出总额）×100%

恩格尔定律表明，消费者的支出模式及其变化受恩格尔系数的支配。恩格尔系数不同，消费者的支出结构模式也会不同。国际上广泛采用恩格尔系数评价人民群众生活水平的状况。恩格尔系数越小，食品支出所占比例越小，表明生活富裕，生活质量高；恩格尔系数越大，食品支出所占比例越高，表明生活贫困，生活质量低。根据联合国粮农组织提出的标准，该系数在 59%以上为贫困，50%～59%为温饱，40%～50%为初步富裕（小康），30%～40%为富裕，低于 30%为最富裕。图 2-1 反映了改革开放以来我国城镇和农村居民家庭恩格尔系数的变化情况。

图 2-1 表明，我国城镇、农村居民用于食品消费的比例在逐年下降，说明人民的生活水平在逐年提高。在这个变化过程中，其他消费支出的比例也在变化（图 2-2）。从图 2-2 看出，我国城镇居民在食品、衣着方面支出比例逐年下降的同时，在医疗保健、教育、住房、交通等方向的支出比例呈逐年上升趋势，这与恩格尔定律是一致的。特别是我国城镇居民在交通方面的支出比例呈现明显增长的趋势，这为汽车营销创造了良好的需求环境。

消费者的支出模式除普遍受收入因素影响外，从消费者个体而言，支出模式还受家庭所处的寿命周期阶段及其居住地点的影响。如新婚夫妇和没有孩子的丁克家庭，在交通、娱乐（旅游）方面的支出比例较高；有孩子读书的中青年家庭，在住房、教育方面的支出比例较高；老两口家庭在医疗、保健、旅游方面的支出比例较高；居住地点与工作地点相距较远的人群，在交通方面的支出比例较高等。

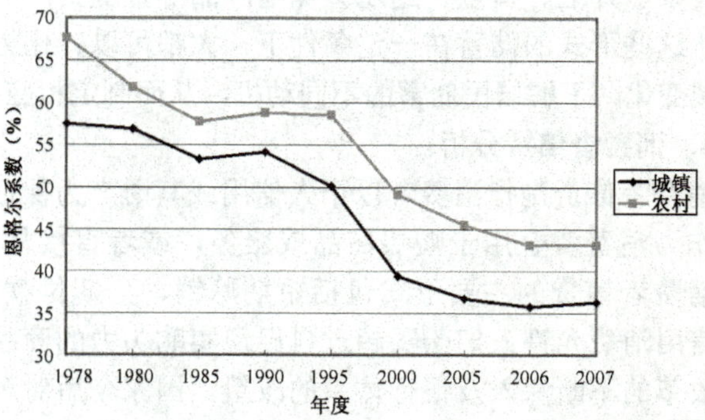

图 2-1 我国城乡恩格尔系数变化曲线（来源于国家统计报告）

恩格尔系数是衡量一个国家、地区、城市及家庭生活水平高低的重要参数。企业从恩格尔系数可以了解目前市场的消费水平，也可以推知今后消费变化的趋势及对企业营销活动的影响。居民恩格尔系数的变化，甚至各社会阶层、各地区居民的消费支出结构的变化，使得汽车消费的层次和需要不断变化。当这个地区居民可以自由支配的资金越来越多，足以支付个人购买汽车费用时，这个地区购买家用汽车的个人消费支出必将增加，个人汽车消费的市场也会越来越大。汽车营销者要注意研究消费者支出模式及其变化走势，以便更好地把握汽车消费市场及目标顾客群，赢得汽车营销的商机。

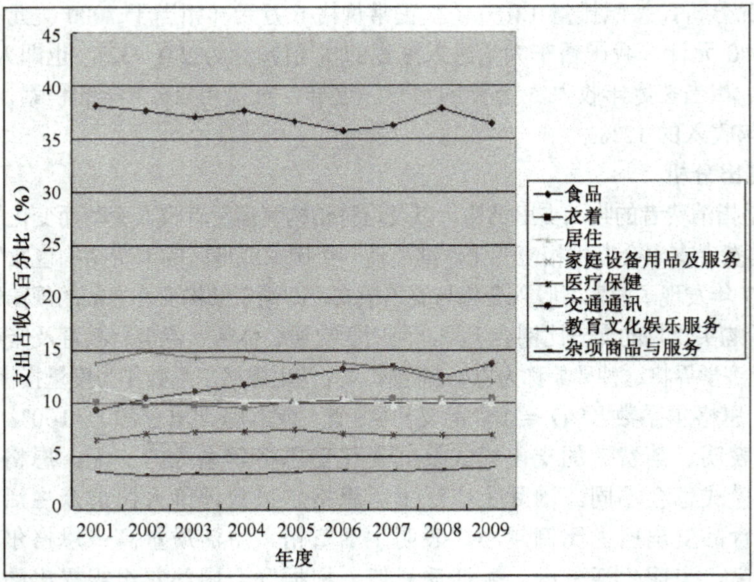

图 2-2　城镇居民分类消费支出构成变化趋势（来源于国家统计报告）

3．消费者储蓄分析

消费者的储蓄行为直接制约着市场消费量购买的大小。当收入一定时，如果储蓄增多，现实购买量就减少；反之，如果用于储蓄的收入减少，现实购买量就增加。

居民储蓄倾向受到利率、物价等因素的影响。人们储蓄目的也是不同的，有的是为了养老，有的是为未来的购买而积累，当然储蓄的最终目的主要也是为了消费。消费者储蓄是一种潜在的、未来的购买力。现代社会，消费者的储蓄形式除传统的银行存款方式外，还包括对债券、基金、股票、外汇、黄金、返还型保险产品等金融资产的投资，以及对投资型房地产等不动产的投资等。这些形式的储蓄在一定条件下，大都可以转化为现实的购买力。汽车企业应关注居民储蓄的增减变化，了解居民储蓄的不同动机，从而制定相应的营销策略，获取更多的商机。

4．消费者信贷分析

消费者信贷是指消费者以个人信用或其财产为保证，从金融机构那里获得一定的贷款，并将贷款作为消费资金用于购买商品或服务，或者直接从供应商那里提前获得商品或服务的消费现象。消费者信贷的主要形式包括短期赊销、分期付款、“一次贷款、分期偿还”和信用卡透支等。信用消费允许人们购买超过自己现实购买力的商品，创造了更多的消费需求。随着我国金融体制改革的不断深入及银行体系的改组，国家今后对金融调控将更多地采用经济手段。信贷规模的大小、信贷控制的松紧，对汽车销售市场的需求规模扩张与收缩形成同向运动。银行在汽车金融领域内实施的政策，对于个人消费将起到决定性作用，同时也对汽车营销产生深远影响。目前，在个人汽车消费市场中，个人消费信贷仍占很大比例。银行收缩信贷消费对汽车消费市场影响很大。如在 2004 年末 2005 年初的北京汽车市场，很多购车者都在持币待购，车市冷清。一方面是因为当时汽车的价格战刚刚开始，许多消费者在期待更低的购车价格；另一方面是因为当时的金融政策也产生了很大的影响，过去很多可以低首付甚至零首付的销售方式由于政策的原因都不能实施，加大了购车者的资金压力。金融政策的变化对汽车销售市场构成了影响。

5. 经济运行速度分析

地区经济运行速度的高低，决定着汽车的需求，影响全社会对运输工具的需求规模。汽车营销应重视对经济行情的研究，掌握其变化趋势，把握好汽车市场的行情变化；同时，还应注意对变化过程中的速度变化、转折时刻等具体特点的研究，以便做好转变过程中的营销战略变化研究。如 2003 年国家大力开展公路超载治理，一些过去以公路货物运输为重要运输途径的地区，原来热销的车型大都受到了重创，载货汽车销售市场低迷。但是这些地区是不需要公路货运了吗？显然不是，是原来流行的车型由于治理超载变得不适应市场了，但这些地区的经济运行速度很快，依然很需要公路货运这种途径。很快，这些地区的汽车销售市场格局发生了变化，过去并不十分热销的大吨位车型在经历了这个阶段后变得火爆起来。如果汽车销售商看准了这个变化，必然能够在竞争中占据有利的位置。

2.2.4 科学技术环境

科学技术环境系指一个国家和地区整体科学技术水平的现状及其变化。世界汽车技术竞争的历史显示，20 世纪 60 年代以前是汽车制造竞争阶段，企业以提高效率和降低成本为目的；20 世纪 70 年代是汽车性能竞争阶段，以降低汽车震动、减小噪声和提高汽车使用寿命为目的；20 世纪 80 年代是汽车造型竞争阶段，以虚拟成型技术、柔性生产技术为特征；20 世纪 90 年代以后，汽车技术的竞争进入到了汽车仿真设计竞争阶段，以汽车车型的快速更新作为占领市场的重要手段。可见，无论是过去，还是现在，科学技术始终贯穿于汽车企业的营销活动中。

作为汽车营销环境的一部分，科学技术环境不仅直接影响汽车企业内部的生产和经营，还同时与其他环境因素相互依赖、相互作用，特别是与经济环境、社会文化环境的关系更密切。从汽车营销角度看，科学技术环境的影响表现在以下几个方面：①科学技术水平的整体进步有利于汽车厂商赢得更多的营销机会；②掌握和应用了先进科技成果的汽车厂商，必然会在产品成本、产品质量、产品性能等方面赢得竞争优势，从而掌握汽车营销的主动权；③科技进步促进了汽车营销的现代化。技术革命不仅使原有的汽车产品变得陈旧落后，而且改变了汽车生产、销售人员的原有价值观。因此，如果汽车厂商不及时跟上科技发展的步伐，就可能被淘汰。

2.2.5 政策与法律环境

营销学中的政策与法律环境，又称为政治环境，是指能够影响企业市场营销各项活动的相关政策、法律及制定它们的权力组织。政策与法律环境的改变会显著地影响企业的营销活动和利益。企业的一切营销活动都必须受到政府的方针、政策和法律环境的强制制约和约束，都要符合 WTO 所规定的运行规则。在遵纪守法的基础上，企业可以充分利用法律、法令、规则中有利于企业发展的因素，规避或控制其不利因素，从而能在其保障下取得发展。

国家方针政策主要有两大类，一类是大政方针如改革开放的政策、国民经济和社会发展的政策、人口政策等重大的、长期不变的方针政策；另一类是局部性的方针政策，如金融政策、税收政策、产业政策等，在一个时期内，根据经济发展的阶段会不断改变方针政策。政府的方针政策都会对企业营销活动有很大的影响，特别是局部性直接关联的方针政策将极大地左右企业的营销活动。国家的汽车政策主要包括汽车产业政策、汽车企业政策、汽车产品政策和汽车消费政策四个方面。

法律环境包括中央政府和地方政府颁布的政府令、暂行条例、管理办法及实施意见等各种行政法规，包括鼓励性政策和限制性政策、经济性政策和非经济性政策，还包括产品的技术法规、技术标准及商业惯例等，它是企业营销活动的准则。汽车企业的经营活动应符合法律法规的规定，并注意把握其倾向性、稳定性和连续性。

作为我国国民经济的支柱产业之一，汽车产业的发展受到了政府的大力关注与支持，2004 年 6 月颁布的《汽车产业发展政策》涉及汽车产品的研发、生产、消费到相关产业的发展等各个环节，全面鼓励、支持国内汽车产业不断发展壮大。

2009 年以来，为应对国际金融危机的影响，落实党中央、国务院保增长、扩内需、调结构的总体要求，稳定汽车消费，加快结构调整，增强自主创新能力，推动产业升级，促进我国汽车产业持续、健康、稳定发展，国家出台《汽车产业调整和振兴规划》，提出包括减征乘用车购置税、开展“汽车下乡”、加快老旧汽车报废更新、清理取消限购汽车的不合理规定、促进和规范汽车消费信贷、规范和促进二手车市场发展等一系列措施。

2009 年 3 月，财政部会同国家发改委、工业和信息化部、公安部、商务部、工商总局和质检总局，根据《国务院关于印发汽车产业调整和振兴规划的通知》、国务院办公厅《关于搞活流通扩大消费的意见》及国务院第 51 次常务会议关于摩托车归入汽车下乡补贴渠道的决定，发布了《汽车摩托车下乡实施方案》。该方案的实施，既是实现惠农强农目标的需要，也是拉动汽车消费、带动汽车生产的一项重要措施。

2009 年 5 月，国务院召开常务会议，研究部署鼓励汽车、家电“以旧换新”政策措施，会议决定采用财政补贴方式，鼓励汽车、家电“以旧换新”。一是在原有老旧汽车报废更新补贴政策基础上，扩大补贴范围，加大补贴力度。对符合一定使用年限要求的中、轻、微型载货车和部分中型载客车，适度提前报废并换购新车的，或者对提前报废污染物排放达不到国Ⅳ标准的汽油车和达不到国Ⅲ标准的柴油车，并换购新车的，按照原则上不高于同型车单辆购置税的金额给予补贴。二是中央财政将老旧汽车报废更新补贴资金从 10 亿元增加到 50 亿元。会议要求各有关省市和部门加强领导，制订明确的实施细则，认真做好组织实施工作。

2009 年 9 月，国务院《关于进一步实施东北地区等工业基地振兴战略的若干意见》指出，将努力促进东北地区汽车产业调整结构，重点发展自主品牌汽车、小排量汽车、新能源汽车及关键零部件。

2009 年 12 月，财政部会同税务总局联合发布的《关于减征 1.6 升及以下排量乘用车车辆购置税的通知》指出，为扩大内需，促进汽车产业健康发展，对 2010 年 1 月 1 日至 12 月 31 日购置 1.6 升及以下排量乘用车，暂减按 7.5%的税率征收车辆购置税。

2010 年 1 月，财政部、商务部联合发文《关于允许汽车以旧换新补贴与车辆购置税减征政策同时享受的通知》指出，从 2010 年 1 月 1 日起，允许符合条件的车主同时享受汽车以旧换新补贴和 1.6 升及以下乘用车车辆购置税减征政策。

2010 年 5 月，国家发改委等四部委联合出台《关于开展私人购买新能源汽车补贴试点的通知》，确定在上海、长春、深圳、杭州、合肥 5 个城市启动私人购买新能源汽车补贴试点工作。《通知》明确，中央财政对试点城市私人购买、登记注册和使用的插电式混合动力乘用车和纯电动乘用车给予一次性补贴。补贴标准根据动力电池组能量确定，对满足支持条件的新能源汽车，按 3000 元/千瓦时给予补贴。插电式混合动力乘用车每辆最高补贴 5 万元，纯电动乘用车每辆最高补贴 6 万元。补贴资金拨付给汽车生产企业，按其扣除补贴后的价格将新能源汽车销售给私人用户或租赁企业。试点期内，每家企业销售的插电式混合动力和纯电动乘用车分别达到 5 万辆规模后，中央财政将适当降低补贴标准。《通知》指出，试点城市政府是私人购买新能源汽车试点的实施主体和责任主体，要安排一定资金并出台相应配套政策措施，重点对充电站等基础设施建设、新能源汽车购置和使用、电池的报废及回收体系建设等给予支持。

2010 年 6 月，财政部等三部委联合下发《关于印发“节能产品惠民工程”节能汽车推广实施细则的通知》，将发动机排量在 1.6 升及以下、综合工况油耗比现行标准低 20%左右的汽油、柴油乘用车

（含混合动力和双燃料汽车）纳入“节能产品惠民工程”，在全国范围内进行推广，中央财政对消费者购买节能汽车按每辆3000元标准给予一次性定额补贴，由生产企业在销售时直接兑付给消费者。

2010年12月，财政部与税务总局联合下发《关于1.6升及以下排量乘用车车辆购置税减征政策到期停止执行的通知》，通知规定自2011年1月1日起，对1.6升及以下排量乘用车统一按10%的税率征收车辆购置税。

2010年12月，财政部等七部委联合下发《关于汽车下乡政策到期后停止执行等有关问题的通知》，将“汽车下乡”政策于2010年12月31日予以停止。

2011年11月，国家信息化和工业部发布了关于《乘用车生产企业及产品准入管理规则》，乘用车生产准入门槛的提高将考验汽车生产企业的产品质量以及综合实力，对产品和企业的要求都将提高，该政策有望能遏制目前自主品牌盲目进入乘用车行业的趋势。

2011年12月，国务院发布了《中华人民共和国车船税法实施条例》，细化了应税车船的范围，将排气量作为乘用车计税依据，增加了对节约能源、使用新能源的车船可减征或免征车船税的优惠。排气量在2.0升及以下的乘用车，税额幅度适当降低或维持不变；2.0～2.5升（含）的中等排量车，税额幅度比原税额幅度适当调高。2.5升以上大排量乘用车，税额幅度有较大提高，体现了对汽车消费和节能减排的政策导向。

2012年7月，国务院正式发布《节能与新能源汽车产业发展规划》，规划显示，到2015年，纯电动汽车和插电式混合动力汽车累计产销量达50万辆；到2020年，纯电动和插电式混动汽车生产能力达200万辆、累计产销量超500万辆。在技术路线方面，规划明确提出以纯电驱动为新能源汽车发展和汽车工业转型的主要战略取向，当前重点推进纯电动汽车和插电式混合动力汽车产业化。

2012年10月，经国务院常务会议通过的《缺陷汽车产品召回管理条例》公布，并将自2013年1月1日起施行。公告称，为严格实施国家机动车排放标准，推进环境空气质量改善进程，规定要求自2013年1月1日起，所有生产、进口、销售和注册登记的天然气发动机与汽车必须符合国V排放标准。与2004年的《缺陷汽车产品召回管理规定》相比，新条例对隐瞒汽车产品缺陷、不实施召回等违法行为加大了处罚力度，将罚款额度大幅提高。

2012年12月，商务部发布《机动车强制报废标准规定》，自2013年5月1日起施行。《机动车强制报废标准规定》取消私家车15年强制报废改为60万公里引导报废，从时间标准转为安全标准，不仅更好地维护了车主权益，而且也将推动整个汽车行业的技术革新，这也意味着，汽车厂商必定会出台相应策略，加强相关技术研发，改变部分车型的市场推广思路。而且，对于二手车市场的规范和监管而言，新的报废标准也是一个不小的冲击，私家车生命周期的延长在一定程度上也就意味着二手车“货源”的增加，但是更加“长寿”的车辆也增加了安全隐患和年检难度。以次充好，修改里程数，事故车“翻新”等不良现象会更容易发生，二手车市场的管理也将面临更大的考验。

2012年12月，国家质量监督检验检疫总局发布《家用汽车产品修理、更换、退货责任规定》，自2013年10月1日起施行。《规定》将对汽车市场，尤其对售后市场将产生重要影响。对于生产企业而言，应进一步规范售后服务架构、完善售后服务渠道。而对于消费者而言，维权成本或将就此有所降低。此外，汽车三包法的出台一方面将是对其本身的考验，因为汽车作为一个内部复杂的大件消费品有其特殊性，汽车三包法需要尽量考虑周全，如果实施，未来估计也需要进行修补调整；另一方面，汽车三包法将是对汽车企业、经销商和消费者的共同考验，厂家如何勇于承担，商家如何不受夹板气，消费者如何理性维权，等等，都需要磨合。

2013年6月，国务院常务会议部署大气污染防治十条措施（以下简称国十条），其中第九条提出的将重污染天气纳入地方政府突发事件应急管理，根据污染等级及时采取重污染企业限产限排、机动车限行等措施。被业内解读为中央层面承认高速发展的汽车行业对城市空气污染负有重大责任。虽然“国十条”的主要目的是研究促进光伏产业健康发展，其中与汽车业相关的也仅仅是一条规定，但其对整个汽车行业的影响却是立竿见影的，这也被看做是有可能成为压垮全国范围内城市限制汽车的最后一根稻草——既然国务院的工作会议已经明确了地方可以自主决定是否限制汽车使用，那么一些已经被道路拥堵、空气污染等社会问题困扰、屡次传出要限行限购汽车的城市便消除了一个最大的顾虑。

2.2.6 社会文化环境

传统观念认为，市场营销是一种经济活动，经济因素是决定市场营销环境的唯一主要因素。但是，单纯用经济因素已不足以说明消费者行为的特点，例如它不能解释为什么两个收入完全相同的人或人均收入相近的两个国家，他们在消费模式上迥然不同的现象。近年来，虽然国际贸易往来越来越频繁，发达国家居民收入水平和经济技术水平越来越接近，在一定程度上产生了需求的趋同性，但实际上各个国家的消费者在需求爱好、消费模式上，却仍然存在很大的差异性。由此可见，非经济因素对市场营销具有相当重要的作用。市场营销活动不仅是经济活动，也是一种文化活动。

世界的社会文化是多姿多态的，每个国家或地区的全体社会成员都共有其基本核心文化。各个国家都有着不同的生活方式、价值观念、风俗习惯和审美观念。

1. 价值观念

价值观念是指人们对社会生活中各种事物的态度和看法。消费者由于价值观念相差甚大，对商品的需求和购买行为亦不相同。美国人喜欢提前消费、不尚储蓄，流行分期付款；偏爱产品的新颖性和时尚性，具有较多的激进的前沿消费群体。中国人喜欢存钱，留有余地，消费观念偏于传统，偏爱商品耐久实用，但现在，也出现了大量新潮青、中年消费群体，他们崇尚个性，形成了新消费风尚。

2. 风俗习惯

不同文化环境中的人们，自然环境和生活方式迥异，世代相传形成了人们的行为和思维习惯的不成文规范。主要是在饮食、服饰、居住、婚丧、信仰等方面形成了独特的心理特征、道德规范、行为方式和生活习惯。

企业应充分了解目标市场上消费者的禁忌、习俗、避讳、流行。例如，美国通用公司曾生产以 NOVA 命名的汽车，含义为“神枪手”，但在拉丁美洲的语言里其意是“跑不动”，所以该车型无法在拉美地区寻得销路。

3. 审美观念

审美观是指人们对商品的好与坏、美与丑、喜欢与嫌恶的不同评价。不同国家、地区、民族、宗教、阶层、年龄和个人，常常具有不同的审美标准。而人们的审美观念也会随着时尚变化而改变。对于企业而言生产大批量的雷同产品不能满足不同的市场需求，必须根据不同社会文化背景下的消费者审美观念及其变化趋势，来开发产品，制定市场营销策略。

在中国人眼里，作为代步工具的汽车就是“轿车”。显然，“轿车”一词系由“轿子”派生而来，是与身份和权势密切相关的。这种文化传统根深蒂固，强烈地影响了桑塔纳和富康两种轿车的命运。桑塔纳有“轿”，威风凛凛，尽管在国际市场上已经淡出，却在中国轿车市场独领风骚；富康车无“尾”，小巧玲珑，尽管在国际市场上领先一步，却在中国轿车市场上知音难觅。究其原因，是因为我国的消费者认为它“不气派”，“有头无尾”（不吉利），“断后”（断香火）。于是后来添了尾巴，而且将“东风”改为“神龙”，将“富康”改为“神龙-富康”或“神龙-富康988”，寓意即得天助，又送吉祥，才渐渐引起了国人的青睐。

2.3 汽车企业适应营销环境变化的策略

营销者必须善于分析营销环境的变化，研究相应的对策，提高企业市场营销的应变能力。只有如此，企业才能在激烈的市场竞争中立于不败之地。

2.3.1 企业营销环境分析的方法

企业只有不断地适应各种营销环境的变化，方可顺利地展开营销活动。为此，企业除了在技术上建立营销环境监测和预警系统，加强对营销环境变化的预测外，还必须掌握环境分析工具，从而主动调整营销策略，使企业的营销活动不断地适应营销环境的变化。

一般情况下，营销环境都是机会与威胁并存、利益与风险结合在一起的综合环境。所谓营销环境机会，是指由于环境变化形成的对企业营销管理富有吸引力的领域。在该市场领域里，企业将拥有竞争优势，可以将市场机会转为营销机会，利用营销机会获得营销成功。所谓营销环境威胁，是指由于环境的变化形成的对企业营销的冲击和挑战。

对汽车厂商而言，并非所有的环境机会都具有相同的吸引力，也不是所有的环境威胁都产生相同的压力。企业对于每种营销环境的变化给企业带来的机会或威胁，应从数量上或程度上予以分析，运用比较的方法，找出和抓住最有吸引力的营销机会，避开最严重的环境威胁，这就是环境分析。

环境分析的具体方法可以通过选择“潜在吸引力（或危害性）”和“成功可能性（或出现威胁的可能性）”这两个指标，根据这两个指标的具体特点去评价某种环境变化的具体特点。环境分析的具体过程可用图 2-3 表示。如果某种环境变化对企业营销机会的“潜在吸引力”大，而企业营销活动的“成功可能性”也大，即处于图 2-3（a）中右上角部分，表明该种环境变化将对企业的营销活动非常有利，企业应当抓住这样的机会。反之，如果某种营销环境变化对企业营销活动的“潜在危害性”大，而这种“危害出现的可能性”也大，即处于图 2-3（b）中右上角部分，即表明该种环境变化将对企业的营销活动产生非常不利的影响，企业应及时调整营销策略，以避开或减轻营销环境变化对企业营销活动的威胁。

弄清营销机会和避免环境威胁，是企业取得营销业绩和谋求发展的重要前提。如果综合地考察企业面临的营销机会和环境威胁，企业在营销环境的变化过程中所处的地位和类型可能是：理想企业、风险企业、成熟企业、困难企业，如图 2-4 所示。显然，以理想企业所处的环境最好，以困难企业所处环境最差。因此，各汽车企业对自己所处的地位和类型应保持清醒认识。

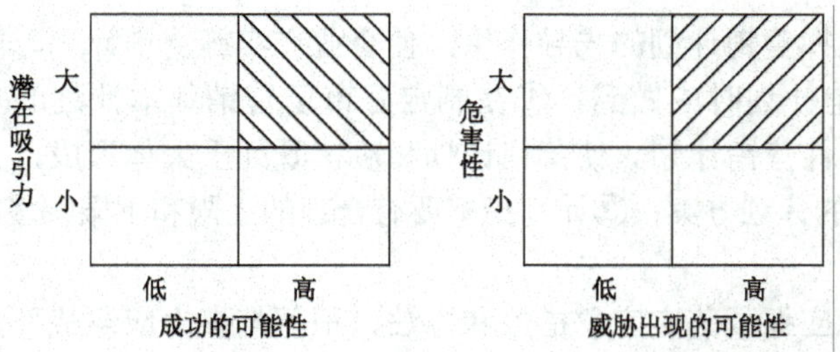

（a）机会分析　（b）威胁分析

图 2-3　营销环境分析方法

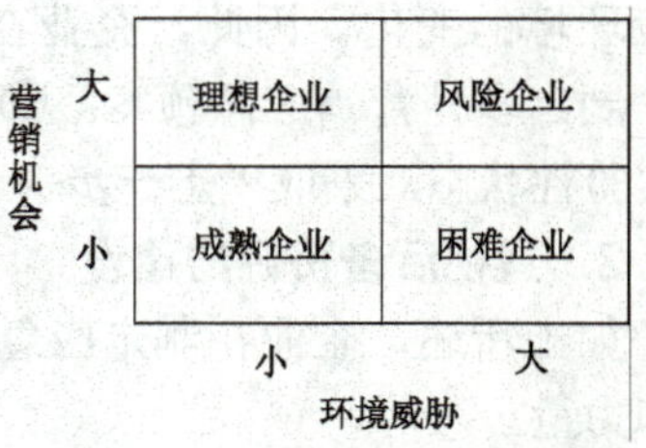

图 2-4　营销环境变化时企业的类型

2.3.2 企业应对环境变化的策略

1. 应对营销环境机会的策略

（1）及时利用策略。当市场机会与企业的营销目标一致，企业又具备利用市场机会的资源条件，并享有竞争中的差别利益时，企业应抓住时机，及时调整自己的营销策略，充分利用市场机会，求得更大的发展。

（2）待机利用策略。有些市场机会相对稳定，在短时间内不会发生变化，而企业暂时又不具备利用市场机会的必要条件，可以积极准备，创造条件，等待时机成熟时再加以利用。

（3）果断放弃策略。营销市场机会十分具有吸引力，但企业缺乏必要的条件，无法加以利用，此时企业应做出决策果断放弃。因为，任何犹豫和拖延都可能导致错过利用其他有利机会的时机，从而一事无成。

2. 企业对环境威胁的策略

对企业市场营销来说，最大的挑战莫过于环境变化对企业造成的威胁。而这些威胁的来临，一般又不为企业所控制，因此企业应做到冷静分析、沉着应付。面对环境威胁，企业可以采取以下三种策略。

（1）对抗策略。对抗策略通常被称为是积极、主动的策略。指当企业面临环境威胁时，试图通过自己的努力限制或扭转环境中不利因素的发展。显然，企业采用此种策略时必须要以企业具备足够的影响力为基础，一般只有大型企业才具有采用此种策略的条件。此外，企业在采取此种策略时，其主张和所作所为，不能倒行逆施，而应同潮流趋势一致。

（2）减轻策略。指当企业面临环境威胁时，力图通过改变自己的营销组合策略，尽量降低环境威胁对企业的负面影响程度。此种策略适宜于当企业不能控制不利因素发展时采用。一般而言，环境威胁只是对企业市场营销的现状或现行做法构成威胁，并不意味着企业就别无他途，俗话说“天无绝人之路”、“东方不亮西方亮”。企业只要认真分析环境变化的特点，找到新的营销机会，及时调整营销策略，不仅可以减轻营销损失，而且谋求更大的发展也是可能的。

（3）转移策略。指当企业面临环境威胁时，将面临环境威胁的产品转移到其他市场上去，或者将投资转移到其他更为有利的产业上去，实行多角经营，以此来避免环境变化对企业的威胁。例如，KD 方式转移生产、产品技术转移等都是转移市场的做法。但转移市场要以地区技术差异为基础，即在甲地受到威胁的产品，在乙地市场仍有发展前景。企业在决定多角经营（跨行业经营）时，必须要对企业是否在新的产业上具有经营能力作审慎分析，不可贸然进入。

2.3.3 企业适应营销环境变化的措施

为了适应环境变化，企业必须在营销实践中找到如下一些行之有效的措施。

1. 加强市场营销计划的弹性

富有弹性的市场营销计划，有利于发挥营销计划的先导作用，使企业在实施营销计划时能够适应环境的变化。因此，企业在制定营销计划时应做到：①在制定好市场营销基本计划的基础上，制定多种营销应急预案；②实施滚动性营销计划。使营销计划和决策既处于大体形成，又处于实验性状态，采取“走一步、看一步”的计划方案；③计划指标要有合理的上限和下限幅度。

2. 重视后备资源的建设

如上所述，企业在制定应急计划后，应抓紧落实应急措施和办法，积蓄打赢“应急战”的资源和力量。

3. 提高控制水平

包括企业提高对流动资金、生产物资、生产指挥和中间商等市场营销重要因素的控制水平。

4. 建立快速应变的组织保证体系

企业在组织领导体制上要有“统一指挥、个人负责”的指挥系统，完善企业内部的信息共享机制，加强各部门的协调配合，提高整个组织的灵活性和协调性。

【文摘 2.1】

节能与新能源汽车产业发展规划（2012—2020 年）

汽车产业是国民经济的重要支柱产业，在国民经济和社会发展中发挥着重要作用。随着我国经济持续快速发展和城镇化进程加速推进，今后较长一段时期汽车需求量仍将保持增长势头，由此带来的能源紧张和环境污染问题将更加突出。加快培育和发展节能汽车与新能源汽车，既是有效缓解能源和环境压力，推动汽车产业可持续发展的紧迫任务，也是加快汽车产业转型升级、培育新的经济增长点和国际竞争优势的战略举措。为落实国务院关于发展战略性新兴产业和加强节能减排工作的决策部署，加快培育和发展节能与新能源汽车产业，特制定本规划。规划期为 2012—2020 年。

一、发展现状及面临的形势

新能源汽车是指采用新型动力系统，完全或主要依靠新型能源驱动的汽车，本规划所指新能源汽车主要包括纯电动汽车、插电式混合动力汽车及燃料电池汽车。节能汽车是指以内燃机为主要动力系统，综合工况燃料消耗量优于下一阶段目标值的汽车。发展节能与新能源汽车是降低汽车燃料消耗量，缓解燃油供求矛盾，减少尾气排放，改善大气环境，促进汽车产业技术进步和优化升级的重要举措。

我国新能源汽车经过近 10 年的研究开发和示范运行，基本具备产业化发展基础，电池、电机、电子控制和系统集成等关键技术取得重大进步，纯电动汽车和插电式混合动力汽车开始小规模投放市场。近年来，汽车节能技术推广应用也取得积极进展，通过实施乘用车燃料消耗量限值标准和鼓励购买小排量汽车的财税政策等措施，先进内燃机、高效变速器、轻量化材料、整车优化设计以及混合动力等节能技术和产品得到大力推广，汽车平均燃料消耗量明显降低；天然气等替代燃料汽车技术基本成熟并初步实现产业化，形成了一定市场规模。但总体上看，我国新能源汽车整车和部分核心零部件关键技术尚未突破，产品成本高，社会配套体系不完善，产业化和市场化发展受到制约；汽车节能关键核心技术尚未完全掌握，燃料经济性与国际先进水平相比还有一定差距，节能型小排量汽车市场占有率偏低。

为应对日益突出的燃油供求矛盾和环境污染问题，世界主要汽车生产国纷纷加快部署，将发展新能源汽车作为国家战略，加快推进技术研发和产业化，同时大力发展和推广应用汽车节能技术。节能与新能源汽车已成为国际汽车产业的发展方向，未来 10 年将迎来全球汽车产业转型升级的重要战略机遇期。目前我国汽车产销规模已居世界首位，预计在未来一段时期仍将持续增长，必须抓住机遇、抓紧部署，加快培育和发展节能与新能源汽车产业，促进汽车产业优化升级，实现由汽车工业大国向汽车工业强国转变。

二、指导思想和基本原则

（一）指导思想。

以邓小平理论和“三个代表”重要思想为指导，深入贯彻落实科学发展观，把培育和发展节能与新能源汽车产业作为加快转变经济发展方式的一项重要任务，立足国情，依托产业基础，按照市场主导、创新驱动、重点突破、协调发展的要求，发挥企业主体作用，加大政策扶持力度，营造良好发展环境，提高节能与新能源汽车创新能力和产业化水平，推动汽车产业优化升级，增强汽车工业的整体竞争能力。

（二）基本原则。

坚持产业转型与技术进步相结合。加快培育和发展新能源汽车产业，推动汽车动力系统电动化转型。坚持统筹兼顾，在培育发展新能源汽车产业的同时，大力推广普及节能汽车，促进汽车产业技术升级。

坚持自主创新与开放合作相结合。加强创新发展，把技术创新作为推动我国节能与新能源汽车产业发展的主要驱动力，加快形成具有自主知识产权的技术、标准和品牌。充分利用全球创新资源，深层次开展国际科技合作与交流，探索合作新模式。

坚持政府引导与市场驱动相结合。在产业培育期，积极发挥规划引导和政策激励作用，聚集科技和产业资源，鼓励节能与新能源汽车的开发生产，引导市场消费。进入产业成熟期后，充分发挥市场对产业发展的驱动作用和配置资源的基础作用，营造良好的市场环境，促进节能与新能源汽车大规模商业化应用。

坚持培育产业与加强配套相结合。以整车为龙头，培育并带动动力电池、电机、汽车电子、先进内燃机、高效变速器等产业链加快发展。加快充电设施建设，促进充电设施与智能电网、新能源产业协调发展，做好市场营销、售后服务以及电池回收利用，形成完备的产业配套体系。

三、技术路线和主要目标

（一）技术路线。

以纯电驱动为新能源汽车发展和汽车工业转型的主要战略取向，当前重点推进纯电动汽车和插电式混合动力汽车产业化，推广普及非插电式混合动力汽车、节能内燃机汽车，提升我国汽车产业整体技术水平。

（二）主要目标。

（1）产业化取得重大进展。到2015年，纯电动汽车和插电式混合动力汽车累计产销量力争达到50万辆；到2020年，纯电动汽车和插电式混合动力汽车生产能力达200万辆、累计产销量超过500万辆，燃料电池汽车、车用氢能源产业与国际同步发展。

（2）燃料经济性显著改善。到2015年，当年生产的乘用车平均燃料消耗量降至6.9升/百公里，节能型乘用车燃料消耗量降至5.9升/百公里以下。到2020年，当年生产的乘用车平均燃料消耗量降至5.0升/百公里，节能型乘用车燃料消耗量降至4.5升/百公里以下；商用车新车燃料消耗量接近国际先进水平。

（3）技术水平大幅提高。新能源汽车、动力电池及关键零部件技术整体上达到国际先进水平，掌握混合动力、先进内燃机、高效变速器、汽车电子和轻量化材料等汽车节能关键核心技术，形成一批具有较强竞争力的节能与新能源汽车企业。

（4）配套能力明显增强。关键零部件技术水平和生产规模基本满足国内市场需求。充电设施建设与新能源汽车产销规模相适应，满足重点区域内或城际间新能源汽车运行需要。

（5）管理制度较为完善。建立起有效的节能与新能源汽车企业和产品相关管理制度，构建市场营销、售后服务及动力电池回收利用体系，完善扶持政策，形成比较完备的技术标准和管理规范体系。

四、主要任务

（一）实施节能与新能源汽车技术创新工程。

增强技术创新能力是培育和发展节能与新能源汽车产业的中心环节，要强化企业在技术创新中的主体地位，引导创新要素向优势企业集聚，完善以企业为主体、市场为导向、产学研用相结合的技术创新体系，通过国家科技计划、专项等渠道加大支持力度，突破关键核心技术，提升产业竞争力。

（1）加强新能源汽车关键核心技术研究。大力推进动力电池技术创新，重点开展动力电池系统安全性、可靠性研究和轻量化设计，加快研制动力电池正负极、隔膜、电解质等关键材料及其生产、控制与检测等装备，开发新型超级电容器及其与电池组合系统，推进动力电池及相关零配件、组合件的标准化和系列化；在动力电池重大基础和前沿技术领域超前部署，重点开展高比能动力电池新材料、新体系以及新结构、新工艺等研究，集中力量突破一批支撑长远发展的关键共性技术。加强新能源汽车关键零部件研发，重点支持驱动电机系统及核心材料，电动空调、电动转向、电动制动器等电动化附件的研发。开展燃料电池电堆、发动机及其关键材料核心技术研究。把握世界新能源汽车发展动向，对其他类型的新能源汽车技术加大研究力度。

到2015年，纯电动乘用车、插电式混合动力乘用车最高车速不低于100千米/小时，纯电驱动模式下综合工况续驶里程分别不低于150千米和50千米；动力电池模块比能量达到150瓦时/千克以上，成本降至2元/瓦时以下，循环使用寿命稳定达到2000次或10年以上；电驱动系统功率密度达到2.5千瓦/千克以上，成本降至200元/千瓦以下。到2020年，动力电池模块比能量达到300瓦时/千克以上，成本降至1.5元/瓦时以下。

（2）加大节能汽车技术研发力度。以大幅提高汽车燃料经济性水平为目标，积极推进汽车节能技术集成创新和引进消化吸收再创新。重点开展混合动力技术研究，开发混合动力专用发动机和机电耦合装置，支持开展柴油机高压共轨、汽油机缸内直喷、均质燃烧以及涡轮增压等高效内燃机技术和先进电子控制技术的研发；支持研制六挡及以上机械变速器、双离合器式自动变速器、商用车自动控制机械变速器；突破低阻零部件、轻量化材料与激光拼焊成型技术，大幅提高小排量发动机的技术水平。开展高效控制氮氧化物等污染物排放技术研究。

（3）加快建立节能与新能源汽车研发体系。引导企业加大节能与新能源汽车研发投入，鼓励建立跨行业的节能与新能源汽车技术发展联盟，加快建设共性技术平台。重点开展纯电动乘用车、插电式混合动力乘用车、混合动力商用车、燃料电池汽车等关键核心技术研发；建立相关行业共享的测试平台、产品开发数据库和专利数据库，实现资源共享；整合现有科技资源，建设若干国家级整车及零部件研究试验基地，构建完善的技术创新基础平台；建设若干具有国际先进水平的工程化平台，发展一批企业主导、科研机构和高等院校积极参与的产业技术创新联盟。推动企业实施商标品牌战略，加强知识产权的创造、运用、保护和管理，构建全产业链的专利体系，提升产业竞争能力。

（二）科学规划产业布局。

我国已建设形成完整的汽车产业体系，发展节能与新能源汽车既要利用好现有产业基础，也要充分发挥市场机制作用，加强规划引导，以提高发展效率。

（1）统筹发展新能源汽车整车生产能力。根据产业发展的实际需要和产业政策要求，合理发展新能源汽车整车生产能力。现有汽车企业实施改扩建时要统筹考虑建设新能源汽车产能。在产业发展过程中，要注意防止低水平盲目投资和重复建设。

（2）重点建设动力电池产业聚集区域。积极推进动力电池规模化生产，加快培育和发展一批具有持续创新能力的动力电池生产企业，力争形成2～3家产销规模超过百亿瓦时、具有关键材料研发生产能力的龙头企业，并在正负极、隔膜、电解质等关键材料领域分别形成2～3家骨干生产企业。

（3）增强关键零部件研发生产能力。鼓励有关市场主体积极参与、加大投入力度，发展一批符合产业链聚集要求、具有较强技术创新能力的关键零部件企业，在驱动电机、高效变速器等领域分别培育2～3家骨干企业，支持发展整车企业参股具有较强国际竞争力的专业化汽车电子企业。

（三）加快推广应用和试点示范。

新能源汽车尚处于产业化初期，需要加大政策支持力度，积极开展推广试点示范，加快培育市场，推动技术进步和产业发展。节能汽车已具备产业化基础，需要综合采用标准约束、财税支持等措施加以推广普及。

（1）扎实推进新能源汽车试点示范。在大中型城市扩大公共服务领域新能源汽车示范推广范围，开展私人购买新能源汽车补贴试点，重点在国家确定的试点城市集中开展新能源汽车产品性能验证及生产使用、售后服务、电池回收利用的综合评价。探索具有商业可行性的市场推广模式，协调发展充电设施，形成试点带动技术进步和产业发展的有效机制。

探索新能源汽车及电池租赁、充换电服务等多种商业模式，形成一批优质的新能源汽车服务企业。继续开展燃料电池汽车运行示范，提高燃料电池系统的可靠性和耐久性，带动氢的制造、储运和加注技术发展。

（2）大力推广普及节能汽车。建立完善的汽车节能管理制度，促进混合动力等各类先进节能技术的研发和应用，加快推广普及节能汽车。出台以企业平均燃料消耗量和分阶段目标值为基础的汽车燃料消耗量管理办法，2012 年开始逐步对在中国境内销售的国产、进口汽车实施燃料消耗量管理，切实开展相关测试和评价考核工作，并提出2016～2020年汽车产品节能技术指标和年度要求。实施重型商用车燃料消耗量标示制度和氮氧化物等污染物排放公示制度。

（3）因地制宜发展替代燃料汽车。发展替代燃料汽车是减少车用燃油消耗的必要补充。积极开展车用替代燃料制造技术的研发和应用，鼓励天然气（包括液化天然气）、生物燃料等资源丰富的地区发展替代燃料汽车。探索其他替代燃料汽车技术应用途径，促进车用能源多元化发展。

（四）积极推进充电设施建设。

完善的充电设施是发展新能源汽车产业的重要保障。要科学规划，加强技术开发，探索有效的商业运营模式，积极推进充电设施建设，适应新能源汽车产业化发展的需要。

（1）制定总体发展规划。研究制定新能源汽车充电设施总体发展规划，支持各类适用技术发展，根据新能源汽车产业化进程积极推进充电设施建设。在产业发展初期，重点在试点城市建设充电设施。试点城市应按集约化利用土地、标准化施工建设、满足消费者需求的原则，将充电设施纳入城市综合交通运输体系规划和城市建设相关行业规划，科学确定建设规模和选址分布，适度超前建设，积极试行个人和公共停车位分散慢充等充电技术模式。通过总结试点经验，确定符合区域实际和新能源汽车特点的充电设施发展方向。

（2）开展充电设施关键技术研究。加快制定充电设施设计、建设、运行管理规范及相关技术标准，研究开发充电设施连网、监控、计量、计费设备和技术，开展车网融合技术研究和应用，探索新能源汽车作为移动式储能单元与电网实现能量和信息双向互动的机制。

（3）探索商业运营模式。试点城市应加大政府投入力度，积极吸引社会资金参与，根据当地电力供应和土地资源状况，因地制宜建设慢速充电桩、公共快速充换电等设施。鼓励成立独立运营的充换电企业，建立分时段充电定价机制，逐步实现充电设施建设和管理市场化、社会化。

（五）加强动力电池梯级利用和回收管理。

制定动力电池回收利用管理办法，建立动力电池梯级利用和回收管理体系，明确各相关方的责任、权利和义务。引导动力电池生产企业加强对废旧电池的回收利用，鼓励发展专业化的电池回收利用企业。严格设定动力电池回收利用企业的准入条件，明确动力电池收集、存储、运输、处理、再生利用及最终处置等各环节的技术标准和管理要求。加强监管，督促相关企业提高技术水平，严格落实各项环保规定，严防重金属污染。

五、保障措施

（一）完善标准体系和准入管理制度。

进一步完善新能源汽车准入管理制度和汽车产品公告制度，严格执行准入条件、认证要求。加强新能源汽车安全标准的研究与制定，根据应用示范和规模化发展需要，加快研究制定新能源汽车以及充电、加注技术和设施的相关标准。制定并实施分阶段的乘用车、轻型商用车和重型商用车燃料消耗量目标值标准。积极参与制定国际标准。2013 年前，基本建立与产业发展和能源规划相适应的节能与新能源汽车标准体系。

（二）加大财税政策支持力度。

中央财政安排资金，对实施节能与新能源汽车技术创新工程给予适当支持，引导企业在技术开发、工程化、标准制定、市场应用等环节加大投入力度，构建产学研用相结合的技术创新体系；对公共服务领域节能与新能源汽车示范、私人购买新能源汽车试点给予补贴，鼓励消费者购买使用节能汽车；发挥政府采购的导向作用，逐步扩大公共机构采购节能与新能源汽车的规模；研究基于汽车燃料消耗水平的奖惩政策，完善相关法律法规。新能源汽车示范城市安排一定资金，重点用于支持充电设施建设、建立电池梯级利用和回收体系等。

研究完善汽车税收政策体系。节能与新能源汽车及其关键零部件企业，经认定取得高新技术企业所得税优惠资格的，可以依法享受相关优惠政策。节能与新能源汽车及其关键零部件企业从事技术开发、转让及相关咨询、服务业务所取得的收入，可按规定享受营业税免税政策。

（三）强化金融服务支撑。

引导金融机构建立鼓励节能与新能源汽车产业发展的信贷管理和贷款评审制度，积极推进知识产权质押融资、产业链融资等金融产品创新，加快建立包括财政出资和社会资金投入在内的多层次担保体系，综合运用风险补偿等政策，促进加大金融支持力度。支持符合条件的节能与新能源汽车及关键零部件企业在境内外上市、发行债务融资工具；支持符合条件的上市公司进行再融资。按照政府引导、市场运作、管理规范、支持创新的原则，支持地方设立节能与新能源汽车创业投资基金，符合条件的可按规定申请中央财政参股，引导社会资金以多种方式投资节能与新能源汽车产业。

（四）营造有利于产业发展的良好环境。

大力发展有利于扩大节能与新能源汽车市场规模的专业服务、增值服务等新业态，建立新能源汽车金融信贷、保险、租赁、物流、二手车交易以及动力电池回收利用等市场营销和售后服务体系，发展新能源汽车及关键零部件质量安全检测服务平台。研究实行新能源汽车停车费减免、充电费优惠等扶持政策。有关地方实施限号行驶、牌照额度拍卖、购车配额指标等措施时，应对新能源汽车区别对待。

（五）加强人才队伍保障。

牢固树立人才第一的思想，建立多层次的人才培养体系，加大人才培养力度。以国家有关专项工程为依托，在节能与新能源汽车关键核心技术领域，培养一批国际知名的领军人才。加强电化学、新材料、汽车电子、车辆工程、机电一体化等相关学科建设，培养技术研究、产品开发、经营管理、知识产权和技术应用等人才。按照《国家中长期人才发展规划纲要（2010—2020年）》的有关要求推进人才引进工作，鼓励企业、高校和科研机构从国外引进优秀人才。重视发展职业教育和岗位技能提升培训，加大工程技术人员和专业技能人才的培养力度。

（六）积极发挥国际合作的作用。

支持汽车企业、高校和科研机构在节能与新能源汽车基础和前沿技术领域开展国际合作研究，进行全球研发服务外包，在境外设立研发机构、开展联合研发和向国外提交专利申请。积极创造条件开展多种形式的技术交流与合作，学习和借鉴国外先进技术和经验。完善出口信贷、保险等政策，支持新能源汽车产品、技术和服务出口。支持企业通过在境外注册商标、境外收购等方式培育国际化品牌。充分发挥各种多双边合作机制的作用，加强技术标准、政策法规等方面国际交流与协调，合作探索推广新能源汽车的新型商业化模式。

六、规划实施

成立由工业和信息化部牵头，发展改革委、科技部、财政部等部门参加的节能与新能源汽车产业发展部际协调机制，加强组织领导和统筹协调，综合采取多种措施，形成工作合力，加快推进节能与新能源汽车产业发展。各有关部门根据职能分工制定本部门工作计划和配套政策措施，确保完成规划提出的各项目标任务。

有关地区要按照规划确定的目标、任务和政策措施，结合当地实际制定具体落实方案，切实抓好组织实施，确保取得实效。具体工作方案和实施过程中出现的新情况、新问题要及时报送有关部门。

【文摘2.2】

缺陷汽车产品召回管理条例

第一条 为了规范缺陷汽车产品召回，加强监督管理，保障人身、财产安全，制定本条例。

第二条 在中国境内生产、销售的汽车和汽车挂车（以下统称汽车产品）的召回及其监督管理，适用本条例。

第三条 本条例所称缺陷，是指由于设计、制造、标识等原因导致的在同一批次、型号或者类别的汽车产品中普遍存在的不符合保障人身、财产安全的国家标准、行业标准的情形或者其他危及人身、财产安全的不合理的危险。

本条例所称召回，是指汽车产品生产者对其已售出的汽车产品采取措施消除缺陷的活动。

第四条 国务院产品质量监督部门负责全国缺陷汽车产品召回的监督管理工作。

国务院有关部门在各自职责范围内负责缺陷汽车产品召回的相关监督管理工作。

第五条 国务院产品质量监督部门根据工作需要，可以委托省、自治区、直辖市人民政府产品质量监督部门、进出口商品检验机构负责缺陷汽车产品召回监督管理的部分工作。

国务院产品质量监督部门缺陷产品召回技术机构按照国务院产品质量监督部门的规定，承担缺陷汽车产品召回的具体技术工作。

第六条 任何单位和个人有权向产品质量监督部门投诉汽车产品可能存在的缺陷，国务院产品质量监督部门应当以便于公众知晓的方式向社会公布受理投诉的电话、电子邮箱和通信地址。

国务院产品质量监督部门应当建立缺陷汽车产品召回信息管理系统，收集汇总、分析处理有关缺陷汽车产品信息。

产品质量监督部门、汽车产品主管部门、商务主管部门、海关、公安机关交通管理部门、交通运输主管部门、工商行政管理部门等有关部门应当建立汽车产品的生产、销售、进口、登记检验、维修、消费者投诉、召回等信息的共享机制。

第七条 产品质量监督部门和有关部门、机构及其工作人员对履行本条例规定职责所知悉的商业秘密和个人信息，不得泄露。

第八条 对缺陷汽车产品，生产者应当依照本条例全部召回；生产者未实施召回的，国务院产品质量监督部门应当依照本条例责令其召回。

本条例所称生产者，是指在中国境内依法设立的生产汽车产品并以其名义颁发产品合格证的企业。

从中国境外进口汽车产品到境内销售的企业，视为前款所称的生产者。

第九条 生产者应当建立并保存汽车产品设计、制造、标识、检验等方面的信息记录以及汽车产品初次销售的车主信息记录，保存期不得少于 10 年。

第十条 生产者应当将下列信息报国务院产品质量监督部门备案：

（一）生产者基本信息；

（二）汽车产品技术参数和汽车产品初次销售的车主信息；

（三）因汽车产品存在危及人身、财产安全的故障而发生修理、更换、退货的信息；

（四）汽车产品在中国境外实施召回的信息；

（五）国务院产品质量监督部门要求备案的其他信息。

第十一条 销售、租赁、维修汽车产品的经营者（以下统称经营者）应当按照国务院产品质量监督部门的规定建立并保存汽车产品相关信息记录，保存期不得少于 5 年。

经营者获知汽车产品存在缺陷的，应当立即停止销售、租赁、使用缺陷汽车产品，并协助生产者实施召回。

经营者应当向国务院产品质量监督部门报告和向生产者通报所获知的汽车产品可能存在缺陷的相关信息。

第十二条 生产者获知汽车产品可能存在缺陷的，应当立即组织调查分析，并如实向国务院产品质量监督部门报告调查分析结果。

生产者确认汽车产品存在缺陷的，应当立即停止生产、销售、进口缺陷汽车产品，并实施召回。

第十三条 国务院产品质量监督部门获知汽车产品可能存在缺陷的，应当立即通知生产者开展调查分析；生产者未按照通知开展调查分析的，国务院产品质量监督部门应当开展缺陷调查。

国务院产品质量监督部门认为汽车产品可能存在会造成严重后果的缺陷的，可以直接开展缺陷调查。

第十四条 国务院产品质量监督部门开展缺陷调查，可以进入生产者、经营者的生产经营场所进行现场调查，查阅、复制相关资料和记录，向相关单位和个人了解汽车产品可能存在缺陷的情况。

生产者应当配合缺陷调查，提供调查需要的有关资料、产品和专用设备。经营者应当配合缺陷调查，提供调查需要的有关资料。

国务院产品质量监督部门不得将生产者、经营者提供的资料、产品和专用设备用于缺陷调查所需的技术检测和鉴定以外的用途。

第十五条 国务院产品质量监督部门调查认为汽车产品存在缺陷的，应当通知生产者实施召回。

生产者认为其汽车产品不存在缺陷的，可以自收到通知之日起 15 个工作日内向国务院产品质量监督部门提出异议，并提供证明材料。国务院产品质量监督部门应当组织与生产者无利害关系的专家对证明材料进行论证，必要时对汽车产品进行技术检测或者鉴定。

生产者既不按照通知实施召回又不在本条第二款规定期限内提出异议的，或者经国务院产品质量监督部门依照本条第二款规定组织论证、技术检测、鉴定确认汽车产品存在缺陷的，国务院产品质量监督部门应当责令生产者实施召回；生产者应当立即停止生产、销售、进口缺陷汽车产品，并实施召回。

第十六条 生产者实施召回，应当按照国务院产品质量监督部门的规定制定召回计划，并报国务院产品质量监督部门备案。修改已备案的召回计划应当重新备案。

生产者应当按照召回计划实施召回。

第十七条 生产者应当将报国务院产品质量监督部门备案的召回计划同时通报销售者，销售者应当停止销售缺陷汽车产品。

第十八条 生产者实施召回，应当以便于公众知晓的方式发布信息，告知车主汽车产品存在的缺陷、避免损害发生的应急处置方法和生产者消除缺陷的措施等事项。

国务院产品质量监督部门应当及时向社会公布已经确认的缺陷汽车产品信息以及生产者实施召回的相关信息。

车主应当配合生产者实施召回。

第十九条 对实施召回的缺陷汽车产品，生产者应当及时采取修正或者补充标识、修理、更换、退货等措施消除缺陷。

生产者应当承担消除缺陷的费用和必要的运送缺陷汽车产品的费用。

第二十条 生产者应当按照国务院产品质量监督部门的规定提交召回阶段性报告和召回总结报告。

第二十一条 国务院产品质量监督部门应当对召回实施情况进行监督，并组织与生产者无利害关系的专家对生产者消除缺陷的效果进行评估。

第二十二条 生产者违反本条例规定，有下列情形之一的，由产品质量监督部门责令改正；拒不改正的，处5万元以上20万元以下的罚款：

（一）未按照规定保存有关汽车产品、车主的信息记录；

（二）未按照规定备案有关信息、召回计划；

（三）未按照规定提交有关召回报告。

第二十三条 违反本条例规定，有下列情形之一的，由产品质量监督部门责令改正；拒不改正的，处50万元以上100万元以下的罚款；有违法所得的，并处没收违法所得；情节严重的，由许可机关吊销有关许可：

（一）生产者、经营者不配合产品质量监督部门缺陷调查；

（二）生产者未按照已备案的召回计划实施召回；

（三）生产者未将召回计划通报销售者。

第二十四条 生产者违反本条例规定，有下列情形之一的，由产品质量监督部门责令改正，处缺陷汽车产品货值金额 1%以上 10%以下的罚款；有违法所得的，并处没收违法所得；情节严重的，由许可机关吊销有关许可：

（一）未停止生产、销售或者进口缺陷汽车产品；

（二）隐瞒缺陷情况；

（三）经责令召回拒不召回。

第二十五条 违反本条例规定，从事缺陷汽车产品召回监督管理工作的人员有下列行为之一的，依法给予处分：

（一）将生产者、经营者提供的资料、产品和专用设备用于缺陷调查所需的技术检测和鉴定以外的用途；

（二）泄露当事人商业秘密或者个人信息；

（三）其他玩忽职守、徇私舞弊、滥用职权行为。

第二十六条 违反本条例规定，构成犯罪的，依法追究刑事责任。

第二十七条 汽车产品出厂时未随车装备的轮胎存在缺陷的，由轮胎的生产者负责召回。具体办法由国务院产品质量监督部门参照本条例制定。

第二十八条 生产者依照本条例召回缺陷汽车产品，不免除其依法应当承担的责任。

汽车产品存在本条例规定的缺陷以外的质量问题的，车主有权依照产品质量法、消费者权益保护法等法律、行政法规和国家有关规定以及合同约定，要求生产者、销售者承担修理、更换、退货、赔偿损失等相应的法律责任。

第二十九条 本条例自2013年1月1日起施行。

【文摘2.3】

家用汽车产品修理、更换、退货责任规定

第一章 总 则

第一条 为了保护家用汽车产品消费者的合法权益，明确家用汽车产品修理、更换、退货（以下简称三包）责任，根据有关法律法规，制定本规定。

第二条 在中华人民共和国境内生产、销售的家用汽车产品的三包，适用本规定。

第三条 本规定是家用汽车产品三包责任的基本要求。鼓励家用汽车产品经营者做出更有利于维护消费

者合法权益的严于本规定的三包责任承诺；承诺一经作出，应当依法履行。

第四条 本规定所称三包责任由销售者依法承担。销售者依照规定承担三包责任后，属于生产者的责任或者属于其他经营者的责任的，销售者有权向生产者、其他经营者追偿。

家用汽车产品经营者之间可以订立合同约定三包责任的承担，但不得侵害消费者的合法权益，不得免除本规定所规定的三包责任和质量义务。

第五条 家用汽车产品消费者、经营者行使权利、履行义务或承担责任，应当遵循诚实信用原则，不得恶意欺诈。

家用汽车产品经营者不得故意拖延或者无正当理由拒绝消费者提出的符合本规定的三包责任要求。

第六条 国家质量监督检验检疫总局（以下简称国家质检总局）负责本规定实施的协调指导和监督管理；组织建立家用汽车产品三包信息公开制度，并可以依法委托相关机构建立家用汽车产品三包信息系统，承担有关信息管理等工作。

地方各级质量技术监督部门负责本行政区域内本规定实施的协调指导和监督管理。

第七条 各有关部门、机构及其工作人员对履行规定职责所知悉的商业秘密和个人信息依法负有保密义务。

第二章 生产者义务

第八条 生产者应当严格执行出厂检验制度；未经检验合格的家用汽车产品，不得出厂销售。

第九条 生产者应当向国家质检总局备案生产者基本信息、车型信息、约定的销售和修理网点资料、产品使用说明书、三包凭证、维修保养手册、三包责任争议处理和退换车信息等家用汽车产品三包有关信息，并在信息发生变化时及时更新备案。

第十条 家用汽车产品应当具有中文的产品合格证或相关证明以及产品使用说明书、三包凭证、维修保养手册等随车文件。

产品使用说明书应当符合消费品使用说明等国家标准规定的要求。家用汽车产品所具有的使用性能、安全性能在相关标准中没有规定的，其性能指标、工作条件、工作环境等要求应当在产品使用说明书中明示。

三包凭证应当包括以下内容：产品品牌、型号、车辆类型规格、车辆识别代号（VIN）、生产日期；生产者名称、地址、邮政编码、客服电话；销售者名称、地址、邮政编码、电话等销售网点资料、销售日期；修理者名称、地址、邮政编码、电话等修理网点资料或者相关查询方式；家用汽车产品三包条款、包修期和三包有效期以及按照规定要求应当明示的其他内容。

维修保养手册应当格式规范、内容实用。

随车提供工具、备件等物品的，应附有随车物品清单。

第三章 销售者义务

第十一条 销售者应当建立并执行进货检查验收制度，验明家用汽车产品合格证等相关证明和其他标识。

第十二条 销售者销售家用汽车产品，应当符合下列要求：

（一）向消费者交付合格的家用汽车产品以及发票；

（二）按照随车物品清单等随车文件向消费者交付随车工具、备件等物品；

（三）当面查验家用汽车产品的外观、内饰等现场可查验的质量状况；

（四）明示并交付产品使用说明书、三包凭证、维修保养手册等随车文件；

（五）明示家用汽车产品三包条款、包修期和三包有效期；

（六）明示由生产者约定的修理者名称、地址和联系电话等修理网点资料，但不得限制消费者在上述修理网点中自主选择修理者；

（七）在三包凭证上填写有关销售信息；

（八）提醒消费者阅读安全注意事项、按产品使用说明书的要求进行使用和维护保养。

对于进口家用汽车产品，销售者还应当明示并交付海关出具的货物进口证明和出入境检验检疫机构出具的进口机动车辆检验证明等资料。

第四章　修理者义务

第十三条　修理者应当建立并执行修理记录存档制度。书面修理记录应当一式两份，一份存档，一份提供给消费者。

修理记录内容应当包括送修时间、行驶里程、送修问题、检查结果、修理项目、更换的零部件名称和编号、材料费、工时和工时费、拖运费、提供备用车的信息或者交通费用补偿金额、交车时间、修理者和消费者签名或盖章等。

修理记录应当便于消费者查阅或复制。

第十四条　修理者应当保持修理所需要的零部件的合理储备，确保修理工作的正常进行，避免因缺少零部件而延误修理时间。

第十五条　用于家用汽车产品修理的零部件应当是生产者提供或者认可的合格零部件，且其质量不低于家用汽车产品生产装配线上的产品。

第十六条　在家用汽车产品包修期和三包有效期内，家用汽车产品出现产品质量问题或严重安全性能故障而不能安全行驶或者无法行驶的，应当提供电话咨询修理服务；电话咨询服务无法解决的，应当开展现场修理服务，并承担合理的车辆拖运费。

第五章　三包责任

第十七条　家用汽车产品包修期限不低于 3 年或者行驶里程 60000 公里，以先到者为准；家用汽车产品三包有效期限不低于 2 年或者行驶里程 50000 公里，以先到者为准。家用汽车产品包修期和三包有效期自销售者开具购车发票之日起计算。

第十八条　在家用汽车产品包修期内，家用汽车产品出现产品质量问题，消费者凭三包凭证由修理者免费修理（包括工时费和材料费）。

家用汽车产品自销售者开具购车发票之日起 60 日内或者行驶里程 3000 公里之内（以先到者为准），发动机、变速器的主要零件出现产品质量问题的，消费者可以选择免费更换发动机、变速器。发动机、变速器的主要零件的种类范围由生产者明示在三包凭证上，其种类范围应当符合国家相关标准或规定，具体要求由国家质检总局另行规定。

家用汽车产品的易损耗零部件在其质量保证期内出现产品质量问题的，消费者可以选择免费更换易损耗零部件。易损耗零部件的种类范围及其质量保证期由生产者明示在三包凭证上。生产者明示的易损耗零部件的种类范围应当符合国家相关标准或规定，具体要求由国家质检总局另行规定。

第十九条　在家用汽车产品包修期内，因产品质量问题每次修理时间（包括等待修理备用件时间）超过 5 日的，应当为消费者提供备用车，或者给予合理的交通费用补偿。

修理时间自消费者与修理者确定修理之时起，至完成修理之时止。一次修理占用时间不足 24 小时的，以 1 日计。

第二十条　在家用汽车产品三包有效期内，符合本规定更换、退货条件的，消费者凭三包凭证、购车发票等由销售者更换、退货。

家用汽车产品自销售者开具购车发票之日起 60 日内或者行驶里程 3000 公里之内（以先到者为准），家用汽车产品出现转向系统失效、制动系统失效、车身开裂或燃油泄漏，消费者选择更换家用汽车产品或退货的，销售者应当负责免费更换或退货。

在家用汽车产品三包有效期内，发生下列情况之一，消费者选择更换或退货的，销售者应当负责更换或退货：

（一）因严重安全性能故障累计进行了 2 次修理，严重安全性能故障仍未排除或者又出现新的严重安全性能故障的；

（二）发动机、变速器累计更换 2 次后，或者发动机、变速器的同一主要零件因其质量问题，累计更换 2 次后，仍不能正常使用的，发动机、变速器与其主要零件更换次数不重复计算；

（三）转向系统、制动系统、悬架系统、前/后桥、车身的同一主要零件因其质量问题，累计更换 2 次后，仍不能正常使用的；

转向系统、制动系统、悬架系统、前/后桥、车身的主要零件由生产者明示在三包凭证上，其种类范围应当符合国家相关标准或规定，具体要求由国家质检总局另行规定。

第二十一条 在家用汽车产品三包有效期内，因产品质量问题修理时间累计超过 35 日的，或者因同一产品质量问题累计修理超过 5 次的，消费者可以凭三包凭证、购车发票，由销售者负责更换。

下列情形所占用的时间不计入前款规定的修理时间：

（一）需要根据车辆识别代号（VIN）等定制的防盗系统、全车线束等特殊零部件的运输时间；特殊零部件的种类范围由生产者明示在三包凭证上；

（二）外出救援路途所占用的时间。

第二十二条 在家用汽车产品三包有效期内，符合更换条件的，销售者应当及时向消费者更换新的合格的同品牌同型号家用汽车产品；无同品牌同型号家用汽车产品更换的，销售者应当及时向消费者更换不低于原车配置的家用汽车产品。

第二十三条 在家用汽车产品三包有效期内，符合更换条件，销售者无同品牌同型号家用汽车产品，也无不低于原车配置的家用汽车产品向消费者更换的，消费者可以选择退货，销售者应当负责为消费者退货。

第二十四条 在家用汽车产品三包有效期内，符合更换条件的，销售者应当自消费者要求换货之日起 15 个工作日内向消费者出具更换家用汽车产品证明。

在家用汽车产品三包有效期内，符合退货条件的，销售者应当自消费者要求退货之日起 15 个工作日内向消费者出具退车证明，并负责为消费者按发票价格一次性退清货款。

家用汽车产品更换或退货的，应当按照有关法律法规规定办理车辆登记等相关手续。

第二十五条 按照本规定更换或者退货的，消费者应当支付因使用家用汽车产品所产生的合理使用补偿，销售者依照本规定应当免费更换、退货的除外。

合理使用补偿费用的计算公式为：[（车价款（元）×行驶里程（km））/1000]×n。使用补偿系数 n 由生产者根据家用汽车产品使用时间、使用状况等因素为 0.5%～0.8%确定，并在三包凭证中明示。

家用汽车产品更换或者退货的，发生的税费按照国家有关规定执行。

第二十六条 在家用汽车产品三包有效期内，消费者书面要求更换、退货的，销售者应当自收到消费者书面要求更换、退货之日起 10 个工作日内，作出书面答复。逾期未答复或者未按本规定负责更换、退货的，视为故意拖延或者无正当理由拒绝。

第二十七条 消费者遗失家用汽车产品三包凭证的，销售者、生产者应当在接到消费者申请后 10 个工作日内予以补办。消费者向销售者、生产者申请补办三包凭证后，可以依照本规定继续享有相应权利。

按照本规定更换家用汽车产品后，销售者、生产者应当向消费者提供新的三包凭证，家用汽车产品包修期和三包有效期自更换之日起重新计算。

在家用汽车产品包修期和三包有效期内发生家用汽车产品所有权转移的，三包凭证应当随车转移，三包责任不因汽车所有权转移而改变。

第二十八条 经营者破产、合并、分立、变更的，其三包责任按照有关法律法规规定执行。

第六章 三包责任免除

第二十九条 易损耗零部件超出生产者明示的质量保证期出现产品质量问题的，经营者可以不承担本规定所规定的家用汽车产品三包责任。

第三十条 在家用汽车产品包修期和三包有效期内，存在下列情形之一的，经营者对所涉及产品质量问题，可以不承担本规定所规定的三包责任：

（一）消费者所购家用汽车产品已被书面告知存在瑕疵的；

（二）家用汽车产品用于出租或者其他营运目的的；

（三）使用说明书中明示不得改装、调整、拆卸，但消费者自行改装、调整、拆卸而造成损坏的；

（四）发生产品质量问题，消费者自行处置不当而造成损坏的；

（五）因消费者未按照使用说明书要求正确使用、维护、修理产品，而造成损坏的；

（六）因不可抗力造成损坏的。

第三十一条 在家用汽车产品包修期和三包有效期内，无有效发票和三包凭证的，经营者可以不承担本规定所规定的三包责任。

第七章 争议的处理

第三十二条 家用汽车产品三包责任发生争议的，消费者可以与经营者协商解决；可以依法向各级消费者权益保护组织等第三方社会中介机构请求调解解决；可以依法向质量技术监督部门等有关行政部门申诉进行处理。

家用汽车产品三包责任争议双方不愿通过协商、调解解决或者协商、调解无法达成一致的，可以根据协议申请仲裁，也可以依法向人民法院起诉。

第三十三条 经营者应当妥善处理消费者对家用汽车产品三包问题的咨询、查询和投诉。

经营者和消费者应积极配合质量技术监督部门等有关行政部门、有关机构等对家用汽车产品三包责任争议的处理。

第三十四条 省级以上质量技术监督部门可以组织建立家用汽车产品三包责任争议处理技术咨询人员库，为争议处理提供技术咨询；经争议双方同意，可以选择技术咨询人员参与争议处理，技术咨询人员咨询费用由双方协商解决。

经营者和消费者应当配合质量技术监督部门家用汽车产品三包责任争议处理技术咨询人员库建设，推荐技术咨询人员，提供必要的技术咨询。

第三十五条 质量技术监督部门处理家用汽车产品三包责任争议，按照产品质量申诉处理有关规定执行。

第三十六条 处理家用汽车产品三包责任争议，需要对相关产品进行检验和鉴定的，按照产品质量仲裁检验和产品质量鉴定有关规定执行。

第八章 罚 则

第三十七条 违反本规定第九条规定的，予以警告，责令限期改正，处1万元以上3万元以下罚款。

第三十八条 违反本规定第十条规定，构成有关法律法规规定的违法行为的，依法予以处罚；未构成有关法律法规规定的违法行为的，予以警告，责令限期改正；情节严重的，处1万元以上3万元以下罚款。

第三十九条 违反本规定第十二条规定，构成有关法律法规规定的违法行为的，依法予以处罚；未构成有关法律法规规定的违法行为的，予以警告，责令限期改正；情节严重的，处3万元以下罚款。

第四十条 违反本规定第十三条、第十四条、第十五条或第十六条规定的，予以警告，责令限期改正；情节严重的，处3万元以下罚款。

第四十一条 未按本规定承担三包责任的，责令改正，并依法向社会公布。

第四十二条 本规定所规定的行政处罚，由县级以上质量技术监督部门等部门在职权范围内依法实施，并将违法行为记入质量信用档案。

第九章 附 则

第四十三条 本规定下列用语的含义：

家用汽车产品，是指消费者为生活消费需要而购买和使用的乘用车。

乘用车，是指相关国家标准规定的除专用乘用车之外的乘用车。

生产者，是指在中华人民共和国境内依法设立的生产家用汽车产品并以其名义颁发产品合格证的单位。从中华人民共和国境外进口家用汽车产品到境内销售的单位视同生产者。

销售者，是指以自己的名义向消费者直接销售、交付家用汽车产品并收取货款、开具发票的单位或者个人。

修理者，是指与生产者或销售者订立代理修理合同，依照约定为消费者提供家用汽车产品修理服务的单位或者个人。

经营者，包括生产者、销售者、向销售者提供产品的其他销售者、修理者等。

产品质量问题，是指家用汽车产品出现影响正常使用、无法正常使用或者产品质量与法规、标准、企业明示的质量状况不符合的情况。

严重安全性能故障，是指家用汽车产品存在危及人身、财产安全的产品质量问题，致使消费者无法安全使用家用汽车产品，包括出现安全装置不能起到应有的保护作用或者存在起火等危险情况。

第四十四条 按照本规定更换、退货的家用汽车产品再次销售的，应当经检验合格并明示该车是“三包换退车”以及更换、退货的原因。

“三包换退车”的三包责任按合同约定执行。

第四十五条 本规定涉及的有关信息系统以及信息公开和管理、生产者信息备案、三包责任争议处理技术咨询人员库管理等具体要求由国家质检总局另行规定。

第四十六条 有关法律、行政法规对家用汽车产品的修理、更换、退货等另有规定的，从其规定。

第四十七条 本规定由国家质量监督检验检疫总局负责解释。

第四十八条 本规定自 2013 年 10 月 1 日起施行。

分析与思考

1. 怎样对汽车营销环境中的经济环境进行分析？
2. 社会文化环境对汽车营销有怎样的影响？
3. 汽车企业适应营销环境变化的策略和措施有哪些？

课程实践

1. 目标

掌握汽车市场营销环境分析的方法。

2. 内容

将学生分成若干小组，各小组各自选择一汽车公司，针对其即将上市的某新型轿车，通过实地调查和收集资料，分析你所在地区的营销环境，指出该环境的利弊和市场营销机会。

3. 要点及注意事项

营销环境分析内容要具体翔实，应真实反映该地区的实际情况，要具有时效性。

3

第 3 章　汽车市场营销战略

学习目标与要求

1. 了解汽车市场营销战略的含义与作用。
2. 熟悉汽车市场营销战略规划的一般过程。
3. 了解汽车市场营销战略的类型。

今天的汽车企业面临着比以往更为激烈的竞争，不断地提高服务质量、满足顾客需求和战胜竞争对手是汽车企业应对竞争、加快发展的战略举措。

要使汽车企业获得长远的发展，必须正确地预测汽车市场的长期发展变化，制定与汽车市场走势、汽车企业能力相适应的汽车市场营销战略，并组织实施和管理控制，使规划的战略目标得以实现。

3.1　汽车市场营销战略概述

汽车企业战略规划，是指为保证汽车企业长期的生存和发展，而对汽车企业发展方向和经营领域做出的规划和决策。汽车企业战略规划和汽车市场营销战略是两个不同的概念，分属不同层次。汽车企业战略规划属于宏观层次的，而汽车市场营销战略是属于微观层次的，汽车市场营销战略的制定必须以企业战略规划为基础，同时又为实现汽车企业战略规划确定的目标发挥重要作用。汽车市场营销战略是汽车企业战略的一部分，属汽车企业职能战略。

汽车市场营销战略是汽车企业总体战略的重要组成部分，它的制定和规划受汽车企业整体战略思想的制约，不同的经营思想、营销观念和战略任务，会有不同的汽车市场营销战略。因此，汽车市场营销战略必须与汽车企业整体经营战略相吻合。

3.1.1　汽车市场营销战略含义

汽车市场营销战略（Marketing Strategy）是指汽车企业在现代市场营销观念的指导下，为了实现汽车企业的经营目标，对汽车企业在一定时期内的市场营销策略进行总体设想和综合规划。

一般来讲，汽车市场营销战略是在汽车企业运营总战略内的子战略，它携带着总战略的思想和内涵。同时因为汽车产品的特性，汽车市场营销战略具有以下几个特征。

1．系统性

汽车市场营销战略本身是一个系统，它包括战略任务、战略目标、战略重点、战术措施等相互联系的要素，同时，它还处于汽车企业经营战略更大的系统之中。

2．全局性

汽车企业的市场营销战略体现了市场营销整体的发展需要和利益，是汽车企业营销活动的纲领，对各项具体的营销工作都具有权威性的指导作用。

这种全局性包括两层含义：一是指汽车企业对市场营销战略的整体设计，包括总体规划和整体策略手段。二是指汽车企业在市场营销中做出的事关汽车企业全局和未来发展的关键性决策。

3．长远性

汽车市场营销战略长远性是指战略着眼于未来，要指导和影响未来较长时期内的营销活动，是对未来营销工作的通盘筹划。因此，要立足当前，放眼未来，协调好近期和长远的发展关系。比如浙江吉利控股集团有限公司着眼未来，赢得海内外资本的支持，经技术改造后，可以达到年产 30 万辆车的生产能力，年产值可达 100 亿元，为自己奠定了一个较好的发展基础。

4．风险性

战略的重点是决策，但由于企业的外部环境是变化不定的，较难把握，因此，要做出正确的决策就往往带有一定的风险性。而且，大多时候风险本身又是一种机会，风险越大成功的机会也越多。

5．相对稳定性和适应性

汽车市场营销战略既要保持持续向前的状态，又要在一定时期内保持相对稳定性。汽车企业的营销战略是在对自身条件和客观环境长期发展趋势进行科学分析和预测的基础上制定的。从整体看，它是持续向前运动的，但在一定时期内，又具有相对稳定性。同时汽车企业的营销战略还是动态的，它要随着变化了的主客观条件，尤其是随着外部环境的变化进行调整和完善，使之与环境保持良好的动态适应性。

3.1.2　汽车市场营销战略的作用

规划汽车市场营销战略，对汽车企业的发展有着重要的作用，主要体现在以下几个方面。

1．汽车市场营销战略是汽车企业正确进行长期发展决策的根本保证

在现代科学技术的推动下，汽车属于资金密集型和技术密集型产品，使经营此类产品的汽车企业初始投资远远高于经营劳动密集型产品的企业，若经营决策失误，则造成更大的损失，后果更加严重，也更难以挽回。

2．汽车市场营销战略是有效提升汽车企业竞争力的有效途径

随着我国汽车市场体系的不断完善，汽车市场的竞争愈加激烈，竞争机制的作用日益显现，要求企业进行着眼于长期发展的战略规划与管理。正确的战略能使企业在竞争中勇往直前并立于不败之地，而没有战略的企业是不可能与竞争对手抗衡的。

3．汽车市场营销战略是汽车企业适应消费结构的迅速变化的有效措施

企业营销活动的宗旨是满足消费者的需求，现代社会市场需求具有复杂化、分散化、多样化、新奇化、个性化等特征，企业要适应这些特征就必须进行战略规划，才能更好地识别消费需求的发展趋向，并在此基础上把握汽车企业的市场营销机会。

4．汽车市场营销战略是增加企业凝聚力的重要途径

依靠企业员工，充分发挥他们的积极性与创造性，是企业发展的基本条件。汽车企业战略可以使企业内部领导与员工统一思想，统一行动，增加企业的凝聚力。

3.2 汽车市场营销战略规划

汽车市场营销战略的规划过程，也就是汽车企业对汽车营销活动的战略决策过程。一般来说，企业会通过分析营销机会确定营销任务，从而制定营销目标。

3.2.1 分析营销机会

在竞争激烈的汽车买方市场，有利可图的营销机会并不多。汽车企业必须对市场结构、消费者、竞争者行为进行调查研究，识别、评价和选择汽车市场机会。

汽车企业应该善于通过发现消费者的现实和潜在需求，寻找各种“环境机会”，即汽车市场机会。通过对各种“环境机会”的评估，确定本汽车企业把握“企业机会”的能力。对汽车企业市场机会的分析、评估，首先是通过有关营销部门对汽车市场结构的分析、汽车消费者行为的认识和对汽车市场营销环境的研究。其次是对汽车企业自身能力、汽车市场竞争地位、汽车企业优势与弱点等进行全面、客观的评价。再次是检查汽车市场机会与企业的宗旨、目标与任务的一致性。

汽车市场营销管理者往往采用以下步骤发现市场机会。

第一，市场调研，了解汽车消费者需求及购买行为。

第二，搜集信息，掌握国内外汽车新技术、汽车产品、汽车竞争者等方面的情报。

第三，分析环境，获悉营销环境的改变给企业带来的机会。

分析和判断汽车市场营销的战略机会是进行市场营销战略规划的前提。汽车市场营销发展战略的制订有赖于对市场营销战略机会的评估。最有效的评估手段就是 SWOT 分析法。

1．SWOT 分析法的含义

SWOT 是一种分析方法，用来确定汽车企业本身的竞争优势（Strength）、竞争劣势（Weakness），机会（Opportunity）和威胁（Threat），从而将公司的战略与公司的内部资源、外部环境有机结合。因此，清楚地确定公司的资源优势和缺陷，了解公司所面临的机会和挑战，对于制定公司未来的发展战略有着至关重要的意义。

SWOT 分析法很有针对性，有利于领导者和管理者在汽车企业的发展上做出较正确的决策和规划。因此 SWOT 分析是分析组织的优劣势、面临的机会和威胁的一种方法。其中，优劣势分析主要是着眼于汽车企业自身的实力及其与竞争对手的比较，而机会和威胁分析将注意力放在外部环境的变化及对企业的可能影响上。

2．SWOT 分析的步骤

（1）罗列本汽车企业的优势和劣势、可能的机会与威胁。

（2）优势、劣势与机会、威胁相组合，形成 SO、ST、WO、WT 策略。

（3）对 SO、ST、WO、WT 策略进行甄别和选择，确定汽车企业目前应该采取的具体战略与策略。

3．SWOT 分析的内容

（1）优势与劣势分析（SW）。

1）当两个汽车企业处在同一市场或者说它们都有能力向同一顾客群体提供汽车产品和汽车服务时，如果其中一个汽车企业有更高的赢利率或赢利潜力，那么，我们就认为这个汽车企业比另外一个汽车企业更具有竞争优势。换句话说，所谓竞争优势是指一个汽车企业超越其竞争对手的能力，这种能力有助于实现汽车企业的主要目标——赢利。但值得注意的是：竞争优势并不一定完全体现在较高的赢利率上，因为有时汽车企业更希望增加市场份额，或者多奖励管理人员或雇员。

竞争优势可以是以下几个方面。

① 技术技能优势；

② 有形资产优势；

③ 无形资产优势；

④ 人力资源优势；

⑤ 组织体系优势；

⑥ 竞争能力优势。

2）竞争劣势（W）是指某汽车公司缺少或做得不好的东西，或指某种会使公司处于劣势的条件。

可能导致企业劣势的因素有如下几种。

① 缺乏具有竞争意义的技能技术；

② 缺乏有竞争力的有形资产、无形资产、人力资源、组织资产；

③ 关键领域里的竞争能力正在丧失，等等。

（2）机会与威胁分析（OT）。

1）汽车公司面临的潜在机会（O）。

市场机会是影响公司战略的重大因素。汽车公司管理者应当确认每一个机会，评价每一个机会的成长和利润前景，选取那些可与公司财务和组织资源匹配、使公司获得的竞争优势的潜力最大的最佳机会。

潜在的发展机会可能有如下几种。

① 客户群的扩大趋势或产品细分市场；

② 技能技术向新产品新业务转移，为更大客户群服务；

③ 前向或后向整合；

④ 市场进入壁垒降低；

⑤ 获得购并竞争对手的能力；

⑥ 市场需求增长强劲，可快速扩张；

⑦ 出现向其他地理区域扩张，扩大市场份额的机会，等等。

2）危及公司的外部威胁（T）。

① 出现将进入市场的强大的新竞争对手；

② 替代品抢占公司销售额；

③ 主要产品市场增长率下降；

④ 汇率和外贸政策的不利变动；

⑤ 人口特征、社会消费方式的不利变动；

⑥ 客户或供应商的谈判能力提高；

⑦ 市场需求减少；

⑧ 容易受到经济萧条和业务周期的冲击，等等。

当然，SWOT 分析法不是仅仅列出四项清单，最重要的是通过评价汽车企业的优势、劣势、机会、威胁，最终得出以下结论：一是在汽车企业现有的内外部环境下，如何最优地运用自己的资源；二是如何建立汽车企业的未来资源。

3.2.2 确定营销任务

汽车企业市场营销战略的任务即汽车市场营销的方向，是指在未来一个时期内，汽车市场营销工作的实施对象和预期达到的目的。战略任务是汽车企业市场营销战略的首要内容。它涉及汽车企业的经营范围及汽车企业在社会中的地位，并把本汽车企业和其他汽车企业区别开来。汽车企业的任务随着内外诸因素的变化而相应变化。

1．汽车市场营销战略任务的内容

汽车企业市场营销战略的任务通过规定汽车市场营销的业务范围和经营项目表现出来，主要回答“本企业是干什么的？”、“主要的营销市场在哪里？”、“顾客的主要追求是什么？”、“企业应该怎样去满足这些需求？”等问题。这些问题具体表现为四个方面的内容：一是汽车企业的服务方向，即企业是为哪些购买者服务的；二是汽车产品结构，包括质量结构、品种结构、档次结构等，即企业拿什么样的产品来为购买者服务；三是汽车服务项目，即企业为购买者提供哪些方面的服务。汽车企业的市场营销战略任务会随着时间的推移和企业内部条件、外部环境的变化而改变，但其具体内容不变；四是市场范围，即汽车企业服务的市场有多大。

汽车企业市场营销的战略任务是随着时间的推移和企业内部条件、外部环境的变化而改变的，但其具体内容不变。

2．规定汽车企业的市场营销任务须考虑的因素

在确定汽车企业市场营销任务时，企业须考虑以下5个方面的主要因素。

（1）汽车企业过去历史的突出特征。

（2）汽车企业周围环境的发展变化。汽车企业周围环境的发展变化会给汽车企业造成一些环境威胁或市场机会。

（3）汽车企业决策层的意图。

（4）汽车企业的资源情况。这个因素决定汽车企业可能实施什么营销方案。

（5）汽车企业的特有能力。

3.2.3 规划营销目标

1．汽车企业市场营销战略目标的内容

战略目标是汽车企业市场营销活动的总目标，是汽车企业在一定时期内追求和想要取得的成果。汽车企业的市场营销战略目标是一个综合的或多元的目标体系，一般包括四个方面的内容：市场目标、发展目标、利益目标、贡献目标。

2．汽车企业确定的市场营销战略目标应符合以下要求

（1）层次化。汽车企业的最高管理层规定了企业的任务之后，还要把企业的任务具体化为一系列的各级组织层次的目标。各级经理应当对其目标心中有数，并对其目标的实现完全负责，这种制度叫做目标管理。

（2）数量化。目标还应尽可能数量化，并且是可测量的。目标必须是具体和唯一的，即能够被执行者理解，而且这种理解是唯一的。

（3）适用性。这就是说，企业的最高管理层不能根据其主观愿望来规定目标水平，而应当根据对市场机会和资源条件的调查研究和分析来规定适当的目标水平。这样规定的企业目标才能实现。

（4）协调一致性。有些企业的最高管理层提出的各种目标往往是互相矛盾的。

（5）时间明确性。对于明确的营销目标，都应该明确相应的完成时间，这样便于进行检查和控制。

营销战略目标是指汽车企业在营销战略思想指导下，在营销战略时期内汽车企业全部市场营销活动所要达到的总体要求。制定过程中通过要素间的关联关系，来体现确保汽车市场营销战略的完整性、系统性。其中，战略任务要体现企业文化的内涵，它是指导战略制定和实施的基本思想，是营销战略的灵魂，是确定营销战略的纲领。

3.3 汽车市场营销战略的类型

3.3.1 汽车企业发展战略

汽车企业对现有业务进行评估分析以后，需要对未来发展、新增业务作出战略规划，汽车企业发展战略主要有三类：密集型增长、一体化增长、多角化增长。具体分述如下。

1．密集型增长战略（Intensive Growth Strategies）

这一战略具有三种形式：市场渗透、市场开发、产品开发（见表 3-1）。

表 3-1 密集型增长战略

产品 市场	现有产品	新产品
现有市场	1．市场渗透战略	3．产品开发战略
新市场	2．市场开发战略	（多样化战略）

（1）市场渗透（Penetration Strategy）。即采取积极的措施，在现有市场上扩大现有产品的销量。可运用三种方法：一是设法使现有顾客多次或大量购买本企业产品；二是吸引竞争对手的顾客购买本企业的产品；三是开发潜在顾客，可通过提高产品质量，改善包装、服务，加大广告促销力度，多方面刺激需求，扩大销量。

（2）市场开发（Market Development Strategy）。把现有汽车产品投放新的市场，从而增加销量。汽车企业可把汽车产品从一个地区推进其他地区、全国市场，甚至国际市场，也可以发现新的细分市场，扩大市场范围。（关于细分市场的内容将在第 4 章详述）

（3）产品开发（Product Development Strategy）。又称产品多样化。即向现有汽车市场提供新产品或者进攻产品，满足现有顾客的潜在需求，增加销量。

2．一体化增长战略（Integrative Growth Strategies）

汽车企业发展到一定程度，企业所属的行业属于增长潜力大，具有吸引力的行业，在供应、产销方面合并后更有利益，便可考虑采用一体化增长战略，以增加新业务，提高盈利能力。具体形式有三种：前向一体化、后向一体化、水平一体化。

（1）前向一体化（Forward Integration）。汽车生产企业向前控制分销系统，如收购、兼并批发商、零售商，通过增强销售力量来谋求进一步的发展。企业也可以把生产的产品向前延伸，如汽车生产制造商经营整车、配件等。

（2）后向一体化（Backward Integration）。如汽车生产制造商收购、兼并原材料供应商，控制市场供应系统。一方面避免原材料短缺、成本受制于供应商的局面；另一方面通过盈利高的供应业务争取更多收益。

（3）水平一体化（Horizontal Integration）。指汽车企业兼并或控制竞争者，也可以实行其他形式的联合经营，可以扩大经营规模，增强实力，也可以取长补短，争取共赢。

3．多角化增长战略（Diversification Growth Strategies）

汽车企业在原有业务上没有更好的发展机会时，企业通过创建新工厂或购买别的企业，生产和经营与企业原有业务无关或关联较小的业务，称为多角化增长战略，又成为多元化战略。

多角化增长战略有如下三种形式。

（1）同心多角化（Diversification）。又称为关联多角化。指汽车企业利用原有技术、生产线和营销渠道开发与原有产品和服务相类似的新产品和新服务项目，比如汽车整车生产制造商生产汽车发动机、变速箱等。在一些国家，企业使用自己的产品做原材料再次加工生产，可以获得首次生产产品的营业税。

（2）水平多角化（Horizontal Diversification）。又称为横向多角化。指汽车企业研究开发能满足现有市场顾客需要的新产品，而产品技术与原有企业产品技术没有必然的联系。如原来生产农用车的企业，现在经营乘用车。这标志企业在技术和生产上进入一个新的领域，具有较大风险。

（3）复合多角化（Diversification）。又成为集团多样化。指企业开发与原有产品的技术无关，同时与原有市场毫无联系的新业务。比如，白云山制药厂也同时经营药品、汽配、酒店等业务。美国柯达公司主要经营摄影器材，还经营食品、石油、化工和保险公司，实行多角化增长。国际上的大型集团性企业往往采取复合的经营战略，优点是扩大企业经营领域，有效分散经营风险，但管理难度大大增强。

无论企业考虑实行哪一种多角化战略，必须具备多角化经营的核心能力，诸如资金实力、人力资源、市场网络和管理能力。20 世纪 90 年代初期，春兰空调发展到一定阶段时，面临“精力过剩”局面，才考虑拿出几个亿甚至上十亿资金进入摩托车、汽车等领域。企业规划、实行多元化必须慎重，财力和经营实力较弱的中小型企业不宜轻易采用。

3.3.2 汽车顾客满意度战略

企业的生存和长期发展，必须建立在顾客满意的基础上。20 世纪 80 年代后期，一些跨国公司陆续导入顾客满意战略（CS，Customer Satisfaction）。日本汽车业首先引入和推行 CS 战略，大大增强了国际竞争力，取得了丰硕的成果。随后，美、德、英等国的汽车制造业、航空服务业、旅游业、银行和证券等服务性行业都纷纷引入顾客满意战略。在我国，各大汽车企业也都推出了顾客满意战略，紧紧围绕质量、交货期、服务、价格、创新、环境六大要素制定了目标和对策，有效地增强了竞争实力和提高了汽车市场的整体管理水平。

1．顾客满意战略及其要求

CS 战略：以顾客满意为中心，统筹汽车企业的生产经营活动，通过使顾客满意来实现汽车企业经营目标的经营战略。

CS 战略的要求如下。

（1）在调查和预测顾客需求的基础上，开发顾客满意的产品；

（2）产品价格与顾客接受能力相适应；

（3）销售网点的建立要方便顾客；

（4）售后服务要细致周到。

“满意的顾客是最好的广告，满意的顾客是最好的推销员。”据有关调查研究结果显示：多一个满意的顾客，有可能带来 8 个新顾客；多一个不满意的顾客，可能减少 25 个顾客。

2．外部顾客与内部顾客的关系

我们可以将顾客分为内部顾客（Internal Customer）和外部顾客（External Customer）两类。前者主要包括股东、经营者和员工；后者主要包括最终消费者、使用者、受益者或采购方。

CS 战略将顾客的含义延伸到汽车企业内部，顾客满意包括外部顾客满意和内部顾客满意。在外部顾客满意与内部顾客满意之间发生矛盾时，应当以外部顾客满意为主导。因为外部顾客的不满意，是没有太多的机会来弥补的。

在汽车企业内部，下一道工序是上一道工序的“顾客”。基层员工是基层管理人员的顾客，基层管理人员是中层管理人员的顾客，中层管理人员是高层管理人员的顾客，形成了一条“内部顾客关系链”。

CS 战略的顾客观是：以外部顾客满意为标准，促使内部员工积极参与，努力工作，从各方面提高工作质量，促进整体素质的提高。有满意的员工，才有满意的产品和服务；有满意的产品和服务，才有满意的顾客；有满意的顾客，才有满意的效益；有满意的效益，就能拥有更满意的员工。

3. 顾客维系

越来越激烈的市场竞争使汽车企业正竭力与最终顾客形成更牢固的契约和忠诚关系。以往，很多汽车企业总是漫不经心地对待顾客，因为他们认为顾客或者没有很多可供选择的汽车供应商；或是其他汽车供应商无法提供达到同样质量和服务要求的产品；或是市场增长很快，公司无须担心使顾客充分满意。汽车企业在竞争中可能一周损失 100 个顾客，而同时又获得另外 100 个顾客，从而认为销售额仍然是令人满意的。但是，这只是一种高度的“顾客交叉状态”，而且它所带来的成本费用要比保留住原有的 100 个顾客同时没有新顾客加入所产生的成本要高得多。

顾客满意理论提出后，汽车企业必须开始计算流失顾客的成本和获得新顾客的成本，来考察维系顾客的重要性。

（1）失去顾客的成本。

如今的汽车企业已相当关注它们的顾客损失率，并且采取措施降低这种损失率。这主要有四个步骤。

第一步，汽车企业必须测定公司的维系率。对于一个汽车生产制造企业来讲，它就是经销商的再批发率。

第二步，汽车企业必须识别各种造成顾客损失的原因，并且确定应加以改进的方面。对于那些离开了所在区域或脱离了所经营业务范围的顾客，几乎就无能为力了。但是对于那些因为低劣服务、劣质产品、定价过高等原因而离去的顾客，公司应当有所作为。公司应当制作一种频率分布统计表以反映由各种原因造成顾客流失的百分比。

第三步，汽车企业应当估算由于不必要的顾客流失，公司的利润将损失多少。

在单个顾客情况下，这正如顾客的生命周期所揭示的情况一样，亦即顾客在有生之年不断购买而形成的利润。针对流失的顾客群体，一家大型的交通运输商对利润损失做出了如下的估算。

① 公司拥有 64000 个客户。

② 特别是因为劣质服务，今年公司将损失 5%的客户，即 3200（即 0.05×64 000）个客户。

③ 年均每个客户流失给公司收入造成的损失是 40000 美元，因此公司损失了 128000000（3200×40000）美元的收益。

④ 公司的边际利润是 10%，因此公司将不必要地损失 12800000（0.10×128000000）美元的利润。

第四步，公司应当计算出降低损失率需要花费多少成本，只要成本低于损失的利润，公司就应当支付这笔费用。因而，如果这家交通运输商能以小于 12800000 美元的费用保留所有这些顾客，就值得这样做。

（2）维系顾客的必要性。

如今的汽车企业都是竭尽全力地维系住它们的顾客。它们受到这样一个事实的影响，即吸引新顾客的成本可能是保持现有顾客满意的成本的 5 倍。进攻性营销明显地要比防守性营销花费得更多，因为它需要花更多的努力和成本将满意的顾客从现有的供应商那里引导其转变到本公司。

遗憾的是，古典营销理论和实践的重心都放在了吸引新顾客的策略上，而不是教你维系现有顾客。它主要强调建立交易而不是建立关系。大量的论述也都集中在售前和售中活动，而不是售后活动。然而，如今越来越多的汽车公司已经意识到维系住现有顾客的重要性。根据一些学者的研究，只要降低 5%的顾客损失率，就能增加 25%～85%的利润。遗憾的是，企业的财务系统并不能反映忠实顾客的价值。

顾客的维系是最重要的因素，可以有两种方式来实现。一是建立高度的转换壁垒。当顾客转换面临着高昂的资金成本、搜寻成本、忠诚顾客折扣的损失等因素时，则顾客向其他供应商转换的可能性很小。

顾客维系的一个更好的办法是传递高度的顾客满意，这样竞争者就很难简单地运用低价和诱导转换等策略克服各种壁垒。这种提高顾客忠诚度的方法即所谓“关系市场营销”。

4．关系营销

首先，我们需要区分与顾客之间的五种不同程度的关系。

（1）基本型。销售人员把产品销售出去就不再与顾客接触（例如汽车推销商仅仅推销汽车）。

（2）被动型。销售人员把产品销售出去并鼓动顾客在遇到问题或有意见时给公司打电话。

（3）负责型。销售人员在汽车产品售出后不久打电话给顾客，检查产品是否符合顾客的期望。销售人员同时向顾客寻求有关产品改进的各种建议，以及任何特殊的缺陷与不足。这种信息能帮助公司不断地改进产品供应。

（4）主动型。公司销售人员不断给顾客打电话，提供有关改进产品用途的建议或者关于有用的新产品的信息。

（5）伙伴型。公司不断地与顾客共同努力，寻求顾客合理开支的方法；或者帮助顾客更好地进行购买。

大多数公司在市场规模很大且公司的单位边际利润很小的情况下，实行基本型营销。另外一个极端是：市场上顾客很少而边际利润很高。在这种情况下大多数销售商将转向伙伴型市场营销。在这两种极端情况之间，其他各种关系市场营销的水平都是恰当的。

当一个公司想培养强烈的顾客契约和满意时，应当运用什么特别的市场营销手段呢？白瑞（Berry）和帕拉苏拉曼 （Parasuraman） 归纳了三种建立顾客价值的方法。

第一种方法主要依赖于对顾客关系增加财务利益。比如汽车经销商可以对老主顾实行折扣退款等。尽管这些奖励计划能够树立顾客偏好，但它们很容易被竞争者模仿，因此常常不能长久地同其他公司的供给行为区别开来。

第二种方法是增加社会利益，同时也附加财务利益。在这种情况下，汽车公司人员可以通过了解单个顾客即委托人的需要和愿望，并使其服务个性化和人格化，来增强公司与顾客的契约关系。两者的区别在于：对于一个机构来说，顾客也许是不知名的，而委托人则不可能不知其姓名。顾客是针对于一群人或一个大的细分市场的一部分而言的，委托人则是针对个体而言的，顾客是由任何可能的人来提供服务，而委托人是被那些指派给他们的专职人员服务和处理的。

第三种方法是增加结构纽带，与此同时附加财务和社会利益。例如，汽车制造商可以为汽车经销商提供特定的设备或计算机联网，以帮助经销商管理他们的订货、付款、存款等事务。

3.3.3 汽车市场营销竞争战略

有效的汽车市场营销战略和计划需要对竞争者作充分的了解，竞争者的经历可以作为汽车企业的前车之鉴，竞争者的现状可以作为汽车企业市场定位的依据，竞争者的发展战略可以作为汽车企业的参考，只有知己知彼，才能百战不殆。

1．识别竞争者

企业要制定正确的竞争战略和策略，就需要深入地了解竞争者，了解的主要内容有：谁是我们的竞争者？他们的战略和目标是什么？他们的优势与劣势是什么？他们的反应模式是什么？我们应当攻击谁？回避谁？

（1）行业竞争观念。行业是一组提供一种或一类密切替代产品的相互竞争的公司。行业动态首先决定于需求与供应的基本状况，供求会影响行业结构，行业结构又影响行业的行为。决定行业结构的主要因素有：销售商数量及产品差异程度、进入与流动障碍、退出与收缩障碍、成本结构、纵向一体化、全球经营。

（2）业务范围导向与竞争者识别。企业在确定和扩大业务范围时都自觉或不自觉地受一定导向支配，导向不同，竞争者识别和竞争战略就不同。

① 产品导向。是指企业业务范围限定为经营某种定型产品，在不从事或很少从事产品更新的前提下设法寻找和扩大该产品的市场；

② 技术导向。是指企业业务范围限定为经营用现有设备或技术生产出来的产品；

③ 需要导向。是指企业业务范围确定为满足顾客的某一需求，并运用可能互不相关的多种技术生产出分属不同大类的产品去满足这一需求；

④ 顾客导向。是指企业业务范围确定为满足某一群体的需要，如业务范围扩大，则发展与原顾客群体有关但与原有产品、技术和需要可能无关的新业务；

⑤ 多元导向。是指企业通过对各类产品市场需求趋势和获利状况的动态分析确定业务范围，新发展业务可能与原有产品、技术、需要和顾客群体都没有关系。

2．判定竞争者的战略和目标

（1）判定竞争者的战略。公司最直接的竞争者是那些处于同一行业同一战略群体的公司。战略群体指在某特定行业内推行相同战略的一组公司。战略的差别表现在目标市场、产品档次、性能、技术水平、价格、销售范围等方面。区分战略群体有助于认识以下 3 个问题：不同战略群体的进入与流动障碍不同；同一战略群体内的竞争最为激烈；不同战略群体之间存在现实或潜在的竞争。

（2）判定竞争者的目标。竞争者的最终目标当然是追逐利润，但是每个公司对长期利润和短期利润的重视程度不同，对利润满意水平的看法不同。有的企业追求利润“最大化”目标，有的企业追求利润“满足”目标。具体的战略目标有多种多样，如获利能力、市场占有率、现金流量、成本降低、技术领先、服务领先等，每个企业有不同的侧重点和目标组合。

3．评估竞争者的实力和反应

（1）评估竞争者的优势与劣势。竞争者能否执行和实现战略目标，取决于资源和能力。评估竞争者可分为3步：收集信息、分析评价、优胜基准。

（2）评估竞争者的反应模式。了解竞争者的经营哲学、内在文化、主导信念和心理状态，可以预测它对各种竞争行为的反应。竞争中常见的反应类型有以下 4 种：从容型竞争者、选择型竞争者、凶狠型竞争者、随机型竞争者。

4．确定攻击对象和回避对象

在了解竞争者以后，企业要确定与谁展开最有力的竞争。企业要攻击的竞争者不外乎下列 3 类之一。

（1）强竞争者与弱竞争者。攻击弱竞争者在提高市场占有率的每个百分点方面所耗费的资金和时间较少，但能力提高和利润增加也较少。攻击强竞争者可以提高自己的生产、管理和促销能力，更大幅度地扩大市场占有率和利润水平。

（2）近竞争者和远竞争者。多数公司重视同近竞争者对抗并力图摧毁对方，但是竞争胜利可能招来更难对付的远竞争者。

（3）“好”竞争者与“坏”竞争者。“好”竞争者的特点是：遵守行业规则；对行业增长潜力提出切合实际的设想；按照成本合理定价；喜爱健全的行业，把自己限制在行业的某一部分或某一细分市场中；推动他人降低成本，提高差异化；接受为他们的市场份额和利润规定的大致界限。“坏”竞争者的特点是：违反行业规则；企图靠花钱而不是靠努力去扩大市场份额；敢于冒大风险；生产能力过剩仍然继续投资；总之，他们打破了行业平衡。公司应支持好的竞争者，攻击坏的竞争者。

5. 企业市场竞争的战略原则

企业的市场竞争战略会随着时间、地点、竞争者状况、自身条件和市场环境等因素的不同而变化。但某些基本战略是不会改变的，包括：创新制胜、优质制胜、廉价制胜、技术制胜、服务制胜、速度制胜、宣传制胜。

6. 汽车市场竞争地位

根据各个汽车企业在市场上占据不同的竞争位置，将汽车企业按照在汽车市场中的竞争地位不同概括地分为市场领导者、市场挑战者、市场追随者及市场补缺者四种类型。

（1）市场领导者战略。市场领导者指占有最大的市场份额，在价格变化、新产品开发、分销渠道建设和促销战略等方面对本行业其他公司起着领导作用的公司。占据着市场领导者地位的公司常常成为众矢之的。要击退其他公司的挑战，保持第一位的优势，必须从如下 3 个方面努力。

① 扩大总需求。一般来说，一个领导者可通过寻找产品的新顾客、新用途和更多的使用来扩大总市场、总需求。

② 保护现有市场份额。在汽车行业中，各大汽车公司都十分重视研究和开发，特别是处于领先地位的公司就更是不吝金玉。

③ 扩大市场份额。公司提供一个优质产品，收取超出提供高质量所花费用的溢价。美国国际商用机器公司、卡特皮拉公司、米其林公司和其他一些公司都执行了这种有利可图的市场份额成长战略。

（2）市场挑战者战略。

① 确定战略目标与竞争对手。市场挑战者指在行业中占据第二位及以后的位次，有能力对市场领导者和其他竞争者采取攻击行动，希望夺取市场领导者地位的公司。大多数市场挑战者的目标是增加自己的市场份额和利润，与所要进攻的竞争对手直接相关。

第一，攻击市场领导者。这一战略风险大，潜在利益也大。

第二，攻击规模相同但经营不佳、资金不足的公司。

第三，攻击规模较小、经营不善、资金缺乏的公司。

② 选择挑战战略。选择挑战战略应遵循“密集原则”，即把优势兵力集中在关键的时刻和地点，以达到决定性的目的。

第一，正面进攻。是向对手的强项而不是弱项发起进攻。

第二，侧翼进攻。是寻找和攻击对手的弱点。

第三，包抄进攻。是在多个领域同时发动进攻以夺取对手的市场。

第四，迂回进攻。是避开对手的有关领域发动小规模的、断断续续的进攻，逐渐削弱对手，使自己最终夺取永久性的市场领域。

（3）市场追随者战略。市场追随者指那些在产品、技术、价格、渠道和促销等大多数营销战略上模仿或跟随市场领导者的公司。追随者也应当制定有利于自身发展而不会引起竞争者报复的战略，可分为如下 3 类。

① 紧密跟随。指在各个细分市场和产品、价格、广告等营销组合战略方面模仿市场领导者，不进行任何创新的公司。

② 距离跟随。指在基本方面模仿领导者，但是在包装、广告和价格上又保持一定差异的公司。

③ 选择跟随。指在某些方面紧跟市场领导者，在某些方面又自行其是的公司。

（4）市场利基者战略。市场利基者也称市场补缺者，指专门为规模较小的或大公司不感兴趣的细分市场提供产品和服务的公司。规模较小且大公司不感兴趣的细分市场称为利基市场。理想的利基市场具备以下特征。

① 具有一定的规模和购买力，能够盈利。

② 具备发展潜力。

③ 强大的公司对这一市场不感兴趣。

④ 本公司具备向这一市场提供优质产品和服务的资源和能力。

⑤ 本公司在顾客中建立了良好的声誉，能够抵御竞争者入侵。

市场利基者是弱小者，面临的主要风险是当竞争者入侵或目标市场的消费习惯变化时有可能陷入绝境。但当今汽车行业竞争激烈，一些大企业也开始采用市场补缺战略。补缺战略有一个关键性的概念，就是专门化，即企业以专门的产品、专门的方式服务于专门的顾客。

7. 汽车市场基本竞争战略

市场竞争战略一般可分为 3 种基本类型，即低成本战略、产品差异化战略和集中化战略。

（1）低成本战略。在这种战略的指导下，企业决定成为所在产业中实行低价成本生产的厂家。成本优势的来源因产业结构不同而异，它们可以包括追求规模经济、专利技术、原材料的优惠利润和其他因素，如果一个企业能够取得并保持全面的低成本地位，那么，它只要能使价格相等或接近于该产业的平均价格水平，就会成为所在产业中高于平均水平的超群之辈，当低成本企业的价格相当于或低于其竞争厂商时，它的成本地位就会转化为高收益。然而一个在成本上占领先地位的企业不能忽视产品本身。一旦低成本的企业产品在客户眼里不被看作是与其他竞争厂商的产品不相上下或可接受时。这就可能抵消了它有利的成本地位所带来的好处，低成本战略的成功取决于企业日复一日地实际实施该战略的技能。成本不会自动下降，成本降低是艰难和持之以恒的重视成本工作的结果。企业降低成本的能力有所不同，甚至当它们具有相似的规模、相似的累计产量或有相似的政策指导时也如此。要改善相对成本地位，与其说需要在战略上做出重大转变，还不如说需要管理人员更多的重视。

（2）产品差异化战略。产品差异化战略就是企业创造本企业产品的特征，使之与同行业其他产品有所差异。产品差异既可以指产品间的实质性差异，比如向市场提供前所未有的具有新特征的产品，也可以指对没有实质性差异的产品通过广告宣传等手段给顾客所造成的感觉上的差异，产品差异战略使顾客对本企业的产品更感兴趣，产生依赖，消除价格的可比性，降低对价格的敏感性，从而产生较大的竞争优势。在旅游车市场，大众公司、奥迪公司、美国福特和欧宝公司都是奉行这样的营销战略。

（3）集中型战略。集中型战略就是企业将经营目标集中到每个市场的某一部分，在这一部分建立自己产品在成本或产品差异下的优势地位。它的思想是：与其在不占优势的整体市场上挣扎，不如在局部市场上建立自己的优势。如某汽车制造厂专门为山区的农民制造的摩托车和农用汽车等，这就是最好的例子。

3.3.4 汽车企业业务投资战略

1. 企业投资战略概念

企业投资战略是指根据汽车企业总体经营战略要求，为维持和扩大生产经营规模，对有关投资活动所作的全局性谋划。它是将有限的企业投资资金，根据企业战略目标评价、比较、选择投资方案或项目，获取最佳的投资效果所作的选择。

汽车企业投资战略是汽车企业总体战略中较高层次的综合性子战略，是经营战略化的实用化和货币表现，并影响其他分战略。

2. 企业投资战略类型

（1）按投资战略的阶段特征分类，企业投资战略可分为发展型投资战略、稳定型投资战略与退却型投资战略。

① 发展型投资战略。

发展型投资战略是汽车企业在现有水平上向高一级迈进的战略，在国民经济高速发展的时期及汽车企业经营状况良好的情况下，推行这一战略会收到良好的效果。这一战略的特点是增加对企业设备、原材料、人力资源等的投资，以扩大企业生产规模，提高产品市场占有率。

② 稳定型投资战略。

稳定型投资战略适用于稳定或下降行业中的汽车企业。这些企业的市场规模已很难扩大，因此，这种战略的特点是在投资方向上不再将本企业的老产品作为重点，不再追加设备投资。而是努力寻找新的投资机会，不再扩大现有企业规模，但尽可能地保持市场占有率，降低成本和改善企业的现金流量，以尽可能多地获取现有产品的利润，积聚资金为将来的发展作准备。企业推行这一战略的要点是企业决策者要切实把握企业的优劣势，选准新的产品为投资对象。

③ 退却型投资战略。

这一战略多用于经济不景气、资源紧张，企业内部存在着重大问题，产品滞销，财务状况恶化，政府对某种产品开始限制以及企业规模不当，无法占领一个有利的经营角度等情况，其实施的对象可以是企业、也可以是事业部、生产线或一些特定的产品、工艺。这种投资战略的特点是从原先经营领域撤出资金，减少产量，削减研究和销售人员。这种退却型战略是企业家最不愿意采用且可能扭转败局的战略。企业采用这种战略的关键是把握住时机，以退为进，不要错过良机。

（2）按投资战略的投向特征分类，可分为专业化投资战略和多元化投资战略。

① 专业化投资战略。

该投资战略是指企业长期将资金投放于某一特定生产经营领域或特定产品和业务项目上，投资的增加通常只是引起经营规模和市场规模的扩大，而不会引起经营结构和市场结构的改变。企业采取这种投资战略的基本目的多是为了追逐高额利润。

② 多元化投资战略。

该战略又称分散化、多角化投资战略，是指企业将投资分散投放于不同的生产经营领域或不同的产品和业务项目上，投资的增加必然导致经营结构、市场结构的改变。从理论上讲，企业采用多元化投资战略可以有效地分散风险。

当然多元化投资可能产生极高的成本，它不仅包括巨大的开发成本、管理成本，而且还包括机会成本（这里指因未投资主导产品后续发展而使主导产品丧失竞争的能力），并且行业间往往对手众多，市场波动较大，经营主体因经营不善造成的主观风险性较大，等等。可见，在现实中并非任何企业都可以通过多元化经营来规避经营风险。

一个企业究竟应实行专业化还是多元化，这取决于企业所属行业、管理能力、规模实力、发展目标等一系列因素。专业化与多元化经营只是企业的两种投资战略，它与企业规模大小并无必然的联系。不过多数多元化经营的大企业集团，在创业初期都是专业化的。它们在专业化经营的基础上开发关联产品，走出一条主导产品多样化的道路，以其品牌为纽带开发系列产品。还有些企业在专业经营基础上由生产关联产品到生产非关联产品，逐步过渡到多元化经营。企业多元化是有风险的，涉及的领域越多，竞争对手也就越多，管理也就越复杂。在我国不乏企业追求多元化不成、专营又流产的案例。

总之，一般企业在投资战略上应考虑在专业化的基础上，以主导产业或核心产品和核心业务为基础，自动衍生或拓展其他产业或产品业务。

（3）按投资战略所需要的资金密度分类，可分为资金密集型投资战略、技术密集型投资战略和劳动密集型投资战略。

① 资金密集型投资战略。

该战略是指在较长时期内，企业确定的投资方向需要投入大量的资金，这些投资方向的实际运行主要依靠资产的运用来实现。

② 技术密集型投资战略。

该战略是指在长时期内，企业确定的投资方向需要大量的技术投入，这些投资方向的实际运行主要依靠技术的运用来实现，投资的重点往往是先期的技术开发。

在技术密集型的投资战略中，又可以细分为改变产品整体功能的战略和增加产品附加功能的战略。改变产品整体功能是指通过技术研究使产品的性质发生根本变化，即由一种产品变成另一种产品；增加产品附加功能是指通过技术研究只是在产品的主体功能上增加某些新的功能，产品的主体功能不变。

③ 劳动密集型投资战略。

该战略是指在较长时期内，企业确定的投资方向主要需要大量的劳动投入，这些投资方向的实际运行主要靠劳动力的推动。

在投资战略决策中，企业必须根据自身的特点，选择投资方向。当企业资金雄厚时，才可以选择资金密集型的投资战略；当企业技术力量和研究开发条件雄厚时，才可以选择技术密集型投资战略；当劳动成本低、企业资金不足、技术条件不充分时，应选择劳动密集型投资战略。一般而言，伴随社会生产力的发展和企业的不断成长壮大，通常要经历由劳动密集型到资金密集型，再到技术密集型的投资战略转移。

对于改变产品整体功能的投资战略，企业应特别注意权衡其失败前与成功后所产生的垄断收益之间的关系，力争将投资风险降至最低。

3．企业投资战略在企业战略体系中的地位和作用

（1）导向性。

企业总体战略包含两个方面：一是决定应该从事哪些业务；二是决定企业如何发展业务。企业如何发展业务，就涉及一个如何进行资源配置的问题，而企业内部资源的配置正是通过投资战略的实施来有效拉动的，因此投资战略具有导向作用。

（2）保证性。

企业投资战略在企业总体战略的指导下，把企业资源合理分配到各个职能部门，协调企业内部各职能部门之间的关系，使企业经营活动有条不紊地进行，它在企业战略中占有十分重要的地位，是企业其他职能战略的基础。同时，投资战略与企业内部其他职能战略互相配合，保证企业总体战略的实现。

（3）超前性。

企业总体战略一经确定，首先就需要通过投资战略在各个职能部门之间合理调配企业资源。因此，相比其他职能战略，企业投资战略具有一定超前性。

（4）风险性。

由于内部环境的不确定性，企业实施投资战略充满风险，为了保证投资战略的有效实施，就需要通过各种投资组合来分散风险。

3.3.5 汽车企业业务单位战略

1．业务单位战略概念

业务单位战略，是在总体战略指导下，以一个业务单位进行竞争的战略，也称为业务单位竞争战略。业务单位不是按企业的组织结构划分的，而是按市场划分的。业务单位可能是一个事业部，也可能不是一个事业部。一个事业部内，由于面向不同市场，也需要不同的战略。例如，一个汽车公司划分为轿车部和卡车部，卡车部有面向农村的卡车和面向矿山的卡车。市场不同、需要不同的战略，属于不同的战略业务单位。

业务单位战略的目标是取得竞争优势，其主要内容是：决定在一个特定市场的产品如何创造价值，包括决定与竞争对手产品的区分、机器的现代化程度、新产品推出和老产品退出、是否成为技术先导企业、如何向顾客传达信息等。

2．业务单位战略的优势

能够在不同的类似业务中找到适合自己的战略，使其更加理性、易于实现。如果企业只是经营某一特定产品，在某一特定市场中开展业务，面对特定客户，在特定区域内经营，那么其公司战略和业务单位战略就属于同一层面，没有必要对其加以区别。

在公司的组织层面上，高级管理人员制定公司战略，以平衡公司的业务组合。公司战略涵盖了公司的整体范围，关注在每个战略业务单位中创造竞争优势。制定一个具有可持续竞争优势的业务单位战略，需要明确在什么市场能够取得竞争优势，什么产品或服务能够区别于竞争对手以及竞争对手可能采取的行动。竞争战略是在战略业务单位这个层次制定的，包括如何实现竞争优势，以便最大限度地提高企业盈利能力和扩大市场份额，确定相关产品的范围、价格、促销手段和市场营销渠道等。

3．业务单位战略类型

业务单位战略可分为以下几个基本的类型。

（1）成本领先战略。

（2）产品差异化战略。

（3）集中化战略。

在上述战略中进行选择的标准包括：该战略是否适宜企业环境，是否符合利益相关者的预期，从企业的资源和能力看是否实际可行。

【案例 3.1】

上海大众汽车营销战略

上海大众是国内保有量最大的轿车生产企业，产品和营销服务网络也遍布全国各地。经过二十多年的不断发展，上海大众“四位一体”经销商和特约维修站总计达到 600 多家，全国的地级市覆盖率超过 70%，南至三亚，北至漠河，东至佳木斯，西至喀什，形成了分布最广、布点最密的轿车营销与售后服务网络。上海大众的客户关系管理（CRM）也日益完善，并蝉联 2004 和 2005 年度中国汽车行业最佳 CRM 实施企业。2005 年 9 月，上海大众售后服务热线启用新号码 10106789，此举标志着 CRM 的重要一环——客户服务中心完成了售前、售后呼叫中心的业务整合工作，从而使客户享受到上海大众全过程统一的标准服务，确保各类咨询和建议得到最快速的响应，并且通过对轿车生命周期的全程跟踪实现个性化服务。

2005 年 10 月，上海大众推出了国内第一个将营销与售后服务进行业务整合的服务品牌——上海大众“Techcare 大众关爱”，纳入营销、售后服务、汽车金融、二手车置换、附件、车主俱乐部六大内容，提供贯穿了用户从买车开始到用车、装饰车、换车等全过程服务。2006 年，中国质量协会授予上海大众“全国用户满意服务”称号，以表彰“Techcare 大众关爱”为汽车服务行业所做出的卓越贡献。

在大众品牌产品结构不断完善的同时，上海大众又积极推出了多品牌发展战略。2005 年 4 月，上海大众与 SKODA 汽车公司签署了合作协议，在欧洲享誉百年的 SKODA 汽车品牌正式落户上海大众。2006 年 6 月，相关方签订了更为深层次的合作协议，SKODA 品牌旗下的 Octavia、Fabia、Superb 三大产品系列将全线引入中国。2006 年 9 月，上海大众在北京正式启动了德国大众旗下的明星品牌 SKODA，宣布其中文名为“斯柯达”和品牌口号“睿智感悟，恒久魅力”；11 月，上海大众斯柯达第一款国产新车 Octavia 明锐在 2006 年北京国际汽车展览会正式亮相。2007 年 1 月，第一辆 Octavia 明锐正式下线。

优秀的营销和售后服务将成为核心竞争力之一。经过严格的审核和筛选，截至 2007 年 2 月，上海大众斯柯达目前已经完成了 79 家经销商的签约工作，覆盖了全国大部分地区。此外上海大众挑选出 28 家经过严格资质认证的经销商作为首批服务商，从 2007 年 1 月 1 日起，为近三万名斯柯达的进口车主提供售后服务，显示了对车主负责的态度。

分析与思考

1．汽车市场营销战略含义及作用是什么？

2．汽车市场营销战略规划制定的一般流程是什么？

3．汽车市场营销的竞争性战略有哪些？

4．通过案例 3.1，你对汽车企业面对激烈的市场竞争而制定汽车营销战略有何启示？

课程实践

1．目标

掌握汽车市场营销战略制定的一般过程。

2．内容

将学生分成若干小组，各小组以某汽车公司为对象，分析其市场机会，并为其规划汽车市场营销战略，形成战略任务书。

3．要点及注意事项

一定要深入查阅文献资料，多了解实际情况。制作的任务书要具有一定的可行性。

4

第 4 章　汽车市场细分与目标市场选择

学习目标与要求

1. 掌握市场细分的必要条件和依据。
2. 掌握市场细分的方法和步骤。
3. 掌握目标市场的选择方法与营销策略的确定方法。
4. 掌握市场定位的战略和步骤。

现代市场营销认为，企业不应试图在整个市场上争取优势地位，而应该在市场细分的基础上选择对本企业最有吸引力并可以有效占领的那部分市场作为目标市场，实行目标市场营销。

对汽车行业而言，一个汽车生产或销售企业开展营销时，面对的是一个十分复杂的市场，这个市场中的消费者由于收入、爱好、生活习惯等因素的不同，对提供的汽车商品和服务也就有不同的要求。企业只有选择其中某一部分需求与爱好加以满足，才是上策。比如在我国，即使像一汽、东风两大汽车企业集团，目前也没有能力在整个汽车市场上都争取到优势地位。

4.1　汽车市场细分

4.1.1　市场细分的概念与作用

1. 市场细分的概念

所谓市场细分，就是企业根据市场需求的多样性和购买者行为的差异性，把整个市场（全部用户）划分为若干具有某种相似特征的用户群（细分市场），以便用来确定目标市场的过程。市场细分所形成的具有相同需求的用户群体称为细分市场，或子市场（分市场、次级市场等）。换言之，市场细分就是分辨具有不同特征的用户群，把它们分别归类的过程。不同的细分市场之间，需求差别比较明显，而在每一个细分市场内部，消费者具有相同或相近的需求特点，需求差别则比较细微。

市场之所以能够细分，是有其客观基础的。这些基础主要体现在如下两点。

（1）市场需求客观上具有差异性，购买动机和购买行为也具有差异性。可以说，正是由于这种差异性的存在，市场细分才有划分的标准。

（2）市场需求还具有一定的相似性。如果用户的需要没有某种共性，那么市场细分就无从做起，企业不可能将每一个用户都作为一个细分市场。正是这种需要存在共性，市场细分才富有实际的营销意义。

2．市场细分的作用

细分市场不是根据产品品种、产品系列来进行的，而是从消费者（指最终消费者和工业生产者）的角度进行划分的，是根据市场细分的理论基础，即消费者的需求、动机、购买行为的多元性和差异性来划分的。市场细分对企业的生产、营销起着极其重要的作用。

（1）有利于选择目标市场和制定市场营销策略。市场细分是目标市场选择和市场定位的前提，在细分的市场上消费需求明确而具体，企业可以根据自己的经营思想、方针及生产技术和营销力量，确定自己的服务对象，即目标市场。针对较小的目标市场，便于制定特殊的营销策略。同时，在细分的市场上，信息容易了解和反馈，一旦消费者的需求发生变化，企业可迅速改变营销策略，制定相应的对策，以适应市场需求的变化，提高企业的应变能力和竞争力。

通过市场细分，有利于发现目标消费者群的需求特性，从而使产品富有特色，甚至可以在一定的细分市场形成垄断的优势。

（2）有利于发掘市场机会，开拓新市场，扩大市场占有率。通过市场细分，企业可以对每一细分市场的购买潜力、满足程度、竞争情况等进行分析对比，发现市场上尚未加以满足的需求，探索出有利于本企业的市场机会，使企业及时做出投产、销售决策，或根据本企业的生产技术条件制定新产品开拓计划，进行必要的产品技术储备，掌握产品更新换代的主动权，开拓新市场，以更好地适应市场的需要。

企业对市场的占有是逐步拓展的。通过市场细分，企业可以先选择最适合自己占领的某些子市场作为目标市场。当占领这些子市场后，再逐渐向外推进、拓展，从而扩大市场的占有率。

（3）有利于企业合理利用资源，发挥优势。任何一个企业的资源包括人力、物力、资金等都是有限的，都有其优势和不足。有限的资源分摊在众多市场上，使得优势无从发挥，弱势难以弥补。通过细分市场，选择了适合自己的目标市场，企业可以集中人、财、物及其他资源，去争取局部市场上的优势，然后再占领自己的目标市场。

（4）有利于企业提高经济效益。前面三个方面的作用都能使企业提高经济效益。除此之外，企业通过市场细分后，可以面对自己的目标市场，生产出适销对路的产品。产品适销对路既能满足市场需要，又可增加企业的收入；还可以加速商品流转，加大生产批量，降低企业的生产销售成本，提高生产工人的劳动熟练程度，提高产品质量，全面提高企业的经济效益。

4.1.2　市场细分的必要条件

并不是所有的市场细分都是有效的，市场细分的必要条件有如下几点。

1．可衡量性

可衡量性包括以下两项内容。

（1）细分市场的顾客特征信息不仅能通过市场调研及时获得，而且还要具有可衡量性，否则，该资料特征不能成为细分市场的标准。如男性人数、各收入级别的家庭户数、各年龄段人数等都是可以测量的。但是有些因素也是不易测量的，如消费者购买动机。一方面消费者不愿意透漏个人的动机；

另一方面是消费者购买的各种动机是错综复杂的，难以具体量化，进行衡量和测定。

（2）细分出来的各个子市场不仅范围界定明晰，而且各子市场的规模大小以及购买能力能够被测量。否则，各子市场将会无法界定和衡量，难以描述与说明，市场细分也将失去意义。

在整车销售中，业界通用的市场细分方法有两种：一种是按照排量细分；另一种是按照价格细分，两种都有定量的指标作为衡量标准。不同排量和不同价格的细分市场都有着鲜明的特征。例如，大排量和高价格车的消费群更注重车辆的外观、动力性、安全性和舒适性，对价格的敏感程度低；而小排量和低价格车的消费群更注重车的耐用性和油耗，对价格非常敏感。

2．可进入性

可进入性是指企业的资源条件与市场营销能力必须足以进入所选定的子市场，并且能够有所作为。一家生产小型轿车的厂商如果将豪华车列入自己的细分市场，那这种细分市场是无效的、无意义的。

20 世纪 80—90 年代，本田公司在向美国推出中高级轿车时，没有与“奔驰”、“奥迪”、“富豪”等高级轿车品牌去竞争已富裕起来并拥有高级轿车的中老年消费者；而是根据本田公司的预测，针对当时美国社会两人家庭的增多、年轻消费者可随意支配的收入越来越多、涉足高级轿车市场的年轻人也越来越多，开辟了一个尚未被竞争对手重视的新兴市场。

3．可盈利性

可盈利性是指细分后子市场的规模与购买潜力足以促成企业利润目标的实现。如果细分后的子市场顾客的数量、购买力以及产品的使用率等指标不高，说明该子市场的潜力不大，难以支撑企业为此付出的生产成本与销售成本，更难以盈利。这样的子市场对企业来说就无实际的经济价值。因此，有效的市场细分必须有足够的需求规模，保证企业可盈利性，使企业的市场和经营不断发展与壮大。例如，专门针对身高在 1.2m 以下的群体开发汽车在理论上是可行的，但并不能带来盈利，还不如通过座椅调节来满足这个细分市场的要求。

4．差异性

差异性是指市场细分后各子市场对企业市场营销组合中的任何一项因素的变动而迅速做出的差异性反应。例如，有的子市场对价格的敏感性较高，有的子市场对质量的敏感性较高。这就要求企业对不同的子市场制定不同的相适应的营销组合。这样，市场细分才有效。否则，如果各个子市场对企业市场营销组合因素变化未做出相似的反应，各子市场的差异性的特点就消失了，市场细分也就失去了意义。例如，按价格来细分市场，对于低价格轿车，降价是一种非常有效的方式，可以增加其销量；而对于高档车市场，这一方式则收效甚微。

4.1.3 市场细分的依据

市场细分面临的首要问题是市场细分变量的选取。所谓市场细分变量，是指那些反映需求内在差异，同时能作为市场细分依据的可变因素。一般来说，形成市场需求差异性的因素都可以作为市场细分的依据。但由于市场类型的不同，细分的依据也有所不同。同时，各行业也可根据各自的特点和需要，选择适当的划分标准进行市场细分。根据汽车商品的特点，研究其市场细分因素时应主要考察消费者市场的情况。影响消费者市场需求的因素，即用来细分消费者市场的变量，可概括为以下四大类。

1．地理变量

按地理变量细分市场就是把市场分为不同的地理区域，如国家、地区、省市、南方、北方、城市、农村等。各地区由于自然气候、传统文化、经济发展水平等因素的影响，形成了不同的消费习惯和偏好，并有不同的需求特点。在我国进行汽车销售，运用地理变量，最常见的是根据通用的行政区域划分，将市场分为华东、华南、华中、华北、西部，或者根据经济发展水平划分为沿海地区、内陆地区、边远山区等，根据不同的地理因素，采取不同的营销方案。例如，在推出家庭轿车的初始阶段，营销的重点放在华东或者沿海地区，这些地方的经济发展迅速，人民生活水平高，受教育程度和对生活质量的要求都比较高。

2. 人口变量

人口变量细分是按年龄、性别、家庭人数、生命周期、收入、职业、文化程度、宗教信仰、民族、国籍、社会阶层等人口统计变量，划分消费者群。对汽车市场营销来说，收入是进行市场细分必须考虑的因素，在当今的中国市场上，对于大多数中国普通消费者来说汽车还不是必需品，除了法规、政策、公共设施的限制外，最重要的影响购买的因素仍然是经济收入。一辆汽车的性能再好、创意再新，如果消费者的收入不足以负担这种汽车的价格，那么该汽车就不可能打开该细分市场。

3. 心理变量

在人口因素相同的消费者中，对同一商品的爱好和态度也可能截然不同，这主要就是由于心理因素的影响。消费者的生活方式、社会阶层、个性和偏好都是心理变量的内容。

个性是经常被用来细分市场的变量，这个变量在汽车市场营销中的运用十分普遍。因为世界上著名的汽车品牌往往都已经被人赋予个性色彩，因此这些品牌所对应的也往往是一些相同个性的消费者。例如，奔驰象征着上流社会的成功人士；劳斯莱斯是身份显赫的贵族；福特是踏实的中产阶级白领。这种人格化的品牌异化成为社会地位、身份、财富甚至职业的象征，成为车主的第二身份特征。这种品牌的个性特征往往和创始人的性格相联系，又经过长时间的浓缩，已经成为一种约定俗成的特点，是短时间内无法改变的。

心理变量中的偏好是指消费者对某种品牌的商品所持的喜爱程度。在市场上，消费者对某种品牌商品的喜爱程度是不同的，企业为了维持和扩大经营，就要努力培养一批品牌忠实者，并掌握其需求特征，以便从商品形式、销售方式以及广告宣传等方面去满足他们的需求。

4. 行为变量

行为变量是反映消费者购买行为特点的变量。它包括购买时机、利益偏好、使用状况、使用频率、对品牌的忠实程度、对产品的态度和购买阶段等。行为变量是建立细分市场的最佳起点，行为变量通常可分为如下七类。

（1）购买时机。根据购买者产生需要、购买或使用产品的时机，可将他们区分开来。对于汽车行业来说，春节、五一、国庆等重大节日和春季、秋季的旅游黄金时间往往是购车的高峰时间，人们通常有在节日或喜庆时消费的倾向，在这段时间可以增加广告投放，进行优惠活动等，以吸引消费者购车。

（2）利益偏好。根据消费者从产品中追求的不同利益分类，是有效的细分方法。购买汽车的消费者，有的注重实用性，有的可能就是赶时髦，有的将其作为身份地位的象征，世界著名的整车生产厂家往往都有适合消费者不同利益追求的产品。

（3）使用状况。许多产品可按使用状况将消费者分为“从未用过”、“曾经用过”、“准备使用”、“初次使用”、“经常使用”五种类型，即五个细分市场。在某种程度上，经济状况决定公司把重点集中在哪一类使用者身上。通常，市场占有率高的大企业常常对潜在使用者感兴趣，而一些小企业则只能尽力吸引经常使用者。对使用状况不同的消费者，在广告宣传以及推销方式方面都有所不同。

（4）使用频率。根据消费者使用商品的频率，可以将消费者细分成少量使用者、中度使用者和大量使用者。大量使用者的人数通常只占总市场人数的一小部分，但是他们在总消费中所占的比重却很大。营销者通常着重根据大量使用者群体的偏好来提供产品和服务。

（5）忠诚程度。不同消费者对产品品牌的忠实程度是不同的，根据消费者的忠实程度，消费者可以分为四类：坚定忠诚者、适度忠实者、喜新厌旧者和无固定偏好者。其中，坚定忠诚始终只购买某一品牌的产品，企业应投其所好，巩固其忠诚程度；适度忠诚者则是同时偏爱二三个品牌，企业通过分析这类消费者可以发现本企业的竞争品牌，以便制定有效的对策；喜新厌旧者是经常改变购买品牌的一类消费者，通过对其分析研究，找出产品的弱项并及时改进和调整；无固定偏好者不忠诚于任何品牌，企业应力争使其成为本企业的忠实使用者。

（6）购买阶段。对于每一种产品来说，都可能同时存在已经购买、即将购买、想要购买、对产品感兴趣、对产品有所了解和不了解的各种消费者，这些消费者处在购买过程中的不同阶段。各个阶段的消费者人数的多少，对营销策略的制定有很大的影响。企业的营销策略必须随着购买阶段的发展而变化和调整。

（7）态度。根据消费者对产品的热衷程度，可将其态度分为热爱、喜欢、无所谓、不喜欢和敌视等五种。企业可以通过调查、分析，针对不同态度的消费者采用不同的营销对策。以巩固热爱和喜欢态度的消费者，争取无所谓态度的消费者。

以上就是细分市场时经常使用的细分变量。但是，一个公司在进行市场细分时往往不是运用一个单一的变量，而是综合使用几个变量进行市场细分。

例如，上海大众为推出帕萨特轿车进行市场细分和目标市场选择时，采用的就是几个变量的综合。

首先，运用汽车业界通用的按排量和价格进行的细分方式，进行市场细分。对于公务车市场，主要采用排量标准，这样 B 级车消费者的消费背景和消费特征就可以作为帕萨特目标消费者的消费背景和特征。对于非公务车市场，则采用价格细分，帕萨特可以选择 20 万元以上的市场作为目标市场。

然后，再考虑这两个市场面对的消费者群体的普遍特征。帕萨特轿车是相对于上海大众以往车型更高档的车种，有着美丽的外观，运用了先进的技术，又有着低油耗等 A 级车通常强调的优点。由此，推断出帕萨特轿车目标市场的潜在消费者的背景特征和消费特征。

帕萨特轿车潜在消费者的背景特征：30～50 岁的男性；受过高等教育；中高级管理人员（一般不是老板）；有妻子和孩子；可能是第二辆车。

帕萨特轿车潜在消费者的消费特征：他们有一定的驾驶经验和爱好；他们对自己做出的决定非常负责；目前自己驾车（包括政府官员、公司白领等）；有成就感和责任心。

4.1.4 汽车市场细分的方法与步骤

1．汽车市场细分的方法

通常情况下，可按以下依据将汽车市场予以细分。

按西方国家对汽车产品大类的划分方法，汽车市场可分为轿车市场和商用车市场。轿车市场指各类轿车需求者；商用车市场指除轿车以外的所有汽车产品现实的和潜在的购买者。

按我国对汽车产品类型的传统划分标准，汽车市场可分为：载货汽车市场、越野汽车市场、自卸车市场、专用汽车市场、特种汽车市场、客车市场、轿车市场；还可分为：乘用汽车市场，包括客车、轿车及具有乘用车车身形式的各类专用汽车构成的市场；载货汽车市场，包括各类非乘用车车身形式的专用汽车市场。

按购买者的性质不同，汽车市场可分为：机关公务用车市场、商务及事业性单位用车市场、生产经营性用户需求市场、私人消费性用户需求市场等。

按汽车产品的性能特点不同，汽车市场可分为：载货汽车市场，包括重型汽车市场、中型汽车市场、轻型汽车市场和微型汽车市场；轿车市场，包括豪华轿车市场、高档轿车市场、中档轿车市场、普及型轿车市场和微型轿车市场；客车市场，包括大型、中型、轻型和微型客车市场。

按汽车产品的完整性不同，汽车市场可分为：整车市场；部件市场（含二、三、四类底盘）；汽车配件市场。

按汽车使用燃料的不同，汽车市场可分为汽油车市场和柴油车市场。

按地理位置不同，汽车市场可分为：东部沿海地区汽车市场、中部地区汽车市场、西部地区汽车市场；也可划分为东北区、华北区、华东区、中南区、西南区和西北区六个汽车市场，甚至还可分为城市汽车市场和农村汽车市场。

按汽车保有量变化与否，汽车市场可分为新增需求市场、更新需求市场。

按是否具有军事用途，汽车市场可分为军用汽车市场、民用汽车市场。

按自然气候条件，汽车市场可分为丘陵、高原、平原、寒带、热带及亚热带等汽车市场。

按是否属于首次向最终用户销售，汽车市场可分为新车市场、旧车市场。

按汽车是否具有专长专门用途，汽车市场可分为普通汽车市场、特种专用汽车市场。

2. 汽车市场细分的步骤

市场细分的步骤如图 4-1 所示。

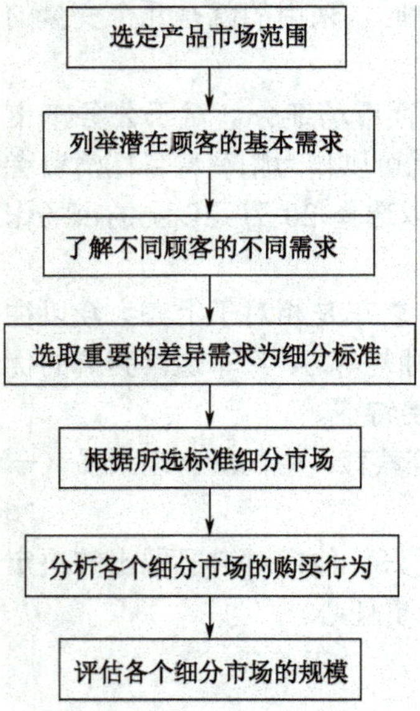

图 4-1　市场细分的步骤

（1）选定产品市场范围。选定产品市场范围，即确定进入什么市场、生产什么产品。更多的情况下，产品市场范围应根据顾客的需求，而不是产品本身特性来确定。例如，某汽车制造厂商计划推出一款经济型 SUV（运动型多用途汽车），若只是从产品特征出发来考虑，该厂商可能认为这款 SUV 产品是那些热衷于 SUV 产品而支付能力有限的人。可是，从市场需求看，较高收入者也有可能是这款 SUV 产品的潜在顾客，特别是那些拥有一辆家庭轿车的较高收入者，他们可能需要一款 SUV 来满足其周末外出郊游的需要。

（2）列举潜在顾客的基本需求。汽车制造商可以通过调查，了解潜在顾客对产品的基本需求，这些需求可能包括安全、舒适、经济、安静、大空间等。

（3）了解不同顾客的不同需求。对于列举出来的基本需求，不同顾客强调的侧重点可能会存在差别。例如，经济、安全是所有顾客共同强调的，但有的顾客可能特别强调空间，因为他们需要装载许多外出所需的物品。通过这种差异比较，不同的顾客群体即可被初步识别出来。

（4）选取重要的差异需求为细分标准。抽掉潜在顾客的共同要求，而以特殊需求作为细分标准。经济型是 SUV 的价格分层，是购买者的共同需求，可是它并不适合作为市场细分的基础。

（5）根据所选标准细分市场。根据潜在顾客基本需求的差异性，将其划分为不同的群体或子市场，并赋予每个子市场一定的名称。例如，经济型 SUV 市场可以细分为郊游型、运动型、追随型和玩车型等。

（6）分析各个细分市场的购买行为。进一步分析每个细分市场的需求与购买行为特点，并分析其原因，确定是否可以对这些细分出众的市场进行合并，或进一步细化。

（7）评估各个细分市场的规模。估计每个细分市场的规模，即在调查的基础上，估计每个细分市场的顾客数量、购买频率、支付能力等，并对细分市场上产品竞争状况即发展趋势做出分析。

4.2 汽车目标市场策略

企业在完成市场细分后，就必须评价各个细分市场，再根据产品的特性，本企业的生产、技术、资金等方面的状况决定为某几个细分市场服务，并根据主客观条件选择好目标市场，确定营销战略，实行目标市场营销。

所谓目标市场，就是指企业的目标顾客，是企业期望且能够开拓和占领的市场，也就是企业愿意并有能力进入并为之服务的那个顾客群（细分市场）。企业的一切营销活动都是围绕目标市场进行的，选择和确定目标市场，明确企业的具体服务对象，是企业制定营销策略的基本出发点。

4.2.1 评估细分市场

评估细分市场是指确定细分市场的有效性之后，对于各个有效的细分市场实施进一步的评估，以确定哪个或者哪几个细分市场值得进入。对细分市场的评估应从以下两个方面着手。

1. 细分市场的规模和成长可能性

细分市场的规模是指购买能力，也就是将某个细分市场内部的购买能力加总得到该细分市场的规模。细分市场的成长可能性是指细分市场的待开发潜力，主要可以通过市场成长率进行描述。例如，随着汽车的普及，使用成本的增加，经济型轿车这个细分市场的成长率迅速增长，2005 年，小型轿车和微型车的增长率综合相比上一年度超过 50%，远远高于汽车行业的平均增长速度。

2. 细分市场的市场结构吸引力

并不是任何一个规模和成长性俱佳的细分市场都是值得进入的目标市场。任何一个细分市场的结构吸引力取决于该细分市场的五大力量：产业竞争者、潜在进入者、购买者、供应商、产品的替代品（图 4-2）。竞争者多且强的细分市场就不太具有吸引力；容易吸引新竞争者进入且进入壁垒低的细分市场也不是理想的选择；有潜在的可替代品时，细分市场的吸引力也不高；购买者或供应商具有强大议价力量的，吸引力也不够强。

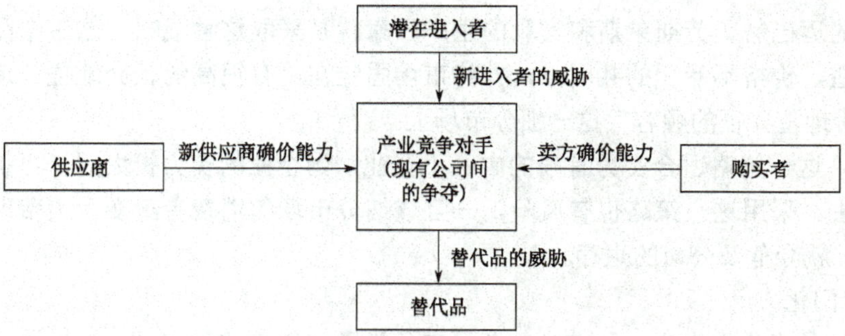

图 4-2 五力作用模型

3. 考虑公司的目标和资源

公司的目标和资源与机会相匹配的程度，即考察公司的业务定义、使命和独特能力是否与市场机会相一致。决策者必须考虑企业是否具备在该细分市场获胜所必需的资源，如人才、技术、资金、管理能力、营销能力和经验等。当公司不具备必需的资源时，则要衡量获得这些资源的代价有多大，时间有多长，可能达到的效果如何。要选择有利于充分发挥自己优势的市场，如果无法创造出某种相对优势，就不应进入该市场。企业进入市场的最终目标是培育核心竞争力，这样才能在竞争中取胜。对于既符合外在条件又与企业能力相匹配的细分市场，将成为企业的机会。

4.2.2 选择目标市场

选择目标市场是指在评估细分市场之后，在有吸引力的细分市场中选择应该进入的具体目标市场。目标市场选择的工具是产品/市场交叉矩阵。

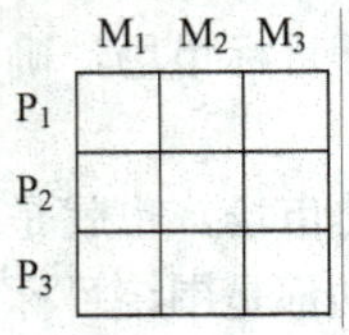

图 4-3 产品/市场交叉矩阵

产品/市场交叉矩阵是以企业提供的产品种类以及所面对的细分市场种类所绘制的图形，其形状类似于数学中的矩阵，如图 4-3 所示。

$P_1,P_2,P_3,\cdots$，P_n 表示不同的产品，$M_1,M_2,M_3,\cdots,M_n$ 表示不同的细分市场。如果找到合适的规则，就可以把整个市场进行细分，只要把所拥有的产品相应标注在对应的位置上，整个市场和产品的对应情况就一目了然了。

根据产品/市场交叉矩阵，可以确定五种目标市场选择模式，即密集单一市场、产品专门化、市场专门化、有选择的专门化和完全市场覆盖，如图 4-4 所示。

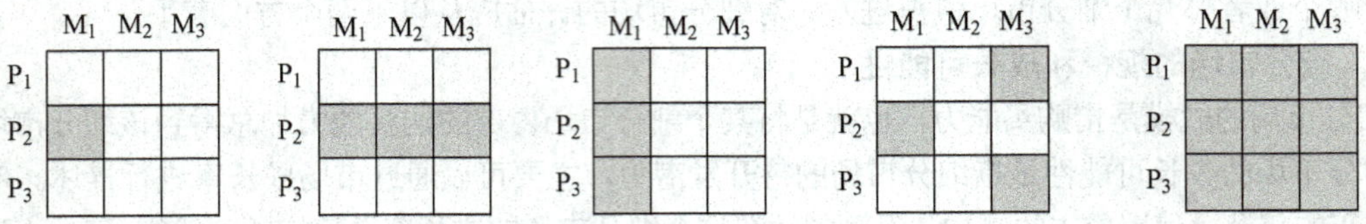

（a）密集单一市场（b）产品专门化（c）市场专门化（d）有选择的专门化（e）完全市场覆盖

图 4-4 目标市场的五种模式

1. 密集单一市场

密集单一市场是指企业的目标市场（顾客）是从产品角度集中于一个细分市场，企业只生产一种产品，只供应某一顾客群，目标是在单一市场上拥有较高的市场占有率。通过密集营销，汽车制造厂商能够更加了解本细分市场的需要，并树立特别的声誉，因此可在该细分市场建立稳固的市场地位。另外，公司通过生产和销售的专业化分工，也可以取得较好的经济效益。例如，专攻超豪华汽车的迈巴赫、劳斯莱斯和宾利的生产厂家就是采取这种战略。这三个品牌有着“量身定做、手工打造、价格不菲”的共同点，并将市场固定在“有很高的社会地位、追求享受，并且将汽车作为身份地位象征的顾客”这一细分市场上。

一般来说，这一策略适合实力有限的中、小企业，当企业的实力扩大后，再扩展到其他候选的细分市场上去。采用这一策略也有风险，一旦该细分市场的消费者改变了消费习惯或者出现不景气的情况时，就会危及公司的生存。

2. 产品专门化

产品专门化是指集中生产一种产品，公司向各类顾客销售这种产品。通过这种战略，可以在某个产品市场树立起很高的声誉。一般来说，这种战略也适合中、小型企业。如美国福特汽车公司早年生产的 T 型车，连续十几年，始终生产一种车型、一种颜色，在汽车工业发展的初期，T 型车开创了大批量、流水化生产的先河；保时捷汽车公司主要生产跑车，年产量在 2 万辆左右，是世界著名的跑车生产厂家。

3. 市场专门化

市场专门化是指专门为满足某个顾客群的某种需要而服务。实施此战略可以帮助公司在特定的产品领域树立良好的信誉。市场专门化战略的优点是能够深入细致地了解目标市场的需求，提供满足其需要的产品。其缺点同样在于受该顾客群消费习惯的影响过大，如果该顾客群的购买力下降，或减少开支，企业的经营就会受到严重影响。如大众汽车公司所属的兰博基尼汽车厂专门定制高级汽车，年产仅数百辆，价值均在5万美元以上。

4. 有选择的专门化

有选择的专门化是指选择若干个细分市场，其中每个细分市场在客观上都有吸引力，并且符合公司的目标和资源，但在各细分市场之间很少或者根本没有联系，然而每个细分市场都可能赢利。这种多细分市场目标的实质是密集单一市场的扩展，优于单细分市场目标，因为这样可以分散公司的风险，即使某个细分市场失去吸引力，公司仍可继续在其他细分市场获取利润。

5. 完全市场覆盖

完全市场覆盖是指企业面对整个市场，针对各个细分市场，分别设计不同的产品，采取不同的营销方案，并以所有的细分市场为目标。实力雄厚的大公司有足够的技术和资源生产各种产品来满足各种消费者的需要，往往会采用这种市场策略。例如，通用汽车公司的产品就覆盖了整个汽车市场，并且不仅生产轿车，还同时生产吉普车、越野车等，满足各种顾客群的需要。大公司可采用两种主要的方法即通过无差异市场营销或差异市场营销，达到覆盖整个市场的目的。后一种方式在汽车市场营销中普遍使用。例如，通用、福特、大众等著名整车公司都是运用这种营销方法来实现完全市场覆盖的，这些企业的产品虽然覆盖整个市场的各个方面，但每一系列的产品都有不同的型号以针对不同的消费者需求，目标市场选择仍然存在。

4.2.3 确定营销策略

1. 目标市场策略

目标市场营销策略可分为无差异营销、差异化营销、集中营销三大类。

（1）无差异营销。无差异营销策略是指企业在市场细分之后，不考虑各细分市场之间的区别，而只注重各细分市场的共性，制订统一的生产和销售计划，以实现开拓市场、扩大销售的目标。

无差异营销策略的优点是节省成本。生产单一产品，可以减少生产与储运成本；无差异的广告宣传和其他促销活动可以节省促销费用；不搞市场细分，可以减少市场调研、产品开发和制定各种营销组合方案等方面的成本。过去，一汽、东风大量生产的中型货车就属于这个类型。

无差异营销策略适合于一些不存在明显细分市场的产品。对于大多数产品，无差异化市场营销策略并不合适，即使采用也只能短期有效。首先，消费者需求千差万别并且不断变化，很难有某种产品长期为所有消费者接受和喜欢。其次，众多企业都采用这一战略时，市场竞争就会非常激烈，同时在一些小的细分市场上消费需求得不到满足，这对企业和消费者都是不利的。再次，易于受到竞争企业的攻击。当其他企业针对不同细分市场提供更有特色的产品时，采用无差异化战略的企业无法有效还击。

（2）差异化营销。差异化营销是指企业同时为几个细分市场服务，设计不同的产品，并在营销渠道、促销和定价方面都有相应的改变，以适应各个子市场的需要。汽车市场是具有明显差异性的异质性市场，因此，差异化营销策略是当今汽车企业共同的选择，而且差异性的划分越来越细致，市场越分越小。

差异化营销策略的优点是：小批量、多品种、生产机动灵活、针对性强，使消费者需求更好地得到满足，由此促进产品销售。另外，由于企业是在多个细分市场上经营，在一定程度上可以减少经营风险。一旦企业在几个细分市场上获得成功，有助于提高企业的形象及市场占有率。

差异化营销策略的不足之处主要体现在两个方面：一是增加营销成本，由于产品品种多，管理和存货成本将增加；由于企业需要针对不同的细分市场制订独立的营销计划，会增加企业在市场调研、促销和渠道管理等方面的营销成本；二是可能使企业的资源配置不能有效集中，顾此失彼，甚至在企业内部出现彼此争夺资源的现象，使拳头产品难以形成优势。因此，在决定是否采用差异化营销策略之前，要认真研究所选择的目标市场是否可以进入并具有一定的容量。采用此策略时，要避免对市场的过度细分，否则会增加成本，减少盈利率。

（3）集中营销。实行差异化营销策略和无差异化营销策略，企业均是以整体市场作为营销目标，试图满足所有消费者在某一方面的需要。集中营销策略则是集中力量进入一个或少数几个细分市场，实行专业化生产和销售。典型的案例是浙江万向集团，在它还是一家很小的乡镇企业时，只是专门生产汽车上使用的万向节，并向国内的多家汽车厂商供货。为了开拓美国市场，还精心策划了颇具创意的广告沟通策略。因为上门推销无疑会被拒之门外，于是，他们在洛克菲勒广场一座大厦顶层的广告牌上做户外广告，对面大厦就是美国某汽车厂商的办公楼，于是有人注意到了这个广告，提议咨询并试用，效果不错，最终结果是大笔订单源源不断。

集中营销策略的局限性体现在两个方面：一是市场区域相对较小，企业发展受到限制；二是潜伏着较大的经营风险，一旦目标市场突然发生变化，或强大竞争对手进入，或新的更有吸引力的替代品出现，都可能使企业没有回旋余地而陷入困境。

2. 目标市场策略的选择

企业往往根据具体情况组合应用几种目标市场策略。一般来说，在选择目标市场策略时应该考虑以下几个方面。

（1）企业实力。当企业生产能力、技术能力和销售能力很强时，就可同时采用无差异营销策略和差异化营销策略。反之，最好采用集中营销策略。

（2）产品特性。对于一些类似性很强的产品以及不同工厂或地区生产的在品种、质量方面相差较小的产品，宜采用无差异营销策略。而对消费者的要求差别很大的产品，宜采用差异化营销策略或集中营销策略。大多数轿车都属于消费者要求差别大的产品，适合使用差异化营销策略。

（3）市场特性。如果不同市场消费者对同一产品的需求和偏好相近，宜采用无差异营销策略。

（4）产品处于生命周期的不同阶段。通常在产品处于投入期和成长期时，可采用无差异营销策略，以探测市场和潜在顾客的需求。当产品进入成熟期或衰退期时，则应采用差异化营销策略，以开拓新的市场，或采取集中营销策略，以维持和延长产品生命周期。

（5）竞争者所采用的市场策略。一般来说，企业如果比竞争对手强，可采取差异化营销策略，差异的程度可与竞争对手一致或更强；如果企业的实力不及竞争对手，一般不应采取与竞争对手完全一样的市场策略。在此情况下，企业可采取集中营销策略，坚守某一细分市场，也可采取差异化营销策略，但在差异性方面，应针对竞争对手薄弱的产品项目形成自己的优势。

4.3 汽车市场定位

企业在选定目标市场之后，必须在选定的目标市场上进行产品定位，目的是使企业及其产品与竞争者区别开来，形成企业独特的形象。

4.3.1 市场定位的概念

产品形象和企业形象是指消费者对产品和企业形成的印象。如大家常说的“物美价廉”、“经济实惠”、“优质优价”、“豪华高贵”、“性能优良”、“技术领先”等就属于产品形象。而“对消费者负责”、“质量过硬”、“工艺精湛”、“实力雄厚”、“服务周到”等，则属于企业形象。

市场定位是指确立企业（产品）在目标顾客心目中的形象和地位，其实质是取得目标市场的竞争优势，确定产品在顾客心目中的适当位置而留下深刻的印象，以便吸引更多的顾客，由此提高企业（产品）在顾客心目中的声誉。或者说，定位就是要制定一套特定的营销组合策略来影响潜在顾客对某个产品、品牌或组织的总体感觉的过程。

国内外各大汽车公司都十分注重市场定位，精心地为其企业和每一种汽车产品赋予鲜明的个性，并将其准确地传达给消费者。如大众汽车公司的“为民造车”，其产品以真正“大众化”为目标；奔驰汽车公司的企业形象是“制作精湛”，其产品形象是“优质豪华”、“高档名贵”；沃尔沃汽车公司的企业形象是“设计生命”，其产品形象是“绝对安全”；而我国东风汽车公司的企业形象是“技术服务周到”，其中型载货汽车曾以“拉得多、跑得快、省油”等产品形象闻名全国。这些汽车品牌定位清晰、简洁、明了，既道出了自己的品牌核心，又很好地划分了与竞争对手的品牌界限。

在市场上汽车产品不仅品种繁多，而且各有特色，广大用户又都有着自己的价值取向和认同标准，企业要想在目标市场上取得竞争优势和更大的效益，就必须为企业树立形象，为产品及服务赋予特色，这个过程就是市场定位。

4.3.2 市场定位的指标

企业为其产品进行市场定位，是为了向市场提供具有差异性的产品，这样就可以使其产品具有竞争优势，即要使产品具有竞争性差异化。对汽车企业而言，一般应在产品、服务和形象等方面实现差异化。

1. 产品差异化

并不是每一种产品都有明显的差异，但是，几乎所有的产品都可以找到一些可以实现差异化的特点。汽车是一种可以高度差异化的产品，其差异化表现在特色、性能、一致性、耐用性、可靠性、可维修性、风格、设计和运行费用上。

（1）特色。特色是指产品的基本功能的某些增补。例如，对于汽车来说，该产品的基本功能就是代步和运输的作用，汽车产品的特色就是在基本功能上的增加，如电动车窗、ABS 系统、保险带、安全气囊和空调器等。由于汽车可以提供的差异化项目很多，因此汽车制造商需要确定哪些特色应该标准化，哪些是可以任意选择的。

产品的特色体现了制造商的创造力，一个新特色的产生可能为产品带来意想不到的生命力。例如，汽车安全气囊发明后，引起了业界的广泛关注，并且很快在世界各大汽车公司中被广泛运用，虽然到现在为止，该产品的安全性和实用性仍然备受争议，可是，无可争议的是，安全气囊已经成为中高档汽车中不可缺少的一个配件。由此可见，一个企业如果可以率先推出某些有价值的新特色，就是一种最有效的竞争手段。

要注意的是，并不是每一个特色都值得企业去推行，特色必须是有价值的。同时，公司在为自己的产品提供特色的时候，除了考虑这个特色是否有价值外，还要考虑增加该特色的成本和顾客愿意为这项特色多付的费用。

（2）性能。性能是指产品主要特点在运用中的水平。一般来说，产品的性能可以分为低、平均、高和超级四种。总体来说，性能高的产品可以产生较高的利润。但是，当性能超过一定的分界后，由于价格因素的影响，愿意购买的人会越来越少，报酬反而会下降。例如，如果一家汽车公司在华东地区大量推销高性能越野吉普车，由于华东地区多是平野的地理环境，同时经济的发达致使道路条件相对优越，因此即使该吉普车的性能优越，购买人数也是相当有限的。

时间的变化也会影响企业对产品质量的管理，在这点上有三种策略可供选择：第一种是制造商不断地改进产品，经常产生最高的收益和市场份额。上海大众在桑塔纳轿车的生产上采用的就是这种策略，从最先推出的普通型桑塔纳，到桑塔纳 2000 型，直到桑塔纳的变形车——时代超人，上海大众就是在原有基础上对桑塔纳车的性能进行不断的改进，从而使该车在市场上一直处于领先地位；第二种是保持产品质量，也就是在产品定型后，质量就保持不变，除非有什么明显的缺陷，或出现了新的机会；第三种是随着时间的推移，质量不断下降，这种策略可以逐步降低企业的成本，增加利润，但是容易损害企业的长远利益。

（3）一致性。这是指产品的设计和使用与预定标准的吻合程度。例如，帕萨特车设计为每百公里耗油 5.8 升，那么流水线上的每一辆帕萨特轿车都符合这一标准，该汽车就具有高度一致性；反之，一致性就差。一致性是制造商信誉的体现，高度一致性可以增强消费者对该产品的信任。

（4）耐用性。耐用性是衡量一个产品在自然条件下的预期操作寿命。一般来说，购买者愿意为耐用性较长的产品支付更高的售价。但是，如果该产品的时尚性相当强的话，耐用性就可能不被重视，因为，流行一旦过去，该产品就失去价值。同样，技术更新较快的产品也不在此列，如计算机。由于汽车产品特点的作用，对汽车来说，耐用性是反映该产品优劣的一个重要指标，生产商完全可以将耐用性作为差异化因素加以宣传。

（5）可靠性。这是指在一定时间内产品将保持不坏的可能性。购买者一般愿意为产品的可靠性付出溢价。由于汽车属于耐用商品，因此可靠性和耐用性一样，是受到汽车消费者重视的指标。

（6）可维修性。可维修性是指一个产品出了故障或用坏后进行维修的容易程度。一辆由标准化零件组装起来的汽车容易调换零件，其可维修性也就高。理想的可维修性是指可以花少量的甚至不花钱或时间，自己动手修复产品。除了汽车设计水平和生产质量决定了该汽车的可维修性之外，为该汽车提供的售后服务也可以看作可维修性的衡量标准之一。如果一家整车生产企业建立大量维修点，可以保证消费者在最短的时间和最短的距离下，使汽车获得维修，同样可以认为，该汽车的可维修性强。

（7）风格。风格是产品给予顾客的视觉和感觉效果。许多汽车买主愿意出高价购买一辆汽车就是因为被该汽车的外表所吸引。当人们提到一辆汽车时，眼前最先浮现在脑海的通常就是该车的外观。风格比质量或性能更能给顾客留下印象。同时，风格具有难以仿效的优势。如为福特公司带来巨大利润的野马跑车之所以受到欢迎，除了价格的低廉外，其风格的独特也是一个很重要的原因。野马车的设计集豪华与经济于一体，车身为白色，车轮为红色，后保险杠向上弯曲成一个活泼的尾部，就像是一匹野马。在福特公司为新车问世在芝加哥所做的测试中，大部分受测试者都表示首先被该车的外观所吸引；而本田公司为“铃木武士”所进行的市场调查也显示，有 29%的消费者是为了铃木武士的外观和设计而购买该车的。

（8）设计。设计是指从顾客要求出发，能影响一个产品外观和性能的全部特征的组合。设计特别适用于耐用产品，比如汽车。所有在产品差异化下讨论的内容都是设计参数。

设计必须确定在特色、性能、一致性、可靠性、可维修性、风格等各方面分别投资多少，兼顾以上各点，并力求完美，从而进行必要的取舍。从公司的角度来看，设计良好的产品应该是容易生产和分销的。从顾客的角度来看，设计良好的产品应该是看上去令人愉快的，同时又容易使用、修理和处置的。因此，对汽车生产商来说，一种车型的整个推出过程中，耗费最大、最困难的就是设计时期。

（9）运行费用。运行费用中，耗油量是一个十分重要的指标。消费者在购车时，耗油量是其需考虑的一个重要因素。一般来说，日本车最省油，德国车次之，美国车最费油。但不要以为，最省油的轿车一定是消费者最欢迎的。

2. 服务差异化

除了实体产品差异化以外，企业也可以对其所提供的服务实行差异化。在整车销售中，服务的重要性日渐为企业所重视，并且成为决定销售业绩的一项重要因素。特别当实体产品较难差异化时，要在竞争中取得成功的关键常常有赖于服务的增加和服务的质量。在汽车销售中，服务的差异化主要体现在订货方便、客户培训、客户咨询、维修和其他各种服务上。

(1) 订货方便。这是指如何使顾客以最为便捷的方式向公司订货。网络的普及和电子商务的产生为顾客提供了一种随时随地可以订货的购物方式，这种便捷的订货方式已经开始被广泛使用。因此，作为汽车销售商和生产商，发展电子商务是必然的趋势。

(2) 客户培训。客户培训是指对客户单位的雇员进行培训。特许经营是当今汽车销售行业中比较常见的渠道策略，大多数汽车公司都会对它的特许经销商进行培训，以便他们更好地经营特许店。此外，在汽车销售中，客户培训也可以看作教会顾客如何使用他们的新汽车，这项工作并不一定要靠售货员来进行，一本详细的使用说明书也可以起到客户培训的作用。

(3) 客户咨询。客户咨询是指卖方向买方无偿或有偿地提供有关资料、信息系统和提出建议等服务。例如，帕萨特助理式服务中要求销售人员为客户提供提醒服务，其中有：提醒消费者按时享受生产商或经销商的承诺服务（如 7500 km 的免费保养）；提醒消费者注意某些常规使用规范，如进行年检、购置保险等。

(4) 维修。维修是指消费者所能获得的修理服务的水准。由于汽车是一种耐用商品，消费者购买汽车后一般情况下总希望能尽可能长时间地使用（在中国，由于消费者收入因素的影响，这一点可能更为明显）。因此，汽车消费者非常关心他们从卖主那里可以获得的修理服务的质量。

维修是售后服务的一项内容，在服务营销日渐被汽车营销行业重视的今天，优秀的整车生产商和销售商都会注重维修服务的提供。上海大众和上海通用这两家公司都在全国各地建立了许多特约维修点，并且经常对工作人员进行统一培训，以便为顾客提供标准化的、良好的维修服务。

(5) 多种服务。公司还能找到许多其他方法、提供各种服务来增加价值，也可以将上述差异因素融合起来。如果将企业提供的服务和产品融合为一体的话，那么企业可以根据提供服务的差异性为产品定位。在汽车营销中，中、高档汽车，尤其是高档汽车面对的消费者的价格弹性相对较低，因此，对于这些顾客来说，服务可能比价格更具有吸引力。对于高档汽车的购买者来说，舒适、快捷、无微不至的服务和汽车的外观、内装饰一样，是拥有者身份地位的象征。

3. 形象差异化

即使竞争产品及服务看上去都一样，消费者也能从公司或品牌形象方面得到一种与众不同的印象。当然，在汽车销售中很少遇到通过产品和服务两项指标都无法区分的产品，但是形象差异也是一个不可忽视的定位指标。

要使一个产品具有有效形象需要达到如下三点：一是它必须传递特定的信息，这信息包括产品的主要优点和定位；二是它必须通过一种与众不同的途径传递这一信息，从而使其与竞争产品相区分；三是它必须产生某种感染力，从而触动顾客的心。

树立一个强有力的形象需要创造力和刻苦的工作，同时也需要时间的考验。要树立形象必须利用公司可以利用的每一种传播手段，必须不断重复。汽车是受品牌形象影响很大的一种商品，品牌形象本身就可以看作一类汽车甚至是一家汽车生产公司的标志。品牌的差异是产品定位甚至是企业定位的体现。例如，世界著名品牌奔驰和宝马属于同一档次的轿车，但各自都有特定的目标市场：奔驰的购买者是年龄偏大、事业有所成就、社会地位较高、收入丰厚的成功人士；而宝马则属于那些富有朝气、年轻有为、不受传统约束的新一代人士。这些消费者的特点也正是奔驰和宝马的品牌形象。为了树立汽车品牌形象，可以利用标志、文字和视听媒体、气氛和特殊事件来完成。

为树立汽车品牌形象，可利用标志、文字和视听媒体、气氛和特殊事件来完成。

(1) 标志。汽车的标志和品牌是密不可分的一个整体，它们共同作用来体现汽车的形象。标志是汽车品牌的视觉反应。标志将品牌名称视觉化和形象化，并通过其设计和造型，传达出某种文化、精神和追求。标志容易建立与消费者之间的沟通和认知，通过标志，人们可以轻而易举地辨认出不同类别的汽车品牌，将自己对某种汽车品牌的情感与标志在视觉上联系起来。例如，英国著名品牌劳斯莱斯除了用两个 R 字母叠合成商标之外，还在车头放了一个展翅欲飞的女神雕塑，象征“速度之神”和“狂喜之灵”。现在，人们一想起劳斯莱斯车，就会想起这个女神雕像。

（2）文字和视听媒体。企业所选择的标志必须通过各种广告来传播其个性。上海大众曾经推出过一个形象广告，一个学生在德语课上被要求翻译“德国精神”这个单词时，没有注意听课的孩子在黑板上画出了由 V 和 W 两个字母层叠而成的上海大众的标志，表示在他的印象里，上海大众的形象就是以严谨、务实著称的德国精神。上海大众在推出帕萨特轿车时，也制作了大量带有帕萨特标志的信封、信纸、提包、T 恤等宣传用品，以求在消费者心目中加深对帕萨特标志的印象。

（3）气氛。一个组织生产或传送其产品或服务的场所是另一个产生有利形象的途径。采取特许经营体制的汽车销售商都会要求所有特许经销商都采用同样的外观和内部装潢，甚至包括办公用品的摆放、墙面装饰画的样式都是完全相同的。而这些装饰，如颜色、摆放等，往往是该企业 CI 形象的体现。一个企业就是用这种完全一致的方式在不同的地方宣传企业及其产品的形象。

（4）事件。企业可以通过由其赞助的各类活动营造某个形象。这一点在汽车营销中表现最明显的就是每年举行的一级方程式赛车。世界著名的赛车生产厂家不但为该比赛提供用车，有的还自己组织车队参赛，在比赛中自然展示本企业产品的卓越质量，也通过赛车手的出色表现赋予赛车不同的精神面貌。

另外，企业还可以通过一些特殊事件来展示自己的形象，如公司纪念日、开创者诞辰日等。例如，2001 年元旦是新世纪开始的时刻，受到公众的广泛关注，上海大众就在这时候推出“帕萨特世纪高速公路行”的活动，上海电视台对此活动进行了全程追踪采访，自然在公众心目中树立了良好的形象。将帕萨特和新世纪的到来联系在一起，也可以赋予该品牌欣欣向荣、充满生气的形象。

4.3.3 市场定位战略和步骤

在企业的目标市场中，通常会存在一些其他企业的产品。这些产品已经在消费者心目中树立了一定的形象，占有一定的地位。他们都有自己的市场位置。企业要想在目标市场上成功地树立起自己产品独特的形象，就必须考虑到这些竞争企业的存在，并针对这些企业的产品，制定适当的定位战略。

今天的消费者面临太多选择，企业要么想办法做到差异化定位，要么就为商品定较低的价格，才能生存下去。关键之处在于能否使品牌形成自己的定位，在某一方面占据主导地位。这就要求企业采取一切措施在产品特色上下工夫。

1. 市场定位战略

通常可供企业选择的市场定位战略有如下三种。

（1）竞争性定位。竞争性定位是指将本企业产品定在与现有竞争者产品相似的市场位置上，与竞争对手针锋相对，争夺同一细分市场。这种定位要考虑以下因素：生产技术与质量水平是否具有优势；市场潜力与市场容量是否足够吸纳两个企业的产品；是否有比竞争对手更强的生产经营实力。只有具备这些条件的企业，在市场竞争中将处于有利地位，才能采用这种定位战略。

（2）拾遗补缺定位。拾遗补缺定位是指企业通过分析市场中现有产品的定位状况，从中找出尚未占领或未被消费者所重视的空缺位置，并以此来为本企业确定市场位置。企业采取这种拾遗补缺之法为其产品定位，可以使自己的产品具有一定的优势和特色，并可避免与同行业的竞争。采用这种定位策略应考虑以下因素：是否有足够数量的、确定的消费者需求；这种空缺产品的生产技术是否可行和经济合理；企业是否具有开发与经营的能力。

（3）突出特色定位。突出特色定位是指企业通过分析市场中现有产品的定位状况，发掘新的具有鲜明特色的市场位置，来为企业的产品定位。企业应根据市场需求情况与本身条件，尽量突出产品特色。这种战略实施时对企业条件要求较高，而一旦成功将给企业带来丰厚的收益。

2．市场定位的步骤

企业市场定位的全过程可以通过以下三大步骤来完成。

（1）分析目标市场的现状，确认本企业潜在的竞争优势。这一步骤的中心任务是要回答以下三个问题：一是竞争对手产品定位如何？二是目标市场上顾客欲望满足程度如何？以及确实还需要什么？三是针对竞争者的市场定位和潜在顾客的真正需要的利益要求，企业应该和能够做什么？要回答这三个问题，企业市场营销人员必须通过一切调研手段，系统地设计、搜索、分析并报告有关上述问题的资料和研究结果。通过回答上述三个问题，企业就可以从中把握和确定自己的潜在竞争优势在哪里。例如，广州丰田推出凯美瑞之际，必须对中档车这个市场进行详细分析，无论是雅阁，还是帕萨特，或是马自达6、君威、凯旋、速腾、锐志、天籁，都应该纳入其范畴。

（2）准确选择竞争优势，对目标市场初步定位。竞争优势表明企业能够胜过竞争对手的能力。这种能力既可以是现有的，也可以是潜在的。选择竞争优势实际上就是一个企业与竞争者各方面实力相比较的过程。比较的指标应是一个完整的体系，只有这样，才能准确地选择相对竞争优势。通常的方法是分析、比较企业与竞争者在经营管理、技术开发、采购、生产、市场营销、财务和产品七个方面究竟哪些是强项，哪些是弱项。借此选出最适合本企业的优势项目，以初步确定企业在目标市场上所处的位置。

（3）显示独特的竞争优势和重新定位。这一步骤的主要任务是企业要通过一系列的宣传促销活动，将其独特的竞争优势准确传播给潜在顾客，并在顾客心目中留下深刻印象。为此，企业首先应使目标顾客了解、知道、熟悉、认同、喜欢和偏爱本企业的市场定位，在顾客心目中建立与该定位相一致的形象。其次，企业通过各种努力强化目标顾客形象，加深目标顾客的了解，稳定目标顾客的态度和增进目标顾客的感情来巩固与市场相一致的形象。最后，企业应注意目标顾客对其市场定位理解出现的偏差或由于企业市场定位宣传上的失误而造成的目标顾客模糊、混乱和误会，及时纠正与市场定位不一致的形象。企业的产品在市场上定位即使很恰当，但在下列情况下，还应考虑重新定位。

① 竞争者推出的新产品定位与本企业产品相近，侵占了本企业产品的部分市场，使本企业产品的市场占有率下降。

② 消费者的需求或偏好发生了变化，使本企业产品销售量骤减。重新定位就是一个调整的过程，顾客们的需求会发生变化，为了适应顾客的变化，企业当然也需要一定的调整。显然，重新定位也同市场定位一样，都是以市场需求为主要目标的，也是由于市场不断变化而带来的企业行为。重新定位可能是产品名称或价格的变化，更可能是企业产品战略的变化，因此，在重新定位之后，变化所带来的成本与收益的问题也是企业必须考虑的。

【案例 4.1】

准确定位营销法的代表公司　宝马

对我国企业来说，宝马汽车的市场研究案例深具可借鉴性。这项研究分为四个大的步骤：将市场潜力定量化，理解消费者，确定产品项目，把握市场进入时机。

1．将市场潜力定量化

怎样界定你的产品即将进入的市场的潜力和容量？我国企业对这个问题的回答往往是比较含糊的。

宝马的做法是，通过对外部信息资源和内部信息资源的研究，对到 2015 年的汽车市场规模做出定量的预测。外部资源包括：专业研究机构，专业传媒、高校。内部资源包括：市场情报、销售部门的数据、市场和趋势研究、竞争者研究等。然后将内外数据进行归纳和细分，做出战略性的预测。

宝马将汽车分为豪华轿车、一般轿车和轻卡。在全球范围内，预计从 2002 年到 2008 年，豪华轿车的市场将从 503 万辆增长到 680 万辆，增长 35%；一般轿车的市场将从 4143 万辆增长到 4770 万辆，增长 15%；轻卡市场将从 827 万辆增长到 986 万辆，增长 19%。总体来说，全球汽车市场的容量将从 2002 年的 5473 万辆增长到 2008 年的 6436 万辆，增长 18%。

而在亚洲市场，2002 年这三种汽车的市场容量分别为 32 万辆、930 万辆和 317 万辆，预计到 2008 年的市场容量分别增长到 54 万辆、1258 万辆和 420 万量，分别增长 69%、35%和 32%。其总体市场容量将从 1279.9 万辆增长到 1732 万辆，增长 35%。

通过以上的分析，宝马得出了第一个重要的结论：亚洲汽车市场的增长速度将是全球市场增长速度的 2 倍，而其中豪华轿车的增长比例又是最高的。

接下来，宝马对日本、中国大陆、东南亚 6 国（印尼、马来西亚、菲律宾、新加坡、泰国、越南）三个区域汽车市场进行预测，方法同上。最后的结论是：这三个区域从 2002 年到 2008 年的市场增长率分别为 6%、66%、73%，其中豪华轿车的增长率依然是最高的，分别为 32%（从 19 万辆至 25 万辆）、127%（从 5.5 万辆至 12.5 万辆）和 129%（从 3.5 万辆至 8 万辆）。

这样，宝马的第二个重要的市场结论可以得出：日本、中国大陆、东南亚 6 国对豪华轿车的需求，是所有汽车品种中最具增长性的，日本的市场基准水平高，而中国大陆和东南亚 6 国的增长空间十分巨大！

2. 理解消费者

既然市场潜力巨大，而且市场容量十分明确，那么是不是可以马上进入呢？还谈不上。宝马的第二步市场研究是理解消费者。

首先，对消费者进行社会地位的分层，根据受教育程度、收入、公众认知程度来确定其社会地位的高低。

其次，对消费者的价值观进行研究。传统价值观的核心要素包括：家庭、责任意识、社会层级观念、财产所有权等，现代价值观的核心要素包括：西方化/世界性的生活方式、教育多元化等。

以社会分层和价值观变化为纵横轴线，可以知道，豪华轿车的消费者都处在社会的高层，但其价值观可能传统——例如传统企业家，也可能现代——例如新兴企业家、新的职业精英、向上层攀登的年轻人。

进一步的研究表明，持传统价值观和现代价值观的消费者在选择汽车时的要求也是不同的。前者更看中的是：空间宽敞、后座舒服、安全、耐久，后者更看中的是：空间宽敞、车辆设计、个性、科技。

研究到这个时候，宝马可以给自己定位、而且是针对竞争对手进行定位了：宝马和奔驰一样，都面对处在社会高层的消费者，两者间有一定交叉，但奔驰主要面对传统企业家阶层，代表连续性和社会等级；而宝马主要面对新兴的、现代的企业家、新职业精英、向上攀登的年轻人，代表能量和活力。

3. 确定产品项目

知道了自己进入市场的潜力，理解了消费者，接下来就要确定用什么样的产品进入市场。

宝马旗下产品众多，除了通常我们知道的宝马几大系列，还有 MINI 系列和劳斯莱斯。针对亚洲市场，哪些产品是高度聚焦的？哪些是一般聚焦的？哪些是低聚焦的？

结论是：宝马轿车和运动型多功能车（SUV）是高度聚焦的，MINI 系列的产品是一般聚焦的，旅行车和摩托车是低聚焦的。

4. 把握市场进入时机

到此，研究似乎告一段落，但宝马依然是审慎的。宝马把进入亚洲市场的节奏分为四个阶段，首先是做独立进口商；其次是在当地建立全散件组装工厂（CKD 模式）；再次是在所在国建立国内销售公司；最后才是在当地建立完整的生产厂。

在建立 CKD 工厂方面，宝马已经于 1976 年在印尼、1987 年在马来西亚、1989 年在泰国、1993 年在菲律宾、1993 年在越南设厂。

在建立国内销售公司方面，宝马于 1981 年在日本、1995 年在韩国、1998 年在泰国、2001 年在菲律宾和印尼、2003 年在马来西亚和中国大陆（以合资方式）建立了国内销售公司。

最后一步，宝马要在亚洲建立完整的生产企业。在 2003 年，宝马在我国的合资企业开始生产宝马 3 系的汽车，宝马还计划于几年内在泰国设厂。

宝马选择在中国大陆设厂的原因是：和德国每千人拥有 542 辆汽车、日本每千人拥有 424 辆汽车相比，中国大陆每千人只拥有 5 辆汽车。与此相对应的是，我国消费者对于品牌有着积极的认知，宝马在我国消费者的心目中代表着豪华和活力。

“豪华与动感的结合”因此成为宝马在我国的品牌传播口号，而小舒马赫所在的宝马威廉姆斯 F1 车队的形象正是这一品牌的最好代言者！

宝马还发现，在我国，60%的宝马汽车都是白色的。宝马更将自己的消费者称为“邓小平的孙子辈——改革开放的一代”。

【案例 4.2】

奇瑞 QQ 的市场细分策略

在最成熟的微型车市场上，面对 10 多个品牌激烈竞争，奇瑞 QQ 在不到半年的时间内取得 3 万辆的销量。也正是因为奇瑞 QQ 的畅销，使得奇瑞公司名列 2003 年国内汽车销量第 8 名。

1．产品定位：“年轻人的第一辆车”

以往，汽车产品基本上没有细分的客户定位，有的只是价格档次定位，比如，“经济型轿车”、“中级轿车”、“中、高级轿车”、“豪华轿车”。奇瑞 QQ 是国内汽车行业中第一个以细分消费群体为明确客户定位的汽车产品。

“年轻人的第一辆车”提出了年轻的上班族这群人崭新的生活方式——拥有汽车。拥有一个属于自己的移动空间，享受驾驭乐趣，不只是有多年工作经历的上班族的专利，年轻的上班族同样也能进入汽车时代。而在此前，年轻的上班族的出行方式基本上是公交或自行车，打出租车只是偶尔的事情。国内的汽车厂商一般都认为，年轻的上班族不会买车，或者说上班族需要多年积累才有实力买车，而且即使在有了一些经济实力之后，上班族在买房与买车之间一般是选择前者，而不是后者。而奇瑞 QQ 打破了传统的社会理念和消费观念，为年轻的上班族提出了汽车消费新理念。

奇瑞公司注意到，金融信贷工具在国内的广泛使用和信贷市场的成熟，增强了年轻上班族的购买力，培育了他们信贷消费的全新理念，而且年轻人注重生活质量，崇尚时尚的生活方式，这使得年轻人提前拥有自己的轿车成为现实可能和主观需要。另外，随着年轻人的成长，他们对社会的贡献越来越大，他们所占据的社会位置越来越重要，社会对他们的经济回报也一定是越来越大，年轻的上班族未来还会更换更高价位的轿车。这就是奇瑞 QQ“年轻人的第一辆车”产品定位的创意初衷，也表明了奇瑞公司对汽车消费市场的深入分析和对目标消费群体的准确把握。

2．产品定价：“低价入市”策略

新车上市，主要有两种定价策略：“高开低走”和“低价入市”，奇瑞 QQ 选择了后者。

奇瑞 QQ 上市之前，奇瑞公司曾经在新浪网上做了一个“网络价格竞猜”活动，在由 20 万人参加的奇瑞 QQ 新车价格竞猜调查中，大多数人都认为，这样一款设计时尚、性能不错、配置舒适的新车的价格应该在 6 万～9 万元之间。与消费者大众相比，更有发言权的不少业内人士也认为，该车应该在 5 万～8 万元之间。然而，奇瑞公司最终宣布的价格却是 4.98 万元。

奇瑞 QQ 的“低价入市”策略有着诸多优点：第一，在短时间内形成购车热潮，形成了新车难得的良好口碑；第二，销售规模的迅速崛起，使新车在国内微型车市场上占据了领跑者的角色；第三，新车的热销，使得汽车厂商的大规模量产成为现实，产能的充分释放又使得新车的零部件大规模采购成为可能，从而为终端产品的低价提供了成本保障和前提条件。

“高开低走”策略的定价逻辑是：新车先以比较高的价位入市，赚足尽可能多的单车利润，而后盯着市场供需变化和竞争对手的降价来不断调低自己新车的价格。这种定价策略与奇瑞 QQ“不仅便宜，而且时尚”的产品理念是吻合的，也与奇瑞公司“造中国消费者买得起的具有世界品质的轿车”的造车理念是一致的。

3．营销定位：时尚

当奇瑞 QQ 的名字在起名会上被提出来的时候，几乎所有的人都有一种“找到了”、“就是这一个”的感觉。其实，奇瑞 QQ 这个名称之所以从“嘟嘟”、“咪咪”、“爱 Car（爱车）”等几十个候选名字中脱颖而出，就是因为它有着其他名字无可比拟的很多优势。第一，“QQ”这个名字是时尚的、前卫的，它最早诞生于国际互联网上，又有“我能找到你”、“我可以联系到你”的意思；第二，这个名字与目标消费者群体的定位基本吻合，他们年轻、敏感，喜欢接受新事物，对生活乐观、自信；第三，这个名字已经有了很高的知名度，推广起来成本比较低；第四，“QQ”这个名字简洁，容易被人记住，更容易传播。

看见奇瑞 QQ 的人，都会被它时尚的外形所吸引：奇瑞 QQ 的整个前脸像一只可爱的卡通青蛙，两只大灯像两颗炯炯有神的大眼睛，两边保险杠上下的散热器口恰像咧开嘴大笑的两个嘴角——这种时尚造型在国内微型车里绝对是第一家。即使在国内的汽车家族中，将产品仿生学运用到汽车上，把一个黑、大、粗、重的汽车产品塑造成一个可爱灵动的小宠物形象，奇瑞 QQ 在国内汽车业也绝对是领风气之先的。

一个设计时尚的新车，加上一个时尚的车名，消费者没有理由不把时尚这顶桂冠戴在奇瑞 QQ 头上。可以说，奇瑞 QQ 成功的价值，在于它定位准确和营销组合策略的充分运用。

分析与思考

1．市场细分的必要条件有哪些？市场细分的依据是什么？
2．汽车市场细分应按怎样的步骤进行？
3．汽车企业如何选择目标市场并确定营销策略？
4．市场定位的指标有哪些？
5．如何制定适当的市场定位战略？应按怎样的步骤进行市场定位？
6．在案例 4.2 中，奇瑞 QQ 的成功得益于企业什么样的市场定位策略？

课程实践

1．目标

掌握汽车市场细分、制定汽车市场定位战略的方法。

2．内容

将学生分成若干小组，各小组对某一地区的汽车市场进行细分。以此为基础，为某汽车企业选择一个最有优势的目标市场，并为此市场进行合理的市场定位。

3．要点及注意事项

可参照一些汽车企业市场细分、制定汽车市场定位战略的相关案例，汽车市场细分的标准选择要清晰、合理，可以一次细分，也可进行多次细分。汽车目标市场选择要符合企业发展目标，汽车市场定位要明确。

第 5 章　汽车用户购买行为分析

学习目标与要求

1. 了解用户购买行为的一般过程。
2. 熟悉个人用户购买行为的类型及影响因素。
3. 熟悉产业用户市场特征及购买行为影响因素。
4. 熟悉集团用户市场特征及购买行为影响因素。

5.1　汽车用户分类及购买行为过程

5.1.1　汽车产品的使用特点

汽车本身是一种有形商品，但其使用特点又明显不同于一般生产资料和消费资料等有形商品。这种使用上的特殊性体现在以下两个方面。

1. 汽车既是一种生产资料，又是一种消费资料

（1）作为生产资料使用。例如，各类生产型企业和经营单位为生产经营而购买的各种车辆，进行原材料、配套件、在制品以及产品的运输等。由于这类部门和单位拥有的车辆都构成他们生产、经营或服务活动的一部分，因而使汽车成为一种生产资料。它所涉及的部门和单位很多，既有工业、农业、建筑等生产部门，也有贸易、金融、保险、商业等经营服务单位，另外还有单位和个人以汽车作为资本，通过汽车运营赢利，汽车是运输服务的物质载体，像这种作为经营资料使用的汽车，亦可看作生产资料。这类用车主要有城镇交通中的公共汽车、出租车、长途与中短途公路客货运输用车，以及为旅游者提供服务的旅游用车等。

所以，可以说绝大部分载货汽车、专用汽车、特种汽车、自卸汽车和一部分客车及轿车均是作为生产资料在使用的。

（2）作为消费资料使用。汽车用作消费资料的一种表现，是它属于一种集团消费资料。例如，用于满足各类企事业单位、各级各类政权机关、非营利性组织团体等公务及事业活动需要轿车以及用于解决职工上下班的通勤客车等，都属于集团消费资料。很大一部分轿车及客车、某些载货汽车均是作为集团消费资料在使用。

汽车用作消费资料的另一种表现，是它作为生活耐用消费品，进入到广大居民家庭消费领域。此时，汽车（轿车、微型客车等）作为消费资料，主要用于私人代步，满足消费者个人出行的需要。

2. 汽车是一种最终商品

从产品的加工程度看，汽车本身属于产成品。无论是作为生产资料使用的汽车，还是作为消费资料使用的汽车，都是最终可以直接使用的产品。在这一意义上，汽车与那些作为原料、中间产品、生产协作件等形态的生产资料存在差别。

5.1.2 汽车用户分类

汽车用户是指汽车产品的购买者或使用者。按不同的分类标准可以把汽车用户分成不同的类型，按用户规模可以分为个人用户和集团用户，按用户购买的目的和动机不同可以分为消费者用户和产业用户。

1. 个人用户

个人用户又称为消费者用户，是指将购买的汽车作为个人或家庭消费使用，解决私人交通的客户。从世界范围来看，此类消费者分布最为广泛，需求最为强劲，占据了每年世界汽车客户的绝大部分。目前，个人用户市场是我国汽车市场增长最快的一个细分市场，其重要性已经越来越引起各汽车厂商的关注。

2. 集团用户

集团用户是指将汽车作为集团消费性物品使用，维持集团事业运转的集团客户，我国通常称为“机关团体、企事业单位”。这一市场是我国汽车市场比较重要的一个细分市场，其重要性不仅表现在具有一定的需求规模，还常常对全社会的汽车消费起着示范性作用。这类客户主要包括各类企业单位、事业单位、政府机构、司法机关、各种社团组织以及军队等。

3. 产业客户

产业客户又称为运输营运者，是指将汽车作为生产资料使用，满足生产、经营需要的组织和个人。这类客户主要包括具有自备运输机构的各类企业单位、将汽车作为必要设施装备的各种建设型单位、各种专业的汽车运输单位和个人等。目前，这一市场在我国汽车市场上也占有重要位置，特别是对某些车型而言，它是这些车型的主要市场。

4. 其他直接或间接客户

其他直接或间接客户是指除以上客户以外的各种汽车客户及其代表，主要包括以进一步生产为目的的各种再生产型购买者，以进一步转卖为目的的各种汽车中间商，他们都是间接客户。由这类购买者构成的市场，对于汽车零部件企业或以中间性产品（如汽车的二、三、四类底盘）为主的企业而言，是非常重要的。

5.1.3 用户购买行为一般过程

用户购买行为是一种满足需求的行为，其购买过程是经由客观刺激引起的，在用户心理产生复杂的思维活动，形成和产生购买行为，最后达到需求的满足。因此，一个完整的购买行为过程，可以看成一个刺激、决策、购后感受的过程，这也是用户的一般购买行为过程。这一过程如图 5-1 所示。

1. 刺激

图 5-1 用户购买行为过程图

用户的购买行为过程都是用户对客观现实刺激的反应，用户接受了客观事物的刺激，才能产生各种需求，形成决策，最后导致购买行为的发生。客观事物的信息刺激，既可能由用户的内部刺激引起，也可能由外界因素刺激产生。例如，企业要搞运输，就必须有一定数量的汽车。内部的刺激一般比较简单，而外界的刺激则要复杂得多，这是因为用户作为一个社会组成单位，它的行为不仅要受到自身因素的影响，而且还受到社会环境的制约，家庭及相关群体的消费时尚与风俗习惯等都会对用户的购买行为产生影响。另外，用户购买的对象——商品，也会从它的质量、款式、包装、商标及服务水平等方面对用户的购买行为产生影响。

2. 决策过程

不论是内部刺激还是外部刺激，它们的作用仅仅是引起用户的购买欲望。用户是否实施购买行为，购买具体的对象是什么，在什么地方购买等，就需要用户进行决策。由于决策过程极其复杂，并且对于营销者来说又难以掌握，因此又称作黑箱。对消费用户来说，实质上就是一种心理活动过程，具体可概括为产生需求、形成动机、收集信息、评价方案和形成决策等过程。

3. 购后感受

用户购买行为的目标是选购一定的商品或服务，使自己的需要得到满足。用户实施购买行为之后，购买行为过程并没有结束，还要在具体使用中去检验、评价，以判断需要满足的程度，形成购后感受。它对用户的重复购买行为或停止购买行为会产生重要影响。

5.2 汽车个人用户购买行为分析

用户的购买行为总是受各种因素的影响，并表现出一定的特征。用户购买行为分析就是对用户的购买需求、动机进行分析，并且分析这些需求和动机是如何影响用户的购买行为，在此基础上指出用户购买行为的模式，分析影响用户购买行为的因素，从而为汽车营销寻找营销机会提供帮助。

私人消费汽车市场由汽车的消费者个人构成。现代市场营销学对普通消费者市场研究的许多成果，在我们研究汽车的私人消费市场时可以参考借鉴，但由于汽车商品本身的使用特点、产品特点及价值特点与一般商品又有很大差别，因而一般性结论是不可简单套用于汽车消费者市场的，必须研究其特殊的市场特点和购买行为。

5.2.1 个人汽车消费市场的基本特征

1. 需求具有伸缩性

一方面，汽车的个人消费需求具有较强的需求价格弹性，即价格的变动对汽车的个人需求影响很大。另一方面，这种需求的结构可变。当客观条件限制了这种需求的实现时，它可以被抑制，或被转化为其他需求，或最终被放弃；反之，当条件允许时，个人消费需求不仅会得以实现，甚至会发展成为流行性消费。

2. 需求具有多样性

消费者由于在个人收入和文化观念上的差别，以及在年龄、职业、兴趣、爱好等方面的差异，会形成不同的消费需要，从而使个人购买者的需求表现出多层次性或多样性。就这种意义而言，汽车企业如果能够为消费者提供多种多样的汽车产品，满足消费者多样化的需求，无疑会为企业争取更多的营销机会。如 20 世纪 90 年代中期，当时人们都认为我国的“家用轿车”应当是某种经济实用型的。但一项调查表明并非如此，人们对家用轿车的需求是多样化的，从高档轿车到微型轿车都有自己的消费者。

3．需求具有可诱导性

对大多数个人购买者而言，他们对汽车缺乏足够的专门知识，往往会受到周围环境、消费风气、人际关系、宣传等因素的影响，对某种特定的车型产生较为强烈的需求。因此，企业应注意引导、调节和培养某些被细分后的个人购买市场，强化广告和促销手段的应用，提高企业的市场占有率。

4．需求具有替代性

个人购买者在面临多种选择时，往往会对能够满足自己需要的商品进行比较、鉴别，只有那些对个人购买者吸引力强、引起的需求强度高的汽车产品才会导致消费者的最终购买。也就是说，同时能够满足消费者需要的不同品牌之间具有竞争性，需求表现出相互替代的特性。

5．需求具有发展性

个人购买需求一般从简单到复杂、由低级向高级发展。在现代社会中，各类消费方式、消费观念、消费结构的变化总是与需求的发展性和时代性息息相关的。所以汽车产品个人购买需求的发展也会永无止境，如在不过分增加购买负担的前提下，消费者对汽车的安全、节能和环保等性能的要求总是越来越高。

6．需求具有集中性和广泛性

一方面，由于私人汽车消费与个人经济实力关系密切，在特定时期内，经济发达地区的消费者或者收入相对较高的社会阶层，对汽车（或某种车型）的消费比较明显，需求表现出一定的集中性；另一方面，高收入者各地都有（尽管数量上的差异可能较大），而且随着经济发展会不断增多，所以需求又具有地理上的广泛性。

5.2.2 个人用户购买行为模式

研究个人用户购买行为是研究汽车个人用户市场的基础，其研究重点是个人用户购买行为方式。

所谓汽车个人用户购买行为就是个人用户为了满足自身的需求，在寻求购买、使用和评估汽车产品及相关服务时所表现的行为。尽管不同的个人用户有不同的行为方式，但任何一个个人用户都不是孤立的，而是隶属于一个群体的社会成员，有其共同的需求动机和意识，因而其购买行为必然有一定的规律。

一般来说，人的行为是基于心理活动而发生和发展的。所以，汽车个人用户购买行为必然也要受个人的心理活动支配。心理学“刺激—反应”（S—R）学派的成果表明，人们行为的动机是一种内在的心理活动过程，是一种看不见、摸不着的“黑箱”。在心理活动与现实行为之间的关系中，外部的营销与其他刺激必须经过了盛有“心理活动过程”的黑箱才能引起反应，导致购买行为。

按照上述行为动机生成机理观点，面对着庞大个人用户市场的汽车企业，实际上所面对的是许多的个人购买动机，所以，汽车企业要引导客户的购买动机实现，满足他们的各种需求，就必须对个人用户对营销刺激和其他刺激的反应、购买行为的模式有较全面的认识，客户的购买行为模式如图 5-2 所示。

在汽车个人用户购买行为模式中，刺激包括营销刺激和其他刺激。所谓营销刺激是指汽车企业营销活动的各种可控因素，即产品、价格、分销和促销；其他刺激则是指汽车企业营销活动的各种不可控因素，即经济、技术、政治、文化等因素。所有这些刺激通过汽车个人用户的“黑箱”产生反应，从而形成一系列可以观察到的客户购买反应，即对汽车产品、品牌、经营者、时间、数量等方面的具体选择。

汽车个人用户的“黑箱”可分成两部分：首先是客户的特征，这种特征通常要受多种因素的影响，它们会影响购买者对刺激的理解和反应；其次是客户的决策过程，它会影响消费者最后行为结构的状态。

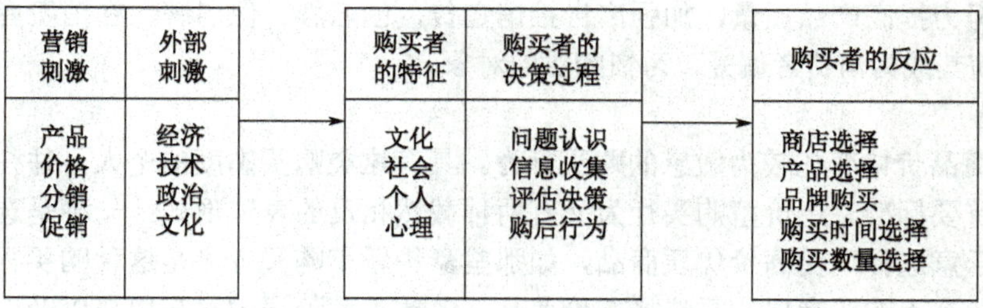

图 5-2　购买者行为模式

这一购买者行为模型表明，消费者的购买心理虽然是复杂、难以捉摸的，但由于这种神秘莫测的心理作用可由其反应看出来，因而可以从影响购买者行为的某些带有普遍性的方面，探讨出一些最能解释将购买影响因素转变为购买过程的行为模式。

5.2.3　汽车个人购买行为的类型

以上分析了私人汽车消费需求的一些特点，汽车营销者不仅要研究这些特点，还要研究私人汽车消费者的购买行为模式。

研究汽车的个人购买行为时，一般需要从不同角度作相应的分类，但较为普遍的分类方法是以购买态度为基本标准。因为购买态度是影响个人购买行为的主要因素。按照这种标准划分，汽车的个人购买行为可分为理智型、冲动型、习惯型、选价型和情感型等几种。

1. 理智型

这是指以理智为主做出购买决策的购买行为。具有这类行为特点的消费者，其购买思维方式比较冷静，在需求转化为现实之前，他们通常要做广泛的信息收集和比较，充分了解商品的相关知识，在不同的品牌之间进行充分的调查，慎重挑选，反复权衡比较。也就是说，这类消费者的购买过程比较复杂，通常要经历信息收集、产品和品牌评估、慎重决策和购后评价等各个阶段，属于一个完整的购买过程。

现阶段，我国的私人汽车消费者的购买行为多属于理智型。因为他们多数是初次购买私人轿车的用户，购买汽车要花费他们较多的资金，且汽车结构复杂、专业性较强，普通消费者的汽车知识较少等。对于这类顾客，营销者应制定策略帮助顾客掌握产品知识，借助多种渠道宣传产品优点，发动营销人员乃至顾客的亲朋好友对顾客施加影响，简化购买过程。

2. 冲动型

这是容易受别人诱导和影响而迅速做出购买决策的购买行为。冲动型的购买者，通常是情感较为外向、随意性较强的顾客。他们一般较为年轻（30 多岁者居多），具有较强的资金实力。对于冲动型购买者来说，易受广告宣传、营销方式、产品特色、购买氛围、介绍服务等因素的影响和刺激，进而诱发出冲动型购买行为。这种需求的实现过程较短，顾客较少进行反复比较挑选。但是这类顾客常常在购买后会认为自己所买的产品具有某些缺陷或其他同类产品有更多的优点而产生失落感，怀疑自己购买决策的正确性。对于这类购买行为，营销者要提供较好的售后服务，通过各种途径经常向顾客提供有利于本企业和产品的信息，使顾客相信自己的购买决定是正确的。

3．习惯型

这是指购买者个人对品牌偏好的定向购买行为。这类购买行为较少受广告宣传和时尚的影响，其需求的形成，多是由于长期使用某种特定品牌并对其产生了信赖感，从而按习惯重复购买。所以，这种购买行为实际上是一种“认牌型”购买行为。因此，作为企业，就应针对这一类型的消费者，努力提高产品质量，加强广告推销宣传，创名牌、保名牌，在消费者心中树立良好的产品形象，使其成为消费者偏爱、习惯购买的对象。

4．选价型

这是指对商品价格变化较为敏感的购买行为。具有这类购买态度的个人，往往以价格作为决定购买决策的首要标准。选价型购买行为又有两种截然相反的表现形式：一种是选高价行为，即个人购买者更乐意选择购买高价优质商品，如那些豪华轿车购买者多是这种购买行为；另一种是选低价行为，即个人购买者更注重选择低价商品，多数工薪阶层的汽车用户以及二手车的消费者主要是这种购买行为。

5．情感型

这里指容易受感情支配做出购买决策的行为。持有这类购买态度的顾客，其情感体验较为深刻，想象力特别丰富，审美感觉灵敏。在情感型购买的实现过程中，较为易于受促销宣传和情感的诱导，对商品的选型、色彩及知名度都极为敏感，他们多以商品是否符合个人的情感需要作为研究购买决策的标准。国外家庭以女性成员为使用者的汽车用户多属于这种购买行为。

总体上讲，我国现阶段的汽车个人消费者，其购买行为类型以理智型占主导，其余类型只是在西方经济发达国家才经常见到，这也说明汽车营销者在开发国内国外两个市场时，应采取不同的营销模式。

5.2.4 影响汽车个人购买行为的因素

汽车个人用户处于复杂的社会中，其购买行为主要取决于客户需求，而汽车消费需求受到诸多因素的影响。要透彻地把握消费客户的购买行为，有效地开展市场营销活动，必须分析影响汽车产品个人购买行为的有关因素。

影响汽车产品个人购买行为的因素主要有文化因素、社会因素、个人因素和心理因素等几类（图 5-3）。各类因素的影响机理是：文化因素通过影响社会因素，进而影响消费者个人及其心理活动的特征，从而形成消费者个人的购买行为。

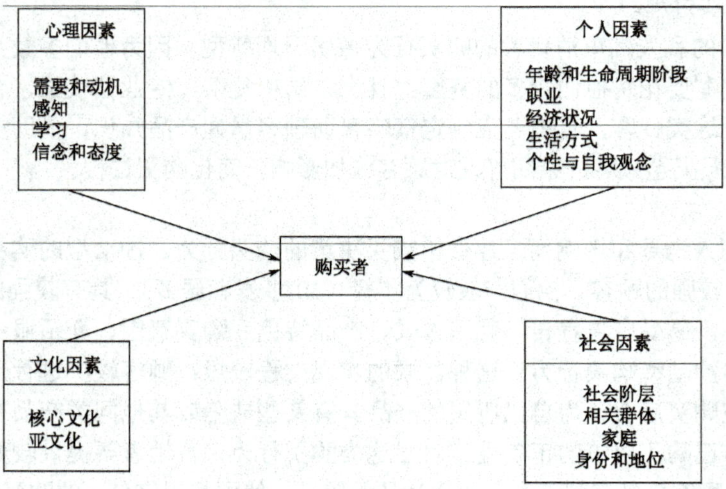

图 5-3 影响消费者购买行为的因素

1．文化因素

文化是指人类从生活实践中建立起来的文学、艺术、教育、信仰、法律、宗教、科学等的总和。对于消费客户行为而言，文化因素的影响力既广又深，文化是客户欲望与行为的基本决定因素。文化因素包括核心文化和亚文化。无论核心文化因素还是亚文化因素都是造成消费客户购买行为差异的重要因素，从客户心理角度分析，亚文化相对核心文化更为重要，亚文化更能影响和决定消费客户的行为。

文化因素之所以影响购买者行为，其原因有三：一是文化的存在可以指导购买者的学习和社会行为，从而为购买行为提供目标、方向和选择标准；二是文化的渗透性可以在新的区域中创造出新的需求；三是文化自身所具有的广泛性和普及性使消费者个人的购买行为具有攀比性和模仿性。所以，营销人员在选择目标市场和制订营销方案时，必须了解各种不同的文化和亚文化群的特点，针对这些特点推出汽车新产品，增设新服务以吸引消费客户。

（1）核心文化。核心文化是人类欲求与行为最基本的决定因素，文化本身又包括语言、法律、宗教、风俗习惯、音乐、艺术、工作方式及其他给社会带来独特情趣影响的人为现象；就其对消费者行为影响的角度而言，文化是后天学习来的，是对某一特定社会成员消费行为直接产生影响的信念、价值观和习俗的总和。在现代文明中，汽车可能是司空见惯的商品，而在另一种文化下，如边远落后的地区，汽车对他们就毫无意义可言。

（2）亚文化。任何文化都包含着一些较小的群体或所谓的亚文化，它们以特定的认同感和社会影响力将各成员联系在一起，使这一群体持有特定的价值观念、生活格调和行为方式。一个消费者对产品的兴趣，会受这种亚文化的影响，诸如他的民族、宗教、种族和地理背景的影响。例如，美国通用汽车公司在南美波多黎各推销名为“诺巴”牌的汽车，虽然该车性能良好、价格优惠，但销路却不畅，经过调查发现“诺巴”在西班牙评语中却是“不走”的意思，这种“不走”的汽车当然唤不起客户的购买热情，自然也就不畅销了。

2．社会因素

社会因素大体上有四类，它们分别是社会阶层、相关群体、家庭和角色地位。

（1）社会阶层。在市场营销学上，社会阶层是具有相对的同质性和持久性的社会群体，社会学家依据其职业、收入、受教育程度、价值倾向及居住区域等对他们按层次进行排列的一种社会分类。不同层次的购买者由于具有不同的经济实力、价值观念、生活习惯和心理状态，并最终产生不同的消费活动方式和购买方式。而同一阶层的成员都具有类似的行为、举止和价值观念。在这种意义上，企业的营销工作应当集中主要力量为某些特定的阶层（即目标市场）服务，而不是同时去满足所有阶层的需要。换言之，企业要针对所服务阶层的特点，制定适当的营销组合策略。

（2）相关群体。相关群体是指能够影响消费者个人消费行为的个人或团体。一般可分为如下三类。

① 紧密型群体。即与购买者个人关系密切、接触频繁、影响最大的群体，如家庭、邻里、同事等；

② 松散型群体。即与购买者个人关系一般，接触不太密切，但仍有一定影响的群体，如个人所参加的学会和其他社会团体等；

③ 渴望群体。即购买者个人并不是这些群体的成员，但却渴望成为其中一员，仰慕该类群体某些成员的名望、地位，而去效仿他们的消费模式与购买行为。这类群体的成员主要是各种社会名流，如文艺体育明星、政界要人、学术名流，等等。

相关群体对个人购买者购买行为的影响是潜移默化的。因为人类天生就具有趋同性和归属感，个人购买者往往要根据相关群体的标准来评价自我行为，力图使自己在消费、工作、娱乐等方面同一定的团体保持一致。在这种意义上，相关群体对汽车产品个人购买行为的影响主要表现在三个方面：一是为团体成员提供某一特定的生活方式和消费模式，促使群体内的成员根据特定的消费模式采取购买行为；二是运用团体力量影响个人购买者的购买态度，改变已有的产品观念；三是影响个人购买者对产品及品牌的选择。研究表明，汽车个人购买者的购买行为容易受到相关群体的影响。

（3）家庭。客户以个人或家庭为单位购买汽车时，家庭成员和其他有关人员在购买中往往起着不同作用并且相互影响。家庭对于个人购买者的影响极大，如个人购买者的价值观、审美情趣、个人爱好、消费习惯等，大多是在家庭成员的影响与熏陶下形成的。在个人购买者购买决策的参与者中，家庭成员的影响作用是首位的。

家庭成员对购买决策的影响往往由家庭特点决定。家庭特点可根据家庭中谁有支配权、家庭成员的文化与社会阶层等方面的差别进行区分，家庭基本上可以分为四类：丈夫决策型、妻子决策型、协商决策型和自主决策型。私人汽车的购买，在买与不买的决策上，一般是协商决策型或丈夫决策型，但在款式或颜色的选择上，妻子的意见影响较大。从营销观点来看，了解家庭的购买行为类型，有利于营销者明确自己的促销对象。

（4）角色地位。营销学中的角色地位是指个人购买者在不同的场合所扮演的角色及所处的社会地位。周围的人都会对每个角色所从事的行动抱着某种期望，并对他的购买行为有所影响。地位是伴随着角色而来的，每一种身份又都附有一种地位，反映社会对他的一般尊重。汽车消费客户在购买汽车时常常会利用汽车不同的品牌、颜色、价格等方式表明他们的社会身份和地位，因而角色与地位对个人造成某些限制和规范，其购买行为要考虑与其角色和地位相一致。

在这些因素中，购买者的家庭成员对购买者的行为显然影响是最强烈的。一般人在整个人生历程中所受的家庭影响，基本上来自自己的父母。每个人都会由双亲直接教导和潜移默化获得许多心智倾向和知识，如宗教、政治、经济以及个人的抱负、爱憎、价值观等。甚至许多消费者在与父母不在一起相处的情况下，父母对其潜意识行为的影响仍然很深、很强烈。至于在那些习惯于父母与子女不分居的国家，这种影响更具有决定性的意义，我国便是如此。

3．个人因素

通常，在文化、社会各方面因素大致相同的情况下，仍然存在着个人购买行为差异极大的现象，其中的主要原因就在于个人购买者之间还存在着年龄、职业、收入、生活方式和个性等个人情况的差别。

（1）年龄和生命周期的阶段性。人们不仅会在不同的年龄阶段上有不同的需求和偏好，而且还会随着年龄的增长而不断改变其购买行为，这是年龄对于个人购买决策的直接影响。它的间接影响则是它还往往要影响社会的婚姻家庭状况，从而使家庭也具有了生命周期。西方学术界通常把家庭生命周期，划分为 9 个阶段。

① 单身期。指离开父母后独居的青年时期。

② 新婚期。指新婚的年轻夫妻，无子女阶段。

③ “满巢”Ⅰ期。指子女在 6 岁以下，处于学龄前儿童阶段。

④ “满巢”Ⅱ期。子女在 6 岁以上，处于已经入学的阶段。

⑤ “满巢”Ⅲ期。结婚已久，子女已长成，但仍需抚养的阶段。

⑥ “空巢”Ⅰ期。子女业已成人分居，夫妻仍有工作能力的阶段。

⑦ “空巢”Ⅱ期。已退休的老年夫妻，子女离家分居的阶段。

⑧ 鳏寡就业期。独居老人，但尚有工作能力的阶段。

⑨ 鳏寡退休期。独居老人，已经退休的阶段。

一般来说，处于不同阶段的家庭，其需求特点是不同的，企业在进行营销时只有明确目标顾客所处的生命周期阶段，才能拟定适当的营销计划。对汽车营销而言，面临的家庭阶段主要是处于“满巢”期的各类顾客。

（2）职业。职业状况对于人们的需求和兴趣有着重大影响。通常，企业的市场营销在制订营销计划时，必须分析营销所面对的个人购买者的职业对象，在产品细分许可的条件下，注意开发适合于特定职业消费需要的产品。

（3）经济状况。经济状况指客户可支配收入（收入水平、稳定性和时间分布）、储蓄与资产（资产多寡、比例结构、流动性如何）、负债和借贷（信用、期限、付款条件等）的能力。经济状况是决定汽车消费客户购买行为的首要因素，对购买行为有直接影响。它对于汽车企业营销的重要性就在于，有助于了解消费客户的可支配收入变化情况，他们的个人和家庭的购买能力，以及人们对消费和储蓄的态度等。汽车企业要不断注意经济发展趋势对消费客户的经济状况的影响，应针对不同的实际经济发展状况来调整营销策略，如重新设计产品、调整价格，或者减少产量和存货，或者采取一些其他应变措施，以便继续吸引目标消费者。

（4）生活方式。生活方式指人们在生活中表现出来的支配时间、金钱以及精力的方式。近年来，生活方式对消费行为的影响力越来越大。不同的生活方式群体对产品和品牌有不同的消费需求，营销人员应设法从多种角度区分不同生活方式的群体。在汽车企业与消费客户的买卖关系中，一方面消费客户要按照自己的爱好选择汽车，以符合其生活方式；另一方面汽车企业也要尽可能提供合适的汽车产品，使其能够满足消费客户生活方式的需要。

（5）个性和自我观念。个性是影响个人购买行为的另一个因素，它所指的是个人的性格特征，以及与其相关联的另一个概念，即购买者的自我观念或自我形象。个性导致对自身所处环境相对一致和连续不断的反应，主要由个人的气质、性格、兴趣和经验所构成。一个人的个性影响着他的汽车消费需求和对市场营销因素的反应。事实上，汽车消费客户越来越多地用不同风格汽车产品来展示自己的个性和表现自己。对于汽车企业营销来说，了解个人购买者的这些个性特征，可以帮助企业树立正确的符合目标消费者个性特征的汽车品牌形象。

4．心理因素

个人购买者购买决策通常还要受心理过程的影响，包括：动机、感知、学习、信念和态度，它们各自在购买过程中具有不同作用。

（1）动机。消费者为什么购买某种产品，为什么对企业的营销刺激有着这样而不是那样的反应，在很大程度上是和消费者的购买动机密切联系在一起的。购买动机研究就是探究购买行为的原因，即寻求对购买行为的解释，以便企业营销人员更深刻地把握消费者行为，在此基础上做出有效的营销决策。

社会心理学认为，人类的行为受动机的支配，而动机则是由需要引起的。当个人的某种需要未得到满足，或受到外界刺激时，就会引发某种动机，再由动机而导致行为。在这种意义上，动机其实就是在一定程度上的需要。

购买动机虽源于需要，但商品的效用才是形成购买动机的根本条件。如果商品没有效用或效用不大，即使具备购买能力，购买者也不会对该商品产生强烈的购买动机。反之，如果效用很大，即使购买能力不足，购买者可能筹措资金也要购买。

商品的效用系指商品所具有的能够满足用户某种需要的功效。就汽车功效而言，不同车型、不同品种的汽车具有不同的功效。但同样的汽车，对不同的购买者和不同用途来说，其功效也是不同的。例如，对运输经营者来说，汽车的功效在于能够获取经济效益，这种经济效益是指在汽车使用期内，在扣除成本和税费之后的纯收益，收益越大则功效越大，因而低档轿车的功效可能就比中高档轿车大；而对三资企业的商务活动而言，轿车的功效不仅在于作为代步工具，且应体现企业形象，因而中高档轿车的功效就比低档轿车大。这表明，同样的轿车品种对不同的购买者，具有不同的功效。

（2）感知。感知是指人们通过自己的身体感觉器官而对外界刺激物所作的反应，这是影响个人购买行为的另一个重要心理因素。一个被动机驱使的人随时准备着行动，但具体如何行动则取决于他对情境的感觉如何。两个处于同样情境的人，由于对情境的感觉不同，其行为可能大不相同。消费心理学认为，消费者的感知过程是一个有选择的心理过程，它有如下 3 种方式。

① 选择性注意。在现实生活中，最能引起人们注意的情况有 3 种：一是与当前需要有关的；二是预期出现的；三是变化幅度大于一般的、较为特殊的刺激物。就此而言，引起个人购买者的注意，应当是营销者促销的重要工作。例如，许多汽车企业都特别重视汽车展览，均把展台布置得别出心裁、美轮美奂。其目的是突出企业形象和品牌形象，力求给广大潜在消费者以独特的刺激、深刻的印象。

② 选择性曲解。通常，人们有一种把外界输入的刺激与原有思维模式相比较的倾向，从而造成先入为主的观念，这种按照个人意愿曲解信息的倾向就是选择性曲解。从这一角度来理解，营销者应当特别重视对于企业信誉和产品名牌的创立。例如某一名牌汽车在消费者心中早就确立了无争的信誉，当另一新品牌汽车即使实际品质已优于前者，消费者总认为原来的名牌汽车更好。这就是绝大多数企业均在努力以诚信与服务创建自己产品品牌的缘故。我国汽车企业目前尚缺少这样珍贵的财富。

③ 选择性记忆。人们对所接收到的信息不可能全部记住，不会公正地全部予以重视，而是会倾向性地保留那些符合自己信念和态度的信息。在购买行为上则表现为只记住自己所喜爱的品牌，往往会牢记自己喜爱品牌的优势，从而忽视了其他竞争品牌的长处。因此对于汽车新产品来说，第一印象至关重要，各汽车企业都慎重地选择时间、地点、场合，花大量的投入进行促销活动。

（3）学习。人们的行为有些是与生俱来的，但大多数行为，包括购买行为，是通过学习得来的。学习是指由于经验而引起的个人行为的变化，也表现为语言和思想的转变。

学习过程是在驱策力、刺激物、提示物、反应和强化等诸因素相互影响和作用下完成的。驱策力是指引发的内在动力，当该驱策力被指引向某种刺激物时，就会变成动机。诱因即提示物，是指那些决定人们何时、何地、作何种反应的刺激物，它决定着人们的反应。反应是指对刺激物和提示物所做出的反射行为。如果反应是成功的，即某一反应能使人们获得满足，那么在以后相类似的情况下，以同样的学习方式人们将会不断地做出相同的反应。

消费者购买汽车这类昂贵的耐用品过程也是一个学习的过程。这个过程从收集有关车辆的资料开始，了解品牌、分析判断、提出方案、实物对比、询问解疑直至最后采取行动。在这个过程中，消费者必然会加强与营销人员的联系，细致地观察各种车型，认真地倾听介绍。因此对于营销人员来说，可以将学习和强烈的驱动力联系起来，运用刺激性暗示及强化等手段来形成消费者对推销品牌的强烈反应，既给消费者一个学习的机会，又促进了消费者对产品的需求。

（4）信念和态度。信念是指人们对事物所持的认识。个人购买者的信念可以建立在不同的基础上，见解不同，信念就不同。购买行为中的信念，有的是建立在对名牌产品的信任基础上，有的可能是建立在某种偏见或讹传的基础上。而不同的信念又可导致不同的购买态度，如名牌商品会使个人购买者争相选购，而新品牌则往往遭到消费者怀疑。一般地，改变个人购买者的态度是较为困难的，因而在企业的营销过程中，企业应当力求使自己的产品适应个人购买者的现有态度。

在需要改变个人购买者的态度时，企业则必须有强大的广告宣传手段和有力的促销方式。例如，日本本田汽车公司的摩托车在进军美国市场时，一开始就面临公众对摩托车持否定态度的不利信念。由于受影视剧的影响，美国人常把摩托车同流氓犯罪活动联系在一起，本田公司为了扩大市场，便设法改变美国公众的态度。该公司以“你可以在本田车上发现最温雅的人”为主题，大力开展促销活动。广告画面上的骑车人都是神父、教授、美女等，才逐渐改变公众对摩托车的态度。在我国汽车界，也不乏产品品牌被砸导致企业蒙受巨大损失的例子。此外，我国的汽车购买者还具有一个明显的特征，即某个地区的购买者对每种车型一般只倾向于一个品牌，这也表明同一地区的购买者对某种产品具有相似的信念。

以上分析了影响个人购买行为的各种因素，营销者应对其进行全面的研究，才会掌握消费者的个人购买模式。

5.2.5 个人购买决策过程

消费者个人的购买过程，是相互关联的购买行为的动态系列，一般包括 5 个具体步骤。即：确认需要—收集信息—评价选择—购买决策—购后感受。

1．确认需要

用户的购买过程是从需要开始的。需要的产生有时很简单，有时却较为复杂。一般地说，人的需要是由两种刺激引起的：一是来自身心的内在刺激，这是引起需要的驱使力；二是来自外部环境的刺激，这是引起需要的触发诱因。在这两种刺激的影响下，当用户意识到一种需要，并准备通过购买某种商品去满足它时就形成了购买动机。因此，营销人员要注意通过对上述两个方面的分析，了解那些在用户中已经存在或可能产生的、与本企业产品实际或潜在的、有关联的驱使力及其强度，分析与这些驱使力有关的各种触发诱因的状况，进而适当地安排市场营销对策，以便引起对本企业产品的现实需要，诱发购买动机。

市场营销人员应注意识别引起用户需要和兴趣的环境，并注意了解哪些因素与本公司销售的汽车有关联。用户对某种汽车的需求强度会随着时间的推移而变动，并且被一些诱因所触发。销售公司要善于安排诱因，促使用户对本公司经营的汽车产生强烈的需求，并立即采取购买行动。

2．收集信息

用户形成了购买某种商品的动机后，就要从事与购买有关的活动。在多数情况下，尤其是不熟悉这种商品的种类、特性、品牌、价格、出售地点等情况时，用户总是在收集一定的信息资料并对其进行分析判断后才会做出购买决定，实施购买行动。这时，用户增强了对有关信息资料的注意。用户收集信息资料的积极性，主要与需要的强度有关；收集信息资料的数量和内容，主要与所遇到或所要解决的问题的类型和性质有关，并因购买行为类型的不同而有很大的差别。

为了有效地向目标市场传递信息，影响用户的购买行为，企业要了解用户获得信息的主要来源，以及不同来源的信息对用户的影响程度。

3．评价选择

在这一阶段中，用户将根据所掌握的信息对选择集合中的几种品牌的商品进行评价和比较，从中选择和确定他所偏好的品牌的商品形成购买意向。对企业来说，这里的主要问题是用户如何评价选择集合中的各个品牌的商品，以及用户如何选择本企业生产经营的商品。

4．购买决策

用户经过对选择集合中各品牌产品的评价比较后就会形成购买意向，在正常情况下便会购买他最喜欢的某个品牌的产品。但是，在购买意向与决定购买这两者之间往往会介入某些因素的影响和干扰，从而使用户不一定实现或马上实现其购买意向。这些影响因素有如下几点。

（1）其他人的态度。如周围关系密切的人坚决反对购买这种产品、在购买现场听到对这种产品的不利议论等，这些都可能使用户重新考虑、放弃或改变原先的购买意向。

（2）意外事件。包括用户个人、家庭、企业、市场及其他外部环境等方面突然出现的一些有关的新情况，如家庭中出现了其他方面的紧迫开支、产品生产企业出现了重大的质量问题、市场上出现了新产品、经济形势出现了较大的变化等。如 2008 年的全球金融危机造成我国股市大跌，使很多已交付定金准备购车的客户资产大幅缩水，从而取消购车计划。

（3）预期风险的大小。在对欲购商品预期风险较大的情况下，用户可能采取一些防范或减少风险的习惯性做法，如暂不实现购买意向、改变购买意向等。

因此，企业完全依据用户对品牌的偏好和购买意向来判断其购买决定与实际购买不是十分可靠的。对于决定实施购买意向的用户来说，在实施购买某一品牌产品的行动之前，一般还要做出一系列相关的购买决策，包括何时买、在何处买、如何买等。需要注意的是，企业对于决定实施购买自己品牌产品的用户，应尽可能提供良好的销售服务，以避免顾客在这一阶段的流失。

5. 购后感受

用户购买和使用了汽车产品后，必然会产生某种程度的满意或不满意感。用户购买后的满意程度，是用户的预期与产品的实际觉察性能的函数。产品的实际觉察性能若符合预期，用户就会基本满意。若超过预期用户就会感到十分满意，若达不到预期就会感到失望和不满。

用户是否满意会直接影响其购买后的行为。如果感到满意，以后就可能重复购买，并向他人称赞和推荐这种产品，而这种称赞和建议往往比企业为促进产品销售而进行的广告宣传更有效：如果感到不满意，以后就不会再购买这种产品，而且会采取公开或私下的行动来发泄不满，这势必会抵消企业为赢得顾客而开展的许多宣传工作。

用户购买后的感觉和行为与企业关系极大。企业的营销部门必须注意采取各种有效措施千方百计地增加顾客购买后的满意感，如切实保证产品质量，同购买者保持各种可能的联系，经常征求顾客的意见，加强售后服务工作等。此外，企业在产品宣传中如实地反映产品的性能或适当留有余地，也有助于增加顾客购买后的满足感。

上述购买过程是一种典型而完整的过程，但并不意味着所有的购买者都必须对每个阶段一一经历。如有的购买者对汽车工业情况很了解，其购车过程经过的阶段就少；有的对汽车工业情况一无所知，其经过的阶段自然就更多。上面的购买决策过程表明，购买过程实际上在实施实际购买行为之前就已经开始，并且要延伸到购买之后的很长一段时间才会结束。基于此，企业营销人员必须研究个人购买者的整个购买过程，而不能只是单纯注意购买环节本身。

5.3 汽车产业用户购买行为分析

产业用户也称再生产者，即购买和使用商品或服务是为了进一步生产其他商品或劳务的生产企业和其他社会单位。汽车产品的产业用户主要是指购买和使用汽车产品为企业生产和社会服务的社会经济组织和其他汽车新产品生产企业，如汽车改装厂、汽车运输公司、旅游公司、公交公司、建筑公司、个体运输户、中间商用户和政府用户等。

产业用户购买汽车的种类几乎涉及所有的汽车品种，其中以重型、中型车和轿车为主要品种，重型车、中型车的基本用户就是产业用户。因此，研究产业用户的购买行为对汽车生产企业和中间商有着非常重要的意义。

5.3.1 汽车产品产业市场的特点

汽车产品产业市场与消费者市场有明显的差别，它具有以下特点。

1．客户数量少，销量大，在地理上十分集中

产业市场的购买者一般不是个人，而是购买汽车产品的企业，所以相对于消费者来说，数量较少，但是需求量往往相对较大，尤其是汽车运输公司、出租车公司等一些企业。在我国，产业用户往往主要集中在经济发达地区，各大中城市。产业市场的地域相对集中性，有助于降低销售成本。

2．大多属于衍生需求，缺乏弹性

对产业市场汽车产品的需求最终是由消费者的需求衍生出来的。例如汽车运输企业购买汽车，往往是因为运输市场发展的需要。当购买者运输的需求增加时，会导致汽车购买量的增加，反之汽车的购买量就会减少。因为这一市场的需求大多属于衍生需求，所以对汽车产品的需求不会因汽车产品的涨价而不购买，也不会因汽车的降价而大量购进汽车产品。尤其是在短期内这种需求的弹性就更小。

3．供、购双方关系密切

产业购买者人数较少，但数量相对较大，对供应商来说更具有权威性和重要性，所以在产业市场中供、购双方关系比较密切，购买者总是希望供应商按照自己的要求提供产品，而供应方则更会想方设法去接近并搞好与购买方的关系。

4．购买人员专业化

把汽车作为工业品来购买，购买者往往会选择那些专业训练的采购人员去购买，他们对所欲购买的汽车在性能、质量、规格以及技术细节上的要求都较为明了，除此，他们在专业方法的运用、谈判技巧方面都较老练。这要求产业市场营销者必须对他们的产品提供大量的技术资料和特殊服务。

5．汽车产业市场的波动性较大

这一市场受国家政策、市场需求的影响很大，而这些因素往往随时间有着较大的波动性。

5.3.2　汽车产业用户的购买行为过程

产业用户购买汽车产品，是为了维持其生产经营活动的正常进行，其购买过程一般可分为五个阶段，如图 5-4 所示。

图 5-4　产业用户购买行为过程图

1．产生需求

产业用户购买汽车产品的种类取决于生产经营的需要，其需求的产生是生产经营活动需要的结果。如旅游公司要增开旅游线路就需增加旅游车辆。

2．确定需求对象的特点和数量

产生需求后，采购者接着就要拟出一份需求意向说明书。说明所需汽车的特点，并根据生产经营规模的需要，决定需求数量。在这一阶段，采购人员可能要与其他人员，如工程师、使用者、技术顾问等一起来做出决定。他们将对汽车产品的可靠性、耐用性、价格和其他应有的属性，按其重要性，加以先后排队。例如，汽车运输公司要开辟一条新的运输线路，在购车前就必须先确定购买哪一种类汽车，该车应具有什么特点才能满足生产经营需要，以及要使这条线路正常运转需要多少辆车。

在这一阶段，机灵的营销者可站在购买者的角度协助采购员决定其需求，并提供有关不同产品特点所具价值的信息。

3. 寻求并选择供应商

由于产业用户购买数量大，需求相对稳定，不可能随时购买，加之市场上同类产品生产厂家众多。因此一般情况下都要寻求并选择供应商，以保证产业用户的需求。

在寻求供应商时，采购者往往通过翻阅贸易指南，或通过互联网搜索，或打电话给其他公司以获取汽车产品的信息。因此，供应商的任务就是要在重要的工商企业名录或网上产品目录中占有一席之地，并在市场上塑造一个好的商誉。推销人员要注意各公司寻找供应商的过程，并想法将他们的公司纳入采购者之列。

对于供应商的选择，购买者往往会对供应商的各方面属性，诸如公司的道德、诚信度、维修服务能力等因素，进行全面的考察和评估，并选择其中最优者为合作对象。对于汽车产品来说，购买者在评估时更加注重供应商的业绩方面的表现。

4. 签订供应合同

产业用户在确定了供应商之后，通常情况下，都要与之签订供应合同。这是因为产业用户对购买汽车产品质量规格、供应时间、供应量等，都有明确的要求，加之需求量大，涉及价值高，产业用户需要用合同的形式将双方的关系固定下来，以保证企业的生产经营需要和防止对企业利益造成损害的事件发生。

5. 检查评估履约情况

产业用户在购买汽车产品之后，都会对产品及供应商服务水平进行评价，以决定是否继续使用该产品和继续从该供应商处采购。

对于购买汽车产品用于社会服务或作为生产工具的产业用户来说，其购买行为一般都需要经过上述五个阶段，而对于购买汽车产品进行再生产的产业用户，如汽车生产企业、改装企业等，并非每次购买过程都需要经过这五个阶段，可能采取直接购买或修正再购买。所谓直接购买是指对购买前已经买过或使用过的汽车产品需要不断补充时的购买；而修正再购买是指购买目前正在使用，但对质量、规格、数量和其他条件有了新的要求的购买。

5.3.3 影响产业用户购买行为的因素

1. 外界环境因素

影响产业用户购买行为的外界环境因素主要是社会政治经济环境，如经济发展速度、国家的产业政策等。

2. 企业产品或企业市场的状况

产业用户购买汽车产品是为企业生产或为社会提供服务，如果产业用户的产品或服务市场需要旺盛，并且还会进一步发展，产业用户购买汽车产品的数量就会增加，否则，产业用户的需求就会减少。

3. 个人因素

产业用户的购买行为，虽然是一种团体购买行为，但具体实施和参与购买决策的仍是具体的个人。这些个人主要有：汽车的使用者、汽车采购者、产业组织机构中具有正式和非正式权力做出最后购买决策的人员、产品的把关者、汽车采购的批准者等。这些人在购买决策过程中对汽车的购买起着关键性的作用，而其中最关键的人物是采购人员。这些人由于年龄、个性、受教育程度、收入、购买经验等方面的不同，表现出不同的购买特点，这需要推销人员从人的个性心理特征角度去分析、研究。

4．企业组织因素

这是企业采购目标、政策、程序、制度等对购买行为的影响。如果企业采购目标分散，采购程序简单，那么采购人员在购买活动中的主动性就大；反之，如果企业采购目标集中，采购决策权也高度集中，采购程序复杂，那么采购人员在购买活动中的制约因素就多，主动性就差。

产业用户以其需求量大，购买行为稳定成为汽车工业企业争取的主要目标客户，特别对于以生产重型车和中型车的企业来说，争取到产业用户市场，实际上就等于企业争取到了大部分市场用户。因此，需要企业对产业用户着重予以研究，以提高营销效果。

5.4 汽车集团组织用户购买行为分析

汽车产品的购买者不仅仅是私人消费购买者，还有各种形式的组织或集团，这些组织或集团构成汽车的集团组织市场。由于汽车产品本身的使用特点，决定了汽车的集团组织市场是一个覆盖面很大的市场，在现阶段我国的汽车市场上甚至占据主导地位（至少是部分车型的主导市场）。因此，集团组织市场是我国汽车工业企业所面临的市场的重要组成部分，这个市场的购买者是汽车企业的重要营销对象，企业应当充分了解他们的特点和购买行为。

5.4.1 汽车集团组织市场的基本特点

集团组织市场是相对私人消费市场而言的。前者的购买者是各类集团组织，我国老百姓经常称其为“公家”；后者的购买者是广大消费者个人。

与个人购买市场相比较，由于在目的、方式、性质、规模等方面的不同，集团组织市场具有自己的特点。

1．购买者数目相对较少

相对个人购买者而言，集团组织市场的购买者要少得多。虽然集团组织购买者在地理上也较为分散，但购买者的类型却比较集中。这样的特点使得企业可以采取人员推销的销售方式，但也不意味销售工作就变得轻松容易。相反，它需要更高的营销技巧和技术素质。

2．购买数量一般较大

除了企事业集团消费型购买和私人专业运输户购买外，其他集团组织购买者一般都具有购买数量大的特点。对某些汽车厂商来说，往往是几家大买主分担了厂家的绝大部分的销售量，有时一张订单的金额就可能高达数千万元甚至数亿元。

3．供求双方关系融洽、联系密切

集团组织购买者希望有稳定的货源渠道，而汽车厂商更需要稳定的销路，因此供求双方常常需要保持较为密切的联系。有时购买者希望供应商能够按自己的要求提供产品，在技术规格、产品功能、结构性能、交货日期或服务项目等方面提出特殊要求，供应商应经常与购买者沟通，详细了解他们的需要并尽力满足之。

4．购买专业性强

集团组织购买者大多对产品有特殊要求，且采购过程复杂，由受过专业训练的人员完成采购，很少有冲动型购买现象。因此，汽车厂商的营销者应多从产品功能、技术和服务的角度介绍本企业的优势，尽量提供详细的技术资料和特殊服务。

5．有些组织购买者的地理位置较为集中

例如，再生产型购买者和设备投资型购买者在地理位置上就比较集中，这是社会生产布局或长期形成的生产格局决定的，这种地理布局通常难以在短期内发生根本性改变。

6. 影响购买决策的人员众多

同个人购买者的购买决策相比较，影响集团组织购买决策的人员更为众多，通常由若干技术专家和最高管理者阶层共同领导采购工作。有鉴于此，汽车厂家应当派出训练有素、有专业知识和人际交往能力强的推销代表，与买方的采购人员或决策者打交道。

7. 购买的行为方式比较特殊

特殊的购买行为方式主要体现为以下几点。

① 直接购买。集团组织购买者往往直接向生产厂家采购所需的产品，而不通过中间商环节。

② 互惠采购。是指在供应商与采购者之间存在互购产品项目时，各自向对方提供优惠，实施互惠采购。

③ 租赁。是指在不占有产品所有权的条件下，通过支付租金来取得某些产品使用权的采购方式。例如，某些特种汽车、专用汽车等产品的单价很高，用户又不是经常使用，租赁方式可以解决用户的资金困难。

8. 需求具有派生性

派生需求又称为引申需求或衍生需求，集团组织购买者为了给自己的服务对象提供合适的产品或服务，可能导致其需要购买合适的汽车产品。这个特点要求汽车厂家的营销人员，不能只关注自己的产品的销售，还必须重视研究集团组织购买者的用途。

9. 短期的需求弹性较小

相对私人汽车消费者而言，集团组织购买者的需求价格弹性小得多，特别是短期内需求受价格变动的影响不大。例如，汽车再生产者由于其制造工艺不可能在短时期内进行重大变革，不会因为汽车零部件或中间性产品的价格上涨而减少购买，也不会因为价格下跌而增加购买。有的组织购买者面临的选择机会不多，例如，地方政府或行业公会规定本地的组织用户只能选购本地产汽车，排挤外地产品；或者由于产品的特殊性，供应商数目有限，等等。这些原因都使得需求弹性减小。

10. 需求的波动性较大

集团组织购买者对汽车的需求要比个人购买者的需求具有更大的波动性。根据现代社会生产的供应链管理原理，处于供应链下游企业的需求变化，会因为供应链上游的企业层层放大或缩小，最终导致供应链上游企业销售的剧烈波动。此外，可能受到整个经济形势的影响，组织市场的需求也会产生较大波动，如宏观经济形势不好，政府会削减财政开支，将直接减少政权机构和部分事业单位的汽车需求，同样企业和运输部门也会因为经营状况下降而减少或者推迟汽车购买，最终形成汽车的集团组织市场需求大幅下降。

5.4.2 汽车集团组织购买行为类型

集团组织购买行为模式不同于个人购买行为模式，其复杂程度高得多。从购买活动的类型看，主要包括如下 3 种基本类型。

1. 直接重购

所谓直接重购，是指采购部门根据过去的一贯性需要，按原有订货目录和供应关系所进行的重复购买。在这种类型的购买行为中，集团组织的采购人员做出购买决策的依据是过去的经验，是对供应商已往的满意程度。由于这种购买行为所涉及的供应商、购买对象、购买方式等均为往常惯例，因而无需做出太多的新的采购决策，它属于一种简单的购买活动。

直接重购的优点是便于供应商保持产品和服务的质量，并在这一过程中努力简化购销手续、节省购买者时间、稳定供应关系。但对于新的供应商来说，这无疑加大了其进入组织市场的难度，因而其营销活动应注意先从零星的小额交易打开缺口，再逐渐扩大市场占有率。

2. 修正重购

所谓修正重购，是指用户为取得更好的采购工作效果而进行修正采购方案、改变产品规格、型号、价格等条件或改变新的供应商的情形。这种购买类型下的采购行为比直接重购复杂，它要涉及更多的购买决策人员和决策项目。

修正重购有助于刺激原供应商改进产品和服务质量，还给新供应商提供了竞争机会，从而有助于用户降低采购成本。

3. 新购

所谓新购，是指购买者对其所需的产品和服务进行的第一次购买行为。这是所有购买情形中最为复杂的一种，因为它通常要涉及多方面的采购决策。

新购时，购买者面对的采购金额和风险越大，采购决策的参与者就会越多，制定采购决策所需的信息就越多，决策所花费的时间也就越长。但对于所有的市场营销者来说，都是一个很好的机遇，可以充分利用组织购买者新购的机会，努力开辟组织市场。供应商可以派出自己的专业推销人员，接近对购买决策具有影响作用的重要人物，向他们提供各种相关的信息帮助，促使用户减少顾虑和疑问。对于大型的新购业务机会，许多供应商都要派出自己的推销使团，大公司还往往设立专门机构来负责对新购用户的营销。

另外，对于企业的市场营销来说，辨识新购过程的不同阶段是非常重要的，它可以帮助营销者实现与购买者的沟通。一般情况下，任何新购都要经历认识、兴趣、评估、采购、使用等几个阶段。在不同阶段上，信息源对于购买者的决策影响各不相同。在认识阶段，大众媒体的效果较好；在兴趣阶段，推销人员的影响较大；而在评估阶段，反映技术状况的信息更为重要；而在采购和使用阶段，服务的作用就相当大了。

5.4.3 影响汽车集团组织购买行为的主要因素

集团组织购买行为是一种理性行为。所以集团组织购买行为实际上要受到经济和个人双重因素的影响，但如果要具体分析，这里的主要影响因素还可以被进一步区分为以下几种类型。

1. 环境因素

集团组织购买行为不可避免地要受到各种环境因素的影响，如经济运行状况、政治环境、社会舆论监督、科技进步作用等。

2. 组织因素

组织因素系指购买者内部采购部门自身的目标、政策、程序、结构、制度等方面的设置状况。在现代市场经济中，组织因素的变化大体呈现出以下趋势。

（1）采购部门地位上升。在传统的组织结构中，采购部门在管理层次上一直居于不重要的位置，但随着市场经济发展，无论何种机构对运行成本的控制越来越重视。这促使采购部门在组织中的地位得以提升，具体表现在采购部门级别提高，采购部门专业人员比例增加等。

（2）采购权力集中。传统的集团组织中，采购权是下放的和分散的。例如，在有多个事业部的企业里，采购活动是由企业下属的各事业部分别执行的，政府采购也是由政府各部门分别进行部门所需物品的采购。但目前的趋势是向着集中采购的方向发展，即设立独立的采购部门，专门负责集团组织所需的各种物资、物品或货物的采购，实现专业化采购。这种机制有利于提高采购的专业化水平，有利于对采购环节进行集中监督，有利于形成规模采购，增加对供应商的谈判力量，节约采购成本。

（3）合同长期化。组织购买者越来越注重同那些信誉较好的供应商保持长期的合作关系，同他们签订长期的购销合同。这种方式的优点是可以将组织的运行成本保持在一个较稳定的水平上，从而有助于其产品或服务的价格具有稳定性。

（4）加强采购绩效评估。相当多的组织正在试图通过制定奖励制度来激励那些成绩斐然的采购人员，以促使他们关心组织的总体利益，努力为组织争取较好的供货条件。

3．人际因素

集团组织购买行为的人际因素，是指集团组织内部各机构不同的人员之间的关系，其主体是不同地位、不同职权、不同情趣、不同说服力的各类参与者之间的关系。对于营销者而言，应当充分了解客户组织的人际关系状况，确定每个人在购买决策中扮演的角色及其影响力的大小，利用这些因素促成交易。

4．个人因素

这里所指的个人因素，主要是指组织购买者中每一个参与购买活动的人员，各自在购买动机、个人经历、喜爱偏好等方面的因素。这些个人因素往往受到个人年龄、收入、受教育水平、职业、性格以及对风险态度等要素的影响。营销者了解个人因素，有利于其对不同参与者采取不同的促销和公关措施。

5.4.4 汽车集团组织的购买决策过程

集团组织购买活动属于理性购买，采购活动包括使命各不相同的多个阶段。通常，市场营销学将这种采购决策过程划分为 8 个阶段（表 5-1）。对于新购业务类型来说，一般包括这八个采购阶段，属于完整的采购过程；而对于修正重购和直接重购两种业务类型而言，所包括的决策过程的阶段要少一些，尤其以直接重购包括的决策阶段最少，这两种决策过程都属于不完整的采购决策过程。

表 5-1 集团组织采购决策过程的主要阶段

购买阶段	购买类型		
	新购	修正重购	直接重购
1．提出需要	是	可能	否
2．确定需求内容	是	可能	否
3．决定产品规格	是	是	是
4．寻求供应商	是	可能	否
5．征求报价	是	可能	否
6．选择供应商	是	可能	否
7．发出正式订单	是	可能	否
8．审查履约状况	是	是	是

总之，汽车产品的集团组织购买行为与个人购买行为很不相同，市场营销人员必须了解客户的需求、采购决策的特点等，然后在此基础上按客户的具体类型设计出合适的营销计划。

5.4.5 集团组织的购买方式

集团组织在采购过程中，常常要选择合适的购买方式。常见的购买方式有如下两种。

1．公开招标选购

即集团组织的采购部门通过一定的传播媒体发布广告或发出信函，说明拟采购的商品、规格、数量和有关要求，邀请供应商投标。招标单位在规定的日期开标，选择报价较低和其他方面合乎要求的供应商作为中标单位。这种招标方式常被用于政府采购、再生产者配套采购、重大工程项目建设单位装备采购等场合。

采用招标方式，集团组织会处于主动地位，供应商之间会产生激烈的竞争。供应商在投标时应注意以下问题。

① 自己产品的品种、规格是否符合招标单位的要求。非标准化产品的规格不统一，往往成为投标的障碍。

② 能否满足招标单位的特殊要求。许多集团组织在招标中经常提出一些特殊要求，如提供较长时间的维修服务，承担维修费用等。

③ 中标欲望的强弱。

如果企业的市场机会很少，迫切要求赢得这笔生意，就要采取降价策略投标；如果企业还有更好的市场机会，只是来尝试一下，则可以适当提高投标价格。但无论如何，报价均要求在合理的范围内，恶意的低价竞争不一定能够中标，因为招标单位对价格一般进行过调查，有一个标底价。过分远离这个价格，招标单位都可能淘汰投标单位。

有时，招标单位对投标单位要进行资质审查。例如，汽车再生产者对零部件或中间性产品的配套采购，就要对各个拟投标的供应商进行资格审查，看其产品质量是否能够通过本企业质量部门或产品试验部门的质量认定，考察其是否具有必要的融资能力等。所以供应商在投标前应了解招标单位的决策过程，事先做好必要的准备工作。

2．议价合约选购

即集团组织的采购部门同时与若干供应商就某一采购项目的价格和有关交易条件展开谈判，最后与符合要求的供应商签订合同，达成交易。汽车产品的大宗订单、特殊需求订单一般均采取此种购买方式。

【案例 5.1】

阿雯选车的故事

阿雯是上海购车潮中的一位普通的上班族，35 岁，月收入万元。以下真实地记录了在 2004 年 4 月至 7 月间，她在购车决策过程中如何受到各种信息的影响。

阿雯周边的朋友与同事纷纷加入了购车者的队伍，看他们在私家车里享受如水的音乐而不必用力抗拒公车的拥挤与嘈杂，阿雯不觉开始动心。另外，她工作地点离家较远，加上交通拥挤，来回花在路上的时间要近三小时，她的购车动机越来越强烈。

只是这时候的阿雯对车一无所知，除了坐车的体验，除了直觉上喜欢漂亮的白色、流畅的车型和几盏大而亮的灯。

初识爱车

阿雯是在上司的鼓动下上驾校学车的。在驾校学车时，未来将购什么样的车不知不觉成为几位学车者的共同话题。

“我拿到驾照，就去买一部 1.4 自排的波罗。”一位 MBA 同学对波罗情有独钟。虽然阿雯也蛮喜欢这一款小车的外形，但她怎么也接受不了自己会同样购一款波罗，因为阿雯有坐波罗 1.4 的体验，那一次是 4 个女生（在读 MBA 同学）上完课，一起坐辆小波罗出去吃中午饭，回校时车从徐家汇汇金广场的地下车库开出，上坡时不得不关闭了空调才爬上高高的坡，想起爬个坡便要关上空调，这实实在在地阻碍了阿雯对波罗的热情，虽然有不少人认为波罗是女性的首选车型。

问问驾校的师傅吧。师傅总归是驾车方面的专家，“宝来，是不错的车。”问周边人的用车体会，包括朋友的朋友，都反馈过来这样的信息：在差不多的价位上，开一段时间，还是德国车不错，宝来好。阿雯的上司恰恰是宝来车主，阿雯尚无体验驾驶宝来的乐趣，但后排的拥挤却已先入为主了。想到自己的先生人高马大，宝来的后座不觉成了胸口的痛。如果有别的合适的车，宝来只会成为候选吧。

不久，一位与阿雯差不多年龄的女邻居，在小区门口新开的一家海南马自达专卖店里买了一辆福美来，便自然地向阿雯做了“详细介绍”。阿雯很快去了家门口的专卖店，她被展厅里的车所吸引，销售员热情有加，特别是有这么一句话深深地打动了她：“福美来各个方面都很周全，反正在这个价位里别的车有的配置福美来都会有，只会更多。”此时的阿雯还不会在意动力、排量、油箱容量等抽象的数据，直觉上清清爽爽的配置，还有销售人员正对阿雯心怀的介绍，令阿雯在这一刻已锁定海南马自达了。乐颠颠地拿着一堆资料回去，福美来成了阿雯心中的首选。银色而端正的车体在阿雯的心中晃啊晃。

亲密接触

阿雯回家征求先生的意见。先生说：“为什么放着那么多上海大众和通用公司的品牌不买，偏偏要买海南货？它在上海的维修和服务网点是否完善？”两个问题马上动摇了阿雯当初的方案。

阿雯不死心，便想问问周边驾车的同事对福美来的看法。“福美来还可以，但是日本车的车壳太薄”，宝来车主因其自身多年的驾车经验，他的一番话还是对阿雯有说服力的。阿雯有无所适从的感觉。好在一介书生的直觉让阿雯关心起了精致的汽车杂志，随着阅读的试车报告越来越多，阿雯开始明确自己的目标了，8 万～15 万元的价位，众多品牌的车都开始进入阿雯的视野。此时的阿雯已开始对各个车的生产厂家、每个生产厂家生产哪几种品牌、同一品牌的不同的发动机的排量与车的配置、基本的价格都已如数家珍。上海通用的别克凯越与别克赛欧、上海大众的超越者、一汽大众的宝来、北京现代的伊兰特、广州本田的飞度 1.5、神龙汽车的爱丽舍、东风日产的尼桑阳光、海南马自达的福美来、天津丰田的威驰，各款车携着各自的风情，在马路上或飞驰或被拥堵的时时刻刻，向阿雯展示着自己的神采，阿雯常用的文件夹开始附上了各款车的排量、最大功率、最大扭矩、极速、市场参考价等一行行数据，甚至于 4S 店的配件价格。经过反复比较，阿雯开始锁定别克凯越和本田飞度。

特别是别克凯越，简直是一款无懈可击的靓车啊！同事 A 此阶段也正准备买车，别克凯越也是首选。阿雯开始频频地进入别克凯越的车友论坛，并与在上海通用汽车集团工作的同学 B 联系。从同学的口里，阿雯增强了对别克凯越的信心，也知道了近期已另有两位同学拿到了牌照。但不幸的是，随着对别克凯越论坛的熟悉，阿雯很快发现，费油是别克凯越的最大缺陷，想着几乎是飞度两倍的油耗，在将来拥有车的时时刻刻要为这油耗花钱，阿雯的心思便又活了。还有飞度呢！精巧、独特、省油、新推出 1.5 VTEC 发动机的强劲动力、活灵活现的试车报告，令人忍不住想说就是她了。何况在论坛里发现飞度除了因是日本车系而受到抨击外没有明显的缺陷。正巧这一阶段广州本田推出了广本飞度的广告，阿雯精心地收集了有关广本飞度的每一个文字，甚至于致电广本飞度的上海 4S 店，追问其配件价格。维修成员极其耐心的回答令飞度的印象分又一次得到了增加。

到此时，阿雯对电视里各种煽情的汽车广告却没有多少印象。由于工作、读书和家务的关系，她实在没有多少时间坐在电视机前。而地铁里的各式广告，按道理是天天看得到，但受上下班拥挤的人群的影响，阿雯实在是没有心情去欣赏。

只是纸上得来终觉浅，周边各款车的直接用车体验对阿雯有着一言九鼎的说服力，阿雯开始致电各款车的车主了。

朋友 C 已购了别克凯越，问及行车感受，说很好，凯越是款好车，值得购买。

同学 D 已购了别克赛欧，是阿雯曾经心仪的 SRV，质朴而舒适的感觉，阿雯常常觉得宛如一件居家舒适的棉质 T 恤衫，同学说空调很好的呀，但空调开后感觉动力不足。

朋友 E 已购了飞度（1.3），她说飞度轻巧、省油，但好像车身太薄，不小心用钥匙一划便是一道印痕，有一次去装点东西感觉像“小人搬大东西”。

周边桑塔纳的车主、波罗的车主，等等，都成为阿雯的“采访”对象。

花落谁家

阿雯的梦中有一辆车，漂亮的白色、流畅的车型、大而亮的灯，安静地立在阿雯的面前，等着阿雯坐进去。但究竟花落谁家呢？阿雯自己的心里知道，她已有了一个缩小了的备选品牌范围。但究竟要买哪一辆车？这个“谜底”不再遥远……

【案例 5.2】

被车“套”牢　车奴是这样炼成的

朋友最近买了车，一辆自动豪华型车。

朋友最初的计划，只是想买一辆代步的车，总价五六万元。他当时考虑买一辆二手车。有同事说，五六万元应该可以买辆新车了。朋友觉得有道理，于是把买二手车的计划放弃了。

朋友选定了街面上到处在开的普桑。可是一些朋友说了，普桑太平常了，也不像家庭用车，加上二三万元，可以买更好的车型。朋友想想也对。于是他把购车资金从五六万元升至八九万元。

他就到汽车城挑车。导购员说，八九万元的车只能算是入门级，如果能再加一两万元，就可以买到更好的车。朋友一思考也对，自己是工薪阶层，今后不可能换车，如果加 1 万元可以买到更好的车，何乐而不为呢。于是，他把购车资金提高到了 10 万元。导购员对他说，如果是自动恒温空调，驾驶的时候会感到更舒适；CD 如果是六碟的，那就不需要经常换碟了；如果有天窗，那有阳光的时候，带家人去兜风，会更惬意……朋友觉得都有道理。车子选定后，车价飙升到 12 万元。

朋友准备下单。回来后，不少同事、朋友说，车价有点高了，如果买这车，不如再加点钱，买辆自动豪华型的。朋友考虑了一下，觉得这个建议挺好。

他把所有银行存款拿了出来，用 17 万元买了一辆几乎集所有“优点”于一身的新车。

朋友每天开着这辆车，却很忧虑。养车每月需要 1000 多元，家庭里没有余钱，心里总是空落落的。前段时间，他的母亲患了一场大病，朋友不得不向别人借了 5 万元。本以为有了车自己会很快乐，谁知自己被这车“套”住了。

分析与思考

1．用户购买行为一般包括哪三个过程？

2．简述个人用户市场的基本特征。

3．个人购买行为类型有哪几种？各有何特点？

4．简述个人购买行为的影响因素。

5．在个人购买决策过程中的 5 个阶段，企业和营销人员应采取怎样的方法？

6．试运用消费者决策过程的五阶段模型分析案例 5.1 中阿雯购车行为的类型和所经历的相关阶段。

课程实践

1．目标

能够运用所学知识对不同类型客户的购买行为进行分析并进行适当的引导。

2．内容

去汽车“4S”店或汽车超市观察客户的购车行为，对不同类型的客户购买行为进行总结分析，写出总结报告。

3．要点及注意事项

一定要到汽车销售企业进行实地的观察，观察要认真细致并做好记录。将分析结论与理论上的行为模式特点进行对比，看看是否符合。

第6章　汽车市场调查与预测

学习目标与要求

1. 熟悉汽车市场调查的主要内容与步骤。
2. 熟悉汽车市场调查的基本方法。
3. 了解汽车市场调查的基本技术。
4. 熟悉汽车市场预测的主要内容与步骤。

在竞争环境中如何获取与汽车市场相关的信息是进行汽车营销最有利的前提条件。如何采用科学有效的方法，把汽车消费者、社会公众、汽车企业等的信息进行系统的收集、整理和分析，从而掌握市场变化的趋势和机会，是企业制定有效的营销策略和规划发展战略的关键。

6.1　汽车市场调查

汽车市场营销调查是指运用科学的方法，对汽车用户及其购买力、购买对象、购买习惯、未来购买动向和同行业的情况等方面的资料进行有目的、有计划、系统地收集、整理和分析，从而获取有效信息，作为汽车市场预测和营销决策的依据。具体说，就是以商品的购买人（个人或团体）和市场营销的组合各要素为对象，运用科学方法，收集、记录、整理和分析所有情报信息资料，从而掌握市场的现状及其发展趋势的一种经营活动。

6.1.1　汽车市场调查的作用

随着经济的日益发展，汽车市场机制日趋完善，各汽车企业的产品大量生产，产品、服务等的差异日渐缩小，为增强企业在竞争中的优势，对汽车市场的调查显得尤为重要。市场调查是汽车企业营销活动的出发点，是整个市场营销领域中的重要元素，汽车市场调查的作用大致有以下几个方面。

1. 为汽车企业决策提供依据，有利于汽车企业制定科学的营销规划

市场调查为企业的经营决策者提供了信息平台，通过市场调查，分析市场，了解市场，企业决策者才能根据市场需求及其变化、市场规模和竞争格局、消费者意见与购买行为、营销环境的基本特征科学地制定和调整企业的营销规划，做出有利于企业可持续发展的合理决策。

2. 有利于汽车企业开拓市场，开发新产品

通过市场调查，企业可发现消费者尚未满足的需求，测量市场上现有产品及营销策略满足消费需求的程度，从而不断开拓新的市场。营销环境的变化，往往会影响和改变消费者的购买动机和购买行为，给企业带来新的机会和挑战，企业可据以确定和调整发展方向，开发新产品。

3. 有利于汽车企业在竞争中占据有利地位

汽车市场的竞争愈加激烈，情况也在不断变化。市场上的各种变化因素有些是可控的，如产品、价格、分销、广告等，企业对这些因素可进行一定程度的调节；有些因素是不可控的，如国内外的环境因素，是企业依靠自身的力量无法控制和驾驭的。因此，汽车企业必须及时了解各种信息，及时调整可控因素以适应不可控因素的变化情况，才能够在激烈的市场竞争中赢得商机，使本企业在竞争中占据有利地位。

4. 有利于汽车企业经营管理水平的提高

信息化时代，科学技术发展迅猛，新发明、新创造、新技术层出不穷、日新月异。通过市场调查所得到的情况和资料，有助于企业及时了解世界各国的经济动态和有关科技信息，为本企业的管理部门和有关决策人员提供科技情报的支持。

5. 有利于企业销售人员的成长

销售人员了解市场环境，掌握市场动态，能够更好地运用销售技巧，开发潜在客户。

目前，在我国的汽车营销实践中，市场调查逐步受到决策者的重视，但仍是一个薄弱环节，尚需加强市场调查，并且要提高市场调查的准确度。

6.1.2 汽车市场调查的主要内容

市场调查涉及营销活动过程的各个方面，按照不同的分类方法可以把汽车市场营销调查分为很多种类。常见有社会环境调查、市场需求调查、产品调查、市场营销活动调查、竞争对手调查等。

1. 社会环境调查

它包括政治环境调查、经济环境调查、文化环境调查、气候地理环境调查等。其中政治环境调查包括对政府的经济政策、政治体制、政策的连续性和稳定性等方面的调查；经济环境调查包括对经济发展水平、经济特征、贸易政策和法规等的调查；文化环境调查包括对地域文化、民俗、生活习惯等的调查；气候地理环境调查包括对气候、地貌、资源、生态等的调查。

2. 市场需求调查

它包括需求量调查、消费结构调查、消费者调查等方面。其中需求量调查包括货币收入、人口数量等内容；消费结构调查包括人口构成、家庭规模和构成、收入增长状况、汽车产品供应状况及价格变化等内容；消费者调查包括人群特征、认知、行为方式、信息来源等内容。

3. 产品调查

它包括产品生产能力调查、产品实体调查、产品生命周期调查、产品价格调查等方面。

其中产品生产能力调查包括原材料及零部件供应、生产线、技术水平、人力资源、资金等内容；产品实体调查包括对产品本身的性能质量、规格、品种等因素的调查；产品生命周期调查包括导入期、增长期（成长期）、成熟期、衰退期的调查；产品价格调查包括对产品原料成本、加工成本、运输成本、上市价格等的调查。

4. 市场营销活动调查

它包括分销渠道调查、促销调查、销售服务调查等。其中促销调查包括广告调查、其他促销活动调查；销售服务调查包括消费者需要的服务内容和形式、消费者的品牌偏好、消费者对本企业产品的满意度、竞争对手服务内容、形式和质量等的调查。

5. 竞争对手调查

这主要是对竞争对手的营销组合、其产品的市场占有率和企业实力等进行调查，以了解对手的情况。具体可包括如下内容。

（1）有没有直接或间接的竞争对手，如有是哪些。

（2）竞争对手所在地和业务范围。

（3）竞争对手的资金状况、生产规模。

（4）竞争对手汽车产品的类型、价格、质量、服务水平。

（5）竞争对手在消费者和客户中的声誉和形象。

（6）竞争对手的技术水平和新产品开发经营情况。

（7）竞争对手的销售渠道和促销方式。

（8）竞争对手的整体广告宣传手段和广告策略。

（9）现有竞争的程度（市场占有率、市场覆盖面等）。

（10）潜在竞争对手状况。

6.1.3 汽车市场调查的步骤

汽车市场营销调查一般可分为调查准备阶段、调查实施阶段和分析总结阶段三个阶段。其主要步骤的工作内容如下。

1. 调查准备阶段

这是调查工作的前期准备阶段，这一阶段非常重要，准备工作充分与否，成功与否直接关系到整个调查工作的成败。这一阶段主要包括以下工作。

（1）初步情况分析。汽车市场调查工作的第一步工作就是分析初步的情况，明确调查目标，确定指导思想，限定调查的问题范围。汽车企业市场营销调查的范围很广，每次调查不可能面面俱到，只能就本企业的经营活动的部分内容展开调查。

（2）成立调查工作小组。为使调查工作的顺利进行，整个调查工作要有组织、有计划才行，所以成立专门的调查小组是很必要的。如若调查活动涉及的内容较多、部门较多、工作量大，还需要成立调查领导小组。调查小组的职能是具体完成调查工作，其成员包括企业的市场营销、规划、技术研究、经营管理、财务等方面的人才，而领导小组的成员一般包括相应部门的负责人。

（3）确定调查目标，拟订调查计划。企业一般是为解决生产经营中某些方面的问题而进行市场调查，得到正确、实用的调查结果，如新产品开发问题、企业产品的市场占有率下降原因，等。多数情况下，目标并不是很具体的，只表现为企业的一个大致的意图，因而，市场调查部门的首要任务是确定调查的主题，即找出问题的关键所在，把握住问题的范围，使整个调查过程围绕明确的调查目标而展开。否则，便会使调查工作带有盲目性，造成人、财、物的浪费。

拟订调查计划就是确定调查方案，其工作内容较多，包括确定调查项目、确定信息来源、选择调查方式、估算费用、填制调查项目建议书和安排调查进度、编写调查计划等。

① 确定调查项目。确定调查项目即根据已确定的调查题目具体设置调查项目。与调查目标有关的因素很多，但从人力、时间以及必要性上来考虑，不可能也不必要把这些因素都设置为调查项目。调查项目越多，需要的人力、经费就越多，时间就越长，因此要对诸多因素的重要程度进行比较，以决定取舍；在不影响调查结果的大前提下，还应综合考虑费用的多少、统计能力的强弱等因素。

② 确定信息来源。市场信息资料有文字资料和通过实地调查而获得的信息资料两大类。确定信息资料来源指确定获取文字资料的渠道与获取实地调查资料的市场调查方式。获取文字资料的途径很多，如通过企业的各种报表、原始凭证，以及图书馆、统计部门、情报机构等公共机构。

③ 选择调查方式。调查方式的确定，包括确定调查地点、调查对象。应根据调查项目选择具体的调查范围。调查对象的确定要以能客观、全面地反映消费者的看法和意见为宗旨。

④ 估算调查费用。企业用于市场调查的费用支出是有限的。调查目标不同，调查方法、调查项目多少不一，所需费用不相同，而调查规模、方式对费用更是有着直接影响。如何使用有限的费用，获得准确的调查结果，是市场调查部门应认真对待的问题。这就需要调查部门对调查所需的各项费用做出估算。调查单位应将检索费、资料费、文件费、交通费、统计费、交际费等费用的估算情况写在一份详细的调查费用估算单上，供企业审阅。

⑤ 填制调查项目建议书。调查单位应将所确定的调查项目、资料来源、调查内容、调查方式、费用估算等以调查项目建议书的方式提交给企业。

⑥ 安排调查进度。合理安排调查进度是调查工作能按质、按期完成的有力保证。调查进度的安排要服从于调查项目，将各个调查项目具体化、明确化。每一进度中所要完成的工作内容，所需人力、经费、时间限定等都应在进度表中表现出来。

⑦ 编写调查计划书。在进行正式调查之前，应把前几个步骤的内容编成调查计划，以指导整个调查的进行。

⑧ 制定调查表格或调查问卷。调查表格是调查的形式和工具。调查表的好坏，直接关系到调研目标是否能够达到。制定的水平也反映了调查小组的工作水平和调查结果的水平。因此制定调查表非常重要。为此，调查者制定表格时应做到符合以下要求。

a. 尽量减轻被调查者的负担。尽量避免那些与调查者关系不大或是可能隐含得到答案的问题，省略需调查者反复计算的问题。

b. 问题要具体，用语要准确，让被调查者选择的主要答案尽量完备。

c. 调查题目没有诱导性。

d. 调查的问题被调查者有能力回答或愿意回答。

e. 问题应简单明了，问题间具有一定的逻辑顺序。

f. 要有基本的填写说明及其他事项，如调查的背景、目的等，以让调查者理解和支持调查活动。

2. 调查实施阶段

这一阶段包括收集、整理和分析信息资料等工作。

调查中的数据收集阶段是花费时间最多且又最容易失误的阶段。因此，调查人员在计划实施过程中，要尽量按计划去进行，使获取的数据尽可能反映事实。这就要求调查人员应具备一定的素质，在整个信息收集过程中能排除干扰，获得理想的信息资料。

由于从问卷和其他调查工具获取的原始资料是杂乱无章的，所以无法直接使用。市场调查人员首先应对资料进行校核，剔除不必要的资料，排除不可靠的资料，以保证资料的可靠性和准确性。校核后的资料要按内容进行分类和编码，编制每一类别的统计表。在此基础上，市场调查人员应协同营销人员利用计算机等现代数据处理方法和分析系统，按照调查目标的要求，进行统计分析，并将分析结果提供给有关方面作为参考，发现那些有助于营销管理决策的信息。一般使用的统计方法有多维分析法、回归分析法和相关分析法等。整理资料是一项烦琐而艰辛的工作，因而调查者必须有耐心、细致的工作作风。

3. 分析总结阶段

这阶段的工作有：编写调查报告、总结调查活动等。

（1）编写调查报告。市场营销调查报告的提出和报告的内容、质量，决定了它对企业领导据此决策行事的有效程度。写得拙劣的报告会把出色的调查活动弄得黯然失色。市场营销调查报告按内容来分，可分为专题报告和一般性报告。前者是供专门人员作深入研究用的，后者是供企业的行政领导或公众参考的。这两种报告的撰写方式有较大差别。

① 专题报告。专题报告又称为技术报告，在撰写时应该注意尽可能详细，凡在原始资料中所发现的事实都要列入，以便其他专门人员参考；要以客观的立场列举事实，当调查结果对本企业不利时也应如实奉告。至于专题调查报告所应包含的项目，大致包括如下4项。

a. 封面。写明调查题目，承办部门及人和日期。

b. 序言。简要概括说明调查结论和建议事项，它也许是企业决策层人士所阅读报告的唯一部分，因为他们太忙并对复杂的细节不感兴趣。

c. 正文。它包括调查目的、方法、步骤、样本分布情况、调查表内容、统计方法及数据、误差估计、在技术上无法克服的问题、调查结果、结论和建议等。

d. 附录。应尽可能多地列入有关论证和说明正文的资料，其中有：调查表副本、统计资料原稿、访问者约会的记录、参考资料目录等。

② 一般性报告。一般性报告又称通俗报告，因阅读者众多，水平参差不齐，故应力求条理清晰，并避免过多引用术语。为了提高阅读人的兴趣，报告要注重吸引力。有时也可从本企业的利益出发，特别强调调查结果中对本企业有利的事实以收取宣传广告之效。

报告内容所包括的项目要求或小标题可采用新闻标题的方法，以引人注目。关于调查方法、分析整理过程、资料目录等，只要作简要说明便可，而对调查结果的结论和建议事项适当可详细一些。在具体写作时应注意以下几个问题。

a. 要以大量的资料为依托。在报告撰写之前，需要做大量的实地调查工作，以取得第一手资料和感性认识；需要收集大量的相关资料，以使视野更为广阔，考虑的因素更为全面。可以这样说，这一步工作的做与不做，做得好与差，直接影响市场调查报告的质量、企业领导层的决策、企业产品的销售。

b. 要对材料予以取舍、分析、加工。在市场调查报告的撰写中，如果调查者把不能反映市场趋向的材料当成能反映市场趋向的材料，把非关键的、不起决定作用的因素当成关键的、能起决定作用的因素。那么，这篇调查报告就犯了一个倾向性的错误，就会对企业的资金投向、产品投向产生误导。

c. 从内容到语言都要具有高度确定性。在市场调查报告的写作中，从内容到语言都丝毫不能出现模棱两可的现象，而需要具有高度的确定性，所使用的每一个词汇都应当是确定的。每段内容也应有确定的、毫不含糊的意义，决不能让人费解。在报告中，尽可能用数量化的形式表达，让数字说话。这样的市场调查报告具有强烈的说服力和较高的可信度。

d. 市场调查报告的形式要求。市场调查报告的标题要简洁、醒目、明确，让人一看便知其内容是什么。在前言或说明部分需点明报告的调查区域或领域、调查的时间（不能与写作时间相混淆）、所收材料的起止日期、所使用的调查方法，以及材料及数据的处理方法。在正文部分，最好以条文化的方式来排版，中间可穿插纵向的或横向的比较。反映趋势的部分，应以数量化材料为主，穿插典型案例描述。结论与建议必须由调查的内容或本调查报告的内容中引出，而不应是附加的或作者的主观臆测。当然，对于以实用为目的的企业来说，如果该调查报告是仅供企业内部使用的，在不影响质量的情况下，在形式上就不必那么拘泥了。

e. 市场调查报告写作的基本模式。言明调查的时间、地点、对象、区域、范围及数量，以及调查所采用的方法。对调查报告的主要内容作提要。对调查所获信息与资料作有层次的、清晰的阐述。利用图表、统计数据和方案，对具有倾向性的问题作深入剖析。根据以上所揭示的规律与倾向，对市场前景做出预测。

（2）总结调查活动。调查活动结束后，工作小组应对调查活动工作进行总结，交流有关经验，总结有关教训，以便为今后做好调查工作服务。

6.1.4 汽车市场调查的基本方法

市场调查的目的是调查和收集与调研项目相关的市场资料。汽车市场调查获得资料质量的好坏直接关系到项目数据整理分析及汽车市场预测的最终结果，因此，根据调研的目的和要求，选择最优的汽车调查方法是调查项目实施的重要前期步骤。

1．市场调查资料搜集的概念

市场调查资料搜集是根据市场调查的任务和要求，运用科学的方法，有计划、有组织地从市场搜集资料的工作过程。而市场调查则是根据调查的目的和要求，选择最优的方法，通过逐项调查，搜集能够反映市场经济、社会现象以及与之相关联的市场资料的过程。

2．市场调查资料的种类

基于不同的标准，可以将市场调查资料分成多种类型。

（1）按照市场资料和信息来源的不同，可以将市场调查资料分为内部资料（信息）和外部资料（信息）。

（2）按照获取资料过程的不同，可以将市场调查资料分为一手资料（原始资料）和二手资料（次级资料）。

（3）按照市场调查资料负载形式的不同，可以将市场调查资料分为文献性资料、物质性资料和思维性资料。

（4）按照市场调查资料涉及范围的不同，可以将市场调查资料分为宏观市场调查资料和微观市场调查资料。

（5）按照市场调查资料时间的不同，可以将市场调查资料分为动态市场资料和静态市场资料。

3．汽车市场调查方法的选择

营销调研的主要方式是询问调查，包括直接询问和间接询问。直接询问即直接向被调查者提出问题；间接询问则是迂回地向被调查者询问。有时，通过间接询问，更能了解到被调查者不愿说明的真实原因。

询问法是收集原始资料最主要的方法，具体形式可分为面谈、电话询问、邮寄问卷等多种形式。各种形式各有优缺点，调查者可根据具体情况，选择使用。一般来说，面谈灵活性强，资料可信度和回收率高，调研的效果较好。但其费用高、速度慢等缺点也很明显。

除询问法外，汽车企业对有的营销调研也可采取市场实验的调研方式。如通过对汽车新产品的试销收集市场信息，观察市场反应与企业营销组合要素之间的因果关系等。这类调研对改进和制定更科学的营销策略，效果十分明显。

汽车调查者除了应注意选择效果好的调查形式外，还应根据调研目标的不同，选择科学的调查方法。调查者应结合具体调查特点选择使用一种或几种调查方法。按照获取资料的方式可分为直接调查法和间接调查法两种形式。

（1）直接调查法包括观察法、实验法、访问法和问卷法，是获得一手资料的主要途径。

① 观察法。是社会调查和市场调查研究的最基本的方法。它是由调查人员根据调查研究的对象，利用眼睛、耳朵等感官以直接观察的方式对其进行考察并收集资料。例如，市场调查人员到汽车展览中心去观察消费者忠实的汽车品牌、喜欢的车身线条等情况。

② 实验法。由调查人员跟进调查的要求，用实验的方式，对调查的对象控制在特定的环境条件下，对其进行观察以获得相应的信息。控制对象可以是产品的价格、品质、服务等，在可控制的条件下观察市场现象，揭示在自然条件下不易发生的市场规律，这种方法主要用于市场销售实验和消费者使用实验。

③ 访问法。可以分为结构式访问、无结构式访问和集体访问。

结构式访问是实现设计好的、有一定结构的访问问卷的访问。调查人员要按照事先设计好的调查表或访问提纲进行访问，要以相同的提问方式和记录方式进行访问。提问的语气和态度也要尽可能地保持一致。

无结构式访问没有统一问卷，由调查人员与被访问者自由交谈。它可以根据调查的内容，进行广泛的交流。如对商品的价格进行交谈，了解被调查者对价格的看法。

集体访问是通过集体座谈的方式听取被访问者的想法，收集信息资料。可以分为专家集体访问和消费者集体访问。

④ 问卷法。是通过设计调查问卷，让被调查者填写调查表的方式获得所调查对象的信息。在调查中将调查的资料设计成问卷后，让接受调查对象将自己的意见或答案，填入问卷中。在一般进行的实地调查中，以问答卷采用最广；同时问卷调查法在网络市场调查中运用得较为普遍。

在实际的调查工作中，也可以将各种调查方法结合起来，根据不同的调查目的和对象，采取不同的调查方法。

（2）间接调查法主要是文案调查法，是获得二手资料的重要途径。

文案调查法是指通过收集各种历史和现实资料，从中获取与调查有关的信息，并进行分析整理的调查方法，也称间接调查法、资料分析法或室内研究法。文案调查法在市场调查中具有很重要的地位和作用。虽然文案调查法所搜集的资料具有一定的局限性，但二手资料依然是市场调查与预测资料的重要来源。在实际工作中，文案调查法主要应用在以下四个方面。

① 进行市场探测性研究。

② 配合其他调查方法展开更全面和科学的研究。

③ 进行经常性的市场研究。

④ 为调查方案提供数据支持和帮助。

6.1.5 汽车市场调查的基本技术

掌握科学的调查方法对获得优质的调查资料十分重要，但使用必要的调查技术对实际的市场调查同样重要，并对最终的市场调查结果有着重要的影响。较为常用和重要的市场调查技术有抽样调查技术、问卷设计技术和态度测量技术，其中抽样调查技术是最重要、最基本的调查技术之一。

1. 抽样调查技术

抽样调查主要适用于以下几种情况。

（1）在不能采用普查方式而又需要了解和掌握市场的全面情况时，往往采用抽样调查法。

（2）若调查范围大，总体单位数目过多，全面调查成本太高，就可以采用抽样调查法。

（3）可以作为普查的事后核对和补充调查。

（4）一些时效性要求较高的市场调查也可以使用抽样调查。

2. 问卷设计技术

问卷又称调查表或询问表，是以问题的形式系统地记载调查内容的一种印件。问卷可以是表格式、卡片式或簿记式。问卷是调查员为了从被调查者那里搜集资料和数据，根据调查目的设计出来的问题表，是搜集来自被调查者信息的一览表。问卷是市场调查与预测中应用最为广泛的重要调查工具之一。

3. 态度测量技术

态度是一个抽象的概念，很难用常规的方法定量地测算出来。态度的测量是指根据预先确定的规则和方法，用一些数字或符号来代表某个事物的特征或属性。

态度测量的作用在于确定所测对象特定属性的类别或水平。它不仅对事物的属性作定量的说明（确定特定属性的水平），同时，它也能对事物的属性作定性的说明（确定特定属性的类别）。给事物特性分配的数字或序号提供了对态度进行统计分析的可能性，数字或序号有助于测量规则与结果的传达。

态度量表是一种测量态度的工具。态度量表所得数据既可以用来预测消费者对新产品营销的行为反应，也可以用来分析市场分类和产品定位情况。

6.2 汽车市场预测

预测是对某一事物未来发展趋势的预计与推测。具体地说，就是根据事物过去和现在的资料，运用一定的科学方法和逻辑推理，对其未来发展趋势进行预计和推测，定性或定量地估计出事物的发展规律，并对此做出评价，以指导或调节人们未来的行动和方向。

6.2.1 汽车市场预测的作用

汽车市场预测是在汽车营销市场调查的基础上，运用科学的方法，推测未来一定时期内汽车市场供求变化和影响市场营销的因素，从而为汽车营销决策提供科学依据。市场预测是企业进行经营决策的重要前提条件，是企业制定经营计划的重要依据，同时可使企业更好地适应市场的变化，提高企业的竞争能力。

6.2.2 汽车市场预测的分类

市场预测可以按不同的标准进行分类。

（1）按预测的时间跨度分，可以分为当前、短期、中期、长期预测。

① 当前预测。是根据市场上需求变化的现实情况，以旬、周为时间单位，预计一个季度内的需求量（销售量）。

② 短期预测。主要是根据历史资料和市场变化，以月为时间单位测算出年度的市场需求量。

③ 中期预测。是指 3～5 年的预测，一般是对经济、技术、政治、社会等影响市场长期发展的因素，经过深入调查分析后，所作出的未来市场发展趋势的预测，为编制 3～5 年计划提供科学依据。

④ 长期预测。一般是 5 年以上的预测，是为制定经济发展的长期规划预测市场发展趋势，为综合平衡、统筹安排长期的产供销比例提供依据。

（2）按预测的空间范围分，市场预测分为国内市场预测和国际市场预测。

（3）按经济活动的空间范围分，市场预测可分为宏观的市场预测和微观的市场预测。

（4）按预测的性质分，市场预测可以分为定性预测和定量预测。

① 定性预测。是由预测人员凭借知识、经验和判断能力对市场的未来变化趋势做出性质和程度的预测。

② 定量预测。是以过去积累的统计资料为基础，运用数学方法进行分析计算后，对市场的未来变化趋势做出数学测算。

6.2.3 汽车市场预测的主要内容

1. 市场需求预测

这是根据有关资料对汽车产品未来的需求变化进行细致的分析研究，掌握需求的内在规律，对其发展趋势做出比较正确的估计和判断。市场需求预测根据人口的变化、国民物质文化生活水平提高的程度、社会购买力的增减，以及国民爱好习惯、消费结构的变化等因素，分析市场对产品的需求，既包括对产品数量的需求，同时也包括对产品质量、造型、规格、价格等方面的要求。主要有以下几种。

（1）产销趋势的中长期预测。这是把重点放在企业的长期经营方向上，侧重于根据科学技术的发展，深入研究影响产销的技术因素，并结合市场竞争、资源条件等的变化，制订企业的产品发展计划。

（2）产销趋势的短期预测。产品趋势的短期预测要求以本企业产品的原材料来源、成本、价格等为依据，与同行业同类产品比较，做出近期内市场需求对本企业产销影响的预报，以指导本企业做出相应的对策。

（3）单品种专题预测。这主要是对本企业新产品投入市场后的销售状况和产品在价格、质量、造型、装潢等方面的反映进行研究和分析，提出改进和扩大新产品产销的建议。

由于有关因素会直接或间接地影响需求变化，所以对引起需求变化的一些因素也应进行预测。如国民购买力、企业及事业单位购买力、社会发展、产品销路及经济发展等。

2. 市场占有率预测

市场占有率是指在一定的市场范围内，企业某种产品中的销售量或销售额与该市场上同类产品的总销量或销售额之间的比率。市场需求预测主要是对市场在一定时期内对某种产品品种需求量的发展变化趋势的预测，市场占有率预测则是对某种产品的某厂牌需求量或最好销量的预测。对于市场需求预测，主要考虑的是市场环境发展变化对需求量的影响，而市场占有率预测着重考虑的是产品本身的特性和销售努力对销售量的影响。

3. 生产情况的预测

在了解市场需求和市场占有率的同时，必须深入了解自己和竞争对手的生产情况，了解市场上所有汽车产品的生产能力和布局，资源、能源等条件的情况，以及汽车产品的数量、质量和性能等，并且预测其发展变化趋势。

6.2.4 汽车市场预测的步骤

市场预测一般经过确定预测目标、收集预测资料、选择预测方法、进行预测、写出预测结果报告、分析误差等步骤。

1. 确定预测目标

汽车市场需求在预测之前，首先要根据计划和决策的需要，明确预测想要达到的目的，即首先要解决为什么预测的问题，即通过预测要解决什么问题，达到什么目的。这时还应规定预测的期限和进程，划定预测的范围，之后根据目标，拟定预测提纲。

2. 收集预测资料

汽车市场数据资料是进行汽车市场预测的重要依据。收集预测资料是指围绕预测目标，收集信息资料。预测所需资料包括：与预测对象有关的各种因素的历史统计数据资料和反映市场动态的现实资料。其中，市场调查资料是一个重要的信息来源。

3．选择预测方法

预测方法的正确与否，对于预测的准确性有很大的影响，预测方法的选择和数学模型的建立与预测对象和目标的性质有关，与收集到的数据资料也有关。因此，市场预测应根据预测目标和占有的资料，选择适当的预测方法。预测的方法与模型很多，各有其预测对象、范围和条件，应根据预测的问题的性质、占有资料的多少、预测成本的大小，选择一种或几种方法。

4．进行预测

采用定性预测时，预测人员依据相关资料和影响因素对问题进行分析和预测；采用定量预测时，将收集到的数据资料输入预测模型，进行运算并求出结果，对预测结果的置信区间进行估计。

5．写出预测结果报告

要及时将预测结果写成预测结果报告。报告中，表述预测结果应简单、明确，对结果应做解释性说明和充分论证，包括对预测目标、预测方法、资料来源、预测过程的说明，以及预测检验过程和计算过程。

6．分析误差

预测是对未来事件的预计，很难与实际情况完全吻合，因而要对预测结果进行判断、评价，要进行误差分析，找出误差原因及判断误差大小，修改调整预测模型得出的预测数量结果，或考虑其他更适合的预测方法，以得到较准确的预测值。

6.2.5 汽车市场预测的方法

市场预测方法有很多，按预测的方式不同，可分为定性预测方法和定量预测方法两大类，下面分别做简单介绍。

1．定性预测方法

定性预测分析也称为判断分析法。它是凭借人们的主观经验、知识和综合分析能力，通过对有关资料的分析推断，对未来市场发展趋势做出估计和测算。

（1）集体意见法。这种方法是集中企业的管理人员、业务人员等，凭他们的经验和判断共同讨论市场发展趋势，进而做出预测的方法。具体做法是：预测组织者首先向企业管理人员、业务人员等有关人员提出预测项目和期限，并尽可能地向他们提供有关资料。有关人员应根据自己的经验、知识进行分析、判断，提出各自的预测方案。这种方法的优点是简单易行，成本也较低，但其最大缺点是受到预测人员的知识和经验的限制。

（2）德尔菲法。德尔菲法也称专家小组法，是 20 世纪 40 年代由美国的兰德公司首创和使用的，20 世纪 50 年代以后在西方发达国家广泛盛行。这种方法是按照规定的程式，采用背对背反复征询的方式，征询专家小组成员的意见，经过几轮的征询与反馈，使各种不同意见渐趋一致，经汇总和数理统计进行收敛，得出一个比较统一的预测结果以供决策者参考。

德尔菲法是市场预测的一个重要的定性预测方法，应用十分广泛。德尔菲法具有一些显著的特点。

① 匿名性。在整个过程中，专家们互不见面，均是通过预测工作的组织者传递预测意见表格来实现专家们之间的交流与沟通，从而使专家能够独立完成预测工作，不受外界环境的影响。

② 多次反馈性。采用德尔菲法进行预测时，问卷一般要经过 3～5 次反复修改，从而有利于每个专家发表自己的意见，从而保证了预测结果的准确性。

③ 便于统计分析。由于德尔菲法采用调查问卷或调查表的形式进行预测，其答案结果规范统一，便于进行数据统计和整理分析。

④ 应用性强。德尔菲法通过专家间的多次交流和沟通，集合了众多专家学者有价值的意见和

观点，是目前最具有权威性和科学性的定性预测方法，被广泛地应用在各种预测工作中。

在征询专家们的意见时，最好采用调查表的方式，调查表由专家们填写。表格应简单清楚，先简单介绍预测目的，然后提出各种预测问题。问题不宜过多，一般应限制在 20 个以内。请专家于限定时间内寄回表格。预测主持者将各种不同意见进行综合整理，汇总成表，再分送给各位专家，请他们对各种意见进行比较，修正或发表自己的意见。一般经过这样四到五轮的反复征询，各位专家的意见就较为趋向统一。

这种方法的特点是专家间互不见面，因此避免了屈服于权威或屈服于多数人意见的缺点，各预测成员可以独立完成。但这种方法的时效性较差，不易控制。

（3）类推法。这种方法是应用相似性原理，把预测目标同其他类似事物加以对比分析，推断其未来发展趋势的一种定性预测方法。它一般适用于开拓市场，预测潜在购买力和需求量以及预测增长期的商品销售等情况，而且适合于较长期的预测。

（4）转导法。转导法亦称经济指标法。它是根据政府公布的或调查所得的经济预测指标，转导推算出预测结果的市场预测方法。这种方法是以某种经济指标为基础进行预测，不需要复杂的数学计算，因而是一种简便易行的方法。

2. 定量预测方法

定量预测方法也叫统计预测法。它是根据掌握大量数据资料，运用统计方法和数学模型近似地揭示预测对象的数量变化程度及结构关系，并据此对预测目标做出量的测算。应该指出，在使用定量预测方法进行预测时，要与定性预测方法结合起来，才能取得良好的效果。

（1）时间序列法。时间序列法是从分析某些经济变量随时间演变规律着手，将历史资料按时间顺序加以排列，构成一组统计的时间序列，再向外延伸，预测市场未来发展趋势。它是利用过去资料找出一定的发展规律，将未来的趋势与过去的变化相类似地进行预测。

（2）因果预测法。因果预测法就是演绎推论法。它利用经济现象之间的内在联系和相互关系来推算未来变化，根据历史资料的变化趋势配合直线或曲线，用来代表相关现象之间的一般数量关系的分析预测方法。它用数学模型来表达预测因素与其他因素之间的关系，是一种比较复杂的预测技术，理论性较强，预测结果比较可靠。由于需要从资料中找出某种因果关系，所以需要历史资料较多。

（3）市场细分预测法。市场细分预测法对产品使用对象按其具有同类性进行划分类别，确定出若干细分市场，然后对各个细分市场根据主要影响因素，建立需求预测模型。

如对我轿车市场预测可按下述结构进行细分预测，如表 6-1 所示。

表 6-1　我国轿车市场预测表

市场划分	主要影响因素	需求预测模型
县级以上企事业单位	单位配车比	（单位数）×（配车比）
县级以下企事业单位	单位配车比	（单位数）×（配车比）
乡镇企业	经济发展速度	需求量=f（乡镇企业产值）
出租旅游业	城市规模及旅游业发展	$\sum$（各类城市人口数）×（各类城市每人配车比）
家庭私人	人均国民收入	需求弹性分析

【案例 6.1】

市场调查在丰田汽车进入美国汽车市场中的作用

“车到山前必有路，有路就有丰田车”，这句为我们所熟知的广告词代表着丰田公司的辉煌业绩，丰田公司的成功之路一向被世人视为经典案例，尤其是丰田车打入美国市场的过程。

1958 年，丰田公司首次进入美国市场。8 月，第一辆标有“日本制造”的轿车出口美国，同年 10 月，丰田汽车销售公司美国分公司在美国成立。当时丰田出口到美国的是一种名为光环的轿车。光环意味着胜利和辉煌。但市场却给丰田公司泼了一瓢冷水。光环轿车在美国市场的激烈竞争中一败涂地，导致丰田公司出师不利，首战即告负。光环车的惨败，有产品本身的问题，也是日美消费习惯的差异所致。首先，光环车的质量不过关，在日本国内公众中就有脆弱、不耐用的印象。到了美国，与欧洲及美国国产车一比，光环车更是黯然失色：车内装饰粗糙，驾驶者和乘坐者都感觉不舒服；车灯太暗，不符合标准；发动机的轰鸣噪声让人无法忍受；块状的外形极为难看。同时，光环车车内空间不大，对个头中等的日本人来说，这个问题不大，但比日本人身材魁梧许多的美国人就觉得难以忍受了。加上该车的定价为 2300 美元，与其竞争对手大众甲壳虫车 1600 美元相比，显然不具有竞争力。结果，当时只有 5 位代理商愿意经销其产品，第一个销售年度只售出 288 辆。1960 年，问题接踵而来，美国汽车中心底特律推出了新型小汽车 Faleom、Valiant、Corvair 与甲壳虫车竞争，同时停止进口汽车。丰田公司因而被迫紧缩生产。面对困境，丰田公司不得不重新考虑怎样才能成功地打进美国市场。它制定了一系列的营销战略，这当中关键的一步就是进行大规模的市场调查工作，以把握美国的市场机会。

调查工作主要分以下几方面进行。首先，丰田公司对美国的代理商及顾客需要什么，以及他们无法得到的是什么等问题进行彻底的研究。除了日本政府提供信息外，丰田公司还利用商社、外国人及本公司职员来收集信息。通过多种渠道的收集，得到了美国市场的一些新的需求信息。经过调查，他们发现美国人把汽车作为地位或性别象征的传统观念正逐渐减弱，汽车作为一种交通工具，人们越来越重视其实用性、舒适性、经济性和便利性。如长途驾驶要求舒适和较大的腿部活动空间、易于操作、行车平稳；较低的购置费用、耗油少、耐用且方便等符合大众利益的要求；以及要求提供停靠方便、转弯灵活的小车型以适应日趋拥挤的交通状况。其次，丰田公司还研究了竞争对手的不足和缺陷，制定了“攻占角落”的营销策略。例如，丰田公司在市场调查中发现，美国底特律的汽车制造商们骄傲自大、因循守旧、墨守成规，甚至面对竞争者的挑战、政府的警告、消费者拒绝购买和库存量的直线上升也熟视无睹，继续大批量生产大型豪华车。完全被忽视的顾客群和小型车的空白市场给丰田轿车的进入提供了可乘之机。第三，丰田公司还详细研究了外国汽车制造商在美国的业务活动，向对手学习，从而制定出更好的销售和服务战略。丰田公司委托一家美国的调查公司去访问大众汽车的拥有者，以了解顾客对大众车的满意和不满之处。调查表明，大众甲壳虫车的成功归因于它所建立的提供优良服务的机构。由于向购车者提供了可以信赖的维修服务，大众公司消除了顾客所有的买外国车花费大、一旦需要时却经常买不到零配件的忧虑。同时，甲壳虫车的定价也具有相当的吸引力，这些因素都是甲壳虫车在美国获得成功的关键。

市场调查只是解决了“生产什么和为谁生产”的问题，要真正让顾客把车买回家还得下一番工夫。当时，丰田公司遇到的问题有三个：如何建立自己的销售网络，如何消除美国人心目中的“日本货就是质量差的劣等货”的旧印象，如何与德国的小型车抗衡。面对挑战，丰田公司以“人有我优”作为回应，即质量优、价格优、服务优。

根据市场调查结果，丰田公司的工程师开发了一种新产品——皇冠牌汽车。它是一种小型的、驾驶和维修更经济实惠的美国式汽车。这种“美国化”的汽车被称为“底特律”式车。其漂亮的外形和符合美国人口味的装饰完全不同于过去的试验型轿车。丰田公司几乎没有放过任何细节：为手臂较长的人设置了靠手，并按照美国汽车的式样对座位进行了改变，安排了较大的伸脚空间。与此同时，产品的质量、可靠性和维修等也得到了同样的关注。新产品真正做到了体贴入微，与过去的试验型轿车形成了鲜明的对照。

在定价方面，为吸引大量新的购买者并使经验曲线迅速下降，丰田公司将产品的售价定得比竞争对手低得多，其指导原则是使经验曲线迅速降下来。这项战略促进了产品销售并降低了产品成本，从而使得他们进一步降低价格，并使他们的价格战略产生了“滚雪球”效应：丰田皇冠的定价低于 2000 美元，之后推出的丰田柯罗拉定价则低于 1800 美元。这种与维修费用低廉相联系的进攻性价格战略，为丰田公司赢得了一个既讲究质量又经济实惠的形象。经过不懈努力，到 1980 年，丰田汽车在美国的销售量已达到 58000 辆，是 1975 年的销售量两倍，丰田汽车占据了美国进口汽车总额的 25%。

丰田公司在占领美国中档汽车市场后并不满足，20 世纪 80 年代后期又准备争夺美国的高档豪华汽车市场。这一次，有了前车之鉴的丰田公司把市场调查工作做得很充分。丰田公司派出专家小组前往美国，体会美国人的生活习惯，并运用调查问卷、座谈会等方式深入调查消费者对轿车的每一细节的要求。经过 5 年多的呕心沥血，推出了凌志车。凌志车一改过去日本汽车经济实用的中低档形象，定位为豪华轿车。它线条流畅、造型完美、装饰豪华、乘坐舒适而且平稳性极佳。从凌志车要求同一辆车上的所有皮革都必须来自同一张牛皮的做法可以看出，凌志车将完美做到了极致。凌志车还首创了转向盘可升降，不管高个的驾驶员还是矮个的驾驶员都可以选择最舒服的转向盘高度进行驾驶；手机铃声一响就自动调低音响的音量，连伸手调低音量的举手之劳都免了；凌志车沙发的每根弹簧的弹性、高度都十分贴切合美国人的身材。就品质而言，凌志车与它的对手奔驰、宝马车相比是有过之而无不及的。公开上市两年，其业绩就赶上了在高档车市场已经营销数年的宝马车。一项调查显示全美前 500 强企业的财务总监的首选用车都是凌志车，比尔·盖茨的座驾也是凌志车。

丰田公司成功的关键就在于通过市场调查不断地密切注意消费者口味的变化，并据此对产品加以改进。丰田公司极为认真地对待“了解顾客”这句口号。公司创始人丰田喜一郎倡导“顾客第一，销售第二，生产第三”的经营哲学，其核心思想就是有顾客才有销售者，有销售者才有生产者。因此，必须以顾客需求为核心。丰田公司一直严格地按照市场学的基本观念去做：了解消费者的需求，并知道如何满足它。丰田公司占领市场的战略就是以不断完善其产品来满足消费者的要求为目标的，公司广泛地征求顾客意见，并据此不断改进产品。从汽车的经济性、安全性到本身的外形和车速，丰田公司都不断探索改进，使其产品的性能、外形、特色和质量不断提高。

丰田汽车的美国之路告诉我们，市场调查工作在一个汽车企业跨国经营时的重要性。其实，不仅是跨国经营，任何汽车企业在进入一个新的市场时，市场调查工作都是关键的一个环节。只有做好市场调查，才能在新市场中找到自己的发展方向。

分析与思考

1．市场营销调查的主要内容有哪些？

2．市场调查的步骤如何？方式方法有哪些？

3．汽车市场调查的基本技术有哪些？分别有什么特点？

4．汽车市场预测的主要内容有哪些？

5．在案例 6.1 中，面对困境，丰田汽车进入美国市场都进行了哪些方面的调查？

课程实践

1．目标

掌握汽车市场调查的内容、方法和步骤。

2．内容

将学生分成若干小组，各小组以某款国产汽车为调查对象，自拟题目，就其上市后市场情况进行调查，对调查得到的资料进行分析整理，得出调查结论，完成调查报告。

3．要点及注意事项

建议采用访问调查法、问卷调查法、文献调查法等多种调查法结合的形式进行，调查问卷的设计要符合要求。一定要深入到实地进行调查，了解实际情况。要及时处理相关材料和数据，并注意比较、鉴别，尽量使用图表展示数据，要有结论和建议。

7

第7章　汽车产品营销策略

学习目标与要求

1. 了解汽车产品整体概念。
2. 了解汽车产品组合策略。
3. 了解汽车品牌的意义与特征。
4. 了解汽车商标的特殊作用。
5. 掌握汽车产品寿命周期各阶段的营销策略。

产品策略是企业市场营销组合的重要组成部分，是企业市场营销的出发点，也是其他相关策略的基础，在市场营销组合中处于关键地位。

汽车企业的汽车市场营销活动是以满足汽车市场需求为目的，而汽车市场需求的满足只能通过提供某种品牌的汽车产品或相应的汽车服务来实现。因此，汽车产品是汽车企业市场营销组合中的一个重要因素。汽车产品策略直接影响和决定着其他汽车市场营销的策略，对汽车市场营销的成败关系重大，所以汽车产品策略是汽车市场营销组合策略的基础。在现代汽车市场经济条件下，每个汽车企业都应致力于汽车产品组合结构的优化、汽车产品和汽车服务质量的提高，以更好地满足汽车市场需求，取得更好的经济效益。

7.1　汽车产品组合策略

产品是市场营销活动的轴心，是消费者需求的基本内容，是买卖双方联系的中介。研究产品策略，首先要按照消费者需求，研究营销产品整体概念，研究产品因素及其相互关系，以便为消费者提供适销对路产品，为市场营销组合的其他策略提供有利的物质条件。现代汽车企业为了满足需要、扩大销路、分散风险、增加利润，往往经营多种汽车产品。但并非经营的汽车产品无条件地越多越好。汽车企业应当根据市场需要和自身能力，确定经营的汽车产品，实施有效的汽车产品组合策略。

7.1.1 汽车产品整体概念

传统理论认为，产品是用来交换的劳动产品，是使用价值和价值的统一体。从市场营销角度研究产品时，产品具有更广泛、更具体、更丰富的内容。它不只包含一个呈现在市场上的有形物体，更重要的是包含使消费者需要得到一定程度满足的有形、无形物质的总和。

人们对汽车产品的理解，通常仅限于汽车的实物产品，这过于狭隘。汽车市场营销学中汽车产品是指向汽车市场提供的能满足汽车消费者某种欲望和需要的任何事物，包括汽车实物、汽车服务、汽车保证、汽车品牌等各种形式。简而言之，人们需要的汽车产品=需要的汽车实物+需要的汽车服务，而汽车企业提供的汽车产品=汽车企业生产的汽车实物+汽车企业提供的汽车服务。汽车产品整体概念，通常由以下 5 个层次组成。

1．汽车核心产品层

产品的核心是产品提供给消费者的实际效用和利益，是消费者对产品最主要的需要，最基本的要求，因而也是营销产品整体概念中最重要的部分，是产品所以能够交换的基础。

汽车核心产品层又称汽车实质产品层，是指向汽车消费者提供的基本效用或利益。汽车消费者购买某种品牌汽车产品并不是为了占有或获得汽车产品的本身，而是为了满足以车代步、交通运输的需要和精神的需要。

2．汽车形式产品层

产品的形式是指产品在市场上出现时的物质形态，包括产品的造型、质量、商标、包装特色等。它是产品核心的表现形式，是产品核心的物质承担者。当它与产品的核心内容协调一致时，会给消费者以更多的满足。在激烈竞争的市场上，消费者主要是通过产品的形式进行比较，做出购买决策的。因此，企业应当精心设计制造完美、雅致的产品形体，恰当地体现产品的效用和利益，并以此提高产品的竞争力。

汽车形式产品层又称汽车基础产品层，是指汽车核心产品借以实现的基本形式，即向市场提供的实体或劳务的外观。汽车产品的外观指汽车产品出现于市场时具有可触摸的实体和可识别的面貌，并不仅仅指其具有的外形。汽车市场营销学将汽车形式产品归结为四个标志：质量水平、外观特色、汽车造型、汽车品牌。由于汽车产品的基本效用必须通过某些具体的形式才能实现，因而汽车市场营销人员应该从汽车消费者购买汽车产品时所追求的实际利益出发去寻求其实现形式，进行汽车产品设计。

3．汽车期望产品层

产品的附加利益是指产品经营者为了更好地发挥产品的使用价值，提供给消费者的一系列附加价值和附加服务。

汽车期望产品层是指汽车消费者在购买该汽车产品时期望能得到的东西。例如，汽车消费者期望得到舒适的车厢、导航设施、安全保障设备等。在产品的技术复杂程度越来越高的现代社会，附加价值已经成为整体产品的重要的不可缺少的组成部分，提供附加价值也成了产品竞销成功的关键。

4．汽车延伸产品层

又称汽车附加产品层，是指汽车消费者购买汽车形式产品和汽车期望产品时所能得到的附加服务和利益，即储运、装饰、维修、保养等。例如，美国的汽车业通常提供四种担保：基本担保、动力装置担保、腐蚀担保和排放物担保。但为了满足不同的服务需求，1987 年 1 月福特公司推出 4 种延伸服务计划（ESP），集中向零售商和汽车消费者提供汽车延伸服务。汽车延伸产品的观念来源于对汽车消费者需要的深入认识。

5. 汽车潜在产品层

指包括现有汽车产品的所有延伸和演进部分在内，最终可能发展成为未来汽车产品的潜在状态的汽车产品。汽车潜在产品指汽车产品的可能发展前景，如普通汽车可以发展为水陆两用的汽车等。汽车延伸产品主要是今天的汽车产品，而汽车潜在产品则代表着今天的汽车产品可能的演变。

综上所述，汽车产品整体概念，不仅为汽车产品实体本身，而且包括了各种服务，特别是消费需要的满足。可以说，汽车产品整体要领是能够满足消费者预期效益的物质和非物质的综合体。

汽车产品整体概念是对汽车产品认识的一个革命性新观点。这个概念的确立，对于促进企业改善经营管理，扩大服务范围，最大限度地满足消费需求，增加汽车产品销量，具有深远的意义。在买方市场条件下，企业要想满足消费者需求，增加汽车产品的销量，就必须提供包含 5 个层次的汽车产品整体。同时，提供的汽车产品的具体内容还必须适合不同购买者的不同需求特点。特别是现代汽车产品，大多结构复杂、价格较高，用户希望得到更多的服务和保证，给用户提供整体汽车产品，便成了企业迎合消费需求、树立很好形象、争夺销路、占领市场的关键。

7.1.2 汽车产品组合概念

汽车产品组合就是一个汽车企业生产和经营的全部汽车产品的结构，也就是汽车企业所有汽车产品线和汽车产品项目的有机组成方式。它一般由若干汽车产品线（汽车产品系列）组成。

汽车产品线是一组有类似特性、密切相关的产品。这种相关，是指能满足同种需要，必须配套使用，生产条件相似，分销渠道相同，价格同属一个范围等。汽车产品线是指密切相关的一组汽车产品，这些汽车产品能满足类似的需要，销售给同类汽车消费群，而且经由同样的渠道销售出去，销售价格在一定幅度内变动。汽车产品线又由若干汽车产品品种组成。汽车产品品种指汽车企业生产和销售汽车产品目录上的具体汽车品名和汽车型号。

通常从汽车产品组合的广度、汽车产品组合的深度、汽车产品组合的长度、汽车产品组合的相关度这四个方面对汽车产品组合进行衡量。汽车产品组合的广度，指汽车企业生产经营的汽车产品线的个数。汽车产品组合的深度是指每一汽车产品线所包含的汽车产品项目。汽车产品组合的长度是指汽车产品组合中的汽车产品品种总数。汽车产品组合的相关度是指各条汽车产品线在生产条件、最终用途、细分渠道、维修服务或其他方面相互关联的程度。

7.1.3 汽车产品组合策略

汽车产品组合策略就是根据企业的经营目标，对汽车产品组合的广度、深度和相关度做出决策，并适时进行必要的调整，确定一个最佳的汽车产品组合。在通常情况下，企业拓展汽车产品组合的广度、深度和相关度，都可能产生良好的效果，但是这种拓展常受多种因素的影响而不能如愿以偿。例如，由于企业自身力量的薄弱而不能拓展汽车产品组合的广度；由于竞争对手的强大，增加汽车产品组合的广度不如加大汽车产品组合的深度等。因此，企业应当根据自己的营销目标、营销范围、营销能力（包括人、财、物）和市场环境的变化，来安排汽车产品组合的广度、深度和相关度，确定汽车产品组合策略。

1. 汽车产品线扩大策略

汽车产品线扩大策略，就是企业在目前的经营范围内，增加新的汽车产品项目，搞多品种经营。汽车产品线扩大的原因通常是企业为了满足多种需求，增加销售数额，获取更多利润，利用过剩的生产和经营能力，使汽车产品线完整化，阻止竞争者利用汽车产品项目空缺进入市场。

扩大汽车产品线的方式有以下几种。

（1）扩大汽车产品组合的广度。一个汽车企业在生产设备、技术力量所允许的范围内，既专业又综合地发展多品种。扩大汽车产品组合的广度可以充分利用企业的各项资源，使汽车企业在更大的市场领域中发挥作用，并且能分散汽车企业的投资风险。上海大众在扩大汽车产品组合的广度上的做法是普桑—桑塔纳 2000—帕萨特—经济型轿车。

（2）加深汽车产品组合的深度。从总体来看，每个汽车公司的汽车产品线只是该行业整个范围的一部分。例如，宝马公司的汽车在整个汽车市场上的定价属于中高档范围。加深汽车产品组合的深度，可以占领同类汽车产品更多的细分市场，迎合更广泛消费者的不同需要和偏好。上海帕萨特在帕萨特轿车基本型的基础上，研制开发了豪华型车和变形车，就是加深产品组合深度的例子。位于不同市场地位的企业加深汽车产品组合的深度，可以向下（低档）扩展，向上扩展（高档），也可以双向扩展。

（3）加强汽车产品组合的相关度。一个汽车企业的汽车产品尽可能地配套，如汽车和汽车内饰、汽车涂料等。加强产品组合的相容度，可提高汽车企业在其行业或某一地区的声誉。但扩大汽车产品组合往往会分散经销商及销售人员的精力，增加管理困难，有时会使边际成本加大，甚至由于新产品的质量性能等问题，而影响本企业原有产品的信誉。

保证汽车产品线扩大策略成功，必须注意以上几点。

① 增加的新汽车产品项目应与原汽车产品的项目有明显区别。否则，就会给顾客造成困惑，不利于争取更多的消费者。

② 增加的新汽车产品项目，能适应市场需求，决不可单纯为了填补“汽车产品空白点”。

③ 使用“反向定价法”，先确定消费者能接受的零售价格，然后考虑只能用多大的生产和进货成本。

2．汽车产品线简化策略

汽车产品线简化策略，就是企业在目前的经营范围内，删减汽车产品线中某些产品项目。企业删减某些汽车产品项目的原因：汽车产品项目进入了衰退期，市场寿命无法延长，或延长没有意义；缺乏足够的生产和经营能力，不得不放弃某些汽车产品项目。

删减汽车产品项目，简化汽车产品线，应权衡利弊，审时度势，有序进行。首先，应逐个审查各个汽车产品项目的边际利润，剔除那些亏损或接近亏损者；其次，要考虑把力量集中到利润多的汽车产品项目上，而不可在保留项目中平均使用；第三，删减和保留的汽车产品项目，随市场情况的变化而变化，必要时删减的可以恢复，保留的可以删减。

3．汽车产品线档次的策略

汽车产品的高、中、低档次，是指汽车产品本身品质的优劣及使用价值和价格的高低。汽车产品档次化策略包括如下两种。

（1）高档汽车产品的策略。所谓高档汽车产品策略，就是在某些汽车产品系列中，增加高档次汽车产品项目，并相对减少低档次汽车产品，使汽车产品系列向高档化、名优化发展。

企业所以要采用高档汽车产品策略，是因为消费者购买力增长，高档高价汽车产品市场销售形势良好、利润率高，企业实力增强，能够生产和经营。实施高档汽车产品策略，可以在提高现有汽车产品的声望、推动高档高价汽车产品销售的同时，增加原有廉价汽车产品的销量。但它可能遇到高档汽车产品市场竞争者的顽强抵抗，要想使消费者相信企业推向市场的是高档汽车产品也是不容易的。

（2）低档汽车产品策略。所谓低档汽车产品策略，就是在某些汽车产品系列中，增加低档次汽车产品项目，并相对减少高档次汽车产品，使汽车产品系列趋向大众化。

企业采用低档汽车产品策略的原因，一是为了争取购买力水平不高的消费者，满足更多的需要；二是企业的高档汽车产品遇到了激烈的竞争，需要在低档汽车产品市场取得较多的回旋余地。但实施低档汽车产品策略，如果处置不当，则有可能损害原有汽车产品和企业的形象。

4．汽车产品细分化和异样化策略

（1）汽车产品细分化策略。汽车产品细分化策略，就是企业在市场细分化的基础上，专门生产和经营一种独特的汽车产品，满足同种汽车产品未能满足的需求，占领同种汽车产品未能占领的市场。此举能够密切企业同消费者的关系，提高企业的声誉，树立企业的良好形象，是现代市场营销观念的体现。

（2）汽车产品异样化策略。汽车产品异样化策略，就是企业对汽车产品不变本质，只增加微小差异，以吸引顾客购买，增加销售数量的一种策略。为了满足消费者求新求奇、追求时髦的需要，企业在保持汽车产品的基本性能的同时，创新汽车产品的造型、色彩等，使汽车产品新颖雅致、与众不同，这样即可引起顾客的购买兴趣。它既可以体现企业不断满足人们日益增长的对汽车产品多样化和新奇、时尚的要求的经营思想，又可以反映企业不安于现状的进取精神和创新精神。

7.2 汽车产品品牌与商标策略

品牌和商标是产品的组成部分，也是产品竞争的重要手段。同种产品销量差距很大，往往与品牌和商标的优劣有一定的关系。

7.2.1 品牌的概念和作用

1．品牌的概念

品牌也称厂牌，是企业用名称、名词、图案或这些因素组合形成的符号，包括品牌名称和品牌标志这些基础部分。品牌名称是指品牌中可以用语言称呼的部分，如“劳斯莱斯”、“林肯”、“奔驰”、“宝马”、“丰田”等。品牌标志是品牌中可以被认出，但不能直接用语言称呼的部分。

2．品牌的作用

（1）有助于消费者认牌购货，并进行质量监督。这是由于品牌可以区别各个企业的同种产品，反映产品的质量和特色所致。消费者通过品牌，掌握产品的生产厂家和质量标准，就会增加安全感，必要时还可投诉索赔。

（2）有助于企业广告宣传，加强销售促进。这是由于品牌是产品的代表，品牌为广告宣传提供了明确、具体的对象。良好的品牌，更有利于广告宣传和产品销售。

（3）有助于创立名牌产品。企业要使自己的产品成名，成为拳头产品，除了提高产品质量之外，还必须有个品牌，并经常维护和不断提高这个品牌的声誉，使消费者产生偏爱。

7.2.2 汽车品牌的意义与特征

世界第一个汽车品牌是 1886 年诞生的奔驰汽车，在工业社会进程中，没有任何一个产品的品牌，可以像汽车品牌这样历史悠久，品牌众多。如“奔驰”、“福特”、“凯迪拉克”、“雪佛兰”、“劳斯莱斯”、“大众”、“宝马”、“奥迪”等世界著名品牌，给消费者留下美好的品牌印象。

1．汽车品牌的意义

（1）汽车品牌是汽车价值的象征。“劳斯莱斯”代表着高贵，“奔驰”是高质量的代名词，“沃尔沃”是安全的保证。

（2）汽车品牌是企业经营理念的象征，代表了企业品牌。如今，汽车品牌已经向企业品牌过渡。“奔驰”是德国奔驰公司追求质量、创新、服务的象征，“丰田”则代表日本丰田公司顾客第一、销售第二的经营理念。

（3）汽车品牌还是身份和地位的象征。

因此，汽车生产厂已从制造汽车过渡到制造品牌、创造价值，经销商也从销售汽车向销售品牌、传递价值转变。

2. 汽车品牌的特征

（1）汽车品牌多以创始人名字命名。世界级汽车品牌的命名、个性和定位和公司的理念相结合，也往往带上创始人的烙印。如美国的“福特”、“克莱斯勒”、英国的“劳斯莱斯”、法国的“雪铁龙”和日本的“丰田”，这些品牌都是以创始人的名字直接命名的。这些汽车公司无不承袭了各自创始人的经营理念。1999 年福特 T 型车被评为“世纪名车”，原因就来自于亨利·福特服务于大众、千方百计降低成本、让所有人拥有福特汽车的理念。奔驰保持着视质量为生命的传统经营理念。丰田则以其一贯的将顾客利益放在首位的经营理念享誉世界。

（2）汽车品牌和汽车标志的人格化。汽车标志具有品质、身份、地位和时代的象征意义。“奔驰”象征着上流社会的成功人士；“劳斯莱斯”是身份显赫的贵族；“福特”是踏实的中产阶级白领。这种人格化的品牌特征成为社会地位、身份、财富甚至职业的象征，成为车主的第二身份特征。“劳斯莱斯”除了用两个“R”字母叠合成商标外，还在车头放了一个展翅欲飞的“雅典小女神”雕像，象征“速度之神”和“狂喜之灵”。

（3）汽车公司往往都实行多品牌策略。德国大众拥有 VW、Audi、SKODA、SERT 等 9 个品牌。通用拥有凯迪拉克、雪佛兰、别克、土星等 8 个品牌。

（4）汽车品牌都针对各自特定的细分市场。“奔驰”的购买者是年龄偏大、事业有成、社会地位较高、收入丰厚的成功人士。“宝马”的购买者是年轻有为、富有朝气、不受传统约束的新一代人士。

7.2.3 我国轿车品牌现状及认知度

目前，国外汽车品牌不断冲击中国汽车市场，使本来就处于弱势的民族汽车品牌在各方面都受到了极大的冲击。树立民族品牌，发展和提升民族品牌已迫在眉睫。而在我国的汽车产品中，轿车的发展具有典型性。

1. 我国轿车品牌发展现状

轿车作为汽车市场需求的一种主导车型，在汽车行业的快速发展中起着关键性的作用。在我国汽车工业从“缺重少轻，轿车等于零”走到现在的发展历程中，轿车的发展其实只有十几年。从开始只有一汽、东风、上汽搞轿车项目到现在轿车制造企业像雨后春笋般发展，轿车的品牌也由红旗、上海等可怜的几个发展到目前已有 40 多个品牌 200 多个车型，取得了骄人的业绩。

如今，中国的汽车企业已有数十家，然而民族轿车品牌却只有红旗、中华、奇瑞、吉利及哈飞赛马等。这其中只有红旗属于大企业一汽，其他均为小企业或新兴企业，它们的产量不足整个轿车产量的 10%。由于国外汽车企业进入中国，上海大众、一汽大众、神龙公司以及上海通用等一个个大型中外合资轿车企业迅速崛起，并成为中国轿车工业的主力军，国际“6+3”（通用、福特、戴姆勒-克莱斯勒、丰田、大众、雷诺—日产 6 家集团公司，和相对独立的本田、标致—雪铁龙、宝马 3 家公司）巨头已经实际完成了在中国轿车业的布局。因此，在中国的汽车品牌中，合资品牌的轿车占据了大半个中国市场。在中档轿车的市场中主要有奥迪、帕萨特、别克、雅阁、马自达等品牌；在低档轿车市场中主要有哈飞、夏利、奥拓和奇瑞 QQ 等 14 个品牌。说明我国汽车工业自主开发能力还处在一个低水平徘徊的状态，仍然没有走出“引进—落后—再引进—再落后、开发能力不足—依赖—更不足—更依赖”的双重怪圈。反映出我国轿车品牌的自我创新能力不足，只注重眼前的盈利而忽视了长远的品牌树立，复制别人多而自己创新少。

2. 我国汽车品牌认知度研究

2004 年，北京源流汽车营销咨询有限公司对中国汽车市场的“品牌实态”进行了持续不断的研究。下面是“品牌实态研究”成果之一——汽车品牌认知度研究。

（1）总体认知度最高的前十个品牌。在品牌的总体认知度上，奥迪的认知度最高，达到 24.7%；其次是捷达 13.5%、宝来 10.8%、帕萨特 10.8%。其他还有马自达 8.8%、红旗 7.2%、宝马 3 系 6.3%、雅阁 6.2%、桑塔纳 6.0%、威驰 5.5%。在前十个认知度最高的品牌中，大众占了五个，可以看出进入中国汽车市场较早的大众品牌在消费者心中认知度最高。

（2）无提示认知度最高的前十个品牌。在没有任何事先提示下，用户对奥迪的认知度最强，为 29.11%，其次分别为捷达 12.25%、宝马 12.25%、帕萨特 9.81%、宝来 9.69%、马自达 6.82%、桑塔纳 5.74%、雅阁 5.70%、红旗 4.34%。

（3）有提示认知度最高的前十个品牌。在事先有提示下，用户对奥迪的认知度最强，为 20.75%，其次分别为捷达 13.61%、宝来 10.95%、帕萨特 10.84%、马自达 9.61%、红旗 8.57%、宝马 7.25%、雅阁 6.21%、夏利 6.18%、威驰 6.04%。

综上所述，进入市场时间早的品牌的认知度高于新兴品牌的认知度，如奥迪、捷达、桑塔纳以及本地的红旗品牌等，但新兴品牌的认知度提升较快。合资品牌的认知度大大高于国产本地品牌，这与合资品牌本身巨大的国际品牌声誉和影响力是分不开的。

总体来看，大众旗下的品牌在中国市场认知度很高，这得益于大众在中国市场的长期经营。其他如本田、通用的品牌认知度也较好。从研究结果可推知，大多数品牌在广告宣传、与消费者之间的联系等方面有待进一步加强。

7.2.4 汽车品牌策略

对企业来说，汽车品牌有利于汽车企业的产品增加市场占有率，优良品牌的汽车产品易于获得较好的市场信誉。汽车品牌有助于人们建立对汽车企业的印象，有助于企业的广告促销活动。因此，汽车品牌策略是汽车产品组合策略的组成部分。

1. 品牌设计策略

品牌和商标有制造商品牌（也称全国性品牌）、中间商品牌（也称自有品牌）和服务标记三种。目前我国汽车市场上只有制造商品牌，汽车产品从出厂到用户手中，其品牌均不发生变化。但汽车经销企业有的则有其服务标记，它的作用主要是用于将本企业同其他经销企业加以区别，树立其经营形象，如货源正宗、实力雄厚等。服务标记也是知识产权，不容假冒与侵犯。

品牌设计包括对品牌名称的设计和对品牌标记的设计，一般应当遵循这样一些原则和要求：简洁醒目、易记易读；构思巧妙、暗示属性；意蕴丰富、情意浓重；避免雷同、超越时空。品牌设计必须集科学性和艺术性于一体，创意要新颖，给人以美感，还要符合民俗民情，尤其在产品出口时，必须要研究出口产品的品牌，否则就难以成功。如我国东风汽车公司出口品牌为“风神”（AEOLUS），不可将“东风”直译过去，因多数国家以“西风”为吉，在英国的东风是从欧洲北部吹来的寒风，相当于我国的西风、乃至北风。美国一家生产救护车的公司将其公司名缩写为“AIDS”，并印在其汽车上，生意一直不错，但自从艾滋病流行以后，该公司生意一落千丈，原因在于其缩写正好与艾滋病的名称的缩写完全相同。

2. 品牌定位策略

消费者的偏好千变万化，不同地区、不同行业对品牌有不同的看法和评价。因此，建立品牌的关键是在消费者心中确定一个形象，即品牌定位。品牌定位有多种方式，有以消费者类型为主导的定位体系。有以市场形态及空隙度为主导的定位体系，有以技术在产品中的含量或质量表现为主导的定位体系，也有以不同价格来反映的定位体系。但品牌定位最基本的是建立在它所希望的、对目标客户具有吸引力的竞争优势上。

品牌定位营销一般有 3 个步骤。

第一步，确认潜在的竞争优势。竞争优势有两种基本类型，即成本优势和产品差别化。前者是在同样的条件下比竞争者定出更低的价格，后者是提供更具特色的、可满足客户的特定需要。

第二步，准确选择竞争优势。在价值链分析的基础上，放弃那些优势微小、成本太高的活动，而在具有较大优势方面进行扩展。

第三步，准确地向市场传播企业定位概念。选择竞争优势后，就需要通过广告宣传将其传播开来。

3. 品牌延伸策略

当企业决定使用自己的品牌后，面临的抉择是，对本企业的各种产品是分别使用不同的品牌还是使用统一的品牌，如何利用已成功的品牌的声誉来推出改良产品或新产品等。这些都是品牌延伸策略必须考虑的问题。基本的品牌应用策略有以下几种。

（1）统一品牌策略。是指企业将生产和经营的全部产品，统一使用一个品牌。当企业能维持产品线的所有产品的适当品质时，即可用此种策略。它的好处是：推出新产品时可省去命名的麻烦，并可节省大量的广告宣传费用。如果该品牌已有良好的声誉，可以很容易地用它推出新产品。但是任何一种产品的失败都会使整个品牌受损失。因此，使用单一品牌的企业，必须对所有产品的质量严加控制。奔驰车很少采用副品牌，对于有重大技术革新的汽车也只是以不同系列来区分，而上海大众至今为止推出的产品使用的都是 VW 这个品牌。

（2）个别品牌策略。即企业的各种产品分别使用不同的品牌。这种策略的最大好处是：可把个别产品的成败同企业的声誉分开，不至于因为个别产品的失败而有损整个企业的形象。但这要为每个品牌分别做广告宣传，费用开支较大。当高档产品的生产经营者发展低档产品线时，一般都采用这种策略。即可避免低档产品对高档产品声誉的影响，也便于为新产品寻求新的品牌。如德国大众有 VW、Audi、SKODA 等多个品牌的轿车。

（3）企业名称与个别品牌并用的策略。在每个品牌名称之前，全部冠以企业的名称，以企业的名称表明产品的出处，以品牌的名称表明产品的特点。这种策略的好处是，既可利用企业名誉推出新产品，节省广告宣传费用，又可使品牌保持自己相对的独立性。世界上大型汽车企业无不使用这一策略，如通用汽车公司生产的各种轿车分别使用凯迪拉克、雪佛兰、庞蒂克等品牌，而每个品牌前都另加“GM”字样，以表明是通用汽车公司的产品。

7.2.5 汽车商标策略

1. 商标的概念和作用

商标是代表产品质量的标记，也就是刻印在一种产品或产品包装上的图案、图案形文字或某种符号、象征。它是受法律保障的品牌或品牌的一部分。

商标和品牌的主要区别在于品牌既是产品的牌子，又是企业的牌子。而商标虽然也代表产品和企业，但它的主要功能是作为产品的标志，反映产品的品质。品牌必须图案化设计成商标，经工商行政管理部门注册后，才享有专用权益，受法律保护，这时品牌才转化为商标。商标有以下作用。

（1）保证产品的质量。我国商标法规定：注册商标要报送质量标准，凡不按注册产品质量要求生产产品、粗制滥造的，可由商标部门撤销其商标，并对其处以罚款。通过商标管理，可以起到保证产品质量的作用。消费者认牌购货和各种商标之间的竞争，也促使生产者重视商标信誉，关心产品质量，从而促使全社会产品质量不断提高。

（2）促进产品销售。商标作为一种代表产品质量和企业信誉的标记，有助于广告定位；有助于产品的市场宣传；有助于吸引消费者认牌购货。商标是促进产品销售的工具，从一定意义上说，商标是企业市场营销的生命线。

（3）维护产品特色。注册商标受法律保护，具有排他性，可保护产品特色，防止别人假冒。企业一旦拥有注册商标，便可以专注某种特色产品的生产和经营，并使这种特色不断深化和增强。

（4）推动产品成名。名牌产品不是由企业自封的，只能由顾客公认。商标的使用可以增强企业对产品质量的责任感，也可以增强企业树立名牌产品的荣誉感，促使企业兢兢业业、始终如一地保证产品具有商标所代表的质量水平和特色，争取消费者称誉，使产品成名。

2．汽车商标的特殊作用

（1）传播汽车信息。研究表明，消费者总是以汽车商标词汇的发音和图像的意义来区分汽车的。由于消费者读出文字商标比用语言表达某种汽车要容易得多，所以世界上近30%的汽车商标是文字商标。同时消费者总是将这类文字商标看作汽车商品的“名字”，并加以传播。但是在汽车生产者看来，汽车商标是具有自己独特意义的符号语言，其内涵比汽车名字复杂得多。所以汽车企业常常通过各种传播媒介宣传其商标及其意义，力图让消费者在记住商标的同时能够联想到企业的“宣言”或“保证”。

（2）识别记忆汽车品牌。消费者比较容易记住相对简单的商标。所以商标本身的可识别性具有特别重要的意义，汽车商标所表现的各种客体在形象上都有广泛的知名度，影响着人们对标有该商标的汽车的兴趣和购买欲望。这就是为什么在世界汽车史上，有那么多汽车商标上都出现了诸如雄狮、雄鹰、皇冠、金盾、金星、飞马等众所周知的象征物的原因。从传播学的角度上讲，汽车商标在发挥帮助理解差别甚至创造差别的过程中，必须借助其他手段，如外部造型、颜色、气缸排量、动力性、安全性、舒适性以及生产者等。但如果不借助于汽车商标，消费者简直难以认出甚至不可能分辨出最普通的汽车，甚至汽车专业人士中也没有人能够完全分辨出所有不同的汽车。

（3）刺激购买欲望。汽车企业或产品的商标能够通过一定的形象借喻，向消费者传达直接或间接的汽车商品信息以刺激购买。所以，著名汽车企业总是努力试图寻找出能够准确反映企业思想和汽车商品属性的词汇或图案形象，以使这些词汇或形象能在消费者的脑海中产生企业所希望的关于特定汽车的印象；同时尽可能使词汇或形象所代表的属性与消费者所期望的产品属性一致，防止产生歪曲理解而不利于产品销售，这对于不同语言之间的翻译也适用。研究表明，汽车商标对刺激购买欲望的影响，一般说来总是积极的。

（4）指明汽车门第。一般情况而言，汽车商标不一定要表明出处或产地，但是事实证明，目前世界上知名的汽车商标总是不可避免地要带有某个特定的文化背景，所以，消费者常常认为，汽车商标与其所代表的汽车生产于相同的文化背景。在许多情况下，知名人士、汽车企业创始人的名字或姓氏等也常用来做商标，如林肯、福特、凯迪拉克、劳斯莱斯等，这类商标也能指明商品的出处。

3．世界汽车商标的策略

（1）美国汽车商标的个性化策略。美国人在自己的汽车名称中赋予他们所喜欢的专有名词或形容词词汇；如金牛座、土星、野马，这说明在美国，人与汽车的关系带有明显的个性特征，商标变成了另一类型的汽车名称。有时为了适应广告需要，美国汽车商标的名称是很长的词的组合，这种广告旨在让人相信，汽车会“喜欢”自己的驾驶者并“信赖”他（她）；美国汽车的名称同样有“使邻居震惊”的使命，因为美国有的消费者就要求这样，这些名称要么借助于标志缩写来实现，要么借助于一系列标志去实现，如 Prowler（漂游者）；有时，名称伴随着数字组合，或使用古老的名称。在美国，汽车商标中有约 60%是英语词汇，对汽车企业而言，它们也愿意使用外来词汇，前提是这些词汇能够给消费者形成印象并创造汽车理想形象。例如，在中国，“Transit”采用了“全顺”这样的半翻译名称，因为这在中国代表顺利。在美国汽车商标中，提供产品直接信息的比例是世界上最高的，这是美国汽车工业的又一特点，虽然有粉饰之嫌，但总的说它们能够以简单而适宜的形式向消费者提供必要的信息：汽车所有者要求的速度（如野马、火箭）和所有者的社会地位（凯迪拉克）；还有一些需要是属于美国年轻人的，如“海盗”、“眼镜蛇”等；另外，虽然有福特这样的公司创造者的名称商标，但以公司创造者的名字命名在美国基本不符合大众的普遍心理，所以很少使用。

（2）德国汽车商标的现代化策略。德国人历来崇尚质量和精益求精，把汽车生产当作一门艺术来对待。所以，德国的一些汽车公司，如梅塞德斯-奔驰、宝马，为自己的汽车型号没有使用词汇，而是仅使用了数字的组合。因为在德国，普通消费者对数字名称或标志基本满意，他们认为这种标志比词汇意义的商标要好。从传播理论角度看，数字和字母方式的汽车商标，当然强调的是纯粹的技术质量，但是他们对还未购买汽车的潜在消费者没有什么说服方面的意义。德国传统的汽车商标有 24%提供了产品的直接信息；15%的汽车商标包含了某些汽车形象与普遍了解的事物形象，它们多数是军衔和公民爵位封号的名称；不包含任何产品信息的汽车商标占 61%以上，它们之中以企业创立者命名的居多，还有一些专有名词、地理名词等。近年来，德国汽车工业也开始出现了使用关于速度、安全、舒适等与现代观念相协调的文字商标，主要是为了适应品牌世界化的需要。

（3）法国汽车商标的民族化策略。传统上，汽车在法国是这样一种东西：它们不仅是所有者个性意义的代表，还是强化民族自豪感和生产者国家尊严的象征。所以，法国汽车工业在 20 世纪 80 年代以前，总是试图在自己的产品市场营销中，在广告、商标上反映这种民族情感。但是在过去的 10 年里，也存在着拒绝浪漫色彩的文字商标的倾向，法国的汽车商标系列有从浪漫词汇向以字母数字组合构成这种较为技术性的体系过渡的明显趋势。然而当法国汽车工业面对 21 世纪挑战的时候，其汽车商标有向文字商标转移的回潮，但不是返回到反映民族自豪感的老样式，而是返回到从心理上最大限度地对未来使用者的想象力起积极作用上来。有资料表明，在法国，对于最普通的汽车，消费者喜欢最平淡无奇的字母、数字组合商标，这种商标给消费者留下的想象空间小，不需要汽车所有者显示知识和身份；而对于高档汽车，消费者倾向于选择词汇和图像商标，以显示民族自豪和所有者的身份地位。

7.3 汽车产品寿命周期理论与策略

汽车产品在市场上的存在，一般都有一定的时限，客观上存在着寿命周期。汽车企业要正确制订和实施营销策略，提高经济效益，就必须研究汽车产品寿命周期理论。

7.3.1 汽车产品寿命周期的概念

汽车产品寿命周期，是指从汽车产品试制成功投入市场开始到被市场淘汰为止所经历的全部时间过程。它不同于汽车产品的使用寿命，其长短受汽车消费者需求变化、汽车产品更新换代速度等多种市场因素所影响，是汽车产品的市场寿命。汽车产品的使用寿命是指汽车产品投入使用到损坏报废所经历的时间，受汽车产品的自然属性和使用频率等因素所影响。汽车产品从进入市场到被淘汰出市场，便经历了一个寿命周期，一般来说分为 4 个阶段，即导入期、成长期、成熟期和衰退期（图 7-1）。

汽车产品寿命周期的各个阶段在市场营销中所处的地位不同，具有不同的特点。

（1）导入期。是指汽车产品投入市场的初期阶段。在此阶段，汽车消费者对汽车新产品不够了解，所以销售量低，费用及成本高，利润低，有时甚至亏损。

（2）成长期。是指汽车产品经过试销，汽车消费者对汽车新产品有所了解，汽车产品销路打开，销售量迅速增长的阶段。

在此阶段，汽车产品已定型，开始大批量生产。分销途径已经疏通，成本降低，利润增长，同时，竞争者也开始加入。

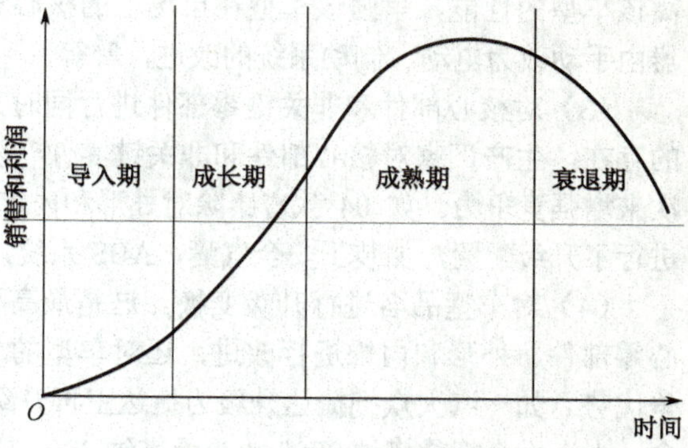

图 7-1　汽车产品寿命周期

（3）成熟期。是指汽车产品的市场销售量已达饱和状态的阶段。在这个阶段，销售量虽有增长，但增长速度减慢，开始呈下降趋势，竞争激烈，利润相对下降。

（4）衰退期。是指汽车产品已经陈旧老化被市场淘汰的阶段。在这个阶段，销售量下降很快，新产品已经出来，老产品淘汰，逐渐退出市场。

各种档次、各种类型的汽车产品寿命周期不同，每种汽车产品经历寿命周期各阶段的时间也不尽相同。有些汽车产品经过短暂的市场导入期，很快就达到成长、成熟阶段；而有些汽车产品的导入期经历了许多年，才逐步为广大汽车消费者所接受；而大多数企业的汽车产品寿命周期在几年之间。同时，并不是所有的汽车产品都要经过四个阶段，有的汽车产品一进入市场，尚属导入期即被淘汰，成为“短命”产品；也有些处于成长期的汽车产品，由于营销失策而未老先衰；还有的汽车产品一进入市场就达到成长阶段等。如亨利·福特设计的 T 型车，从投入市场到停产一共经历了 20 年的时间；而福特公司 1957 年 9 月推出埃泽尔车，1959 年 11 月就被迫停产，其寿命周期只有短短两年时间。但无论如何，任何产品都将或迟或早地“衰老”。

7.3.2　我国轿车车型升级换代的类型与作用

产品生命周期理论给我国轿车生产企业带来的启示是投放在市场中的任何车型的生命是有限的，唯一能延长该车型的寿命的方法是及时根据环境变化，对车型不断进行升级换代，方能久经考验，延年益寿。

1. 轿车车型升级换代的类型

轿车车型的升级换代是由于在市场上以前热销的车型受到了一定的冲击后，生产厂家根据产品生命周期理论来分析市场的变动状况，在继续保持和发扬原有品牌的影响力和口碑的基础上，对该车型的劣势进行改进，以此来恢复、维持和增强原有的竞争优势，达到延长该车型的生命周期的目的。我国轿车车型升级换代有以下几种类型。

（1）对车型的外形和内饰进行革新。这主要是生产厂家根据同档次竞争对手的情况，对轿车外观的变动和舒适配置的增加，如音响系统、车窗、天窗、座椅等这些不直接影响轿车关键性能的零部件的升级来满足消费者的需求，特别是满足那些价格敏感度相对较低、注重生活质量的消费者的需求，从而增加该车型在市场上的比较竞争优势。如北京吉普 4000 豪华版，在保持原有配置的基础上，增加了电动天窗、10 碟 CD 等十几项配置就属于该类型。

（2）对车型的核心零部件进行升级。这主要是汽车生产厂家根据消费者在使用过程中或在购车时对同档次的车型比较中，抱怨该车型的某种或几种核心零部件的不足，而进行的改进，来提高该车型的性能，争强该车型在市场上的核心竞争力。如发动机种类的更换、功率的调整、变速器由手动改为电动、制动系统的改进，等等。

（3）对核心部件和非关键零部件进行同时升级。这主要是由于在市场上一大批有实力竞争者的存在，生产厂家对核心部件和非关键零件一步到位的全面整容和升级改进，以此提高车型的档次来增强竞争力。如 04 款富康除对外形和内饰进行了时尚化的改进之外，还在制动和控制系统上进行了升级配置，加装了安全气囊、ABS 系统，全面提升安全保护。

（4）对车型品名进行升级变换。这是最高程度的升级换代形式。汽车厂家不仅对该车型的核心零部件、外形和内饰进行改进，还对车型的名称和品牌都进行升级换代来提高该车型的综合竞争优势。如一汽大众把捷达升级为捷达王再升级为新捷达王，东风雪铁龙把富康 988 升级为爱丽舍，上海大众把桑塔纳 2000 改为桑塔纳 3000 超越者等就是属于这类。

2．轿车车型升级换代的作用

相对于新车上市，产品升级换代有自己独特的作用。

（1）产品升级换代是任何车型的必经之路。一款车型在开发投产时，属于先进行列。但随着技术的快速发展，该车很快就被其他生产厂家研发设计的新车型超赶。因此只有紧跟技术进步，利用最先进的技术不断地对此进行升级换代，才能避免落伍。而且开发出来的新车型，也只有在使用过程中，才能发现它的不足，才能谈得上改进和性能优化。世界上许多经典车型都是在不断改进中，一款车型出现第 5 代、第 6 代甚至更多代也是非常平常的事情。

（2）提高车型的竞争能力。在市场上，车型的增多，使日益成熟的消费者越来越懂得轿车产品的性价比理念，在购车中把更多的目光聚焦在性价比较高的车型上。精明的生产厂家从单纯的降价或营销手段以及主办优惠活动中发现，这并不能从根本上吸引消费者的眼球，消费者也从生产厂家的这些活动中，感觉到他们所需要的最主要的东西被忽略了。于是，生产厂家根据市场的变化选择升级换代来提高车型的性价比，增强自己的竞争实力。

（3）避免跌入无休止的降价泥沼。2004 年车市流行的“04 款”车型是经过 2003 年激烈价格战后，汽车厂家的又一杀手锏，通过产品升级换代，增加配置不少，价格又保持不变，来避免直接降价的尴尬，以防跌入无休止的竞价泥沼中。如 2004 款宝来增加了超过 7000 元的配置，但价格依然保持不变；桑塔纳 3000 从外形上做了全新的变革，整个车身更大气，配置更豪华，还提高了空调的制冷率，其价格与桑塔纳 2000 型基本持平；04 款红旗名仕在保持价格不变的前提下做了 18 项技术改进。

（4）吸引老顾客的回头率。在国外，许多车主不是等到汽车快要报废了、或是挣到了更多的钱才去购买第 2 辆车，而更多的是所开的车型不时尚了、不喜欢了，就去购买。在我国宏观经济持续高速增长，居民收入保持增长的大好形势下，自然会有不少富裕的家庭加入到购买第 2 辆车的行列中来。升级换代的车型不仅会吸引到这些老顾客的光临，而且还会通过老顾客，吸引老顾客交际圈内的人来购买，顾客忠诚度在此发挥的作用会越来越大。

（5）制造新的营销卖点。2003 年乘用车市场的库存约为 12 万辆（经销商和厂家的库存总和），库存压力隐现，我国车市上汽车开始供过于求，由卖方市场向买方市场过渡。有专家预测，从 2004 年起，轿车产能过剩日趋激烈。这就需要生产厂家采取策略来寻找新的卖点，刺激消费者的购买欲望。而升级换代正是通过对老车型全新的品牌包装、重新定位、推陈出新来扩大市场的占有率。如在别克凯越宣扬“家庭+商务”、奇瑞 QQ 亮出 100%时尚制品时，一汽大众将捷达升级为捷达王后，在市场上创造出了可观的新增长点。

7.3.3 汽车产品寿命周期各阶段的营销策略

不同汽车产品在产品寿命周期的不同阶段各具不同的特点，汽车企业营销策略也应有所不同。运用汽车产品寿命周期理论主要有三个目的：一是使汽车产品尽快为汽车消费者所接受，缩短汽车产品的导入期；二是尽可能保持和延长汽车产品的成长阶段；三是尽可能使汽车产品以较慢的速度被淘汰。

1. 导入期的营销策略

这个阶段的主要特点是：汽车产品刚上市，消费者对汽车产品不了解，汽车销售量缓慢增长，市场上同类汽车产品竞争少，汽车产品的广告宣传花费大，汽车企业生产该种产品的能力未全部形成，生产批量小，成本大，利润小甚至无利。这个阶段风险最大，所以应尽快地结束这个阶段，让汽车消费者尽量地接受该种汽车产品。

在这个阶段，为了建立新汽车产品的知名度，企业需要大力促销，广泛宣传，引导和吸引潜在用户，争取打通分销渠道，并占领市场。营销策略要突出一个“准”字，即市场定位和营销组合要准确无误，符合企业和市场的客观实际。处于导入期的新汽车产品由于产量小、销售量小、成本高、生产技术还有待完善，加之必须支付高额促销费用，所以定价需要高些。

如果把价格与促销两个营销因素综合起来考虑，各设高低两档，则对处于导入期新汽车产品的营销策略有以下 4 种。

（1）高价格高促销策略（又称快取脂策略）。这一策略以高价和大量的促销支出推出新汽车产品，先声夺人，抢占市场，以期尽快收回投资、赚取利润。它的适用条件是：汽车产品确有特点，有吸引力，但知名度还不高；市场潜力很大，并且目标用户有较强的支付能力。如某些国外汽车公司在推出富有特色的中高级轿车时常采用这一策略。

（2）高价格低促销策略（又称慢取脂策略）。这一策略以高价和少量的促销支出推出新汽车产品，目的是以尽可能低的促销费用取得最大限度的收益，逐步捞回成本、赚取利润。这种策略的适用条件是：市场规模有限；汽车产品已有一定的知名度；目标用户愿支付高价；潜在的竞争并不紧迫。

（3）快速渗透策略。以低价和大量的促销支出推出新汽车产品，以最快的市场渗透迅速占领市场，然后再随着销量和产量的扩大，使汽车产品成本降低，取得规模效益。这种策略的适用条件是：市场规模很大，但用户对该汽车产品还不了解；多数购买者对价格十分敏感；潜在竞争的威胁严重；单位成本有可能随生产规模扩大和生产经验的积累而大幅度下降。如日本、韩国的汽车公司在刚进入北美市场时，便采用了此种营销策略。

（4）缓慢渗透策略。以低价和少量促销支出推出新汽车产品。低价可扩大销售，少量促销支出可降低营销成本，增加利润。这种策略的适用条件是：市场规模很大且消费者熟悉该汽车产品；市场对价格敏感。

以上 4 种营销策略企业应根据具体情况灵活运用。

2. 成长期营销策略

新汽车产品上市后如果适合市场的需要，即进入成长期。成长期的特征：一是汽车产品产量、销量激增。汽车产品基本定型，大批量生产能力形成，产量迅速增加。同时，产品被消费者所普遍地了解和接受，购买量幅度上升，甚至大于供给；二是成本下降，利润高升。由于批量生产，使生产成本下降，分销渠道畅通，使推销费用下降，同时销量大增，因而利润大幅度增长，给汽车企业创造了很好的盈利机会；三是竞争加剧。庞大的销量和丰厚的利润，迎来众多竞争者的相继进入市场，竞争渐趋激烈。

在此期间，营销策略的重点应放在一个“好”字上，即保持良好的汽车产品质量和服务质量，切忌因汽车产品销售形势好就急功近利，粗制滥造，片面追求产量和利润。企业为了促进市场的成长，应做好如下工作。

（1）努力提高汽车产品质量，增加新的功能、特色。

（2）积极开拓新的细分市场和增加新的分销渠道。

（3）广告宣传的重点，应从建立汽车产品知名度转向促进用户购买。

（4）在适当时间降低售价，吸引对价格敏感的用户，并抑制竞争。

上述市场扩张策略可以加强企业的竞争地位，但同时也会增加营销费用，使利润减少。因此，对于处于成长期的汽车产品，企业常常面临两难抉择：是提高市场占有率？还是增加当期利润量？如果企业希望取得市场主导地位，就必须放弃当期的最大利润，而期望下一阶段获得更大的收益。

3．成熟期营销策略

汽车产品进入成熟期的主要特征是“二大一长”，即生产量大、销售量大，但由于竞争激烈，销售增长率渐缓，市场趋于稳定，并持续较长时间。同时，随着竞争日益加剧，名牌逐渐形成。成熟期是汽车企业获得利润的黄金时期，这个阶段的营销策略，应突出一个“争”字，即争取稳定的市场份额，延长汽车产品的市场寿命。

企业对处于这个阶段的汽车产品不应满足于保持既得利益和地位，而要积极进取，进攻是最好的防御。成熟期可供选择的策略有 3 种。

（1）调整市场。寻找新的细分市场和营销机会，开拓新的目标市场。特别是要提高汽车产品的地区覆盖率，挖掘更多的用户。

（2）改进汽车产品。企业可通过改变汽车产品特性，吸引顾客，扩大销售。它又包括两种策略，一是提高汽车产品质量，主要是改善汽车产品性能。如提高汽车的动力性、经济性、操纵稳定性、舒适性、制动性和可靠性等，创名牌、保名牌。此种策略适合于企业的汽车产品质量有改善余地，而且多数买主期望提高质量的场合；二是增加汽车产品的功能，即提高汽车产品的使用功效。如提高轿车的观瞻性、舒适性、安全性和动力性等，都有利于增加汽车产品品种，扩大用户选择余地，使用户得到更多的效用。

（3）调整营销组合。企业可通过改变营销组合的一个或几个因素，来扩大汽车产品的销售。如开展多样化的促销活动，改变分销渠道，扩大附加利益和增加服务项目等。营销组合之所以必须不断调整，是因为它们很容易被竞争者效仿，以致使企业失去竞争优势。如上海汽车销售总公司为推进桑塔纳的销售，在 1999 年改变传统的分销渠道，设立地区分销中心，引进了特许经营的营销方式，以改进营销组合。

4．衰退期营销策略

衰退期产品的销量猛跌，价格下降，利润锐减，前途暗淡。已经形成的生产和经营能力，同市场销量急剧减少的矛盾十分突出。

汽车企业对处于衰退期的汽车产品，如仅仅采取维持策略，其代价常常是十分巨大的，不仅要损失大量利润，而且还有许多其他损失。例如，在经营管理上要花费很多精力和时间，影响企业的声誉并影响新汽车产品的开发，损害企业形象，削弱企业在未来市场上的竞争能力等。因此，对大多数企业来说，应该当机立断，弃旧图新，及时实现汽车产品的更新换代。在这个阶段，营销策略应突出一个“转”字，即有计划、有步骤地转产新汽车产品。

当决定放弃某种“超龄”汽车产品时，还要进一步做出以下决策：是彻底停产放弃？还是把该品牌出卖给其他企业？是快速舍弃？还是渐进式淘汰？需注意的是，汽车企业的老产品停产后，应继续安排好其配件供应，以保证在用老产品的使用需要。否则，企业形象仍会受到损害。

【案例 7.1】

布局中国　福特的产品品牌战略

2004 年 6 月，北京车展，占据国际展览中心 2 号馆和 3 号馆共计超过 5000 平方米强大阵容的福特展位，引起同行与消费者的高度关注。

福特的初衷是通过 2004 北京车展，将其最新的技术、强劲的卡车、最豪华的轿车，以及像嘉年华这样价适物美的产品呈现给我国市场，以期让越来越多的我国消费者了解、喜欢并购买福特的产品。福特手中的品牌足以覆盖我国汽车高中低三个市场，就目前已经在我国市场打开局面的沃尔沃、嘉年华、马自达、蒙迪欧以及全顺等产品来看，福特的“势力范围”正在不断巩固和扩张。

但是，回顾福特在中国市场的发展，却是路途曲折。

作为世界第二大汽车制造商、品牌价值达 301 亿美元的福特，早在 20 世纪 90 年代便积极在我国寻找合资合作方，但因文化、理念、体制等多种原因均告失败。待与长安成功合资，推出嘉年华亮相我国家用轿车市场时，已是 2003 年了，比通用、大众等慢了好几个节拍。福特意识到了差距，开始奋起直追，继福特嘉年华下线后，中档轿车蒙迪欧也紧随上市，接着运动型多功能车陆虎也进入我国市场，福特也顺应时势大刀阔斧地展开战略调整。

一、强化优势子品牌

通过对我国汽车市场的充分调研和对竞争对手的深入分析，2004 年 2 月长安福特隆重推出了 2004 款全新蒙迪欧轿车，同时宣布这两款配置的轿车价格分别为 20.98 万元和 22.98 万元时，全场爆发出经久不息的掌声。大家都为这一远远低于预期的震撼价惊喜不已，尤其是长安福特的近百家经销商。2004 款蒙迪欧一上市就供不应求，需要排队半年才能提到车，在短短的两个月里就销售了上万辆，为福特力挽市场狂澜。

我国汽车市场已经进入买方市场，除了汽车的质量、性能，最重要的就是品牌竞争。品牌是企业综合实力的体现，反映了产品质量、技术、信誉和售后服务，是一个产业价值链中最高端和最核心的部分，而福特已做好了“以优势子品牌带动全线产品”的战术准备。另外，随着沃尔沃和马自达等开始被越来越多的国人认识，福特品牌旗下产品的良好口碑也已经渐入人心，特别是沃尔沃，今天在我国高端轿车品牌中，沃尔沃的销售量仅次于奔驰和宝马。

福特深知，若想在我国市场迅速打开局面，单纯凭借嘉年华、蒙迪欧等新产品或是“价格手段”是不够的，必须整合旗下品牌资源。由于沃尔沃品牌在我国的名气和高档形象，如今沃尔沃与福特的宣传联系已经变得更紧密、更频繁了，同时其他优势子品牌如林肯、陆虎的引进工作也已展开。

二、锁定中高端家用轿车市场

以“优势子品牌”发起市场攻势，已经为福特的我国市场重新定位埋下了伏笔。从 2003 年开始，捷豹、陆虎开始全面进军我国市场。尽管沃尔沃在欧洲、北美并不是主流，但在我国由于对安全性能推广的到位，沃尔沃成为豪华轿车中安全的代名词，已经为福特取得了在我国高端市场的话语权。

对于中高端消费群，福特主要锁定 35 岁上下、政府机构领导以及大企业的高级主管等，如推出不久的蒙迪欧 2.5V6 正是针对这群人，这些人目前的事业尚未达到高峰，在追求更高的成长。

三、销售渠道的“分治”与“统合”

北京车展期间，福特中国明确表示要整合福特、马自达、沃尔沃等品牌，实现子品牌中国战略的协同发展，福特已全面介入国内子品牌和合资公司的销售等重要环节。

首先，沃尔沃、美洲豹、阿斯顿•马丁、陆虎等福特高档车品牌借用沃尔沃的销售网络，并且逐步扩大沃尔沃的网络覆盖面。沃尔沃汽车公司自 1994 年进入我国市场以来一直积极拓展业务，公司的销售网络如今已遍布全国，并已建立 4 家经销商、38 家 1S、2S 和 3S 销售中心，这是沃尔沃在中国的优势。

福特的高端销售网络并未像其他多数品牌一样克隆通用的“联合品牌展厅”销售模式，而是为沃尔沃、美洲豹等设立相对独立的展厅，保证并体现各个优势子品牌的特色，强化其豪华车品牌的“纯正血统”。对于中档品牌或“平势”品牌的销售网络，福特讲究“连横”策略。福特如今正通过已经控股的日本马自达牵线与一汽合作，将福特、马自达、一汽三者的资源优势联接在一起。一旦实现与一汽的全面合作，福特在销售网络的整合上将迈出重大的一步。

四、新品牌战略

1．品牌特权

品牌特权指的是明显违反了通常的市场逻辑的忠诚度。

现在的消费者对品牌的了解，因为互联网提供的大量信息而比过去更多，消费者对于喜爱的品牌已不仅只要求质量，更在乎维护品牌所表现的个性、身份和文化等。嘉年华正式下线后，有消费者和媒体对照车型，质疑长安福特的新车就是印度福特生产的“爱康（Ikon）”轿车，并刊登了“爱康”的照片。以后，关于这款车具有“印度血统”的声音一直不断，加上定价偏高，消费者在网络上发来一致的指责，但尽管嘉年华的销量因此受到影响，这些消费者却并未离福特而去。

“印度血统”之争帮助福特印证了在消费者中的“品牌特权”，这反过来更促进了福特的品牌攻势。如福特借成立100周年之机在各大城市开展的大规模福特文化周活动，以“传承百年品牌，引领现代时尚”为主题进行车辆展示和品牌宣传，以体现嘉年华纯正的福特血统。又如福特和雀巢公司联合在互联网上展开的“猜猜嘉年华能装下多少快乐”的主题竞猜活动，让广大消费者竞猜一辆嘉年华轿车能装下多少盒雀巢巧克力，以展示嘉年华巨大的乘用空间。

2．品牌崇拜

品牌崇拜建立在品牌特权的基础上，是指忠实如信徒般的消费群，有意区别其他品牌的消费群，而针对所热爱品牌自我设立的一套规定明确、实施严格的价值体系制约。如向其他消费者推介品牌、建立品牌爱好者网站、参加品牌举办的各种活动等。

在福特看来，中国消费者的品牌忠诚度尚未形成，因此在推动品牌崇拜上的努力极有可能为自己确立声望，并不断吸引一代代的中国消费者。为了给中国消费者创造这样一个品牌崇拜的机会，亲身体验“福特品牌驾驶快感”，福特品牌的经销商在全国范围内开展了“品味百年、共享生活”的活动。在这一个月期间，经销商在展厅里树立“福特百年墙”，组织大型免费的试乘试驾活动，借此与消费者共同分享福特汽车的百年文化，同时体验福特的全新产品——嘉年华和蒙迪欧带来的驾驶乐趣和生活享受，并赠送福特百年的全球限量礼品。

3．品牌进化

品牌特权和品牌崇拜这样的互动，显示了品牌进化的方向并不完全由品牌自身控制，消费群可以按照自己的想法操作、使用和帮助改变这些品牌。福特深谙此道，并善于利用大规模的个性化方式以及产品创新等手段，将顾客与品牌紧密联系在一起，比如独特的色彩组合和个性化信息等。

最近几年，所有汽车制造商均对各自的设计理念进行了大刀阔斧的改进，其中，福特的首席设计师梅斯对福特汽车在未来10年新形象的设计可谓最为彻底，在有时令人费解的设计语言背后，我们能发现一种明显的策略，那就是设法让福特汽车在消费者中勾起一种情感回应，这与时装业和零售业借设计来吸引顾客是一样的。福特已经意识到，未来的主流车型看起来将比现在年轻、新潮许多，福特不能满足于现状，必须更加大胆地进行创新。

4．品牌独立

目前中国市场汽车品牌文化形成的速度远远落后于汽车销量增长的现实，对福特培养并树立在中国市场的品牌文化是一个契机。福特除了在中国持续完善产品和服务、培训本地人才、协助本地商业合作伙伴发展、严格履行政府和有关机构的管理规定外，还积极参与环保等公益事业，并向社会做出承诺，将持续参与各项社会事业，为创造更美好的未来做出自己的贡献。已连续四年举办的“福特汽车环保奖”，旨在发现和表彰环保领域的无名英雄，支持投身环保事业的各界人士，唤起全社会的环境保护意识，扩大环保举措的影响，持续为中国环境保护事业奉献力量。“福特汽车环保奖”是世界上规模最大的环保奖评比活动之一，在 2000 年首次进入中国之后，目前已成为规模最大的由企业赞助的环保奖评比活动，这无疑为福特在中国市场的形象抹上了浓浓的一道色彩。

【案例 7.2】

斯柯达将通过产品提升品牌认知度

随着具有西班牙风情的西雅特品牌的入华，斯柯达这个更早进入我国市场的汽车品牌却依然品牌“贫乏”。与认知度相反，斯柯达在华销量已经跃居全球第一，过去一年在华销量突破 22 万辆。为了让斯柯达能继续在我国市场高速发展，斯柯达正在努力地进行品牌“脱困”。近日，斯柯达高层介绍，斯柯达将通过产品引进、市场推广和经销商扩张等手段共同推高斯柯达品牌认知度。

重塑波西米亚风格

斯柯达是世界上 4 个最悠久的延续百年的汽车品牌之一，在过去 100 多年的发展历程中，虽然斯柯达的品牌标识也经历了 5 次变迁，但其品牌带羽毛的箭头核心元素一直伴随着波西米亚的典雅设计风格没有改变。然而，进入我国 6 年多以来，由于斯柯达在华的生产和销售隶属于上海大众，精于卖车而疏于品牌等基础管理，导致我国很多消费者不清楚斯柯达定位。“在知名度方面我们还有很长的一段路要走。”斯柯达全球销售和市场董事 Jurgen Stackmann 坦言，斯柯达在中国还很年轻，还需要时间来发挥品牌力量。

随着斯柯达汽车董事长范安德“2018 增长战略”的发布，和斯柯达汽车换标的深入，留给斯柯达中国的压力已经加大。为了不给中国战略和销量拖后腿，斯柯达决定加快步伐进行品牌重塑，“2012 年的主要工作是品牌推广，让斯柯达进入一个新层次。”新任斯柯达中国总裁马克思介绍，目前斯柯达是性价比较高的家庭用车。

产品攻略和网络拓展双管齐下

范安德介绍，到 2018 年斯柯达全球年销售目标是 150 万辆，其中俄罗斯、印度和中国等市场将是重点扩张区域，我国市场又是重中之重，届时年销售目标为 50 万辆。为了保证实现上述销量目标，上海大众当年已经在浙江开工建设一家年产 30 万辆的工厂，作为斯柯达未来的国产新基地。范安德和马克思介绍，从下一年度开始，斯柯达将在我国发动“产品攻势”。斯柯达下一年度将向我国市场投放紧凑型 SUV-Yeti 和新紧凑型轿车。

未来车型会有更多中国元素

新京报：“斯柯达在中国的品牌发展有哪些计划？”

马克思：“斯柯达汽车在中国的总销量超过 60 万辆后，我们的品牌就进入了发展的第二个阶段，在这个阶段会更注重品牌的传播和推广。其中包括斯柯达的文化、历史和传承。我们未来的目标之一就是进一步加强对品牌的传播。”

新京报：“会采取哪些措施提高品牌形象？”

马克思：“在未来的时间里我们会继续和上海大众合作，同时与斯柯达汽车总部共同努力，来加强我们的品牌推广。今年斯柯达在中国将举行在华投产 5 周年庆祝活动，同时开展节油挑战赛类似的活动。”

新京报：“正在研发的那款比 Yeti 更大的紧凑型 SUV，说会更多地考虑中国和俄罗斯的市场特征，并融入中国元素，这是种趋势吗？”

马克思：“最初我们已经提到了我们非常关心中国消费者的喜好，所以我们会把他们的需求考虑进未来的设计中。在未来的车型中，我们会加入更多中国的独特元素，Yeti 也会根据中国的市场来进行调整。”

【案例 7.3】

丰田召回对日系车消费信心的影响

始于 2009 年，影响多个市场，丰田汽车的召回事件可谓是岁末年初汽车市场谈论最多的话题之一，这不免给丰田这一世界最大车商的光环布上些许阴霾，但 TNS 汽车研究日前对中国内地 500 名车主和潜在车主的调查发现，中国消费者并没有“谈虎色变”，大多数车迷并未放弃丰田这一品牌。

研究发现，尽管此次召回在中国大陆范围有限，仍有大多数中国汽车消费者（74%）已察觉到丰田目前的困境。近三分之二（62%）的被访者承认，他们对日系车商的信心因此受到影响，而 64%的被访者认为当前的召回事件降低了丰田品牌在他们心目中的形象。然而此番召回对丰田车主的影响看起来不是那么严重——同类品牌的车主中有将近 1/4 的人认为召回会严重影响他们对丰田品牌的认知度（27%）和信任度（25%），但丰田的车主中却仅有 15%的人抱有同感。“丰田在中国，是紧居豪华汽车品牌之后，品牌承诺度最高的品牌之一”，总部位于上海的 TNS 汽车研究北亚总监包亦农（Klaus Paur）先生说，“这也是为什么作为某种程度上的受害者，丰田车主却能坚定不移支持这个品牌的原因”。

当被问到此次召回事件对于丰田的不利影响要延续多长时间时，丰田车主也比同类其他品牌的车主更为乐观。接近三成丰田车主（29%）认为此次事件的影响只会维持 3 个月左右，大部分其他品牌的车主却不这样想。三分之一的同类品牌车主假设此番影响将长达两年或更久，但所有丰田车主都相信，目前的召回风波将在一年后销声匿迹。

此次问卷还显示，那些潜在购车者比现任车主更坚信此次召回事件仅仅是短期性影响，其比例分别为 21%和 9%。丰田召回事件在中国大陆地区的影响如图 7-2 所示。

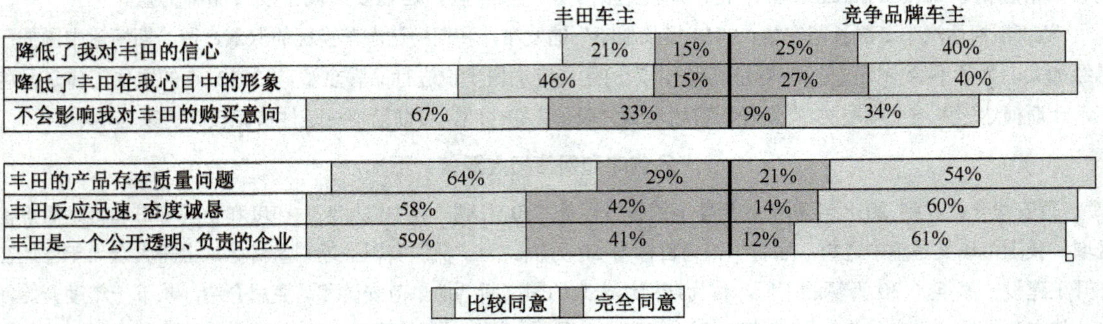

图 7-2　丰田召回事件在中国大陆地区的影响

针对此次召回背后掩藏着的产品质量问题，大多数汽车消费者（76%）认为大规模召回恰恰证明了丰田汽车在此次召回中反应迅速，态度诚恳，是一个负责的企业。“这让我们认为，对最近所出现的问题，丰田的做法是正确的。”包亦农总结道，“这是赢回消费者信心、并重新树立优质车企形象的正确方式，但前提是这一系列有害问题最终是否能够得到妥善解决。”

背景资料：丰田召回事件回顾

2005 年，丰田在美国即有一次大规模召回，当时丰田由于转向器问题，召回了 90 万辆问题车辆。

因质量缺陷，从 2007 年到 2009 年上半年，丰田多次出现较大规模召回事件，召回地包括日本、美国、中国等，召回数达到几百万辆。

2009 年 10 月份，丰田在美国市场召回 380 万辆当地销售汽车，这是公司史上在美国召回汽车规模最大的一次，原因在于汽车内的可移动地板垫可能导致加速器卡住，从而引发事故。

2010 年 1 月 21 日，因油门踏板存在质量问题，丰田在美国召回了包括凯美瑞、卡罗拉等 8 款车型共计 230 万辆车；1 月 28 日，丰田再次宣布，因导致车辆自动加速的“脚垫门”事件，丰田在北美追加召回 109 万辆汽车，共计涉及 5 款车型。据了解，这些汽车的脚垫会卡住油门的踏板，导致汽车突然加速，引发危险。与此同时，丰田汽车宣布，召回在我国市场生产的 7.5 万辆 RAV4 车型。1 月 29 日，丰田汽车公司宣布，在欧洲又召回了 180 万辆油门踏板存在隐患的车辆。至此，丰田此次大规模全球召回汽车总数已经超过了800万辆，超过了2009年781万辆的丰田全球总销量。

2010年2月下旬，丰田汽车因油管存在漏油风险而再陷“油管门”。丰田公司3月1日表示，公司将为在美国市场销售的共计约93.4万辆车免费更换一条输油软管。

2010年2月下旬，丰田汽车丰田章男社长迫于美国国会强大的压力，出席美国国会的丰田汽车质量听证会。3月1日，丰田章男在我国举行媒体说明会，向中国消费者道歉。

【案例7.4】

大众遭遇滑铁卢

在2013年的央视3.15晚会上，大众汽车被曝DSG变速器存在问题，安全性无保障。众多车主苦不堪言的用车经历不免让人感到揪心。3月16日，大众汽车集团（中国）、一汽大众和上海大众联合发表声明称，将实施主动召回以解决DSG问题。

至今，很多人才知道，一直以严谨工艺著称的德国品牌，一向标榜“技术领先”并在近几年在华销量不断增长的大众汽车，由于将DSG双离合变速箱装配在多款车型上，因问题频发而遭到车主的投诉。

如果说大众汽车在中国市场上一直处于雄赳赳地大举挺进时期的话，那么伴随着故障问题的曝光，似乎宣告了它辉煌时期的结束。毋庸置疑，大众汽车正遭遇着前所未有的滑铁卢。

失信DSG

就在上一年，大众汽车全球销量已经超越丰田，成为仅次于通用的第二大汽车制造商。然而就在距离销量“世界第一”仅有咫尺之遥的时候，却折戟于DSG这项大众汽车一直引以为傲的技术上。

有数据显示，在国产外资品牌销量前十企业中，排名榜首的大众2013年1—2月累计销量为50.48万辆，同比增长35.8%。旗下车型中，朗逸和速腾贡献最大，前两月分别实现120%和169%的迅猛增长，全新POLO和迈腾也均实现90%以上的增长。很显然，在日系车寻求逆转态势的大环境下，大众汽车“获益”颇多。

正忙于在中国汽车消费市场内“攻城略地”、大肆扩张的大众，无论如何没有料想到央视3.15晚会给它沉重一击。晚会曝光大众汽车存在行驶过程中动力消失等质量问题，涉及的车型包括一汽大众旗下的新宝来、高尔夫、速腾、迈腾等，以及上海大众的朗逸、新途安、新帕萨特、斯柯达明锐和昊锐等多个品牌。极具讽刺的是，出现问题的根源恰恰是被大众自诩最具“技术含量”、最“安全”的干式DSG变速箱。

在大众DSG问题被曝光后，记者便与大众汽车相关人员取得联系，但大多都不愿对此事做出表态。随即记者又连线全国乘联会副秘书长崔东树，他只是谈到DSG属于大众汽车的一个战略产品，如今属于技术研发过程中出现的安全故障问题，并未过多谈及问题。

据悉，国家质检总局执法司之前曾多次与大众汽车（中国）投资有限公司相关代表进行约谈，要求企业尽快采取切实有效的措施，解决DSG变速器故障问题。然而该事件持续发酵一年多也没有多少实质性进展。让消费者更不能接受的是，在没有根本解决DSG故障问题之余，大众汽车仍不断推出装备了七挡DSG变速器的车型。

蝴蝶效应

大众汽车一向以过硬的技术品质和优于竞争对手的车辆性能，以及不断用先进的汽车科技为车主带去愈发方便和实惠的服务，而被越来越多的消费者青睐。然而从DSG变速箱故障开始，大众汽车也逐渐被先进的技术所困扰，而频发的故障问题也势必重挫大众的品牌形象。

事实上，在此之前，在全球范围当中，大众品牌搭载了DSG变速器技术的汽车就出现了程度不同的一些问题。2009年8月，大众汽车在北美地区就已经展开了召回。

随着故障车辆的增多，2012年初，大众汽车发出公告，为配备DSG的车辆进行软件升级，但是车主很快发现软件升级之后故障依旧。随后，众多大众车主自发组织了多次维权活动。2012年4月11日，质检总局缺陷产品管理中心向社会公开大众汽车 DSG 相关故障信息。2012 年 5 月 23 日，大众汽车决定将在 2012 年 12 月 31 前生产的 DQ200（七速）和 DQ250（六速）的车辆保修期延长至 10 年或 16 万公里。

在中国大陆地区，仅仅搭载了 7 档 DSG 变速器技术的这些汽车就多达 50 万辆，面对如此庞大的一个群体，而针对故障车辆 DSG 后期的解决问题，大众中国无论是对变速器进行软件升级还是延长零部件的质保期限，都无法从根本上解决 DSG 存在的缺陷问题。迫于压力，大众汽车给出了最终的解决方案：于 4 月 2 日开始正式召回 38 万多辆故障问题汽车。按照中国汽车工业协会的统计数据，仅 2012 年上述问题车型的销量总和就超过 1023000 辆。虽然大众汽车在问题曝光后当即宣布召回问题车辆，可要真正解决上百万车主的用车安全问题，谈何容易？

此次大众召回在中国大陆范围的影响很大，有不少被访者认为召回事件降低了大众品牌在他们心目中的形象。随着此次大众召回事件影响的扩大，不禁让更多的消费者担心大众车型的安全问题，随之是否会导致大众品牌车型在中国市场销量的下滑等一系列疑虑都油然而生。

大众的未来

这次“召回门”成为大众有史以来涉及品牌最多、数量最大的集体性召回事件，这对于汽车消费者来说，毕竟是一件好事，能将爱车的安全隐患消于无形。

曾几何时，质优价廉的丰田汽车是“日本制造”的代表。但丰田 2009 年史无前例大规模的召回事件，引发了全球范围内消费者对丰田乃至整个日系车的信任危机。此次大众召回事件对于其品牌的影响又如何？

大众中国公关部高级经理刘红梅表示，大众召回事件对中国市场内的大众车型势必会有些许影响，但目前还未收到终端市场销售异动的反馈。对于召回事件是否影响到消费者对大众品牌的信心，她认为，大众品牌在中国经过多年的市场检验，已经得到了消费者的认可。因此不会因此次召回事件而动摇中国消费者对于大众品牌的信心。

从大众中国官方的声音看出，大众并不担心召回事件会影响到消费者对于其汽车品牌的信心。实际上，记者也从大众汽车 4S 店方面获悉，在召回事件发生后，有部分车主放弃选购过去热销的高尔夫等车型，转购未采用问题变速器的新款车型。而据全国乘联会发布的最新数据表明，3 月份汽车销量增幅超预期，日均销量达到 3.88 万台，同比增长 26%，环比增长 48%。其中，最值得注意的是，大众品牌在 3.15 晚会之后，终端销量并未受到明显影响。

在质检总局对大众执行强制召回后近几周内，大众汽车的终端销量表现平稳，没有明显波动。崔东树分析说，大众之所以并未受到 DSG 风波的影响主要在于其对产品结构的调整。随着 3 月份一汽大众新捷达上市，大众汽车已经完成了旗下产品在 A 级车市场的全面布局。从高端、中端到低端，大众汽车形成了完整的产品线，新朗逸、新宝来、新桑塔纳和新捷达具有同等价位市场中较强的竞争力，每一款产品都有每月 1 万台以上的销售潜力，而这些产品均未采用大众的干式 DSG 变速器。

很难说召回事件百害而无一利。危险背后是否潜藏着机遇，或许只有深陷其中的大众自知。

背景资料：大众 DSG 风波始末

2003 年，大众汽车开始在全球范围内推广 DSG 双离合自动变速器。DSG 双离合变速器分为干式双离合变速器和湿式双离合变速器两种。

2008 年大众开始了 DSG 推出后的连锁召回，首先是北美。北美公司 8 月 20 日宣布，将在北美地区召回大约 1.35 万辆汽车，主要原因是该批汽车的 DSG 双离合变速器存在严重问题。此次召回针对的是 6 速湿式双离合变速器。

此次召回引发国内车主维权。2009 年 9 月 18 日，一汽大众、大众进口汽车销售公司向国家质检总局递交了召回报告，决定从 10 月 7 日起，召回部分装备 6 速直接换挡变速箱（DSG）的 09 款国产迈腾，同时被召回的还包括搭载该型号变速箱的进口奥迪 TT、进口大众 EOS、CC、R36、R36Variant、GTI 轿车等多款车型，涉及车辆数量总计 2760 辆。问题继续发酵，2009 年 11 月大众德国再次发布消息，称将再次召回 1.7 万辆装备 DSG 变速器的车型。据称，涉及车型为产于 2008 年 9 月到 2009 年 8 月之间的大众高尔夫、尚酷、Eos、Jetta 和 Passat 车型，原因为大众 DSG 变速器管理设备存在问题，可能在极端情况下毁坏，造成更大的危险，所以进行召回。另外装备 2.0L TDI 的高尔夫、Golf Plus、高尔夫 GTI 以及 GTD 等还存在 DSG 变速器管理软件问题，也将同时进行修复。

"DSG 风波"在中国再次爆发，始于 2011 年，而问题出自 7 速干式双离合变速器。面对广大车主投诉，2012 年 3 月，大众汽车对外发布公告，启动对国内使用 7 速 DSG 变速器车辆的客户提供软件升级服务，并未启动召回。

2012 年 12 月 27 日，大众在台湾地区宣布召回部分 DSG 故障车型。而此前在中国大陆大众的处理方式则只是延长质保。2012 年 5 月 23 日，大众汽车决定延长 DSG 变速器的质量担保期，将在 2012 年 12 月 31 日之前生产的 DQ200（七速）和 DQ250（六速）DSG 变速器的质量担保期延长至 10 年或者 16 万公里。"双重标准"再次引发不满。

但是大众并未就此放弃 DSG 技术。2013 年 1 月 14 日，针对中国国内媒体报道的大众将会在中国放弃搭载干式 7 速 DSG 技术车型的说法，大众集团品牌开发董事、执行副总裁哈肯贝格在底特律表示，"大众 DSG 战略不会改变，目前大众正在准备下一代 DSG 技术，在车型扭矩、尺寸大小等方面都将有全新的升级和改变。"

2013 年央视 3.15 晚会上曝光了大众 DSG 存在安全隐患，也终于将长达三年的 DSG 风波摆在了全国舆论的面前。对此 3 月 15 日晚大众发表声明，称"大众汽车集团（中国）、大众汽车（中国）销售有限公司，上海大众和一汽大众非常重视 3 月 15 日中央电视台 3.15 晚会节目对 DSG 问题的报道。提升客户满意度一直是我们的首要任务。我们高度重视该报道，并将以最快速度联系消费者予以解决。"

2013 年 3 月 16 日，国家质检总局新闻发言人李元平表示已依法通知大众公司实施召回，大众公司如果不履行法定义务，质检总局将责令召回。随后，大众汽车集团(中国)、一汽大众和上海大众随后发布联合声明称，大众汽车将实施主动召回以解决 DSG 问题，有关召回具体细节将于近期公布。

分析与思考

1．何谓汽车产品整体概念？举例说明建立汽车产品整体概念的意义何在？

2．什么是汽车产品寿命周期？汽车产品寿命周期各阶段的特征和对策有哪些？

3．举例说明品牌、商标概念及其策略。

4．分析案例 7.1 中福特后期成功的经验。

课程实践

1．目标

掌握汽车新产品组合与品牌策略。

2．内容

将学生分成若干小组，各小组分别收集资料并进行市场调查，分析某汽车公司的产品组合（包括产品线、产品项目、产品广度、深度与产品组合的相关度），并分析其品牌的构成与品牌策略。

3．要点及注意事项

密切关注新车型的发布以保证收集到的资料完整、齐全，要及时处理相关材料和数据并注意比较、鉴别。

第 8 章 汽车价格营销策略

学习目标与要求

1. 了解汽车价格的构成及影响因素。
2. 了解汽车定价的程序与方法。
3. 掌握新产品定价策略、产品组合的定价策略。
4. 掌握心理定价策略、折扣定价策略、地区定价策略、价格调整策略。

汽车价格是汽车营销组合的重要因素，它影响汽车市场的需求，决定生产企业的利润，并与消费者的利益密切相关。汽车定价策略是汽车市场竞争的重要手段。在进行汽车的市场营销中，首先应正确运用定价策略，在兼顾自身利益和消费者利益的基础上，定出合理的产品价格。

8.1 汽车价格的构成与影响因素

8.1.1 汽车价格的构成

汽车价格的构成，是指组成汽车价格的各个要素及其在汽车价格中的组成情况。汽车价值决定汽车价格，汽车价格是汽车价值的货币表现。但在现实汽车市场营销中，由于受汽车市场供应因素的影响，汽车价格表现得异常活泼，价格时常同价值的运动表现不一致：有时价格高于价值，有时价格低于价值。在价格形态上的汽车价值转化为汽车价格构成有四个要素：生产成本、流通费用、国家税金和企业利润。

1. 生产成本

汽车生产成本是指在汽车生产领域生产一定数量汽车产品时所消耗的物资资料和劳动报酬的货币形态，是在汽车价值构成中的物化劳动价值和劳动者新创造的用以补偿劳动力价值的转化形态。它是汽车价值的重要组成部分，也是制定汽车价格的重要依据。

2. 流通费用

汽车流通费用是指汽车产品从汽车生产领域通过流通领域进入消费领域所耗用的物化劳动和活劳动的货币表现，它包括汽车生产企业为了推销产品而发生的销售费用和在汽车流通领域发生的商业流通费用，而后者则占了该费用的大部分。汽车流通费用是汽车价格的重要构成因素，它是发生在汽车从汽车生产企业向最终消费者移动过程各个环节之中的，并与汽车移动的时间、距离相关，因此它是正确制定同种汽车差价的基础。

3. 国家税金

国家税金是生产者为社会创造和占有的价值的表现形式，它是汽车价格的构成因素。国家通过法令规定汽车的税率，并进行征收。税率的高低直接影响汽车的价格，因而税率是国家调控汽车生产经营活动的重要经济手段。

4. 企业利润

汽车企业利润是汽车生产者和汽车经销者为社会创造和占有的价值的表现形态，是汽车价格的构成因素，是企业扩大再生产的重要资金来源。

从汽车市场营销角度来看，汽车价格的具体构成为：

汽车生产成本+汽车生产企业的利税=汽车出厂价格

汽车出厂价格+汽车批发流通费用+汽车批发企业的利税=汽车批发价格

汽车批发价格+汽车直销费用+汽车直销企业的利税=汽车直销价格

8.1.2 汽车价格的影响因素

企业的生存在于利润，产品定价过低便不能获得较多的利润，甚至无法收回成本。而定价过高，则消费者可能拒绝购买。因此要想达到企业的利润目标，必须在这高、低之间找出最佳的产品定价。影响汽车及其配件定价的决定因素，除了其自身价值以外还受许多其他因素的影响。其中包括定价目标、汽车及其配件的成本、汽车市场的供求关系、市场竞争情况、政策环境和社会心理等。

1. 定价目标

不同的汽车品牌，其针对的市场也不尽相同。所以企业在定价时，首先应确定定价目标。只有目标明确才能把握定价方向，从而制定相应的定价策略。一般企业定价的目标主要有以下几种。

（1）维持企业生存、迅速回收资金。有的企业由于种种原因，造成汽车产品的大量积压，使资金难以周转，债务重重，濒临破产。这样只有以维持生存，避免破产为目标。在这种情况下，定价应尽量压低，以能够迅速出清存货，收回资金，克服财务困难为准则。有时为了及时处理积压产品避免更大损失，或为了不致错过有利的市场机会，定价可能低于成本。但是，维持生存只能作为短期目标，从长远来看，企业还是要寻求发展，否则仍难免倒闭。例如，我国政府在 2001 年 9 月 1 日发布了全面禁售化油器车政策以后，许多汽车生产厂家纷纷大幅降价以拉开化油器车与电喷车的售价来达到消化库存的目的，以防止日后的积压。此时的定价目标只能以收回成本、避免破产为目的。在处理库存的同时，这些企业又都在开发着新的产品，以谋求长远的发展。虽然它们当时的定价目标都很无奈，但是这种短期目标的实现，使这些企业得以在汽车市场上立足，并得到了良好的发展。

（2）争取当期利润最大化。对生产企业来说，汽车价格有两个意义：市场空间和生存空间。一般情况下，商品价格越低，市场空间越大，低到成本以下，企业无法承受，就没有了生存空间。企业往往要寻找一个由较高的价格和较大的销量组成的最大的利润点，只要能有较大的销量，就尽量保持一个较高的价格。企业定价的目标有时就是要取得当期的最大利润，而不是着眼于未来的长期利润。在这时企业需要估计和比较不同价格时的市场需求量并结合成本一并考虑，然后选择可以得到当期最大利润、最大现今流量和最大投资收益的价格。从根本上看，企业保持较高价格的手段应该是创新、提高品牌价值、增加技术含量（加量不加价）、控制生产量（特别是名贵轿车）、垄断，等等。比如中国轿车市场在大打价格战的 2002—2003 年，有的汽车产品不仅没有降价，有时还需要加钱才能提前拿到货。

（3）争取最大限度的市场占有率。有些企业的目标是争取最大限度的市场占有率。因为他们相信，只要占有最大限度的市场份额，就能达到最低成本和取得长期的最大利润。为了达到这一目标，他们将价格尽可能降低。这种策略也就是以牺牲短期的利润为代价，获取长期的利益。例如日本的汽车跨国企业，利润只有 7%左右，远远低于我国汽车企业的平均利润。但他们却稳定地占有了欧美和亚洲许多国家的大部分市场，确保了企业的长期收益。

（4）确保产品的优质优价。有些企业的目标是以高质量的产品占领市场，这就应采取高价策略。因为只有高价才能补偿高质量所耗费的研究与开发费用和生产成本。例如，英国劳斯莱斯以其优质豪华而著名，有过显赫的成绩。但在 1981—1983 年间，它的汽车销售量大跌 35%，年产量随之下降，曾一度面临严重的财政困难。这时，企业所采取的营销手段不是降价，而是从改造本特利汽车入手，在标准型劳斯莱斯轿车的基础上，加上金属边线，使它显得更贴近地面，更有安稳感；同时增加了涡流推进引擎，使其具有在几秒钟内启动加速到 60 英里/小时的神速，塑造了一个更年轻、更有生命力的“劳斯莱斯”新形象。虽然改造后的本特利每辆高达 16.7 万美元，但其销售量却在稳步增长。

（5）应付竞争。我国加入 WTO 后，汽车市场的竞争日趋激烈。企业可以针对市场上有决定性影响的竞争者的价格，采取稍低的定价目标，以应付或避免与同类产品的销售竞争。企业采取定低价格的目的是为了在竞争中处于优势，扩大汽车产品的销售。但在制定这种目标时，必须认真考虑企业的财力、竞争趋势及市场情况。例如江铃公司在激烈的汽车市场角逐中，采取了应付竞争的价格手段，使全顺单车价格大降 2 万元。由于全顺的主要市场是公务车和商务车，它的价格和功能决定了它不能大规模进入低价轻型客车领域，市场在降价之后不能大规模拓展，因此市场增量有限。增加的销量难以补回丢掉的利润，这就说明此种应付竞争的价格手段不适应当前的市场情况。

2. 汽车产品的成本

产品的成本是定价的基础，是价格的最低限度，产品的价格高于成本，企业才能获得利润。汽车的成本中，包括新产品开发成本、工厂建设和维护成本、采购成本、管理成本、制造成本、营销成本、物流成本等。这些是价格构成中一项最基本、最主要的因素。产品价格必须能够补偿产品的全部实际支出，还要补偿企业为产品承担风险所付出的代价。

产品成本可分为两大类：一是固定成本。固定成本是指在一定限度内不随产量和销售量的增减而变化，具有相对不变性质的各项成本费用。如汽车生产设备的投资、折旧、房地租以及行政办公费等；二是变动成本。变动成本是指随着产量或销售量的增减而变化的各项费用。如原材料消耗、储运费用、计件工资等；还有一种成本叫做“半固定成本”，它是产品产销量增加到一定数值后，如继续扩大产销量则需要追加的固定资本。以上各种成本之和即为总成本。汽车企业只有降低成本才能在具有较强竞争力的价格下取得更大利润。

汽车成本是一个复杂的价值系统，它涉及规划、设计、工艺、制造、质量、采购、销售、财务、劳务等汽车制造的全过程和企业经营的各方面。因此应该把降低成本看成是企业经营的一个战略行为，而不应仅仅看作经营战术行为。下面阐述一下汽车成本系统中若干重要因素对汽车成本形成的影响。

（1）原材料对成本的影响。汽车生产所用原材料与成本之间成正比关系。原材料价格高，则汽车产品的成本高。反之，成本就会下降。对汽车产业影响较大的原材料主要是钢材、橡胶及塑料，其中以钢材为最多。钢材是汽车制造所需的主要原材料，且消耗量大，约占汽车重量的70%。2000年我国仅汽车用优质钢材需求量就达到295.9万吨。而这些原材料的价格在市场中波动较大，特别是自2000年以来市场价格不断攀升，使汽车企业承受着很大的成本压力。如神龙公司2001—2002年，所需钢材价格涨幅达35%，有些种类的汽车用优质钢材价格暴涨了70%。由于中国汽车厂家拥有着比跨国汽车公司高得多的利润，部分企业的平均利润率达到了30%，远远超过跨国公司7%左右的利润。所以本该有很大降价空间的汽车市场，却因原材料上涨而使得汽车成本提高，从而影响了价格的回落。

（2）生产规模对成本的影响。世界汽车业是规模经济十分突出的产业，也是技术密集型产业。市场的新进入者如果形成不了一定的生产规模，则必然其成本较高，这是对汽车企业发展具有关键影响的一个因素。同样因为其没有规模，也决定了它不能负担高额的技术开发费用。所以世界汽车业存在着规模壁垒、技术壁垒，特别是价格壁垒。随着中国汽车市场化程度的进一步加深和价格的进一步降低，这些壁垒将会越来越明显地体现出来。这三个壁垒尤以规模壁垒为基础，没有相当大的生产规模以降低成本，提高价格竞争力，汽车企业将难以生存。

生产规模对成本的影响，可从绝对成本额、单位产销量分摊的各种成本两方面分析。从绝对成本额看，各类成本与产销量的变化关系是：在一定产销量范围内，固定成本保持不变；半固定成本随产销量的增加而呈阶梯上升；可变成本随产销量的增加而线性增加。从单位产销量分摊的各种成本看，各类成本与产销量的变化关系是：固定成本随产销量的增加按倒函数规律不断趋于下降；半固定成本与固定成本有相同的规律，并呈阶梯状；可变成本保持不变。

由此可以看出：随着企业生产经营规模的扩大，单位产品所分摊的总成本（或固定性成本）不断降低，这就是规模效应（或称规模经济）。由于汽车工业是典型的可以大规模生产的产业，因而汽车工业的规模效应十分明显。从上述规律还可以看出，当产销量增加到一定数值后，单位产品成本的下降趋势明显减弱，曲线开始变得平缓，这说明规模效应减弱。此时，相应的产销量规模即为经济规模。如果在此基础上继续扩大规模，则企业的成本不但不会降低，反而有可能增加。

有资料对汽车生产线长期平均费用曾进行分析，就一种车型的生产批量与成本的关系而言：当年产量由1千辆增加到5万辆时，单位成本将下降40%；当年产量由5万辆增加到10万辆时，单位成本将下降15%；当年产量由10万辆增加到20万辆时，单位成本将下降10%；当年产量由20万辆增加到40万辆时，单位成本将下降5%；当年产量超过40万辆时，成本下降的幅度急剧减少；在达到年产100万辆的水平后，再加大批量，成本不再下降，反而上升。这说明此种车型的产销量在100万辆左右时，为经济规模。不同的汽车产品的品种和不同的生产技术条件，其经济规模也是不一致的。一般来说，市场容量大的汽车产品以及生产技术条件高时相应的经济规模也大。当企业的生产规模已经达到设计规模时，此时规模效应最高。如果企业希望继续提高产销量，则必须增加投资（如技术改造），扩大生产规模。这种半固定成本的投入，只有在更大的规模上，才会为企业带来更大的经济收益。企业必须对市场潜力予以研究，当在更大的规模上能够获取更多的利润时，才可决定追加投资，扩大生产规模，否则上述追加投资便得不偿失。这种随着规模的扩大，企业收益也更高的现象也叫做规模效益。上述设计规模和追加投资后生产规模大小的确定不是主观随意的，而必须经过市场调研，充分考虑市场容量、资金、技术进步等有关因素，科学地加以确定。

（3）品种对成本的影响。对于汽车产品的品种构型方案，应考虑其材料、制造、物流和间接费用方面的标准成本，还应预见到管理的系统成本。品种越多，其间接费用、材料处置、质量及保证的成本就越大。因此，单一品种的大量生产，对获得较低的汽车成本来说是非常理想的。但是为了能够在市场上具有较强的竞争力，汽车生产企业必须能够生产较多的品种。世界著名的汽车公司所生产的汽车品种都是繁多的。在一个产品系列中，由于一个品种的相关产品可以利用一个生产体系的设施，以及通用化或系列化的零件，相对两个不同系列的品种，其成本是低的。但一个系列的产品，如果品种过多，其间的相关性必然减少，需要的零件种类增加，而每一种零件的数量又较少，投资就会增加，形成不了较大规模，管理上也十分复杂，成本就要上升。波士顿顾问公司的分析发现，品种多样性产生了单个产品中5%—20%的总成本，而这一成本的1/3—1/2不是用于满足顾客需求的。以减少品种来更有效地参与竞争，提供为数有限的设计精良、款式诱人的产品，这些产品功能上清晰地成系列发展，并具有相应的价格点，提高零部件的通用性，精简流程，可大大提高劳动生产率。应该说任何一种车型只有在品种数目适当时，才能使产品成本降低。

为了在品种与成本之间搞好平衡，企业应该应用成组技术，把成组技术与现代管理方法和手段结合起来，对不同车型和品种的零部件作为基础，生产尽可能多的竞争能力较强的车型。国际上具有竞争力的汽车公司，都是采用了若干车身、发动机、变速器、制动系统等装配成成百上千个品种。

（4）产品质量对成本的影响。汽车产品的节能性、环保性、维修、机件事故等“质量成本”投入的多少，直接影响着消费者对某一品牌车的购买欲望。而汽车使用中“质量成本”的大小又取决于产品质量。汽车作为高速行驶的交通工具，其技术质量关系到驾驶员及其他人的安全，因此企业必须通过各种方法和措施，保证和提高产品质量。质量费用就是为保证和提高产品质量而支出的一切费用以及因未达到质量标准而产生的一切费用损失之和。它主要包括：外部故障成本，即无偿修理费用、退货和折价费用、用户损失赔偿费用；质量鉴定成本，即产品试验、质量检查费用；内部故障成本，即废品损失、修理费用；预防成本，即质量、工艺、管理保证和培训费用。这些费用涉及企业经营的各个方面，如设计、采购、制造、销售、服务等。降低质量费用是企业内部质量管理的一个重大课题，也是降低产品成本的一个方面。

（5）汽车产品寿命周期对成本的影响。汽车产品寿命周期中的四个阶段对汽车产品的成本有着不同的影响。为了保持汽车生产成本的稳定，要根据产品市场生命周期的特点采取措施，如在设计阶段预留改进的余地，在成长期和成熟期根据市场的需要进行产品的必要改进，以延长市场寿命。在战略上，要在开发一个新产品时，把产品生命周期设想得短一些，以尽量在产品市场较好的时期把投资收回。

3．企业的营销组合策略

汽车生产企业的营销组合中包括汽车产品的价格、产品组合、销售渠道、促销及售后服务等硬性手段组合或搭配。营销组合对汽车企业的销售水平至关重要。而其中的价格又是营销组合的重要因素之一。所以定价策略必须与汽车产品的整体设计、分销、促销及售后服务等策略相匹配，形成一个协调的营销组合。

我国汽车市场日趋成熟，很多企业借鉴国外汽车企业的经验，先针对目标市场制定价格策略，然后根据价格策略再制定其他营销组合因素策略。例如日本的本田公司针对发展中国家的出口，首先研究了市场所能接受的价格范围，然后在这个范围内设计一种档次适当的汽车。在这里，价格是产品市场定位的主要因素。其他营销组合因素的决策都要因定价策略而变化。例如，天津夏利轿车1999年以前出租用车的需求占夏利总销量的85%，而私人购车所占比例不足10%。随着经济的发展和市场条件的变化，经济发达地区城市出租车行业对经济型轿车的需求急剧萎缩，2002年出租车的需求下滑至总量的34%。在变化的市场面前，天津夏利调整战略，在改型产品的基础上，不降低售后服务标准，以其低廉的价格，赢得了家用轿车市场。2001年夏利轿车的私人购买率达到了55%。利用降低价格来培育市场或在买方市场条件下，更显定价策略居于营销组合策略的中心地位。然而定价策略是不能脱离其他营销组合因素而单独决定的。就像天津夏利，若在营销组合策略中，降低售后服务标准，则其尽管采用降价策略，也未必能赢得市场。

4．市场的供求关系

（1）供求关系。供求关系是指在一定时间内市场上的商品供给量与商品实际需求量的关系。一方面市场决定价格，供不应求时，商品的价格上升，而供大于求时，价格下降。另一方面价格对市场又有一定的刺激或抑制作用，价格越高，需求越低，反之需求就高。

（2）需求的价格弹性。需求的价格弹性是指产品的市场需求量随着价格变化而变化的程度，即价格变动对需求量变动的影响程度。需求的价格弹性是按下列公式计算的。

需求价格弹性系数（E）=需求量变动的百分比/价格变动的百分比

分析需求价格弹性时，通常看｜E｜的情况。｜E｜>1 时，富有弹性；｜E｜<1 时，缺乏弹性；｜E｜=1 时，不变弹性。假如产品提高价格 2%，需求量降低 10%，这样的需求价格弹性｜E｜=5，因其绝对值>1，我们就说这种需求是富有弹性的。如果价格提高 2%，需求量下降 2%，那么｜E｜=1，我们称为不变弹性。在这种情况下，不管价格怎样变化，销售者的总收入都一样。如果价格提高 2%，需求量下降 1%，则｜E｜=0.5<1，这种需求则缺乏弹性。需求弹性越小，销售者提高价格所获的收益就越多。

影响需求弹性的因素很多，就汽车产品而言主要有以下两个方面：一是产品的数量和竞争力的强弱。凡替代品或竞争产品少且竞争力不强的产品，需求弹性就小；反之，需求弹性就大。二是产品的质量和币值的影响。凡用户认为价格变动是产品质量变化或币值升降的必然结果时，需求弹性就小；反之，需求弹性就大。

汽车（这里主要指小汽车）是需求价格弹性较高的商品。据统计，美国汽车的需求价格弹性为 1.14。其中，轿车比商用车的需求弹性大，私人购买比集团购买的需求弹性大。如果产品的需求是富有弹性的，销售者应考虑降低其价格，因为较低的价格可能带来更多的总收入。只要生产和销售更多产品的额外费用不超过额外的收入，这种做法就是合理的。

5．竞争者的产品与价格

价格不但取决于市场需求和产品成本，而且还取决于市场的供给情况，即竞争者的情况。定价的高低，则要受竞争者同类产品价格的制约。在同类型的汽车产品中，质量近似时，用户总是选择价格较低的产品。因此，对竞争者的产品价格要调查研究，深入了解，做到知己知彼，才能使定价适当，在竞争中取胜。在分析价格因素的同时，还要注意非价格竞争的因素，因为在汽车产品的质量、价格近似时，用户更倾向于选择认知程度高的某一产品，而用户对产品的认知程度要靠产品的质量、特色及宣传等。例如，在我国被人们称为“黑马”的奇瑞轿车，其外观是中档次的车型，但面对竞争者的产品与价格，他们除了加大宣传，让消费者了解其产品的同时，把售价定在了中低档次价位，因而颇受消费者的欢迎，上市初期就赢得了较大的市场份额。

除了上述因素以外，汽车产品定价时还要考虑社会经济状况的影响，如通货膨胀、经济繁荣与衰退以及利率等经济因素。因为这些因素既会影响产品的成本，也会影响消费者对产品价格和价值的看法。其次，政策也是影响汽车产品价格的一个重要因素。例如禁售化油器轿车、地方政府对道路和车型的限行、进口配额与进口关税的变化等，都会对汽车的价格造成一定的影响。

8.2 汽车定价的程序与方法

8.2.1 汽车定价的程序

价格决策是企业营销的一项最复杂、最困难的决策，汽车企业要想确定出合理的价格，制定出有效的价格策略，必须遵循一套科学的、切实有效的定价程序。

定价程序大体如下。

1. 研究目标市场，确定定价目标

定价前，需要对目标市场进行以下研究：目标市场的需求状况；与汽车产品定价有关的内外部环境；汽车产品在目标市场中的定位情况。

2. 估计汽车产品的销售潜量

汽车产品销售潜量的估算，关系到新汽车产品市场开发和老汽车产品市场拓展的能力。估算方法如下。

（1）决定汽车产品预期的各种可能的销售价格，这种预期价格应既能为用户接受，又能为企业带来满意利润。预期销售价格的确定，除应认真征求用户的意见外，还应重视经验丰富的中间商的反映。初步预期价格确定后，应通过小批量的试销了解用户对这一价格的反映。

（2）估计不同价格下的供给量与销售量。要对不同价格下的供需量进行认真分析，计算各种售价的均衡点，确定汽车产品的需求曲线。此外，还要分析、确定汽车产品的需求弹性、供给弹性。企业可以通过市场调查、统计分析等手段达到上述目的，但要注意分清供给、需求的变动是否是由价格变动引起的。

3. 分析汽车产品成本

分析汽车产品成本，预测成本变化趋势。

4. 分析竞争对手

既要分析现实的竞争对手，又要分析潜在的竞争对手；既将竞争对手的汽车产品价格与本企业汽车产品的价格相比，又要将竞争对手的汽车产品质量、性能、服务水准与信誉与本企业进行对比。

5. 预测市场占有率

在估计了不同价格下的供需量及分析了竞争对手之后，企业就可以初步预期到在不同价格水平下，企业的汽车产品在市场上所能占到的市场份额。

6. 选择定价方法

企业在明确了自己的定价目标，并分析和研究了汽车产品的供求状况、汽车产品成本及竞争对手具体情况的基础上，就可以根据自己掌握的这些信息，选择定价方法。

7. 考虑与其他营销组合因素的配合

营销组合包括汽车产品策略、分销策略、促销策略。要考虑到汽车产品线、汽车产品品种、品牌商标等综合产品因素；要考虑到不同的分销渠道、不同的中间商的具体情况、具体要求；考虑促销费用对价格的影响，并尽可能地考虑到在具体的营销活动中可能出现的资金要求。

8. 确定汽车产品价格

适当调整汽车产品价格，在不同时期、不同的细分市场上，运用灵活的价格策略和技巧，对基础价格进行适当调整，并及时反馈与价格有关的市场信息，同时对企业的价格体系进行控制。

8.2.2 汽车定价的方法

汽车定价方法是指汽车企业为了在目标市场上实现定价目标，而给汽车产品制定一个基本价格或浮动范围的方法。影响汽车价格的因素很多，在实际操作中，往往侧重于影响因素中的一个或几个因素来选定汽车定价方法。由此产生了汽车成本导向定价法、汽车需求导向定价法和汽车竞争导向定价法这 3 种方法。

1．汽车成本导向定价法

企业定价时以汽车产品成本作为主要因素和依据。这类定价方法具体形式很多，这里介绍常见的三种方法。

（1）成本加成定价法。这种方法是按汽车产品单位成本加上一定比例的毛利订出销价。其计算公式为：

单位产品价格=单位产品总成本×（1+预期利润率）

其中，预期利润率也称加成率。

这种定价方法的优点是：第一，计算成本总比估计需求更有把握，企业根据成本定价简便易行。第二，如果同行业的企业都采用这种定价方法，各家的成本和加成比例接近，订出的价格相差不多，可能缓和同行业间的价格竞争。第三，根据成本加成，对于买卖双方更加公平合理，卖方不因买方需求殷切而提价，只是“将本求利”。但其不足是只从卖方角度考虑，而忽视市场需求弹性。因此，定价不符合消费者的心理需求，不利于促进销售，难以获得较高利润。

（2）目标利润定价法。这是根据企业所要实现的目标利润来定价的一种方法。其基本公式如下。

$$单位商品销价=\frac{固定成本+变动成本+目标利润}{预计销量}$$

这种方法的优点是：有利于加强企业管理的计划性，可较好实现投资回收计划。但要测算好销售价与期望销售量之间的关系，尽量避免确定了价格而销售量达不到预期目标。

（3）变动成本定价法。这也称边际贡献定价法。即在定价时只计算变动成本，而不计算固定成本，在变动成本的基础上加上预期的边际贡献。边际贡献是指销售收入减去变动成本后的值。如边际贡献不足以补偿固定成本，则出现亏损。

$$单位商品销价=\frac{变动成本总额+预期边际贡献}{预期的商品销量}$$

采用变动成本定价法一般价格要低于总成本加成法，所以容易迅速扩大市场。这种定价方法，在汽车产品必须降价出售时特别重要，因为只要售价不低于变动成本，生产就可以维持。如果售价低于变动成本，销售越多亏得也越多。

2．汽车需求导向定价法

需求导向定价法是根据消费者对汽车产品的需求强度来确定汽车产品价格的方法。需求强度大时取高价，需求强度小时取低价。其中常用的有以下 2 种。

（1）感受价值定价法。企业根据消费者对汽车产品的感觉而不是根据成本来制定价格的定价方法。企业运用各种营销手段（优美的环境、优质的服务等），影响消费者的感受，使之形成对企业有利的价值观念，然后再根据汽车产品在消费者心目中的价值来定价。

感受价值定价法关键在于：企业要正确估计消费者所承受的价值，否则定价过高或过低都会给企业造成损失。企业在定价前要认真做好营销调研工作，将自己的汽车产品与竞争对手的汽车产品仔细比较，正确把握消费者的感受价值，并据此做出定价。

（2）反向定价法。这种方法是企业根据顾客对汽车产品价值的认识理解和需求程度，即顾客肯出多少钱来定价，并以此倒推出汽车产品在各环节的销售价格。采用反向定价法，首先应充分掌握社会购买力水平，对汽车产品的市场需求情况等做出综合评估，得出市场可销价格；然后，扣除相应环节的差价，得出相应环节的销售价。其计算公式如下。

各环节市场可销价格=消费者厚意接受的价格×（1-扣除差价率）

3．竞争导向定价法

企业定价以竞争对手的价格为依据，来制定价格的方法。其中常用的有以下 3 种。

（1）随行就市定价法。这是以同行业的平均价格水平或“市场主导者”（指在相关汽车产品市场上占有率最高的企业）的价格为标准来确定本企业价格的方法。这种定价法以竞争对手的价格为依据。

当一家企业汽车产品的质量、服务等综合因素与同行业中大多数企业相比较没有较大差异时，即可按照同行业的平均价格水平为依据来确定该企业价格。这样，就可使该企业价格与大多数同行企业的汽车产品保持一致，在和谐的气氛中获得平均报酬。

当某企业汽车产品的质量、销售条件等因素与同类企业的相同因素相比较有较大差异时，其定价比照其他企业的价格，或高些，或低些，进行调整。调整以不引起竞争者较强反应为宜。其计算公式如下。

本企业价格=用以比较的价格标准×（1±差异率）

这种定价主要适用于汽车产品质量、销售条件和服务等差别较大的汽车产品，采用这种定价既可避免价格竞争，又易被市场接受，获得合理收益。

（2）投标定价法。这种方法一般是由买方公开招标，卖方竞争投标，密封递价。买方按物美价廉原则择优选取，到期当众开标，中标者与买方签约成交。

选择和确定投标价格：一是要分析投标条件及企业的主客观条件及其能否适应招标项目的要求。二是估算直接成本，拟订报价方案。三是分析竞争对手的特点和可能报价，估计中标概率。四是计算每个方案的期望利润，并据此选择投标价格。期望利润与报价成正比，而与中标概率成反比。其计算公式如下。

期望利润=（报价-估计成本）×中标概率

（3）拍卖定价法。这种方法是由卖方预先发表公告，展出拍卖物品，买方预先看货，在规定时间公开拍卖，由买方公开竞价。汽车的拍卖定价法一般多用于二手车的贸易中。

8.3 汽车定价策略

定价策略是企业争夺市场的重要武器，是决定企业营销成败的关键。企业必须善于根据市场状况、产品特点、消费心理和营销组合等因素，正确选择定价策略。企业的定价策略主要有以下几种。

8.3.1 新产品定价策略

新产品定价的合理与否，关系到新产品能否打开销路占领市场。新产品定价策略有如下 3 种。

1．取脂定价法

这种方法就是企业利用新产品的特点和尚无竞争对手的有利条件，将其价格尽可能订高，力争在短期内赚取更多利润，尽快收回投资。这种定价法是对市场的一种榨取，如同从牛奶中撇取奶油一样，因而起名“取脂”定价法。

取脂定价追求在短期内获得最大利润，运用它可以迅速补偿研究与开发费用，获取高额利润，并掌握调价的主动权。但定价偏离价值会损害消费者的利益，不利于市场开拓；高价高利润会引来大量竞争对手，诱发盲目竞争。因此，一般具备下列条件才考虑采取这种策略：新产品技术新、开发难度大、周期长，竞争者在短期内不易打入该产品市场；新产品有较大的市场需求，有足够的消费者能够接受这种高价并愿意购买；高价格可使汽车新产品一投入市场就树立性能好、质量优的高档品牌形象。

2．渗透定价法

这种方法是将投入市场的新产品价格订得尽量低，使产品迅速打开和扩大市场，排斥竞争者加入。但由于新产品一开始就实行低价，投资回收期长，见效慢；倘若因成本变化等原因需提高价格时，又会影响销路。因此，这种策略风险大，在以下几种情况下可考虑采用：竞争者容易进入该产品市场，利用低价可以排斥竞争者，占领市场；企业资金雄厚，大批投产后单位成本会有较大幅度下降；市场上该种产品供求基本平衡，目标市场对价格较敏感。

3．温和价格策略

这是介于取脂定价和渗透定价之间的定价策略。这是一种消费者易于接受，而生产者又较满意的价格策略。这种策略稳妥，风险小，一般会使企业收回成本和取得适当盈利。但可能失去获得高利的机会，定价后价格的应变能力较弱。

8.3.2 产品组合的定价策略

对大型汽车企业来说，其产品并不只有一个品种，而是某些产品的组合，这就需要企业制定一系列的产品价格，使产品组合取得整体的最大利润。这种情况的定价工作一般比较复杂，因为不同的产品，其需求量、成本和竞争程度等情况是不相同的。产品组合定价策略有以下几种形式。

1．产品线定价策略

几乎所有企业都生产或经营一种基本产品的许多变型，各以不同价格出售。不同变型的产品为不同的市场细分所欢迎，完整的产品线有可能扩大该产品的市场占有率。在同一产品线中，各个产品项目是有着非常密切的关系和相似性的，企业可以利用这些相似性来制定同一条产品线中不同产品项目的价格，以提高整条产品线的盈利。如企业同一产品线内有A、B、C三种产品，分别定价为a（高价）、b（中价）、c（低价）三种价格，则用户自然会把这三种价格的产品分为不同的三个档次，并按习惯去购买自己期望的那一档次的产品。

运用这一价格策略，能形成本企业的价格差异和价格等级，使企业各类产品定位鲜明而且能服务于各种消费能力层次的用户，并能使用户确信本企业是按质论“档”定价，给市场一个“公平合理”的定价印象。这一策略比较适合于广大用户对企业，而不是对某个具体产品的信念较好的情况下采用。

企业在采用产品线定价策略时，首先必须对产品线内推出的各个产品项目之间的特色、顾客对不同特色的评估以及对竞争对手的同类产品的价格等方面的因素进行全面考虑；其次应以某一产品项目为基点定出基准价；然后，围绕这一基准价定出整个产品线的价格，使产品项目之间存在的差异能通过价格差鲜明地体现出来。

2．选择品及非必需附带产品的定价策略

企业在提供汽车产品的同时，还提供一些与汽车相关的非必需产品，如汽车收录机、暖风装置、车用电话等。一般而言，非必需附带品应另行计价，以让用户感到“合情合理”。

非必需附带产品的定价，可以适当定高价。如汽车厂商的销售展厅内摆放的全是有利于显示产品高贵品格的产品，在强烈的环境感染下，用户常常会忽视这些选择品的性价比。

3．必需附带产品定价策略

必需附带产品又称连带产品，指必须与主机产品一同使用的产品，或主机产品在使用过程中必需的产品（如汽车零配件）。一般来说，企业可以把主机产品价格定得低些，而将附带产品的价格定得高些，这种定价策略既有利于提高主机产品价格的竞争性，而又不至于过分牺牲企业的利润。这是一种在国际汽车市场营销中比较流行的策略。例如我国有些轿车公司便在执行这一策略。

4. 产品群定价策略

为了促进产品组合中所有产品项目的销售，企业有时将有相关关系的产品组成一个产品群成套销售。用户有时可能并无意购买整套产品，但企业通过配套销售，使用户感到比单独购买便宜、方便，从而带动了整个产品群中某些不太畅销的产品的销售。使用这一策略时，要注意搭配合理，避免硬性搭配（硬性搭配的销售行为是不合法的）。

8.3.3 心理定价策略

这是一种运用心理学的原理，根据汽车消费者心理要求所采用的定价策略。每一品牌汽车都能满足汽车消费者某一方面的需求，汽车价值与消费者的心理感受有着很大的关系。这就为汽车心理定价策略的运用提供了基础，使得汽车企业在定价时可以利用汽车消费者心理有意识地将汽车价格定得高些或低些，以满足汽车消费者心理的、物质的和精神的多方面需求，通过汽车消费者对汽车产品的偏爱或忠诚，诱导消费者增加购买，扩大市场销售，获得最大效益，具体的心理定价策略如下。

1. 整数定价策略

在高档汽车定价时，往往把汽车价格定成整数，不带尾数。人们一般有“一分钱一分货”的观念，凭借整数价格来给汽车消费者造成汽车属于高档消费品的印象，提高汽车品牌形象，满足汽车消费者某种心理需求。整数定价策略适用于：汽车档次较高、需求的价格弹性比较小、价格高低不会对需求产生较大影响的汽车产品，由于目前选购高档汽车的消费者都属于高收入阶层，自然会接受较高的整数价格。

2. 尾数定价策略

尾数定价策略是与整数定价策略正好相反的一种定价策略，是指汽车企业利用汽车消费者求廉的心理，在汽车定价时，不取整数而带尾数的定价策略。根据产品心理学研究，顾客的感觉往往是：单数比双数少，奇数定价似乎比较便宜；零数比整数准确，把价格订成整数，顾客会产生为什么恰好是整数的疑问，怀疑定价不准确；低一位比高一位好，如 0.98 元比 1 元差 2 分钱，但感觉上似乎便宜得多。

这样带尾数的汽车价格在直观上给汽车消费者一种便宜的感觉。同时往往还会给消费者一种汽车企业经过了认真的成本核算才定价，对消费者负责的感觉，可以提高消费者对该定价的信任度，从而激起消费者的购买欲望，促进汽车销售量的增加。尾数定价策略一般适用于：汽车档次较低的经济型汽车，价格高低会对需求产生较大影响。

3. 声望定价策略

这是根据汽车产品在消费者心目中的声望、信任度和社会地位来确定汽车价格的一种汽车定价策略。声望定价策略可以满足某些汽车消费者的特殊欲望，如地位、身份、财富、名望和自我形象等，还可以通过高价格显示汽车的名贵优质。有报道称，在美国市场上，质高价低的中国货常常竞争不过相对质次价高的韩国货，其原因就在于美国人眼中低价就意味着低档次。声望定价策略一般适用于具有较高知名度、有较大市场影响的、深受市场欢迎的、著名品牌的汽车。

4. 招徕定价策略

这是指将某种汽车产品的价格定得非常高，或者非常低，以引起消费者的好奇心理和观望行为，来带动其他汽车产品的销售的一种汽车定价策略。如某些汽车企业在某一时期推出某一款车型降价出售，过一段时期又换另一种车型，以此来吸引消费者时常关注该企业的汽车，促进降价产品的销售，同时也带动同品牌其他正常价格的汽车产品的销售。此策略常为汽车超市、汽车专卖店所采用。

5．分级定价策略

这是指在定价时，把同类汽车分为几个等级，不同等级的汽车，采用不同价格的一种汽车定价策略。这种定价策略能使消费者产生货真价实、按质论价的感觉，因而容易被消费者所接受。而且这些不同等级的汽车若同时提价，对消费者们的价值观冲击不会太大。分级定价策略，等级的划分要适当，级差不能太大或太少。否则，起不到应有的分级效果。

6．习惯定价策略

有些汽车已经在消费者的心目中形成了一个较稳定的习惯价格，这类汽车产品的价格若稍有变动（尤其是提高价格），就会引起消费者的不满，容易使消费者产生抵触的心理。对于这类汽车产品，汽车企业不宜采用调价的方法。

7．幸运数字定价策略

这种定价策略是利用不同民族、不同地区数字的文化蕴涵、联想意义，根据汽车消费者对某些数字的偏好来定价。如在广东“8”的谐音是“发”，认为“8”字可以带来“发”财、“发”达，有兴旺发达之意；“888”被理解为“发发发”；“168”理解为“一路发”。认为“6”字可以使事事如意、“六六”大顺等。而采用以相应的幸运数字作为定价的依据，这样就容易使汽车购买者对该汽车产品产生一种心理上的良好感觉，认为它可以为自己带来好运，从而诱使消费者购买汽车。这种定价策略常常被用于节日促销，幸运数字与节日的美好气氛相结合，更容易促进汽车的销售。企业可按照消费者希望吉祥如意，希望脱贫致富的心理来制定价格。

8.3.4 折扣定价策略

这种定价策略是在正式价格的基础上，给予一定的折扣和让价。在汽车市场营销中，汽车企业为了竞争和实现经营战略的需要，经常对汽车价格采取折扣和折让的优惠政策，直接或间接地降低汽车价格以争取消费者，扩大汽车销量。

1．数量折扣

数量折扣是根据每一次或一定时间内的产品交易数量或金额的大小，分别给予买方不同的价格待遇的定价策略。它是以交易活动中最小批量的价格作为基本价格，凡超过批量起点的交易，卖方给予买方一定的价格折扣，批量越大，折扣越大，成交价格也越低。我国很多汽车企业采取了这种策略，如企事业单位或团体购车 10 辆以上的给予 3%的折扣。

数量折扣可分为累计折扣和非累计折扣。累计数量折扣就是规定在一定时间内，购买总数达到一定数额时，按总量给予一定的折扣。采用这种策略利于鼓励顾客集中向一个企业多次进货，从而使其成为企业长期或固定客户。

非累计数量折扣规定顾客一次购买达到一定数量或购买多种产品达到一定金额的为一批量，并据此给予一定价格折扣。采用这种策略能刺激顾客大量购买，增加盈利，同时减少交易次数与时间，节约人力、物力等开支。

2．现金折扣

这是对按约定日期或提前以现金付款的购买者，根据其所购产品原价给予一定价格折扣的策略，其目的是鼓励买主尽早付款以利于资金周转、减少财务风险。折扣率的大小直接与客户或经销商的支付情况挂钩。例如典型付款期限折扣按下式表述：“2/10，N/30”。表示付款期限为 30 天，如客户在 10 天内付款，给予 2%的折扣。超过 10 天付款，不给折扣。超过 30 天付款，通常要加收较高的利息。

3．功能折扣

又称为贸易折扣或业务折扣，这是根据中间商在市场营销中所负担的不同功能而给予不同的价格折扣，以促使他们执行各自的营销功能（推销、贮存、服务等），有利于生产商与中间商建立融洽的关系。例如汽车生产商某型汽车报价："100000 元，折扣 40%及 10%"，表示卖给零售商折扣 40%，即 60000 元；卖给批发商则再折扣 10%，即 [100000×（1-40%）×（1-10%）]＝54000 元，以鼓励批发商努力销售该企业的汽车产品。

4. 季节折扣

这是指为了鼓励消费者淡季购买和刺激客户合理贮备货源，对过季购买者给予一定的价格优惠。这样有利于扩大淡季销售；有利于企业保持均衡生产；有利于减少库存、节约仓储保管费用；有利于加速资金的周转、减轻企业资金负担。

5. 价格折让

价格折让也是减价的一种形式。例如"以旧换新折让"，一辆小汽车标价 36000 元，顾客以旧车折价 4500 元，购买这辆车只需付价款 31500 元。又如"促销折让"，如果经销商配合汽车厂家进行了促销活动，则汽车生产厂家给予经销商一定的价格优惠，这种折扣就是促销折让。

8.3.5 地区定价策略

企业要决定卖给不同地区客户的产品，是否要实行不同的价格，实行差别定价。概括起来，地区定价策略主要有以下几种。

1. 统一定价

即对全国各地的客户，实行相同的价格，客户不管去哪家经销商购买，产品的价格都是一样的。执行这种策略，有利于吸引各地的客户，规范市场和规范企业的营销管理。这种定价策略又可以分为两种情况，一种情况是用户自己去经销商处提车，并自付提车后的有关运输费用；或者收取合理的交付费用后，由厂家或经销商负责将商品车交付到用户家里，即非免费送货。另一种情况是厂家或经销商负责免费将商品车交付到用户家里，属免费送货。

2. 基点定价

即企业选定某些城市作为基点，在这些基点城市实行统一的价格，客户或经销商在各个基点城市就近提货。如在制造厂商设在全国的地区分销中心或地区中转仓库提货，客户负担出库后至其家里的运送费用。

3. 分区定价

即将全国市场划分为几个市场销售区，各区之间的价格不一，但在区内实行统一定价。这种定价方法的主要缺点是价格不同的两个相临区域，处于区域边界的用户对相同的商品，却要付出不同的价款，且容易出现"串货"或商品的"倒卖"现象。

4. 产地定价

即按产地的价格销售，经销商或用户负责从产地到目的地的运输，负担相应的运费及相关风险费用。这种定价策略已经不大采用，除非在销售较为旺盛时，部分非合同销售才可能出现这种情况。

8.3.6 价格调整策略

制定汽车价格以后，由于汽车市场形势和营销环境的不断变化，汽车企业常常需要对汽车产品价格进行调整。

1. 降低价格

降低价格的常见原因是：企业生产能力过剩，产品积压，运用其他营销手段难以打开销路；市场竞争激烈，企业市场占有率下降，为了在竞争中获胜，利用降低价格来扩大市场占有率；由于成本降低，可以降低售价，促使销量增加从而使成本进一步降低，并有效地扩大市场占有率。

采用直接降价策略，可刺激用户的购买欲，提高产品销量。但若降价时机选择不好，降价方式不适当，或宣传力度不够，也会产生不良影响。在实际生活中，降价时消费者可能有以下想法：该产品已接近淘汰，将有新产品供应；产品本身有问题，或者是滞销货；企业可能遇到财务困难，它如果倒闭，将来配件会没处购买；价格还会下跌，最好等一等再买；减价一定是质量有问题。

采用增加价外费用支出和服务项目、赠送礼品、开展“展销优惠月”、给予各种价格折扣等间接降价策略可缓解价格竞争，避免误导消费者，促进产品销售，是常用的降价方式。

降价往往造成同业者的不满，引发价格竞争。因此当遇到市场产品供过于求时，企业首先应该千方百计改进产品，努力推出适销产品，不到万不得已决不降价竞销。

2．提高价格

提高价格的主要原因是：市场上产品供不应求，企业无法满足顾客对其产品的需求，只能用提价来平衡供求；通货膨胀物价上涨，促使成本费用上升，必须使产品提价以平衡收支保证盈利。

价格提高，按理说需求应该减少。但是，消费者往往存在“买涨不买跌”的心理，他们可能理解为：此产品是走俏商品，市场很快会脱销；这是一种有特殊价值的产品；可能还会涨价，迟买不如早买。特别是在通货膨胀时，人们竞相抢购产品，越涨越买。所以，如果提价时机好，促销广告宣传有力，提价有时反而会激发消费者购买欲望，增加产销量。但应注意，提价时一定不能引起消费者的反感。

【案例 8.1】

本田飞度——低价　一步到位

在国内经济型轿车市场上，像广州本田的飞度一样几乎是全球同步推出的车型还有上海大众的 POLO。但与飞度相比，POLO 的价格要高得多。飞度 1.3L 五速手动挡的全国统一销售价格为 9.98 万元、1.3L 无级变速自动挡销售价格为 10.98 万元。而三厢 POLO 上市时的价格为 13.09 万—16.19 万元。飞度上市后，POLO 及时进行了价格调整，在北京亚运村汽车交易市场上，三厢 POLO 基本型的最低报价是 11.11 万元。即使这样，其价格还是高于飞度。虽然飞度 9.98 万元的价格超过了部分消费者的心理预期，但在行家眼里，这是对其竞争对手致命的定价。

飞度定价上也体现了广州本田的营销技巧。对于一般汽车企业来说，往往从利润最大化的角度考虑定价，想办法最大程度地获得第一桶金。这体现在新车上市时，总是高走高开，等到市场环境发生变化时才考虑降价。但这种方式存在一定的问题，即在降价时，因为没办法传递明确的信号，消费者往往更加犹豫，因为他们不知道企业是否已经将价格降到谷底。

飞度的做法则不同，它虽然是一个技术领先的产品，但采取的是一步到位的定价。虽然这种做法会使消费者往往要向经销商交一定费用才能够快速取得汽车，增加了消费者的负担。但供不应求的现象会让更多的消费者产生悬念。如果产量屏障被打破以后，消费者能够在不加价的情况下就可以买到车，满意度会有很大的提高，因为它给予了消费者荣誉上的附加值。

对于飞度为什么能够实现如此低的定价这个问题，广本方面的解释是，飞度起步时国产化就已经超过 80%。而国产化比例是决定国内轿车成本的两大因素之一。

整体来看，飞度良好的市场表现最重要的原因之一是广本采用了一步到位的低价策略。汽车性能和价格在短期内都难以被对手突破。这就使得长期徘徊观望的经济型轿车潜在消费者打消了顾虑，放弃了持币待购的心理，纷纷选择了飞度。

【案例 8.2】

大众奥迪——高价　攫取利润

作为国内中高档车标杆的奥迪 A6 的换代车型 A6 系列——新奥迪 A6，除了核心配置和美国版有差异外，国产后的新奥迪 A6/3.0L 高出了美国版逾 20 万元。据业内资深人士分析，德国大众旗下的奥迪品牌在主力车型上的过高定价一旦失误，很可能将加速大众汽车在华市场份额下滑，同时导致中国中高档车市重新洗牌。

一汽大众正式公布了全新奥迪 A6/2.4L 和 A6/3.0L 共 6 款车型的价格和详细装备表。其中 A6/2.4L 三款车型的厂家指导价格区间为 46.22 万—57.02 万元；A6/3.0L 三款车型的价格区间为 56.18 万—64.96 万元。这 6 款车型已于 6 月 22 日正式上市销售。

据了解，自 1999 年投产以来，上一代国产奥迪 A6 经历了五次升级，在不到 5 年的时间里销量超过 20 多万辆，在国内豪华车市场多年来可谓是“一枝独秀”，直到去年市场份额仍维持在 60%左右。

按照这个价格，新奥迪 A6 的最高价格已经打破了目前国产豪华轿车最贵的一款宝马 530i。国产宝马 5 系目前的价格是 53 万—61 万元，市场报价还更低；日产的价格是 24.98 万—34.98 万元、丰田的报价是 32.8 万—48 万元，新奥迪 A6 等于“让出”了原来销量最大的价格区间。

奥迪美国官方网站上写到，美国市场上目前新奥迪 A6 只有 3.2L 和 4.2L 两个排量，其价格分别为 4.262 万美元和 5.222 万美元。这样，美国版的 3.2L 折合人民币为 35 万元，国内版本竟高出了 21 万—29.96 万元。

“和美国版的新奥迪 A6 相比，在核心配置方面，国内版的新奥迪 A6 发动机不是 FSI 的，而且不带全时四驱，变速箱还不是 Tiptronic，且价格也贵出很多。”业内人士这样分析道。一位不愿意透露姓名的分析师说，如果市场证明新奥迪 A6 在定价上出现失误，很可能将加速大众汽车在华市场份额下滑，同时导致中国中高档车市的重新洗牌。

某机构全球中国首席汽车分析师则认为，从目前 A6 的定价来看，肯定是改变老 A6 的产品定位了，这将使得原来老 A6 在 30 万—40 万元的区间被竞争对手们蚕食，假如奥迪今年年内没有弥补这个价格区间的车型，那么今年要想达到去年 5 万多辆的销量，几乎成了不可能完成的任务。

其实，奥迪采取高价策略，已经不是第一次了，以前奥迪 A4 也同样采用的是高价入市策略。这样，可以使汽车厂商在短时间内攫取大量利润，等到过一段时间后，竞争对手的车也上市了，消费者的热情也消退大半，再降价刺激市场，扩大市场占有率，提升销量。对于高档豪华轿车来说，顾客多是高收入个人、政府和企事业单位，对价格并不是太敏感，他们主要看重的是品牌。

奥迪自己不可能不知道高价入市的风险，但这两年大众在华业务销量和利润都逐年下滑，如果没有利润增长点，今年很可能出现 20 年来第一次亏损。奥迪 A6 新车型如果高价入市成功，则很可能避免全年的亏损。奥迪在中国这么多年的先入优势，品牌在消费者心目中的地位、经销商的实力，这次赌赢的胜算很大。但越往后，消费者越成熟，信息越透明，中国的消费者没理由愿意比美国的消费者买同样的车却多花二三十万元。所以，大众奥迪就算赢了这次，使今年勉强不亏损，但明年能躲得掉吗？

【案例 8.3】

现代伊兰特——降价　找准时机

北京现代的伊兰特选择在 2004 年 9 月初降价，时机的选择不早不晚。如果在 8 月份降价，有可能引发其他厂商降价跟进，不仅自己降价的效果难以体现，而且加快了价格这个“魔鬼螺旋”的转速，于己于人于整个行业都不利；而如果是在 9 月中旬或者下旬降价，则自己降价的效果要差好几成，因为一位“准消费者”从知道降价消息到真正去买车，一般会有 3～10 天的时间，选择在 9 月初降价能促使更多的人在当月去买车。

那么，为什么北京现代在 9 月初降价，而其他厂商没有降价跟进呢？或者说，北京现代选择在 9 月初降价，凭什么保证其他厂商不会或者无法降价跟进呢？

北京现代这么有把握，是基于对国内汽车市场的理解和深入把握。按照往年的惯例和经验，国内汽车厂商照例会把每年的九十月份视为“金九银十”，指望在这两个月多卖车，于是会集中在 8 月份向经销商大幅度压货。一般说来，在每年 8 月底、最晚在 9 月初，汽车厂家就会把高于月均销量 50%～80%的车子压到经销商手中，或者购车合同已经签订。

在经销商大幅压货的情况下，汽车厂家一般是很难降价跟进的。因为按照厂家和经销商的汽车销售政策和合同，如果厂家在把车子卖给经销商之后再调低汽车的市场指导价，厂家要赔偿旧价格与新价格的差额；如果合同另有约定，汽车厂家还需要另外向经销商支付违约金。如果厂家在此时降价就意味着，汽车厂家在约定的付款时段内不仅要向上游的供应商付款，同时还要向下游的经销商付款，这么多车子的付款额度，将让自己公司的财务不堪重负，难以承受。当时的情况是，上海通用、南北大众分别在 2004 年六七月份刚刚降过价，他们不是不想跟进，而是跟进不了、赔不起了。

降价时机不能只选择自己的市场份额足够高了才降价，同时更要考虑遏制新的竞争车型成长。如爱丽舍，现在回头看该车型去年 4 月的第一次降价行为就是动手太晚了，如果爱丽舍在 2003 年 9—12 月之间降价，将非常具有竞争力，凯越和伊兰特可能就不会成长这么快。而如果等到新车型成长起来、消费者认可之后再去降价拼抢，这时就很难遏制新车型的增长势头了。

降价时机相关的一个重要的问题是：降价周期如何把握？如果降价周期太短，容易打击消费者的信心，反而造成新一轮的持币待购；降价周期太长，产品销量有可能受到更大的抑制，等于是把市场拱手让给了竞争对手，而且容易错失降价的最好时机。这些都是厂商在以后继续运用价格策略时要深入研究的。所以，降价，并不是很多人认为的那样——是很简单的一种营销策略。

【案例 8.4】

分析新天籁　新雅阁　新帕萨特定价策略

新车上市，往往会成为热门话题，新雅阁也不例外。新雅阁刚一上市，迅速引来业内人士及消费者的围观。除了焕然一新的产品引来关注之外，其官方指导价更是惹起一片热议。

对于新雅阁的官方指导价，不少消费者认为定价过高，完全超出预期。但谁又敢说这不是车企吸引消费者目光的一种计谋？毕竟每款车型定价的背后都凝结着厂家“智囊团”的智慧，这样的决策虽看似武断，但确实是“智囊团”博弈后的结果。

目光长远　新世代天籁定价“一步到位”

新世代天籁作为东风日产的重磅车型，全新换代之后，产品进行了全面升级，凭借“精准驾控”、“健康舒适”、“强劲省油”、“全面安全”四大产品优势，对中高级市场造成强势冲击。

不过，为市场带来冲击的还不止新世代天籁的产品力，其 17.78 万元到 24.48 万元的官方指导价，更是震撼了整个中高级车市。据了解，新世代天籁上市后，其主力车型官方指导价甚至比众多竞品车型的促销价格还实惠，致使部分车型为抵挡其带来的冲击，推出较大幅度降价优惠。

东风日产乘用车公司市场销售总部副总部长杨嵩表示，东风日产希望消费者能够感受到新世代天籁真正的价值，因此自上市之初，新世代天籁定的就是 2014 年的价格。

东风日产的做法与大部分厂家的做法可谓是背道而驰的。一般而言，厂商会首先制定一个较高的价格，从第一批车主中赚取最丰厚的利润，接着再适时进行降价促销，获取更多的剩余利润。这种定价方式虽然能为厂商赚取最大利润，但缺点也同样明显，不但深深伤害消费者对品牌的信任，更对品牌的长远发展十分不利。

在短期利益和长远发展的抉择中，东风日产义无反顾地选择了后者，坚持秉承“客户至上”的原则，以“一步到位”的实惠价格，为消费者带来拥有强劲产品力、至诚服务力的新世代天籁，以赢取消费者的信任。这样的做法看起来很“蠢”，但当中显示出的过人远见，已经足以证明这是真正拥有“大智慧”的决策。

长远的目光、沉稳的性格，显然新世代天籁背后的“智囊团”凭此一役，已经让众多人忍不住点了“赞”。

连环计　雅阁借价格引关注

新雅阁作为广汽本田的旗舰车型，其身上肩负着带领广汽本田“二次腾飞”的重任。虽然全新换代已经让新雅阁获得了较高的关注度，但是真正引起各界热议的，却是其高得离谱的售价。

新雅阁的主力车型 2.0L 豪华版和 2.4L 豪华版售价分别为 20.68 万元和 22.98 万元。相对于新世代天籁而言，新雅阁比新世代天籁的官方指导售价平均高出 2 万元。

究竟新雅阁“葫芦里卖什么药？”

就目前而言，存在三种可能。一是新雅阁想借高售价吸引关注，以增加产品的曝光度，后续再推真正的入门版本。二是新雅阁可能想通过撇脂定价法，为实现利润最大化，先拟定一个虚高的价格为以后降价留余地。

如果以上两者皆非，那么只能说，新雅阁对其产品抱有绝对的自信，认为哪怕以高于竞争对手 2 万元的价格，仍然能赢取市场的肯定和支持。

“德系”风格　新帕萨特保持谨慎

新帕萨特作为德系中高级车的代表，德国人做事谨慎作风在其身上体现得淋漓尽致，从设计到定价策略，无一例外。

新帕萨特（含 3.0L 版本）的售价从 18.38 万—32.28 万元，但主力车型 1.8T 帕萨特的售价在 20.88 万—26.98 万元之间，并无太过出彩之处。不过，凭借“TSI+DSG”的黄金组合，新帕萨特还是得到不少消费者的认同和青睐。

其实，自进入中国市场至今，帕萨特的定价策略就已经如此，总能准确地把握消费者心理，始终在他们的价格底线上徘徊，既能赚取足够的利润，又能保证消费者不至于出现大量的流失。

新帕萨特的定价策略虽然只能算是中规中矩，但强大的产品力和良好的口碑，还是较好地弥补了定价上的不尽如人意，无碍其成为目前中高级车市最受欢迎的车型之一。

分析与思考

1．简述汽车价格的构成及影响因素有哪些？

2．企业营销定价的具体目标有哪些？它们之间能否协调？

3．什么叫取脂、渗透、温和定价法？各适用于什么情况？

4．汽车企业可以选择的定价方法有几种？

5．汽车企业定价策略有哪些？各自的内容如何？

6．谈谈汽车企业进行价格调整时应关注消费者哪些特殊的心理现象？

课程实践

1．目标

掌握汽车企业产品定价策略和价格调整策略。

2．内容

（1）将学生分成若干小组，各小组分别收集资料并进行市场调查，分析某汽车公司产品的定价特点与策略。

（2）将学生分成若干小组，各小组分别收集当前汽车市场上主流车型的降价信息，分析其对潜在客户的影响及促销效果。

3．要点及注意事项

密切关注新车型的定价以保证收集到的资料完整、齐全，要及时处理相关材料和数据并注意比较、鉴别。

9

第9章 汽车分销渠道策略

学习目标与要求

1. 掌握汽车分销渠道的功能与类型。
2. 掌握汽车分销渠道的类型、功能和特点。
3. 了解汽车特许经销商权利与义务。
4. 了解影响分销渠道选择的因素。
5. 掌握分销渠道长度、宽度决定策略。
6. 掌握分销渠道的管理方法。

汽车消费者希望在适当的时间和地点购买到其所需的汽车产品，汽车生产者希望其所生产的产品能迅速和顺利地转移到消费者手中，实现汽车产品的价值和使用价值，促进生产发展。如何把汽车产品从产地传送到需要这些产品的购买者手中，这就是汽车分销渠道策略所要阐述的内容。

9.1 汽车分销渠道概述

9.1.1 汽车分销渠道的含义

分销渠道又称销售渠道或分配渠道。生产者生产出来的产品，必须转移到消费者手中，才能进行消费，最终实现其价值和使用价值。实现这种转移须经过一定的通道，这个通道就是我们所说的分销渠道。它是指某种货物或劳务从生产者向消费者移动时，取得这种货物或劳务的所有权或帮助转移其所有权的所有企业或个人。分销渠道具有以下几层含义。

1. 由参与产品流通过程的各种类型的机构组成

具体说，一条分销渠道由取得其所有权的中间商（总经销商→分销商或批发商→经销商）以及生产者和消费者构成。只有通过这个机构网，产品才能上市行销，实现消费。

2．汽车流通的全过程

每一条分销渠道的起点是生产者，终点是通过个人生活消费或生产消费能从实质上实现使用价值和价值的最终消费者或用户。

3．产品在从生产者转移到消费者这个过程，至少要发生一次所有权转移

产品要实现其价值和使用价值，就必须将产品转移到消费者手中进行消费，因而必然要发生产品所有权的转移，而产品所有权转移的次数又取决于分销渠道中中间商的多少。通常，产品是通过若干中间商将其转移到消费者手中的，在此期间要发生多次产品所有权的转移；即使不经过任何中间商，采取生产者直接销售给最终消费者，产品所有权也须转移一次。

9.1.2 汽车分销渠道的功能

分销渠道在市场营销中起着重要的作用，它实现了产品从生产者向消费者的转移，调节着生产和消费之间在产品数量、结构、时间、空间上的矛盾，渠道畅通与否，直接影响营销效益。

结合汽车产品的分销实际，分销渠道一般应具有以下功能。

1．售卖功能

这是分销渠道最基本的职能，产品只有被售出，才能完成向商品的转化。汽车厂商与其经销商的接洽，经销商与用户的接洽，以及他们之间所进行的沟通、谈判、签订销售合同等业务，都是在履行分销渠道的售卖职能。

2．投放与物流功能

由于各地区的市场和竞争状况是不断变化的，分销渠道必须要解决好何时将何种商品、以何种数量投放到何种市场上去，以实现分销渠道整体的效益最佳。投放政策一经确立，分销渠道必须保质保量地将指定商品在指定时间送达指定的地点。

3．促销功能

即进行关于所销售的产品的说服性沟通。几乎所有的促销方式都离不开分销渠道的参与，而人员推销和各种营业推广活动，则基本是通过分销渠道完成的。

4．服务功能

现代社会要求销售者必须为消费者负责。同时，服务质量也直接关系到企业在市场竞争中的命运。因而分销渠道必须为用户提供满意的服务，并体现企业形象。汽车产品因其结构特点、使用特点和维修维护特点，要求分销渠道必须对用户提供良好的服务而且趋势是要求越来越高。

5．市场研究和信息反馈功能

由于市场是一个时间和空间的函数，分销渠道应密切监视市场动态，研究市场走势，尤其是短期市场变化，收集相关信息并及时反馈给生产厂家，以便厂家的生产能够更好地与市场需求协调一致。

6．资金结算与融通功能

为了加速资金周转，减少资金占用及相应的经济损失，生产厂家、中间商、用户之间必须及时进行资金清算，尽快回笼货款。此外，生产厂家与中间商、中间商与用户之间，还需要相互提供必要的资金融通和信用，共同解决可能的困难。

7．风险分担功能

汽车市场有畅有滞，中间商与生产厂家应是一个命运共同体，畅销时要共谋发展，滞销时也要共担风险。只有如此，中间商与生产者才能共同得到长期发展。

8．管理功能

大部分整车厂家的分销渠道是一个复杂的系统，需要能够进行良好的自我管理。

需说明的是，分销渠道的以上功能，并不意味着所有的中间商都必须具备，中间商的具体功能可以只是其中的一部分，这与中间商的类型和作用有关。通常对从事汽车（轿车）整车分销业务的中间商，基本的功能要求主要集中在整车销售、配件供应、维修服务、信息反馈等方面（称作“四位一体”）。当然，随着汽车市场的发展，汽车中间商的功能也会变化，如履行车辆置换、旧车回收、二手车交易、汽车租赁等业务职能。

9.1.3 汽车分销渠道的类型

不同的汽车生产企业从自身的特点出发，为了不同的目标市场，汽车分销渠道各不相同。随着产品经济的发展，分销渠道日益多样化，但归纳起来有以下几类基本模式。如图 9-1 所示。

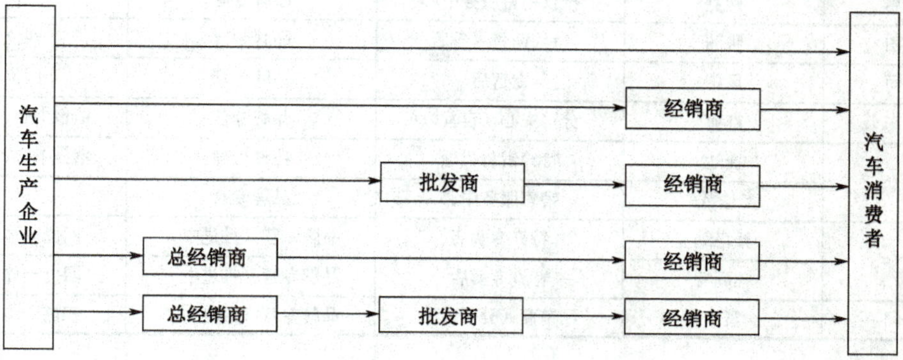

图 9-1 汽车分销渠道的类型

1．由汽车生产企业直销型（零层渠道模式）

汽车生产企业不通过任何中间环节，直接将汽车销售给消费者。这是最简单、最直接、最短的销售渠道。其特点是产销直接见面，环节少，有利于降低流通费用，及时了解市场行情，迅速开发与投放满足消费者需求的汽车产品。但这种销售模式需要生产企业自设销售机构，因而不利于专业化分工；难以广泛分销，不利于企业拓展市场。但是，随着电子商务的发展、普及和完善，相信这种模式会被汽车企业作为重要的销售渠道之一。

2．由汽车生产企业转经销商直销型（一层渠道模式）

汽车生产企业先将汽车卖给经销商，再由经销商直接销售给消费者。这是经过一道中间环节的渠道模式。其特点是，中间环节少、渠道短，有利于生产企业充分利用经销商的力量，扩大汽车销路，提高经济效益。我国许多专用汽车生产企业、重型车生产企业都采用这种分销方式。

3．由汽车生产企业经批发商转经销商直销型（二层渠道模式）

汽车生产企业先把汽车批发销售给批发商（或地区分销商），再由其转卖给经销商，最后由经销商将汽车直接销售给消费者。这是经过两道中间环节的渠道模式，也是销售渠道中的传统模式。其特点是中间环节较多，渠道较长，一方面，有利于生产企业大批量生产，节省销售费用；另一方面，也有利于经销商节约进货时间和费用。

4．由汽车生产企业经总经销转经销商直销型（二层渠道模式）

汽车生产企业先委托并把汽车提供给总经销商（或总代理商），由其销售给经销商，最后由经销商将汽车直接销售给消费者。这也是经过两道中间环节的渠道模式。其特点是中间环节较多，但由于总经销商（或总代理商）不需承担经营风险，易调动其积极性，有利于开拓市场，打开销路。这种分销渠道在我国的大、中型汽车生产企业的市场营销中较常见。

5. 由汽车生产企业经总经销商与批发商后转经销商直销型（三层渠道模式）

汽车生产企业先委托并把汽车提供给总经销商（或总代理商），由其向批发商（或地区分销商）销售汽车，批发商（或地区分销商）再转卖给经销商，最后由经销商将汽车直接销售给消费者。这是经过三道中间环节的渠道模式，其特点是总经销商（或总代理商）为生产企业销售汽车，有利于了解市场环境，打开销路，降低费用，增加效益。缺点是中间环节多，流通时间长。

国内主要轿车品牌营销模式见表 9-1。

表 9-1 国内主要轿车品牌营销模式一览表

厂家名称(简称)	品牌名称	网点称谓	营销模式	功能组合
上海通用	别克	授权销售服务中心	品牌专营	三位一体
广州本田	雅阁	特约销售服务店	品牌专营	四位一体
风神公司	风神	专营店	品牌专营	四位一体
一汽轿车	红旗	分销中心（自营）	品牌专营	销售中心、维修中心
一汽大众	捷达	特约销售代理	特许代理	销售中心、维修中心
	奥迪 A6	销售服务中心	品牌专营	三位一体
上海大众	桑塔纳	特许专卖店	品牌专营（推进中）	四位一体（目标）
	帕萨特	特许专卖店	品牌专营（推进中）	四位一体（目标）
神龙公司	富康	经销商（分等级）	品牌专营（推进中）	三位一体（目标）

9.2 分销渠道中的中间商

汽车分销渠道中的中间商是指居于汽车生产者与消费者之间，参与汽车交易业务，促使汽车交易实现的具有法人资格的经济组织和个人。中间商是分销渠道的主体，完成汽车从生产企业向最终消费者的转移，在生产者和消费者或用户之间起着产品交换的“中间人”的作用。中间商具有平衡市场需求、集中和扩散汽车产品的功能，在汽车分销渠道中起着十分重要的作用。

在实际分销活动中，中间商的类型是多种多样的。汽车销售渠道中的中间商按其在汽车流通、交易业务过程中所起的作用，可分为总经销商（或总代理商）、批发商（或地区分销商）和经销商（或特许经销商）。

9.2.1 中间商的作用

1. 简化交易联系，扩大交换范围，加速产品流转，保证市场供应

如果没有中间商的介入，生产者直接销售，这就意味着每个生产者同许多消费者发生交易关系，生产者就要投入大量的人力、物力、财力来承担流通任务，对生产者来说使交易变得复杂，而且由于生产者自身条件所限，交换范围和市场供应受到很大限制，供求矛盾突出。中间商的介入，由于其专业性强、联系面广、熟悉市场、掌握供求规律，能加快产品转化，调节供求矛盾，减少产品占压资金，增加生产的资金，简化生产者的交易联系，为生产者节约时间、人力、物力、财力，使生产者为社会创造更多的价值。

2. 集中、平衡和扩散产品，均衡地按照消费者的需要组织产品实体位移

中间商发挥其组织产品流通的技能和特长（如丰富的市场营销经验，熟悉产品的特点、储存保管、运输的专业技能及推销技巧等），把若干个生产企业所生产的产品采购集中，进行分类，根据不同的市场需求，从品种、数量和时间上加以平衡分配，推销扩散到各地，以满足不同地区广大消费者的需要。中间商从收购产品开始，到向消费者出售产品为止，始终伴随着产品实体的位移，而这种位移能均衡地按照消费者的需求进行。

3．沟通信息和反馈信息，促进产需更好地结合

中间商联系面广，承担着产品购、销、调、存的具体业务，沟通生产者和消费者之间的经济联系，能及时收集和掌握来自生产者和市场的信息，传递给消费者，并把市场和消费者的信息反馈到生产企业，促进产需结合。

9.2.2 总经销商（或总代理商）

总经销商是指受汽车生产企业的委托，从事汽车总经销业务，并拥有汽车所有权的中间商。其特点是：拥有产品的所有权和经营权，独立自主地开展产品购销活动，独立核算、自负盈亏；一般都有一定的营业场所和各种经营设施；有独立地购买产品的流动资金；承担产品的经营风险。而总代理商同样是受汽车生产企业的委托，从事汽车总代理销售业务，但不拥有汽车所有权的中间商。其特点是：本身不发生独立的购销行为，对产品不具所有权，不承担市场风险，具有广泛的社会关系，信息灵通等。

9.2.3 批发商（或地区分销商）

批发商是处于汽车流通的中间阶段，实现汽车的批量转移，使经销商达到销售目的的中间商。它一头连着生产企业或总经销商（总代理商），一头连着经销商，并不直接服务于最终消费者。通过批发商的转销汽车的交易行为，汽车生产企业或总经销商（总代理商）能够迅速、大量地转售出汽车，减少汽车库存，加速资金周转。地区分销商处于某地区汽车流通的中间阶段，它帮助生产企业或总经销商（总代理商）在某地区促销汽车，提供该地区汽车市场信息，承担该地区汽车的转销业务。

1．汽车批发商的类型

按其实现汽车批量转销的特征，可分为独立批发商、委托代理商和地区分销商。

（1）独立批发商。它是指自己独立、批量购进汽车，再将其批发出售的商业企业，它对其经营的汽车拥有所有权，以获取批发利润为目的。汽车独立批发商按其业务职能和服务内容又可分为多品牌汽车批发商、单一品牌汽车批发商两种类型。多品牌汽车批发商是指批发转销多个汽车生产企业的多种品牌的汽车，它批发转销的范围较广、品种较多、转销量较大，但因其批发转销的汽车品牌较杂，无法获得诸多汽车生产企业的全力支持，也没有能力为经销商提供某品牌汽车转销中的专业化服务。单一品牌汽车批发商是指只批发转销某个汽车生产企业的单一品牌的汽车，它批发转销的范围较窄、品种单一、转销量有限，但因其批发转销的汽车品牌单一，能够获得此品牌汽车生产企业的直接支持和帮助，因而它具备此品牌汽车转销的专业能力，能为经销商提供此品牌转销中的专业化服务。

（2）委托代理商。委托代理商区别于独立批发商的主要特点是，他们对于其经营的汽车没有所有权，只是替委托人（汽车生产企业或汽车总经销商）组织推销汽车，以取得佣金为目的，促进买卖的实现。委托代理商按其代理职能和代理内容又可分为总代理商和分代理商，生产企业的代理商和总经销商的代理商，多品牌汽车代理商和单一品牌汽车代理商。

（3）地区分销商。它是指在某一地区为生产企业（或总经销商）批发转销汽车的机构，是由汽车生产企业（或总经销商）为减少层层批发和跨地区销售等问题而设立的。它使汽车从生产企业（或总经销商）到某地区内的经销商只经过其一道批发转销环节，经销商将全部直接面对其所辖区域内的消费者进行直销。

2．汽车批发商的定位

汽车销售渠道由汽车生产企业、总经销商、批发商、经销商、运输商和消费者组成。在这条销售渠道中，批发商处于传统的推动式销售和以市场为导向的拉动式销售之间的过渡位置。在消费者、经销商和总经销商之间，批发商更大程度上是由消费需求拉动着经销商的销售活动和批发商转销业务的开展，又是由汽车生产企业（总经销商）年度目标和销售任务的要求推动着批发商批发业务的进行。因此，批发商最主要的功能是在目前买方市场条件下，通过发展营销网络，改进转销方式，提高转销能力，来协调供需矛盾、平衡销售计划和市场需求。

同时，批发商应有效地协调管理总经销商与经销商、消费者之间连续的物流、信息流和资金流，建立总经销商和经销商、消费者之间紧密的合作伙伴关系，提高市场竞争能力。

3．汽车批发商的特点

（1）批发商的销售对象，是除最终消费者以外的任何购买者。其销售对象主要包括：把产品用于再销售的次级批发和零售商；把产品作为工业生产资料投入生产的企业和个人；把产品作为农业生产资料投入生产的单位和个人；把产品用于服务性经营的产品用户；把产品用于社会性公共消费的事业机关和政府机关等。批发商的联系面较广，市场信息灵通，在产品流通中作为生产企业之间，生产企业、商业企业、社会机关之间、批发商与零售商之间的“中介人”，发挥着“桥梁”和“纽带”的作用。

（2）批发商每次交易销售量较大，销售额较高。由于批发商在流通过程中所处的地位，既采购，又供应，组织产品流转，因而，决定了他每一次交易活动，都是多品种、多规格、大批量进行的，销售额较高，购销活动的频率低、批次少。

（3）批发商地区分布一般集中在全国性经济中心和地方性经济中心。这是由批发商在产品流通中的地位和销售对象所决定的。批发商从事批发贸易，一方面要向各生产企业采购产品进行分类、分等、分割大批量，形成其供应对象所需的各种货色；另一方面要把采购来的产品供应给生产企业，各种用户、其他批发企业，广大零售商。因此，一般大批发商都集中在全国性的大城市，即人口、工业生产、商业、金融业、仓库及交通运输业等集中的全国性经济中心，中小批发商则集中在地方性的中小城市，即地方性经济中心。如我国批发商业的布局情况就是如此：一级批发站集中于全国性工业生产集中的大城市（上海、天津等）；二级批发站设置在各省内工业生产集中的中等城市和交通转运中心；三级批发站则集中设置在县城和中小城市。当然也有些独立批发商，是分散在乡镇和农村市场。

4．汽车批发商的功能

由于汽车批发商在汽车销售渠道和销售网络系统中处于十分重要的地位，因此，它应具有以下几个方面的功能。

（1）销售管理功能。批发商应通过销售管理，使经销商在自己的领域内规范销售，减少经销商之间的内耗，合理处理渠道冲突（水平渠道冲突及垂直渠道冲突），稳定销售价格，集中精力去开拓市场和开展服务营销。它主要进行供需矛盾的协调、销售计划的制订和执行、销售模式的转换以及对经销商销售网络的重组。

（2）售后支持功能。批发商应对经销商提供维修技术、产品知识及零部件供应的支持，提高经销商的职业化水平，并充当总经销商与经销商的协调桥梁。它主要对经销商进行技术支持以及对零部件的集散进行管理。

（3）市场营销功能。批发商应通过行之有效的市场营销活动，建立和发展经销商销售网络系统，促使经销商销售体系正规化。同时，明确加强汽车的产品定位，在工作开展过程中，有效扶植并利用已建立的市场共同体开展各项工作。它主要进行市场调研、开展营销和促销以及建立公司标识体系（CI）等活动。

（4）储运分流功能。批发商应更及时、更准确地把汽车送至经销商，减少甚至免除经销商在“拿车”上投入的精力和财力。它主要进行质量把关、二次配送以及中转库的管理。

（5）资金结算与管理功能

批发商应免除经销商为购车频繁奔波于销售地与总经销商之间而浪费的时间和精力，让经销商更集中于销售及服务。它主要进行经销商购车结算、资金管理和业绩评估。

（6）经销商培训功能。批发商应通过对经销商的培训，改变经销商的传统经营理念，并提高经销商业务素质。其对经销商的控制通过培训加以落实。它主要进行熟悉所管辖地区的现状、制订培训计划以及开展多方面培训。

（7）经销商评估功能。批发商应通过对经销商全面的业务评估（包括业务水平、营销技巧及最终成绩），综合参考顾客满意度的评价结果，发现各经销商的长处与短处，并通过奖惩制度，达到实现经销商业务目标的效果。它主要进行硬件与非硬件指标体系的评估、用户满意度的考核。

（8）信息系统功能。批发商为扭转对物流、消费者及经销商缺乏客观监控的局面，建立信息系统网络。如此可大幅度缩短汽车储运时间，并尽可能减少脱库现象；合理降低经销商的库存量；拥有完善的汽车产品客户信息，供营销决策及考核经销商时使用；及时准确地获得经销商经营状况的主要指标，供评估使用。它主要进行系统安装、操作人员培训和信息系统的扩展。

9.2.4 经销商（或特许经销商）

汽车市场营销是向最终消费者直接销售汽车和提供服务的一系列活动。从事这种汽车市场营销活动的机构和个人称为汽车经销商。

经销商在汽车流通领域中处于最后阶段，它是直接将汽车销售给最终消费者的中间商。它的基本任务是直接为最终消费者服务，使汽车直接、顺利并最终到达消费者手中。它是联系汽车生产企业、总经销商、批发商与消费者之间的桥梁，在汽车销售渠道中具有突出的作用。特许经销商（亦称受许人）是从特许人（一般是总经销商）处获权在某一特定区域内直接将特定品牌汽车销售给最终消费者的中间商，按照特许经营合同，受许人可以享用特许人的商誉和品牌、获得其支持和帮助、参与统一运行、分享规模效益，是一种新型的汽车销售渠道模式。

在汽车销售渠道中，经销商的形式多种多样，通常按其经营特征可以分为特许经销商和普通经销商两大类。

1．汽车特许经销商的条件

汽车特许经销商是指由汽车总经销商（或汽车生产企业）作为特许授予人（简称特许人），按照汽车特许经营合同要求以及约束条件授予经营销售某种特定品牌汽车的汽车经销商（作为特许被授予人，简称受许人）。

对于汽车经销商来说，只有具备以下条件才叫已成为汽车特许经销商。

（1）独立的企业法人，能自负盈亏地进行汽车营销活动。

（2）有一定的汽车营销经验和良好的汽车营销业绩。

（3）能拿出足够的资金来开设统一标识的特许经营店面，具备汽车市场营销所需的周转资金。

（4）达到特许人所要求的特许经销商硬、软件标准。

普通经销商符合以上条件就可以通过履行特许经销商申请和受许人审核等手续，并经双方签署汽车特许经营合同（或协议），就可正式成为某品牌汽车的特许经销商。

2．汽车特许经销商的优势

普通汽车经销商一旦成为某品牌汽车的特许经销商，将会使其在今后的汽车市场营销活动中具有以下几方面的优势。

（1）可以享受特许人的汽车品牌及该品牌所带来的商誉，使其在汽车市场营销活动过程中拥有良好的企业形象，给消费者以亲切感和信任感。

（2）可以借助特许人的商号、技术和服务等，提高竞争实力，避免了单枪匹马进入激烈的市场所面临的高风险。

（3）可以加入特许经营的统一运营体系，即统一的企业识别系统、统一的服务设施、统一的服务标准，使其分享由采购分销规模化、广告宣传规模化、技术发展规模化等所带来的规模效益。

（4）可以从特许人处得到业务指导、人员培训、信息、资金等方面的支持和服务。

3．汽车特许经销商的权利

作为汽车特许经销商，可享有以下相应的权利。

（1）特许经营权。有权使用特许人统一制作的标记、商标、司标和标牌；有权在特许经营系统的统一招牌下经营，从而享受由著名品牌带来的利益；有权获得特许人的经营秘诀，以加入统一运作（包括：统一进货，以享受大量进货的折扣；统一促销；统一的市场营销策略等）；有权依照特许人的统一运作系统分享利益；有权按特许人的规定取得优惠政策，对特许人经销的新产品享有优先权。

（2）地区专营权。有权要求特许人给予在一定特许区域内的专营权，以避免在同一地区内各加盟店相互竞争。

（3）取得特许人帮助的权利。有权得到特许人的经营指导援助、技术指导援助及其他相关服务。如参加特许人的各种定期培训；使用特许人的各种信息资料和市场运作情报；在经营中遇到问题时，随时和特许人的专职指导员联系；资金缺乏时，可以采取连带担保等方式，取得贷款；其他援助。

4．汽车特许经销商的义务

作为汽车特许经销商，还应承担以下应尽的义务。

（1）必须维护特许人的商标形象。在使用特许人的经营制度、秘诀以及与其相关的标记、商标、司标和标牌时，应当积极维护特许人的品牌声誉和商标形象，不得有降低特许人商标形象和损害统一经营制度的行为。

（2）在参加特许经营系统统一运营时，只能销售特许人的合同产品；只能将合同产品销售给直接消费者，不得批发；必须按特许人要求的价格出售；必须从特许人处取得货源；不得跨越特许区域销售；不得自行转让特许经营权。

（3）应当履行与特许经营业务相关的事项：随时和特许人保持联系，接受特许人的指导和监督；按特许人的要求，购入特许人的商品；积极配合特许人的统一促销工作；负责店面装潢的保持和定期维修。

（4）应当承担相关的费用：如加盟金、年金、加盟店包装费等。

目前，世界著名的汽车企业都建立了自己的特许经销商网络。通过品牌专营店和特许经营店的建设，不仅大大推动了公司汽车的销量，而且能够及时地为消费者提供各种服务，提高了渠道管理的水平，塑造了良好的公司形象。

9.3 分销渠道的选择与组织

正确选择分销渠道是生产企业市场营销组合中非常重要的一环。分销渠道恰当与否，对产品能否迅速进入市场，实现产品的价值和使用价值，提高经济效益，扩大再生产有着直接的影响。企业必须遵循整体市场营销的原则，认真对产品、市场、企业自身状况及其他环境因素进行分析，根据各种渠道的特点，确定分销渠道策略，选择适当的渠道，保证产品顺利而迅速地进入市场，促进产品价值的实现。

9.3.1 影响分销渠道选择的因素

生产者要有效地选择分销渠道，首先应依据企业的营销目标，对影响分销渠道选择的产品因素、市场因素、企业因素和环境因素等进行全面的分析。

1．产品因素

产品的产量、销量、价值、需求、产品结构、储运及技术服务等方面的具体特点不同，要求渠道的形式、中间商类型不同。

（1）产品价格的高低。产品价格的高低影响渠道长短的选择。对于价格较高的产品，渠道越长，最终消费者所承受的价格越高，对扩大产品销路带来一定困难，因此销售渠道宜短。产品单价低，利润少，企业只有通过大批量销售才能获取较高利润，分销渠道“长而宽”。

（2）产品的结构形态。易碎、易损坏的产品（如汽车用玻璃、塑料制品），尽量选择较短的渠道推销产品，以减少产品由于分销渠道中转位移太多、时间太长而造成的损失。

（3）产品的技术复杂程度和服务要求。技术复杂程度较高的产品或对售后服务要求较多的产品，需要指导消费者使用和提供维修服务，其分销渠道应直接销售给消费者，并及时提供服务。

（4）产品的市场寿命周期。产品处于投入期，为使产品尽快为消费者接受，打开销路，可选择短而宽的分销渠道，尽量缩短投入期。随着产品进入成长期，为加强竞争地位，可综合运用各种类型渠道，并巩固有效渠道，以扩大市场。产品处于衰退期，由于产品出现销售困难，中间商不愿经营，分销渠道逐步缩减。

2．市场因素

产品销售的地理范围、购买者类型以及市场竞争特点的差异，影响着分销渠道的选择。

（1）潜在消费者数量的多少和地区分布。潜在消费者少，市场小，企业可采用直接渠道推销产品；反之，潜在消费者多，市场大，生产者必须通过中间商推销产品，分销渠道较长且宽。潜在消费者的地区分布集中，市场区域范围小，分销渠道短且窄；反之，潜在消费者的地区分布分散，市场区域范围大，则分销渠道长且宽。

（2）市场规模和发展趋势。市场规模小，但其发展趋势大，分销渠道就有扩展和延伸的余地。现有市场规模大，但其趋势逐步缩小，产品进入衰退期，分销渠道必然随之收缩和转移。

（3）市场上竞争者使用分销渠道的种类。原则上应尽量避免和竞争者使用相同的分销渠道。但是，有些产品由于受消费者的购买模式的影响，消费者购买时往往需要比较品牌、价格、外观等，因此生产者必须将产品选择那些竞争者也使用的分销渠道推销产品，同时加强促销力度。

3．企业因素

在选择分销渠道时，除考虑产品因素、市场因素外，还必须考虑企业自身的条件、能力和需要。各生产企业在生产规模、企业声誉、财务能力、产品组合、渠道经验等方面存在差异，因而其分销渠道就应存在差别。企业特性不一，对中间商具有不同的吸引力和凝聚力，影响到企业对中间商的类型和数量的决策。

（1）企业的实力和声誉。实力强、资金雄厚、声誉高的企业，对分销渠道的选择上有较多的余地，可自由选择各类渠道，也可建立自己的推销系统。实力弱、资金少的企业，一般都要依靠中间商推销其产品。

（2）企业自身销售力量大小和素质高低。企业自身的销售力量大，经验丰富，可少用和不用中间商，充分发挥自身优势。自身销售力量小，缺乏销售经验，则要依靠中间商推销其产品。

（3）企业愿意提供的服务。一般如果企业愿为消费者或用户提供更多的服务，则宜选择较短渠道或直接渠道，便于服务到位。若企业为了吸引批发商经销其产品，而集中向批发商提供较多服务，中间商的选择必然以批发商为重点。

（4）生产企业对分销渠道控制程度。如果企业的营销策略要对产品的销售价格进行严格控制，则宜选择较短且窄的分销渠道。

4. 中间商因素

中间商的经济实力、资信等级、销售能力、服务能力、展示条件、存储设施及其交通方便性，都将影响到他的功能和作用，这是发展分销渠道须重点考察考评的。

5. 环境因素

环境因素主要指国家有关法规、法律和经济政策、经济及政治形势等情况。生产者选择分销渠道时必须考虑这些因素，以免触犯国家法规。各地方的政策特性，是欢迎还是排斥企业在当地设立分销商，是否还有其他重要的环境因素需要考虑，这些都是企业必须认真研究的。

以上对影响分销渠道选择的因素逐一作了分析，事实上不可能仅凭某一方面的因素或某一项因素来选择分销渠道，往往是多种因素交织在一起，情况较为复杂，各因素之间矛盾较多。所以在选择分销渠道时对影响因素的分析中必须以企业的市场营销目标为前提，这样有助于分销渠道的选择，有助于企业市场营销目标的实现。

9.3.2 分销渠道模式比较

生产企业在对产品因素、市场因素、企业和环境因素进行综合分析的基础上，必须对分销渠道的模式做出选择，也就是是否使用中间商以及使用哪些中间商。中间商及类型的确定就决定了分销渠道的模式。企业与什么类型的中间商打交道，就有什么样的渠道模式。因此对直接和间接两种渠道模式特点的了解是正确选择的前提。

1. 直接渠道特点

直接渠道由于没有中间商的介入，产、需对方直接见面可以使产品缩短流通时间，以最快的速度达到消费者手中，减少流通费用，为价格竞争创造条件，生产者能及时了解市场需求的变化和消费者的意见，有利于企业开发适销对路的产品，更好地满足消费者的需求，直接为消费者提供服务，有利于消费者更好地掌握产品的性能和使用方法，解决消费者的后顾之忧。但由于没有中间商介入也带来弊端，生产者必须承担全部销售任务，投入一定的人力、物力和财力，不利于集中力量搞好生产，生产者还必须承担全部市场风险。生产者与消费者直接见面，对生产者来说交易活动变得较为复杂，并使得产品流通的地区范围受到较大限制。

2. 间接渠道的特点

间接渠道对生产者来说可以大大简化市场交易活动，推销任务由专业组织——中间商履行，为生产者节约人力、物力和财力，有利于生产企业集中力量搞好生产，部分市场风险转移给中间商，降低了生产者所承担的风险；也有利于产品流通的发展，扩大市场范围，最大限度地满足各地各类消费者的需求。另外能够发挥中间商蓄水池的作用，调节产销之间在时间、季节、地区上的矛盾。

需要指出的是，由于中间商的介入，使得生产者与消费者之间隔离开来，生产者难于及时、准确地掌握市场需求变化和为消费者提供有效服务，使得产销之间信息沟通出现困难，加剧供求矛盾。因此，采取间接渠道的生产企业应加强市场调查和预测，掌握消费者需求的变化动向，加强与中间商的合作，真正发挥其桥梁和纽带的作用，沟通市场信息，指导生产，引导消费者克服间接渠道的弊端。间接渠道如果渠道过长，增加了产品质量降低的可能性，会影响企业信誉。还应注意的是，如果使用了代理商，在渠道变长的同时，由于代理商没有产品所有权，缺乏自主权，只能是按委托人的要求进行交易，难于根据市场变化灵活经营，而且委托人还要占有资金，承担市场风险。

9.3.3 分销渠道策略

1．分销渠道的长度和宽度

（1）长度不同的渠道。按照产品在流通过程中所经过的“环节”或“层次”的多少来判断和比较渠道间的长短，可分为若干长度不同的渠道。在产品的流通过程中，产品每经过一个对产品拥有所有权或是有推销任务的同类机构，就称为一个“环节”或“层次”。如：批发商、代理商、零售商、生产者、消费者或用户。

分销渠道的长度取决于“环节”的多少。在产品从生产者流向消费者或用户的流通过程中，经过的环节越多，渠道越长，反之，则越短。

（2）宽度不同的渠道。按照产品在流通过程中所经过的每个“环节”或“层次”中使用同种类型中间商的数目的多少来确定一个渠道的宽窄，可分为若干宽度不同的渠道。

分销渠道的宽度取决于渠道的每个环节中使用同种类型中间商的多少，如果每个环节中同类型中间商越多，分销渠道就越宽；反之，则越窄。

不同长度、不同宽度的分销渠道，不同程度地影响着产品转移过程中的速度、范围、资金周转速度和流通费用的高低，各有利弊。

2．分销渠道长度决定策略

企业进行分销渠道设计，首先要在分析影响因素的特点后，决策是否要设立分销商，是企业派推销人员上门推销或采取其他形式自销，还是要通过中间商分销。如果决定利用中间商分销，还要进一步决定渠道的长度，即渠道的层次。一般地，专一用途的专用车和特种车、为主机生产配套的零部件、为改装生产提供的二三类底盘等汽车产品或半成品，因其生产厂商集中，市场用户也很集中，可以采取直接渠道销售。另有一些特殊用户（如政府采购、军需、工程招标等）也可以采取直接渠道。大多数汽车产品，由于生产批量相对较大，汽车生产在时间或地理上比较集中，但使用分散市场区域分布广阔，不宜采用直接渠道，而要采取间接渠道。

汽车产品由于相对价值较大、货款回收要求较高，对储运技术、储运条件要求较高，对服务能力、服务培训的要求较高，所以汽车产品的分销渠道不宜过长，国内外广泛采取了包括 1—2 个层次的分销渠道。“短”的分销渠道，对汽车企业培训、指导、监督和管理经销商也是有利的。总之，短渠道可以更好的保障汽车用户的利益。

3．分销渠道宽度决定策略

如果生产者选择了间接渠道，就要对各类中间商的数量做出合理的选择，而对渠道的宽窄做出决策。下面介绍 3 种策略。

（1）广泛分销策略。即生产者尽可能多地通过那些负责的、适当的批发商、零售商或代理商推销其产品，尽量使产品能广泛地和消费者接触，方便消费者购买。

这种策略的优点在于能使产品广泛地与所有消费者见面，使大区域性的广告发挥更大作用；便于对中间商的选择、评价、淘汰，促进中间商之间的竞争，增进产品销售。但由于经销商多，生产者没有精力来联系所有经销商，且不易取得经销商的有效合作，关系松散，经销商多，各种经销商推销某一产品不专一，不愿做专门的促销和广告宣传，而要靠生产者来承担广告宣传费用。

（2）有选择的分销渠道策略。即生产者在特定的市场里，选择几家批发商或零售商经销其产品，如采取特约经销或代销的形式把经销关系固定下来。

这种策略可以获得经销商的合作，提高经销商的经营积极性，生产者与经销商之间关系密切，依附关系较强，可以减少经销商之间的盲目竞争，有利提高产品的声誉。

（3）独家经销策略。即生产者在特定的市场区域内仅选择一家批发商或零售商经销其产品，双方一般要协商签订独家经销合同，规定经销商不得经营竞争者的同类产品，生产者不得把同类产品委托本地区域内的其他经销商经营。垄断经营的程度由双方合同所规定的权利和义务水平而定。

这种策略的优点，对于生产者来说，易于控制市场价格和数量，能获得经销商有效的合作和支持，有利于带动其他新产品上市。对经销商来说，能够在本地区内获得该产品的垄断权，以及生产者提供的各种优惠条件。缺点是：双方依赖性太强，对生产者来说经销商经营状况不好，有可能失去这个区域的市场。而如果生产和市场发生变化，经销商将蒙受较大的损失。

4．分销渠道的布局规划

分销渠道设计的另一重要内容就是规划布局。制定布局规划的基本过程是：汽车企业根据其战略规划、市场营销计划、目标市场特性（需求规模、企业份额、占企业销量的比例）等，将自己的产品销售规划或计划大体按目标市场进行分解，得到各个市场地区的大致销售规模。再根据中间商的平均销售能力，测算各个地区大体需要的中间商数目，得到初始布局。基于这个布局，再分析各个区域市场的具体市场特点、竞争特点、中间商的类型搭配等等因素的影响，确定正式的布局规划，并经企业的营销主管领导审批后执行。

布局规划要保持一定的柔性，应根据企业事业发展的需要、市场需求的增长、各地市场相对份额的变化以及企业对中间商类型的调整，做好布局规划的适时修订。企业确定了中间商的类型及布局规划后，要及时对这些方案进行评估、完善。

9.4 分销渠道的组织与管理

分销渠道的组织是对分销渠道方案的落实。分销渠道的管理，主要包括对各类中间商的培训、激励、考核、调整和协调等内容。

9.4.1 分销渠道的组织

1．分销渠道的组织方式

采取不同的组织方式，将会建立性质不同的中间商，并决定了企业与中间商今后的关系。分销渠道的组织方式有 3 种。

（1）企业在目标市场设立自己的销售网点（子公司、分公司或销售点）。这种网点是企业的直接渠道成员，企业对它的可控性最高。但如果企业同时还有中间商形式，企业设立这种自销网点，常常会招致所有经销商的攻击、抵制，影响经销商的积极性。所以，除非企业全部采用自销方案（直接渠道），否则这种性质的网点不宜多设。

（2）企业与各地的中间商共同组建分销机构（合资公司、股份公司或合作公司）。这是按现代企业制度建立的具有独立法人资格、自主经营、自负盈亏的流通企业。企业对这种公司的控制权依其股份的多少而异。通常情况下，企业采取以知识产权、经营特权、销售返利等形式出资，也有的企业以投资或现金形式出资。

（3）企业在社会中间商中招募经销商、特约经销商或销售代理商。企业对这种中间商没有资产关系，只是业务合作关系。相对以上两种方式，企业对此类中间商的控制力小一些。但此类中间商，是大部分企业产品分销的主要形式，它是企业依据一定程序选建的。

2．中间商的选建程序

企业经销商、特约经销商或销售代理商的发展，必须依据一定程序，做到科学选建。以某品牌轿车经销商选建程序为例，包括这样几个步骤。

（1）有意加盟的中间商，向所在地区的汽车厂家设立的营销管理机构（“分销中心”、“大区”、“子公司”等区域管理机构），提交正式的书面申请，并附有关资质材料，如营业执照及法人代码、经营资格证明、资信证明、近期的财务结算书、当地市场基本数据或市场调查书、营业场所标定图及公司内外图纸或照片等。

（2）区域管理机构初步考察、评估。

（3）企业营销总部审查。主要审查其资质、销售能力以及是否符合企业的分销渠道布局规划。通过后，通知申请人按相应的经销商等级的建设规范，进行硬件和形象建设。

（4）复审。申请人按建设规范施工完毕后，申请复审。复审通过，则审批，签约，纳入企业销售网点管理序列。

9.4.2 分销渠道的管理

1．培训与激励

企业需要仔细地制定渠道成员的培训计划，并认真执行，特别是产品的技术含量较高的企业尤其如此。培训的对象包括中间商负责人、中高级管理人员，属于高级层次的培训；中间商的各种业务的骨干人员，属于业务层次的培训。高级培训的培训内容，包括战略培训、企业对中间商管理规范的培训等。业务培训的内容，涉及会计与财务业务、销售和服务管理业务、信息管理业务、配件业务、新型拓展业务及产品关键技术等。

培训有利于提高中间商的经营能力，本身也属于给予中间商激励的一种方式。除此以外，企业还应同中间商加强沟通，消除彼此之间的矛盾，减少相互抱怨。由于中间商是独立的，在处理同生产商、顾客的关系时，往往偏向于自己和顾客一方，认为自己是顾客的采购代表，讨价还价；其次才考虑生产商的期望。因此，欲使中间商的分销工作达到最佳状态，生产商应该用看待最终用户的方式，来看待中间商，应对其进行持续不断的激励。激励的方式很多，且在不断创新。

2．考核与调整

对中间商的工作绩效要定期考核，如对销售定额完成情况、平均存货水平、送货时间、对残次品的处理情况、促销和培训计划的合作情况、货款返回状况、对顾客提供的服务水平和顾客的满意度、经营设施的投资水平及改进情况、执行生产企业营销政策的情况等，都是经常性考核的项目内容。这些考核一般以年度为周期进行，考核的结果将是企业对中间商进行计酬奖励、惩处，乃至调整或取消某些渠道成员的依据。

当然，除中间商工作不力需要调整、淘汰外，还有一些原因也会引起渠道调整。例如市场环境的变化、消费者购买方式的变化、市场扩大或缩小、出现新的分销方式等。另外，现有渠道结构通常不可能总是在既定的成本下带来最高效的服务，随着渠道成本的变化，有必要向理想的渠道进行结构性升级。生产企业调整分销渠道，主要有三种方式：增减某一渠道成员；增减某一分销渠道、调整改进整个渠道。

3．协调与管理

在产品流通过程中，对于间接分销渠道，存在多种类型的流通环节（中间商），这些环节之间既相互依赖，经营活动必须相互配合，紧密协作。由于渠道成员各自都是独立的经济实体，发挥着不同的作用，存在着各自的经济利益，所以在产品流通各阶段，就必然会出现矛盾、冲突，这些矛盾解决得好坏，影响着产品流通顺畅与否。

（1）渠道冲突的 3 种类型如下。

① 垂直渠道冲突。即同一条渠道中不同层次之间的冲突。如生产商与代理商之间，批发商与零售商之间，可能就购销服务、价格和促销策略等方面发生矛盾和冲突。

② 水平渠道冲突。即不同渠道内同一层次渠道成员之间的冲突。如经销商之间的区域市场冲突。

③ 多渠道冲突。即两条以上的渠道向同一市场出售产品引起的冲突。

导致上述渠道冲突的原因，一是渠道成员之间的目标不同，如生产商希望以低价政策获得市场的高速成长，而零售商则希望获取短期高利润；二是没有明确的授权，如销售区域的划分、权限和责任界线不明确等；三是各自的预期不同，如对经济形势的看法，生产厂商看好，希望经销商经营高档产品，但经销商看法相反；四是中间商对生产商过分依赖，如经销商的经营状况往往决定于生产厂商的产品设计和定价政策，由此会产生一系列冲突。

（2）管理措施。渠道冲突有些是结构性的，需要通过调整渠道的方法解决；有些则是功能性的，可以通过管理手段来加以控制。主要管理措施有以下几种。

① 渠道成员间加强合作。渠道成员间应确立和强化共同目标，如市场份额、高品质、用户满意度等目标，特别是在受到外界竞争威胁时，渠道成员会更深体会到实现这些共同目标的重要性；渠道成员之间应努力理解对方，多从对方的角度考虑问题；一个成员还须努力赢得另一成员的支持，包括邀请对方参加咨询会议、董事会及根据对方意见合理修订本方政策等，以减少冲突。

② 发挥民间组织的作用。加强渠道成员之间的业务沟通。如通过行业协会，互相交换意见，促进各方做好工作。

③ 通过政府有关部门解决。当冲突经常发生，或冲突激烈时，有关各方可以采取谈判、调解和仲裁办法，根据政府机构相关程序解决冲突，以保证继续合作，避免冲突升级。

9.5 中国轿车营销模式分析

轿车营销模式是轿车产品在流通阶段的制度安排，是营销环节的重要组成部分，它直接影响着轿车产业链的整体运作效率。20 世纪 90 年代以来，中国汽车产业迅速发展，轿车营销模式随着汽车产业的繁荣而不断变化更新，既有一般产业常有的营销模式，也有汽车产业特有的营销模式。

9.5.1 中国轿车营销模式特征分析

1. 代理制营销模式

目前，轿车营销主要包括代理制、特许经营、多品牌经营和网络营销等模式。在代理制营销模式中，经销商承担的主要义务是分销，即制造商通过经销商将商品销售给消费者，除此之外，契约对经销商不再有额外的限制，而经销商的收益主要来自于商品买卖之间的差价。代理制营销模式包括以下两种表现方式。

（1）总经销模式。这是制造商先将商品提供给总经销商或批发商，由后者发展自己的经销商，并通过经销商将商品销售给消费者的方式。制造商可以选择一个或多个总经销商，而每个总经销商之下又有多个经销商，由此构成金字塔型的营销网络。总经销商可以对其经营的商品拥有所有权，成为独立批发商，也可以只作为制造商的代理厂商，不拥有商品所有权。另外，总经销商可以根据市场需求，经营多个品牌的产品。

（2）汽车交易市场模式。汽车交易市场模式是指各种不同的汽车产品和众多经销商集中在同一场所，以店面方式开展经营，同时提供相应配套的代理制营销方式。这种方式出现在20世纪90年代初，当时我国出现了新的汽车消费群体——私人购车者，他们对汽车性价比的关注要大于对品牌的关注。汽车交易市场的优点适应了当时消费者的需求，给予用户较高的顾客让渡价值，因而迅速成为汽车交易的主要渠道。

2．特许营销模式

在轿车营销中，特许营销模式是指由汽车制造商作为特许人，向特许经销商输出以汽车为核心的产品与品牌商标，特许经销商则在指定区域内建立品牌专卖店，销售该制造商的汽车产品，同时提供相应服务。

特许营销模式以排他性经营为主要特征，即特许经销商拥有某品牌在局部市场的垄断经营权，但必须承诺只经销该品牌，这样就排除了其他制造商与其签订销售契约的可能性。

近年来，在中国市场上汽车的特许营销模式发展迅速，出现了汽车专卖店集群形式的汽车市场园区，其集国际汽车交易、售后服务、展览信息交流、咨询服务中心、汽车特约维修、物流配送、二手车服务和休闲娱乐等功能为一体。

3．多品牌营销模式

多品牌营销模式是指经销商在当地拥有多个品牌的特许经营权，占有较大的市场份额，拥有较强的垄断力量，它在与制造商的谈判中有较强的议价能力，能较独立做出对自身有利的决策。

4．网络营销模式

网络营销是通过有效利用计算机网络技术，最大限度地满足顾客需求，以达到开拓市场，增加盈利能力，实现企业市场目标的过程。轿车网络营销模式是指轿车制造商和经销商借助于信息技术特别是互联网技术，将商品提供给消费者的营销模式。网络营销模式的优势一方面体现在可为消费者买到更为满意的汽车产品提供方便，另一方面表现为可为汽车制造商节约大量经营成本并有利于产销的衔接。

虽然我国汽车工业的信息化总体应用水平还相当低，但是可以预见，随着信息技术应用在汽车行业中的不断普及，未来我国汽车销售的市场竞争更多的是网络销售的竞争，网络营销的比重将会有很大的提高，成为未来几年我国汽车营销的主要模式之一。

9.5.2 中国轿车不同营销模式的对比分析

下面从对经销商的资金规模要求、市场占有率、进入壁垒必要的资本量、与制造商实力对比、委托—代理关系、制造商与经销商之间的相互依赖性这几个方面来比较以上四种营销模式，不同营销模式的对比分析见表9-2。

表9-2 不同营销模式的对比分析

项　目	代理制营销模式	特许营销模式	多品牌营销模式	网络营销模式
对经销商的资金规模要求	要求较低	有较高的要求	必须具备强大的资金实力，以支撑多个特许经营店的经营	要求最低
市场占有率	很低	较低	有较高的总体市场占有率	市场份额不高，但一旦条件成熟，市场占有率将有较大的提升

续表

项　目	代理制营销模式	特许营销模式	多品牌营销模式	网络营销模式
进入壁垒必要的资本量	较低	较高	最高	最低
与制造商实力对比	对比悬殊，几乎没有议价能力	对制造商有一定的影响力，但仍处于较弱的地位	拥有较强的议价能力	在资金实力上与制造商相差很大，同制造商具有较强的议价能力
委托—代理关系	简单的代理关系	拥有某品牌的垄断经营权	本质上与特许经营模式一致	类似于代理制模式
相互依赖性	较低	最高	较低	较低

9.5.3 中国轿车营销模式发展趋势

1. 各种营销模式将会长时期共存

在我国庞大的轿车市场中，存在着不同需求的消费者，存在不同的经销商，也存在着不同的制造商，不同的营销模式不但反映供求关系的多样性，同时也能满足各种不同的需求，所以将在较长的一段时期内同时存在。

2. 营销模式受多种因素影响处于动态变化中

在几种营销模式中，我国汽车市场中特许营销模式发展得最快，随着市场和消费者的逐步成熟，售后服务成为人们购车时考虑的首要因素，而特许营销恰好能给消费者提供售后服务保障。从发展趋势看，特许营销模式在未来较长的一段时间内，将是我国汽车销售模式的主要发展方向。相反，代理制模式将会逐步萎缩，尤其是总营销模式的代理制。而交易市场的代理制将增加维修、配件供应等功能，并在融合部分汽车专卖后，从而保持较平稳的发展态势。随着汽车经销商的不断发展，拥有多个品牌特许经营权的经销商将越来越多，多品牌经营模式会有较大发展。网络营销模式虽然目前在汽车销售中所占比重很小，但其发展潜力不可低估，发展速度将会是各种营销模式中最快的。

3. 营销模式的发展与经济水平的发展相一致

一种制度安排离不开其所处的制度环境。同样，制度的变迁也必须伴随着制度环境的变化。营销模式作为产品流通环节的制度安排，它的发展与其所处的社会经济环境具有高度的一致性。中国轿车市场处于起步阶段，经济水平决定了特许经营模式在未来较长的一段时期内都将对规范和推动中国汽车流通市场的发展起到积极的作用。在我国的汽车消费市场发展到一定阶段，当我国的轿车市场完全启动并比较成熟以后，很可能我国也会像欧盟一样，分离汽车销售与服务，减小汽车制造商对汽车经销商的控制，引入更多竞争，促进汽车市场发展。

【案例 9.1】

良好的销售渠道带来了宝马汽车营销的成功

同那些驰名世界的老牌汽车公司相比，宝马本司在产品制造上坚持创新和个性多样化的方针，同时宝马公司拥有的庞大的分销网络和公司对中间商的良好管理，使宝马车在日新月异的汽车市场竞争中，总是别具一格，引导产品新潮流。

宝马公司十分重视营销渠道的建设和管理。它的决策者们特别清醒地认识到，无论宝马车的质量多么优良，性能多么先进，造型多么优美，没有高效、得力的销售渠道，产品就不会打入国际市场，就不可能在强手如林的竞争中站稳脚跟。因此，宝马公司从来都不惜巨资地在它认定的目标市场建立销售网点或代理机构，发展销售人员，并对销售商进行培训。

宝马公司遴选中间商的标准首先是了解其背景、资金和信用情况。其次便是该中间商的经营水平和业务能力，具体包括以下几方面。

1．中间商的市场经验和市场反馈能力

宝马公司要求它的中间商必须有很好的推销能力，认为只有通晓市场销售业务，具有丰富的市场经验，才可能扩大公司的销售量。同时，中间商的市场信息的搜集能力，对于宝马公司改进产品的设计和生产至关重要。例如，宝马公司根据中间商的信息反馈，特别制作和安装了保护汽车后座乘客的安全系统，受到消费者的欢迎。

2．中间商提供服务的能力

宝马公司需要通过中间商向用户提供售前售后服务，如汽车的性能、成本、保险、维修甚至车用移动电话等特殊装备等细节问题，中间商都必须能够进行内容广泛而深入细致的咨询和服务。为此，宝马公司在美洲、亚洲等地都有培训点，对中间商为用户的特殊服务和全面服务进行培训。

3．中间商的经营设施和规模

中间商所处的地点是否适中，是否拥有现代化的运输工具和储存设施，有无样品陈列设施等，均是宝马公司在遴选中间商要考虑的重要因素。

宝马公司在对营销渠道的管理上也极具特色。公司设有专门负责中间商管理的机构经常进行监督管理。他们定期评估中间商的业绩好坏，涉及他们的推销方面的努力程度、市场信息的收集和反馈能力，对用户售前售后服务的态度和效果等。

宝马公司还经常走访用户或问卷调查，以了解用户对销售商的评价。在宝马公司进行的大规模问卷调查中，参加调查的商人和用户对公司的销售商的评价普遍很好。尽管宝马公司在与中间商签订合同中已有奖励条款，但公司对于受到用户赞扬的销售商给予重奖。对于受到用户不满和批评的宝马公司产品销售商，经过核查属实后，宝马公司坚决解除合同，另选销售商。

宝马公司在世界各地有 16 个大型销售网络和无数的销售商，公司 90%的新产品是通过这些网络和中间商推向市场的。有人估算过，全世界每天平均有数以万计的人就宝马牌汽车买卖同其销售网络的成员进行联系、洽谈。宝马公司通过它的这些销售渠道同客户建立起密切的联系，并随时掌握市场消费心理和需求变化。

宝马公司生产汽车的历史仅有 60 多年，但它的汽车同雍容华贵、硕大威武的奔驰、劳斯莱斯、凯迪拉克一样驰名世界，成为现代汽车家族中的佼佼者；而它的销售网络和广大销售商本着“用户第一”的宗旨所提供的优质服务，更是得到用户的交口称赞，连宝马公司的竞争对手对此也是钦佩不已。

【案例 9.2】

一汽大众　营销体系嬗变

在 2010 年北京车展上，一汽大众携国产 CC、白色速腾冠军版、高尔夫 1.4TSI、宝来 1.4TSI 运动版、高尔夫 GTI 和迈腾精品的强大阵容同台亮相 E5 馆。其中，多款新车的首发，使得一汽大众的展台看点十足。

事实上，一汽大众今年以来的市场表现也足以令众多同行羡慕，几乎全线车型都供不应求。在前不久召开的一次商务大会上，一汽大众销售公司总经理胡咏表示：“2010 年，一汽大众的大众品牌仍然将以超过 20%的增长率前进。按照产能规划，预计到 2013 年，一汽大众将提前实现百万辆战略规划。”

一年前，胡咏曾坦言，一汽大众正面临三大挑战，一是产能不足已成为当前以及今后几年的突出矛盾；二是相对滞后的网络发展已经成为提升销售质量的制约因素；三是构建支撑百万辆的营销体系能力已成为当前的紧迫任务。

随后，一汽大众提出了“经销商合作发展计划”和“销售公司的体系能力提升计划”，这两项计划旨在提高经销商在终端的销售服务能力和销售公司内部的核心体系能力，进而带来业绩和盈利水平的提升。

现在，胡咏的豪言背后，更多的是自信。有业内人士评价，一汽大众的制胜之道就是其嬗变后的体系能力。

网络体系加固

经销商体系一直都在考验着一汽大众。来自一汽大众的相关数据显示，从 2006 年到 2009 年，大众品牌的销量增长接近 100%，而网络数量增长却不足 10%，经销商的销售量和服务量均已远超单店设计能力。

在网络数量明显不足的同时，一汽大众的网络布局也不够合理，尤其是在市场快速发展的二、三线城市，仍有很多的网络覆盖盲点。经销商的运营管理能力也不能完全适应日益提高的市场和用户需求，销售满意度和服务满意度还没有达到预期目标。

加快网络发展、提升经销商能力、加强对经销商的支持与服务成为摆在一汽大众面前的首要问题。

在这种情况下，一场经销商网络变革在一汽大众悄然发生。去年，胡咏提出了“经销商合作发展计划”，其核心是视经销商为战略合作伙伴，与经销商建立新型战略伙伴关系，实现合作、发展、共赢。

一汽大众首先进行的就是网络的有效扩张。数据显示，2009 年，一汽大众共新建展厅 39 个，并对 102 个展厅进行了升级，经销商单店销售数字及维修台次均创下历史新高，接近九成的经销商对 2009 年的盈利表示满意。

根据规划，一汽大众还将通过 3 年左右的时间，使销售网络无论是规划布局还是覆盖率都能够支撑“百万辆”的需求。

除大幅增加网络覆盖外，一汽大众还通过推行激励导向的经销商运营管理体系，提升经销商运营管理能力。

为此，一汽大众导入了 J.D.Power“卓越经销商”的认证，希望通过科学的评价标准、系统的培训与支持、有效的管理和评价、合理的激励政策，提升经销商的运营管理水平。到目前为止，一汽大众已经有将近 100 家经销商通过了这项认证。

同时，在稳步提高经销商运营管理能力、提升销售满意度和服务满意度的同时，一汽大众专门构建了一个“过程导向”的商务政策框架，将经销商的表现与厂家的商务政策进行相应的挂钩，为经销商提供融资贷款，引导经销商提高资金利用率，降低成本等。

正是这种将经销商视为战略合作伙伴理念的转变和激励导向的经销商运营管理体系的推进，令一汽大众经销商的盈利能力得到进一步提升，经销商的信心和销售积极性也显著提高。

营销体系提升

在过去的三年中，一汽大众都在以每年新增 10 万辆销量的速度快速增长，这对一汽大众来说既是机遇，更暗藏了风险。虽然其百万辆的营销构架已基本形成，但这样的增速已经让销售公司的体系能力受到了严峻的考验。

于是，一场自上而下的“营销体系能力提升计划”成为过去一年多一汽大众的重点工作之一。

按照“营销体系能力提升计划”，一汽大众启动了对销售公司的组织架构调整。在新的架构下，业务部门被分为 8 个战略单元，分别是东南西北四个销售事业部以及销售计划、市场与战略、网络与培训、售后服务。一些重要的二级部门还建立双经理制，以平衡中德双方的话语权。

在这样的构架下，“销售公司体系能力提升计划”紧紧围绕用户和市场研究、产品定位与规划、资源配给、广告与宣传、渠道管理、终端零售支持、售后服务和客户关系维系八个核心业务领域，抓住组织结构优化、核心人才培养、知识管理、流程设计、团队文化建设五大要素。

胡咏的目标是：抓住目前的市场机会，让一汽大众发挥出最大的产能、最高的物流效率和最佳的营销体系能力，把所有的资源尽快地实施于终端销售。

现在，一汽大众又在全力进行加长版迈腾的相关准备工作。这款车将真正检验一汽大众“经销商合作发展计划”和“销售公司的体系能力提升计划”体系变革的成果。

【案例 9.3】

奇瑞汽车公司销售渠道策略分析

奇瑞汽车股份有限公司（以下简称奇瑞公司）于 1997 年 1 月 8 日注册成立，注册资本为 32 亿元，1997 年 3

月18日动工建设，1999年12月18日，第一辆奇瑞轿车下线。2007年8月22日第100万辆汽车下线。2009年奇瑞公司发布了奇瑞开瑞、瑞麒、威麟三大新的子品牌，宣布奇瑞公司开始执行多品牌战略，曾经“奇瑞”品牌是奇瑞公司全部车型的代名词，然而从2009年开始，“奇瑞”品牌不再涵盖所有车型，它和开瑞、瑞麒、威麟一起，组成“大奇瑞”品牌。其中“奇瑞”品牌定位为大众型乘用车；“开瑞”品牌定位为开拓乡镇市场的小型微型客车；“瑞麒”品牌定位为中高端轿车市场；“威麟”品牌则定位为中高端多功能商务车型。

一、奇瑞汽车公司渠道建设发展历程

在奇瑞公司十几年的发展历程中，曾先后出现以下主要的渠道模式。

1．4S渠道模式

从1997年奇瑞公司成立之初，就开始使用当时汽车制造企业常用的渠道模式，即4S渠道模式，直到2004年底渠道中出现了严重的冲突现象之后为止。

（1）具体做法。

在2005年1月以前，奇瑞公司按照当时国内大部分合资汽车厂家的分销模式建立了专卖店（整车销售、售后服务、零部件供应、信息反馈“四位一体”的4S店）。奇瑞公司的专卖店有3种形式：有“四位一体”的4S店、有做销售功能的3S店、有专做售后服务的1S店。该分销模式主要按国内合资厂家模式建立起来的，由于奇瑞公司和这些合资公司在市场上存在明显不同的特点，如企业经营管理能力、经销商实力、市场环境等因素不同，所以在实行相同的专卖店分销模式时却出现不同的市场反应。2004年，在全国汽车行业整体出现27%的增幅的情况下，奇瑞公司汽车销量却出现了10%的下降，由2003年的9.3万辆下降到2004年的8.4万辆，市场排名由第7名降到第11名。而与此同时，合资品牌整体销量同比增长65%，国内市场占有率上升到90%以上。

（2）出现的问题。

随着奇瑞公司的不断发展，4S渠道模式运作一段时间以后，奇瑞公司渠道中逐步出现了以下问题。

① 经销商不愿意开发周边市场，也不愿意采取任何市场推广行动。因为即便是开发好了的市场也不一定属于自己的，消费者完全有可能去别的经销商那里购车。因此，经销商没有开发市场的积极性。

② 在一个城市中，同一车型有多个经销商，相互之间以价格战的形式进行恶性竞争。而且每个经销商都集中力量去销售畅销的车型，对于那些相对不太畅销的车型或新车型则缺乏销售的积极性，这极大地影响了奇瑞品牌战略的实施。这也是导致QQ车型在市场上一枝独秀而其他车型销售不佳的根本原因。此外，不同档次车型共居一室也不利于差异化销售，比如QQ的顾客群和东方之子的顾客群差别相当大。

③ 有一部分经销商伴随着奇瑞公司的发展而逐步发展壮大，但后来由于竞争激烈，他们中的有相当一部分开始兼营其他品牌，甚至有的经销商脱离了奇瑞公司而加入其他品牌的行列，这使奇瑞公司感到需要与经销商建立相对稳固的合作关系。

2．分网销售渠道模式

为了解决以上在渠道中出现的问题，为了品牌的发展和能与客户进行深入的交流，更为了开拓市场和寻求长期的合作伙伴，从2005年1月开始，奇瑞公司着手对销售渠道进行重大调整，重点推行了分网销售和品牌专营制度。分网销售要求经销商只能代理奇瑞公司的某个品牌，以提高单个品牌销售额。实现分网销售品牌专营是要求经销商只销售奇瑞品牌。

（1）具体措施。

所谓分网，即汽车厂商将旗下不同系（品牌）汽车，授权给不同经销商进行独立销售的渠道模式。由于国外汽车制造企业发展历史较长，分网销售是常用的渠道方式之一，但是在国内奇瑞公司则是这种渠道模式的首位尝试者。

2005年后奇瑞公司进行分网时采取的主要措施有如下几项。

① 奇瑞公司将现有车型划分为S系列（QQ）、A系列（风云和旗云）、B系列（东方之子）、T系列

（瑞虎）四大系列。将这些车型分成两张网，一张网销售 ST 系列车，也就是 QQ 与瑞虎这两款车放在同一个经销店里销售；另一张网销售 AB 系列车，主要是东方之子和风云这两款车型。

② 奇瑞公司分配品牌的依据是经销商的实力。具体方法就是通过竞标方式，经销商上报自己期望销售的车型、目标销售量，随后厂家进行分配。

③ 减少销售网络中一级成员的数量，增加市场覆盖面。要求每一个区域只允许一家销售 AB 系列车的一级经销商和另一家销售 ST 系列车的一级经销商，所以每个区域最多只有 2 家一级经销商。如果一个地区只有一家奇瑞公司的 4S 店，那么这家公司可以销售奇瑞的所有车型。如果某个区域内没有奇瑞一级经销商，其他区域的销售商可以在那里建店。

④ 在实行专卖店的基础上，建立二级代理销售制。奇瑞公司所有的一级经销商都必须互为二级代理。对于经销商而言，做一级经销商和二级经销商的最大不同就是奖励方式。一级经销商在销售自身代理的车型时，可按双方拟定条款进行阶梯式返利；当作为二级代理商销售车辆，仅能获取销售奖励提成，其销售业绩将被计入该车型一级代理商名下。一级经销商享受到的是奇瑞公司的统一销售政策，二级经销商则根据自身的销量和能力受到一级经销商的管理。

⑤ 在分网销售的基础上建立了一系列严格的规章管理制度。为了保证分网销售取得成功，奇瑞公司实行了一些市场网络管理、经销商管理和服务支持的措施。

（2）取得的效果。

分网销售使得奇瑞公司渠道系统得到了进一步的优化。由于分网销售，奇瑞公司具备了在同一地区选择不同销售平台的机会，授权经销商范围的扩大，保证了奇瑞公司的运行效率。具体来说体现在以下 3 个方面。

① 奇瑞公司采用的在一个地区一款车型只选择一个总经销商，其他经销商成为其二级代理，这样一个城市的经销商相互之间便形成了"互为二级代理"的关系。这样每个经销商在某款车型上拥有足够的定价权、市场推广权，经销商的利润得到了保证。

② 奇瑞公司实行分网销售后，改变了经销商之间价格战的恶性竞争局面，经销商开始注重售后服务，使售后服务水平得到大幅度的提高，从而提升了客户满意度。

③ 通过分网销售，奇瑞公司进一步提升了产品的质量，因为分网销售模式需要树立起每个品牌的良好社会形象，从而进一步促进奇瑞公司对产品质量的重视程度。

（3）带来的新问题。

分网销售很好地解决了以前在渠道中存在的水平冲突与垂直冲突现象，但是又出现了一些新的问题，主要有如下几种。

① 市场培育速度慢，不利于新产品上市后迅速占领市场。2005 年，奇瑞公司将东方之子（A）和旗云（B）绑在一起组成 AB 系列一张网，同时将 QQ（S）和瑞虎（T）放在一起组成 ST 系列另一张网。公司主要是靠这两张网络来销售产品。随着奇瑞公司的迅速发展，2005 年底公司拟大量上市新产品，公司准备成立第三张和第四张网络。由于每个区域每个系列的经销商只能有一家，招募进来的第三张和第四张网大部分都是新经销商，这些新经销商对奇瑞公司企业理念文化的了解需要一个过程，同时他们的实力相对较弱，因此不利于新产品上市后迅速占领市场。

② 市场拓展困难，消费者购车不方便。在分网销售模式下，部分经销商确实获得了某一车型的销售权，但在这样的局部垄断情况下，市场拓展却是一件相对困难的工作。同时这种分网销售模式给消费者带来不便，如果一个消费者要购买 QQ 车型，但是他到了一家瑞虎的经销商那里，销售人员会向其重点推荐瑞虎产品，甚至于在瑞虎的经销商那里没有 QQ 车型的样车，从而增加了客户流失的可能性。

③ 因为利润与竞争的原因，大部分经销商不愿意销售二级代理车型。一方面作为二级经销商从一级经销商处提车的成本价较高。另一方面由于经销商之间的竞争关系，而不愿意为竞争对手多卖车，甚至还会出现销售人员为了推销自家车型而诋毁代理的二级车型，从而不利于奇瑞公司树立统一、良好的品牌形象。

④ 分网销售模式引起经销商之间的矛盾，从而影响厂商关系。一方面厂家一般根据经销商的实力来分配其经销车型。实力强的经销商分配到比较畅销的车型，实力相对较弱的只能选择其他车型。这样经销商之间就出现了矛盾，实力相对较弱的经销商会直接迁怒于厂家，抗议这种不公平的待遇。另一方面经销商资金回笼难的问题也比较突出。建立一个品牌 4S 店，经销商往往要投入几百万甚至更多的资金，经销的品牌单一，利润的空间自然也小，庞大的资金回收周期长，经销商的利益受到损害，就会增加对厂家的不满。

3．直营店渠道模式

2005 年，奇瑞公司在销售欠佳的广州建立了第一个厂家直营店，之后由于广州市场表现提升比较快，奇瑞公司很快就把直营店转给当地的经销商来运营。作为市场推动的一种方式，直营店存在的时间并不长。2007 年 7 月，为了更好地推动浙江市场的发展，奇瑞公司在杭州建立了第二家直营店。这个直营店经营的效果非常好，不仅直接带来销量的增长，还大大提高了当地经销商的积极性，为当地市场注入了极大的活力。后来又由于 2006 年江苏市场上奇瑞车型的销售达不到奇瑞公司全国的年平均增长水平，于是 2007 年 10 月奇瑞公司在南京的直营店开业。奇瑞公司除了重资营建南京直营店，还抽调优秀的销售人员给予支持。南京直营店对当地市场起到了很好的推动作用。在表现欠佳的市场，奇瑞公司采用这种直营店来帮助当地经销商进行市场开拓，因此直营店是其他渠道模式重要的补充形式。

4．奇瑞汽车城渠道模式

2007 年年初，作为对分网渠道模式的补充，奇瑞公司推出了另一创新的渠道模式，提出了建立超级 4S 店集群的“纵横中国”计划。这是在中国首次出现的单品牌汽车城，奇瑞公司计划于 2007 年在全国共规划 20 个汽车城。经销商只要有一张独立营业执照、一个独立 4S 店、一个独立的组织机构、一笔独立且封闭的运营资金就可以申报奇瑞汽车城，不受一个企业只能代理一个事业部产品的政策影响。这种设置若干个经销不同奇瑞产品的销售大厅，配备统一的服务及配套设施，成为“品”字布局的奇瑞汽车城。奇瑞汽车城的功能在 4S 店功能外继续向外延伸，为用户提供保险、上牌、客户联谊等“一站式” 的附加服务。之所以叫做“纵横中国”，是因为从地理方位上，奇瑞公司在整个中国市场进行了新一轮的营销版图布局：纵线是指北起哈尔滨，通过长春、沈阳，顺延 102 国道线到达北京，再沿着 107 国道南至深圳、东莞、广州。横线则是东始上海，向西延伸，顺着 312 国道一直到达乌鲁木齐。2007 年 4 月份奇瑞公司第一个中国汽车城在西安开业，5 月份北京、上海的两个汽车城同时开业，随后其他的汽车城陆续建立起来。当时预期在这两条线上，在 2007 年底将有 20 个奇瑞汽车城完工，其中 15 个可投入营运。但截止至 2008 年 3 月，已经建成并投入运营的奇瑞汽车城仅有 7 家，横线上有 3 家，分布在西安、苏州和上海，纵线上的 4 家分布哈尔滨、北京、郑州和南宁。最后没有按计划完成的原因是奇瑞公司将战略的重心从销售转移到服务及品牌形象上。

二、奇瑞汽车公司渠道策略分析

无论是分网销售、直营店还是汽车城，无不体现奇瑞公司的渠道创新策略，总体来说主要表现在对经销商价值的提升和对消费者价值的提升两个方面。

1．经销商价值提升策略

从 2005 年 3 月到 2007 年 3 月，奇瑞公司采取两大措施来实现经销商价值的全面提升，其一是通过在企业内部建立独立销售部门，管理独立的销售渠道，4 大销售部对 9 大系列产品进行销售管理，通过稳定市场秩序，实施分网销售和经销商—工厂系统订单管理模式，创造良好竞争环境，使得奇瑞公司经销商的实力升级，从而为消费者提供更好的服务。其二是经销商分级管理。根据奇瑞区域网络规划和城市分类，对不同类别城市规划品牌经营组合，引导和促进销售服务商与奇瑞公司的同步发展，并充分保障老经销商利益，实现其优先发展，以实现对终端细分市场深度开发，促使“雁队结构”的最终形成。“雁队结构”的形成是根据经销商的年销售额，将经销商分别分为普通级、银级、黄金级、白金级、钻石级 5 种级别进行管理，根据 5 种级别的数量排序后，形成一个结构为类似“雁队”的结构趋势。

2．消费者价值提升策略

从 2007 年 4 月以后，奇瑞公司通过对新渠道的开发以及对分销渠道的合理规划经营，实现从 4P 到 4C 的转化，提升消费者的价值。主要措施是通过创新渠道补充模式、增加新分销方式和创新大区模式三大主要战略模块来实现。

（1）创新渠道补充模式。

由于经销商团队整体的发展，原钻石级经销商团队进一步分化，为了更有效地描述此级别经销商的特征，在钻石级经销商的基础上根据销量或销售额（年销量超过 1 万辆或销售额超过 4.8 亿元），新划分出超钻石经销商，并给予重点扶持，树立标杆，以此建立单品牌 4S 店集群：奇瑞汽车城，全面提升服务能力和品牌形象。奇瑞汽车城是奇瑞产品的 4S 店集群，除了具备 4S 功能，还为消费者提供保险、上牌、客户联谊等附加功能的一站式服务。这样做有 3 方面作用。一是奇瑞公司进一步支持经销商做大做强，吸引更多的全国一流经销企业加盟，使奇瑞公司销售渠道竞争力进一步加强，成为其核心竞争力之一；二是奇瑞汽车城的功能将在 4S 店的功能外继续延伸，使奇瑞的服务更加集约化，大大加强后市场功能，用户将得到更多的附加价值；三，经销商整体素质将进一步得到提升，从而促进奇瑞品牌价值的提升。

（2）增加新分销方式。

互联网已成为重要的信息传播渠道，其影响力日益扩大。以奇瑞 A1 为例，根据奇瑞 A1 的定位，其客户多为年轻白领或时尚人士，故采用网上的订购和消费者—工厂订单模式：A1 网购 C—to—B Order System。奇瑞 A1 这种的订单模式，对市场的预测更加科学准确，使企业能更好地控制其物流和资金流，缩短了供货周期，实现了企业信息流、物流与资金流“三流合一”的目标，从而使消费者从中获益。A1 这种新分销方式也可以供奇瑞公司其他品牌借鉴。

（3）创新大区模式。

奇瑞公司进行大区管理时，对内部组织进行改革，建立全新的运营管理部，替代原本的大区经理，运营管理部也具有了新的职能，立足于消费者，以提升消费者满意度为工作目标，对经销商进行能力培训和制定服务标准。创新大区模式统一了经销商服务标准，强化了服务体系，提升了经销商的服务水平，最终提高了消费者满意度。

分析与思考

1．什么叫产品分销渠道？它有哪些具体表现形式？

2．分销渠道有哪几种模式和类型？各有何特点？

3．如何理解分销渠道长度和宽度？企业应如何选择？

4．中间商有几种类型？各种中间商的特点和作用如何？

5．影响分销渠道选择的因素有哪些？

课程实践

1．目标

掌握汽车企业分销渠道策略及管理方法。

2．内容

将学生分成若干小组，调查某汽车公司在当地的分销渠道，并用所学过的理论知识分析其分销渠道的模式，写出调查报告。

3．要点及注意事项

收集到的资料应完整、齐全，要及时处理相关材料和数据，并注意比较、鉴别。

10

第 10 章　汽车促销策略

学习目标与要求

1. 掌握汽车促销策略组合应考虑的因素。
2. 掌握人员推销的方法、策略与技巧。
3. 掌握广告决策方法。
4. 掌握公共关系促销的方式、主要决策方法。
5. 掌握营业推广方案的方式、制定与评价。

现代汽车市场营销不仅要求汽车生产企业发展适销对路的汽车产品，制定吸引人的汽车价格，使目标顾客易于获得他们所需要的汽车产品，而且还要求企业采用各种促销方式，开展一系列的促销活动，激发消费者的购买欲望，实现汽车产品的销售，满足顾客的需求。汽车销售促进策略是汽车企业整个营销策略中最重要的一个环节。

10.1　汽车促销策略组合

10.1.1　促销的概念与作用

1. 促销的概念

促销又称销售促进，就是营销者将有关企业及产品的信息通过各种方式传递给消费者和用户，促进其了解、信赖并购买本企业的产品，以达到扩大销售的目的。因此，促销的实质是营销者与购买者和潜在购买者之间的信息沟通。

促销的任务就是要达成买卖双方的信息沟通。企业作为产品的供应者或卖方，面对广泛的消费者，需要把有关企业自身及所生产的产品、劳务信息传递给顾客，使他们充分了解企业及其产品、劳务的性能、特征、价格等，藉以进行判断和选择。这种由卖方向买方的信息传递，是买方得以做出购买行为的基本前提。另外，在促销过程中，作为买方的消费者，又把对企业及产品、劳务的认识和需求动向反馈到卖方，促使卖方根据市场需求进行生产。这种由买方向卖方的信息传递，是卖方得以适应市场需求的重要前提。可见，促销的实质是买方和卖方的不断循环的双向信息沟通。

2．促销的作用

现代促销活动不仅帮助或说服潜在顾客购买，而且要刺激消费需求的产生。在现代市场营销活动中，促销具有以下作用。

（1）传递信息。在产品未进入市场之前，企业通过促销手段及时向中间商和消费者提供情报，引起公众广泛的注意，吸引他们注意力，通过传递产品信息，把分散、众多的消费者与企业联系起来，便利消费者或顾客选择购买，成为现实买主。

（2）增加需求。在促销活动中向顾客介绍产品，不仅可以诱导需求，而且可以增加需求甚至创造新的需求，收到扩大销售的效果。因为通过介绍新的产品，展示合乎潮流的消费模式和标准，提供满足消费者生存和发展需要的承诺，从而唤起顾客的购买欲望，创造出新的消费需求。

（3）突出特点。通过企业的促销活动，可以显示企业自身和产品特色风格性能和特点，宣传自己的产品与竞争者产品的区别，尤其是不易为顾客所觉察的细微差别，这样可使潜在顾客和社会公众较好地了解本企业产品给其带来的特殊的附加利益，促进销售实现。

（4）稳定销售。由于市场竞争的存在使企业的产品销售量起伏不定，通过促销活动不仅能改变潜在顾客的某些顾虑或观望的态度，而且还能使顾客形成对企业产品的“偏爱”，从而稳定产品销售，达到巩固企业的市场地位的目的。

10.1.2　促销的基本方式与特点

为了有效地与购买者沟通信息，可通过广告来传送有关企业及产品的信息；可通过各种营业推广方式来加深顾客对产品的了解，进而促使其购买产品；可通过各种公共关系手段来改善企业在公众心目中的形象；还可派遣推销员面对面地说服顾客购买产品。

1．人员推销

人员推销。即企业通过派出推销人员与一个或几个以上的可能购买者交谈、介绍和宣传产品，以扩大产品的销售的一系列活动。

2．广告促销

广告是通过报纸、杂志、广播、电视、广告牌等广告传播媒体形式向目标顾客传递信息。采用广告宣传可以使广大客户对企业的产品、商标、服务等加强认识，并产生好感。其特点是可以更为广泛（如推销员到达不了的地方）地宣传企业及其商品，传递信息。

3．公关促销

为了使公众理解企业的经营活动符合公众利益，并有计划地加强与公众的联系，建立和谐的关系，树立企业信誉的一系列活动即属于公共关系。其特点是不以短期促销效果为目标，通过公共关系使公众对企业及其产品产生好感，并树立良好的企业形象。它与广告的传播媒体有些类似，但又是以不同于广告的形式出现的，因而能取得比广告更长远的效果。如报告文学、电视剧、支持社会公益活动等公共关系手段的效果就很好。企业运用公共关系的目的不仅在于促销，还具有为企业的生产经营创造更为和谐的营销环境等目的。

4．营业推广

营业推广是由一系列短期诱导性、强刺激性的战术促销方式组成。它一般只作为人员推销和广告的补充方式，其刺激性很强，吸引力很大，包括赠送免费样品、赠券、奖券、展览、陈列、折扣、津贴等，它可以鼓励现有顾客大量、重复购买，并争取潜在顾客，它还可鼓励中间商大量销售。与人员推广和广告相比，营业推广不是连续进行，只是一些短期性、临时性的能使顾客迅速产生购买行为的措施。

以上几种促销基本方式的优缺点分析见表10-1。

表10-1 各种促销方式优缺点分析表

促销方式	优点	缺点
人员推销	直接沟通信息，反馈及时，可当面促成交易	人才难得，占有人员多，费用多，接触面窄
广告推销	传播面广，快，形象生动，可将信息艺术化，引起注意，加深印象	说服力较小，难以促成即时购买行为
公关促销	影响面广，信任程度高，容易得到顾客的信任，可提高企业知名度、美誉度和信赖度	花费力量较大，效果难以控制，难以形成即时购买行为
营业推广	吸引力大，能激发购买欲望，可促成消费者当即采取购买行为	接触面窄，有局限性，有时会降低产品身价

10.1.3 促销的基本策略

由于人员推销、广告宣传、公关促销、营业推广这四项促销方式各有特点，所以促销策略可能是某一二项的单独运用，也可能是四者的综合运用。不论如何，归纳起来看，促销的基本策略是“拉引”和“推动”两大策略。

1．拉引式策略

拉引式策略主要是利用非人员方式来促使潜在顾客产生对经营者的产品或劳务的需求及购买欲望，以促进销售的产品推销策略。一般是由生产者大量地进行广告宣传等活动，激发消费者对企业产品发生兴趣，增加需求量，反过来又刺激中间商主动经销，从而打开产品的局面。一般方法有：广告促销、信誉促销，即通过一些服务承诺，增加顾客对产品的信任感和吸引力。

2．推动式策略

推动式策略是利用一定方式如人员促销把产品或劳务推向目标市场以促进销售的促销策略。具体方法是：产品经由流通组织商业机构的各种推销会、订货会等方式进入市场。即将产品从生产企业推向批发商，再由批发商推向零售商，最后，推销给消费者。

应该讲所有促销策略都具有推、拉作用，可以说拉中有推，推中有拉，很难分得清。但其中最本质的区别是：拉引式策略以各种促销手段为主；而推动式策略主要是以各种商业组织、流通机构的功能为主的。

10.1.4 汽车促销策略组合应考虑的因素

所谓汽车促销组合就是把广告、销售促进、人员促销和公共关系等各种不同的汽车促销方式有目的、有计划地结合起来，并加以综合运用，以达到特定的促销目标。这种组合既可包括上述四种方式，也可包括其中的两种或三种。由于各种汽车促销方式分别具有不同的特点、使用范围和效果，所以要结合起来综合运用。

1．汽车促销目标

要确定最佳的汽车促销组合，首先需考虑汽车促销目标。汽车促销目标不同，应有不同的汽车促销组合。如果汽车促销目标是为了提高汽车产品的知名度，那么汽车促销组合重点应放在广告和销售促进上，辅之以公共关系宣传；如果汽车促销目标是为了让消费者了解汽车产品的性能和使用方法，那么汽车促销组合应采用适量的广告、大量的人员促销和某些销售促进；如果汽车促销目标是立即取得某种汽车产品的销售效果，那么重点应该是销售促进、人员促销，并安排一些广告宣传。

2．汽车市场性质

不同的汽车市场，由于其规模、类型、潜在消费者数量不同，应该采用不同的促销组合策略。规模大、地域广阔的汽车市场，多以广告为主，辅之以公共关系宣传；反之，则应该以人员促销为主。汽车消费者众多、却又零星分散的汽车市场，应以广告为主，辅之以销售促进、公共关系宣传；汽车消费者少、购买量大的汽车市场，则应以人员促销为主，辅之以销售促进、广告和公共关系宣传。潜在汽车消费者数量多的汽车市场，应采用广告促销，有利于开发需求；反之，则应采用人员促销，有利于深入接触汽车消费者，促成交易。

3．汽车产品档次

不同档次的汽车产品，应采取不同的促销组合策略。一般说来，广告一直是各种档次汽车市场营销的主要促销工具；人员促销是中、低档汽车的主要促销工具。

4．汽车市场寿命周期

随着产品市场寿命周期阶段的变化，企业的营销策略、营销重点都有所改变。所以，要有针对性地编配不同促销组合，产品市场寿命周期不同阶段促销组合与目标重点见表 10-2。

表 10-2　产品市场寿命周期不同阶段促销组合与目标重点

产品市场寿命周期	促销目标重点	促 销 组 合
投入期	建立产品知晓度、知名度	各种介绍性广告、人员促销、导入 CIS 策略
成长期	提高产品的知名度、美誉度	改变广告形式（如形象广告）
成熟期	增加产品的美誉度、信赖度	同上
衰退期	维持信任、偏爱	营业推广为主，提醒性广告
整个周期阶段	消除顾客的不满意感	利用公共关系

10.2　人员推销策略

人员推销虽然是一种传统的古老的促销方式。但在现代企业市场营销中，人员推销仍然起着十分重要的作用。而且国内、外许多企业在人员推销方面的费用支出要远远大于在其他促销组合因素方面的费用支出。

10.2.1　人员推销的特点

所谓人员推销是指企业通过派出销售人员与一个或一个以上可能成为购买者的人交谈，作口头陈述，以推销产品，促进和扩大销售。不难看出，人员推销是销售人员帮助和说明购买者购买某种产品或服务的过程。在这一过程中，销售人员要确认，并通过自己的努力去吸引和满足购买者的各种需求，使双方能从公平交易中获取各自的利益。

同非人员推销相比，人员推销的最大特点是具有直接性。无论是采取推销人员面对面地与顾客交谈的形式，还是采取推销人员通过电话访问顾客的形式，推销人员都是在通过自己的声音、形象、动作或拥有的样品、宣传图片等直接向顾客展示、操作、说明，直接发生相互交流。人员推销的这种直接性的特点，决定了实施过程中既有优于非人员推销的一面，也有劣于非人员推销的另一面。人员推销的优点主要表现为以下几方面。

1. **作业弹性大，较灵活**

推销人员与顾客保持直接联系，在促销过程中可以直接展示产品，进行操作表演，帮助安装调试，并且根据顾客反映出来的欲望、需求、动机和行为，灵活地采取必要的协调措施，对顾客表现出来的疑虑和问题，也可以及时进行讨论和解答。

2. **双向信息传递**

推销人员在促销的时候，可以向客户宣传介绍产品的质量、性能、售后服务以及拥有后的好处和愉快的心情等。同时，还可以倾听客户的意见和要求，了解客户的态度和疑虑，收集和反馈企业在营销中存在的问题，为企业改进营销管理工作提供决策依据。

3. **针对性强**

采取广告方式等非人员推销手段，面对的是广泛的社会公众，他们可能是也可能不是该产品的顾客，而人员推销在作业中往往要事先对顾客进行调查研究，选择潜在顾客，直接针对潜在顾客进行促销活动。针对性强，可以减少浪费，促销绩效也比较明显。

4. **及时促成购买**

人员推销的直接性，大大缩短了从促销活动到采取购买行为之间的时间间隔。采取广告促销方式，顾客有一个接收、思考、比较 、认定以及到商店购买的时段，而人员推销活动，则可以使顾客的种种问题迎刃而解，在推销人员面对面的讲解、说服帮助下，可以促进顾客立即采取购买行为，实现即期购买。

5. **巩固营业关系**

推销人员在与顾客长期反复的交往过程中，往往培养出亲切友好的人际关系。一方面推销人员在帮助顾客选择称心如意的产品，解决产品使用过程中的种种问题，使顾客对推销人员产生亲切感和信任感；另一方面，顾客对推销人员的良好行为予以肯定和信任，也会积极宣传企业的产品，帮助推销人员拓展业务，从而形成长期稳定的营业关系。

人员推销最主要的缺点是：当市场广阔而又分散时，推销成本较高；同时，推销人员的管理也比较困难；此外，理想的推销人员也非易得。

10.2.2 人员推销的方法

人员推销的方法较多，主要有直接推销法、应用推销法、关系推销法、连锁推销法、优惠推销法、互惠推销法等。

1. **直接推销法**

直接推销法是企业营销人员直接对不确定的销售对象所进行的一种推销方法，这种推销方法比较简单，多为新营销人员所使用；一些老营销人员到新市场去推销产品，有时也使用之。使用这种推销方法，又可采用两种形式：一是营销人员选择某一地区，挨家挨户进行访问推销。日本丰田汽车公司的营销员，每到一个新地方，多采用这种方法进行汽车推销。二是营销人员对完全不熟悉的对象，进行询问式或叫喊式的随意推销。

2. **应用推销法**

应用推销法是企业营销人员采用现场表演、现场试用、现场操作等手法向人们推销产品的一种方法。这种销售方法虽较古老，但能收到“百闻不如一见”的效果。如有的推销员在商店、学校推销电子琴时，除了介绍该琴的特点外，还当众演奏一支支悦耳动听乐曲，唤起了人们的购买欲望。有的还当场向顾客介绍电池怎样放、开关怎样用、音量怎样调、节拍怎样找、故障怎样排除，以及怎样进行简易的维修等。只要推销人员正确使用了应用推销法，每次推销均能取得良好的效果。

3. 关系推销法

关系推销法是企业营销人员利用各种人际关系，通过曲线手法向人们推销产品的一种方法。每一个人都有一定的人际关系，推销人员在工作中也可通过人际介绍，收到“不看僧面看佛面”的效果，从而获得较多的推销对象。

4. 连锁推销法

连锁推销法是利用营销人员建立起来的基本客户介绍新用户的推销方法，也称滚雪球式推销。营销人员在使用这种方法时，应注意两个问题：一个是与基本客户要建立起十分信赖的关系。为此，平时营销人员除要同这些客户保持经常的业务往来外，还要进行适当的感情投资；二是请基本客户连锁介绍新客户时，要相机行事，不能操之过急，更不能强人所难。

5. 优惠推销法

优惠推销法是企业营销人员在向用户推销产品时，采用适当的优惠手法，促使产品成交的推销方法。例如，可根据用户购买数量的多少，采用一定的折扣优惠；可根据用户的爱好，采用一定的馈赠优惠；可根据国内外的民族习惯，采用一定的节日优惠，等等。优惠推销法是利用消费者的实惠心理、求廉心理、喜庆心理，以取得消费者欢心的有效的推销方法。

6. 互换推销法

互换推销法是一企业的营销人员与另一企业的营销人员彼此交换客户的推销方法。例如，照相机厂的营销人员与胶卷厂的营销人员，经过协商，在销售本厂产品的同时，可代为推销对方的产品。在使用这种方法时，双方应慎重提供客户名单，若一方提供的客户对其介绍的产品不满意，则会影响其与原客户的关系，甚至会失去原客户。

10.2.3 人员推销的策略

营销人员使用上述方法推销产品时，还要讲究如下策略。

1. 试探式策略

又称“刺激——反应”策略。它是在企业营销人员不了解顾客需求的情况下，常用的一种“投石问路”的推销策略。一般做法是：营销人员事先准备好几套促销的对话，然后根据用户的反应，决定是否采用第二套或第三套对话，直至探知用户的真实需求，进而用说服、宣传等手法，促成用户的购买行为。

2. 针对式策略

又称“配方——成交”策略。它是在事先已基本了解用户某些需求的情况下所采取的一种有目的的推销策略。一般做法是：营销人员在向顾客推销产品之前，就要根据顾客的需求情况，预先考虑好说话的主要内容。一旦与顾客接触，顾客就会饶有兴趣地与其攀谈，较快地达成交易。在使用这种策略时，如谈话内容不符合顾客的兴趣，营销人员应立即转移话题，采用试探式策略，不要将错就错。

3. 诱导式策略

又称“诱发——满意”策略。它是在顾客有某种需求，但暂无购买欲望的情况下所采取的一种推销策略，一般做法是：先由营销人员与用户交谈，看对方对哪些产品感兴趣，然后因势利导，介绍企业产品特点，诱使用户与自己达成交易。这种推销方式具有创造性，要求营销人员具有较高的推销技能。

10.2.4 人员推销的技巧

推销员在了解了上述推销方法、策略之后，还必须掌握一些推销技巧。

1. 建立和谐的洽谈气氛的技巧

推销员与客户洽谈，首先应给客户一个良好的印象，懂礼貌、有修养、稳重而不呆板、活泼而不轻浮、谦逊而不自卑、直率而不鲁莽、敏捷而不冒失。

2. 开谈的技巧

在开始洽谈阶段，推销人员应巧妙地把谈话转入正题，做到自然、轻松。

3. 排除推销障碍的技巧

推销员如果不能有效地排除和克服所遇到的障碍，将会功亏一篑。因此，要掌握排除下列障碍的技巧。

（1）排除客户异议障碍。如果发现客户欲言又止，推销员应自己少说话，直截了当地请客户充分发表意见，以自由问答的方式真诚地同客户交换意见和看法。对于客户一时难以纠正的偏见和成见，可以将话题转换。

（2）排除价格障碍。应充分介绍和展示产品特点，使客户感到“一分钱一分货”。

（3）排除客户习惯势力障碍。实事求是地介绍客户不太熟悉的产品，并将其与他们已经习惯的产品相比较，让客户乐于接受。还可以通过相关群体的影响，使客户接受新的观念。

4. 与客户会面的技巧

一是要选好见面的时间，以免吃“闭门羹”；二是可采用请熟人引荐、名片开道、同有关人员交朋友等策略，赢得客户的欢迎。

5. 抓住成交机会的技巧

推销员应善于体察客户的情绪，在给客户留下好感和信任时，应抓住机会发动进攻，争取签约成交。

一个好的推销员，除了掌握上述方法与技巧外，其推销业绩还与推销员的良好个性有关。如口齿要伶俐，要有“三寸不烂之舌”；脑子要灵活，反应要快，善于察言观色，善解人意；性格要温和，不急不躁，善于与人相处，富有耐心。尤其在我国这个看重礼仪的邦国里从事推销活动，推销员一定要做到不管市场是热是冷，都要常“走亲戚”，有生意谈生意，没生意叙友情，把老用户当知己，把新用户当朋友。

10.2.5 人员推销的组织与管理

1. 人员推销的组织

为了搞好企业的人员推销工作，企业的营销部门应对推销人员进行合理的组织。一般可采用以下四种组织形式。

（1）按不同的销售地区组织。这是多数企业采用的一种组织形式，即根据企业产品销售的不同地区，如华东、西南地区，或某市、省等，由专人负责一个或几个地方的产品的推销工作。采用这种形式，由于划定了销售地区，目标明确，便于营销人员采用适当的措施，不断巩固老用户和开拓新市场，而且可节约企业的推销费用。但在产品或市场差异性较大时，企业人员不易了解众多的产品和客户，会影响推销的效果。

（2）按不同的产品品种组织。这也是企业常用的一种推销组织形式，即根据企业产品的不同品种，由专人负责一个或几个产品的销售。如果企业的产品品种较多，技术性能或结构复杂，采用这种组织形式，有利于营销人员对某几种产品的技术性能的深刻了解，可向用户作有效的推销。但采用这种组织形式时，企业的营销费用较大。

（3）按不同的销售对象组织。即根据企业产品的不同用户，由专人负责一个或几个用户，组织产品销售。例如，可按不同的行业，分为机械、纺织、电子系统等；可按不同的流通渠道，分成批发部门、零售部门等，由推销人员分工包干。采用这种组织形式，有助于营销人员根据行业的情况搜集信息，按行业的特点进行产品销售，有利于企业与客户建立良好的供需关系。但在用户分散或销售路线过长时，不宜采用这种方法。

（4）按上述 3 种情况综合组织。在企业规模较大、产品品种较多、客户又较分散的情况下，就要根据企业产品销售的不同地区、不同产品、不同顾客对上述三种组织形式作综合考虑。这样可以精干队伍、精简人员、提高效率。这种组织方式，是目前发达国家普遍采用的方式。

2. 人员推销的选拔与培训

对推销人员的选拔，可以有两个途径。一是从企业内部的职工中挑选。因为他们熟悉企业的基本情况，具备一定的产品技术知识，可以减少训练的时间，迅速补充销售力量；二是向社会公开招聘。

企业选拔推销人员的工作，一般有三个方面：一是履历审查。了解其工作态度、工作经验、工作业绩和社会交往情况，以此作为选择的基础；二是笔试。通过综合知识测验，掌握其文化知识和业务知识状况，以此作为选拔的依据；三是面试。通过面试可以比较准确地评定一个人的语言能力、仪表风度、推销态度以及理解问题和解决问题的能力等，这是选拔的决定因素。

被选中的人，还必须经过一定的训练，才可充当企业推销人员的角色。对于原有的推销人员，也应每隔一段时间，组织他们进行再培训，学习新的经营思想、市场营销策略和了解产品、市场的新情况。推销人员培训的内容，主要有两大方面：一是素质培训。主要是对选定的人员要进行基础理论、产品知识、企业知识、顾客知识、市场知识和推销技巧的综合培训，同时帮助他们树立积极进取的工作态度，以使他们达到推销员应有的素质要求；二是对他们进行有关政府法规，业务职责和工作程序的培训。

推销员培训的方法，有集体培训和个别培训两种。集体培训的方式有：专题讲座、模拟演示、分组讨论、岗位练兵等。个别培训的方式有：在职函授，业余进修，请有经验的推销人员“传、帮、带”，采用工作手册或其他书面资料教育、学习。推销人员也可脱产参加专门的培训、短期学习和专门进修。

3. 人员推销的评价

企业必须对促销人员的工作业绩加以考核和评价，以作为激励促销人员的标准，也可为企业制定营销战略提供必要的依据。另外，公司应及时向促销人员反馈对其评价的标准和结果，以使他们能尽力按照公司的目标和要求去改进工作。

公司获取促销人员工作业绩的信息来源主要是销售报告，如促销员工作计划、区域营销计划、访问报告等，其他来源有消费者与其他促销人员的评价意见、主管领导的综合考察等。

具体评价的方法如下。

（1）现在与过去销售额的比较。就是把促销人员目前的成绩与过去的成绩进行比较，从而获得该促销人员工作进展的直接指标。

（2）消费者满意评价。通过信件调查表或电话访问收集消费者对促销人员服务的意见，用以作为对促销人员激励的依据之一。

（3）促销人员品质评价。包括促销人员对公司、产品、消费者及竞争对手的了解程度，对自身职责、有关法规的执行情况。例如，促销人员的陈述必须与广告内容一致，不能误导消费者，不可以诽谤竞争对手等。

10.3 广告促销策略

汽车广告是汽车企业用以对目标消费者和公众进行说服性传播的工具之一。汽车广告要体现汽车企业和汽车产品的形象，从而吸引、刺激、诱导消费者购买该汽车产品。在汽车营销活动中，广告具有十分重要的地位和作用。

10.3.1 广告的概念与作用

在市场营销活动中，广告是指由特定的广告主有偿使用一定的媒体，传播产品和劳务信息给目标顾客的促销行为。广告作为促销的一种重要形式，对于迅速、广泛地传播信息，沟通产销联系发挥了重要的作用。广告主要具有以下几方面的作用。

1．传递信息，激发需求

传递信息是广告活动的基本功能。在市场经济条件下，产品的制造与最终消费者很少直接见面，广告则起了沟通产需双方的桥梁作用。广告通过信息的传播，一方面使消费者知晓企业的产品，了解产品的供求信息，知道该产品已经上市或即将上市，为消费者购买提供了方便；另一方面，广告传递的信息不同于一般产品信息，常带有劝诱性和激励性。它通过强化潜在顾客对产品的印象，起着诱发刺激的作用，激发了他们对产品的需求。此外，广告激发需求功能的发挥，还可起到创造流行、建立新的消费习惯的作用。事实上，许多流行产品的出现和新的消费者模式的建立，与广告的宣传是分不开的。

2．指导消费，扩大销售

认知产品是购买产品的前提，只有消费者充分地认识和了解产品之后，才能做出购买决定。现代市场上，新产品层出不穷、琳琅满目，如果不借助广告的宣传，消费者就很难找到自己需要的产品和其他服务项目。广告指导消费者购买，扩大了产品的销售。

3．有利于竞争，稳定市场

广告是企业在竞争激烈的现代市场上取胜的一个重要工具。企业通过广告这一有力武器，能加深消费者对企业的良好印象，建立信誉，使消费者相信本企业的产品优于其他竞争品，从而为企业开拓市场，巩固市场创造条件。

10.3.2 广告决策

1．广告目标确定

决定广告策略，首先要考虑的因素是广告实现的目标。依据对增加销售和利润的重要程度，广告目标有以下 4 种。

（1）显现。目标在于通过广告把商标、企业名称传送给社会，要让大家知道这家企业的存在，有利于推销人员去拜访时，脑子里事先就有印象。

（2）认识。企业在目标顾客已看到或听到其广告后，进一步要通过广告让顾客充分认识企业和产品，记住产品的性能、品质特点。

（3）态度。目标在于增进目标顾客对企业和产品的喜爱程度，希望通过广告改变人们的态度和思考方式，更倾向于本企业的产品。

（4）销售。一切广告的最终目的都在于增加销售，但广告本身很可能并不会达成某一交易。以销售为目标的广告，重点放在宣传现在就买的理由。

企业究竟选择什么样的广告目标，需要具体分析以下三个因素：企业的市场发展总策略；产品的市场销售生命周期；消费者特征及所处的行为程序阶段。如日本丰田汽车公司在进入中国汽车市场时，打出“车到山前必有路，有路必有丰田车”的广告，震撼人心。又如上海大众仍经常为已经处于成熟期的桑塔纳轿车做广告，提醒消费者对桑塔纳轿车的注意。

2．广告预算

广告预算从财务上决定了企业广告宣传的规模和进程。广告预算大，企业可以从事许多种类的广告，也可选择一些花费高昂的广告，反之则可能受到限制。影响广告预算的因素主要有：产品新颖程度、产品的差别性、产品竞争力、目标市场的大小、竞争对手的强弱等。

广告预算的主要方法有如下五种。

（1）量力而行法。企业根据其财力情况来决定广告开支多少。但是，广告是企业的一种重要促销手段，企业做广告的根本目的在于促进销售。因此，企业做广告预算时要充分考虑企业需要花多少广告费才能完成销售指标。所以，严格说来，量力而行法在某种程度上存在着片面性。

（2）倾力投掷法。在企业实力雄厚的情况下，广告预算采取广告费用能支付多少，就定多少的办法。这种方法的优点在于有利于大力宣传企业的产品，易于迅速扩大知名度。缺点是广告费用支出不一定符合市场开发的需要，可能出现浪费。

（3）销售百分比法。即企业按销售额的一定百分比确定预算。其中因销售额的选择不同，如可选上年的销售额、本年计划的销售额，以及上年与本年平均的销售额等，可能有不同的销售百分比。这种方法的优点是：广告费与销售挂钩，使企业的每一笔广告费支出都与企业盈亏息息相关。缺点是把销售额的变动作为广告费变动的原因而不是结果，倒果为因，缺乏机动性。

（4）竞争对等法。即企业以竞争对手的广告支出作为参照来确定企业的广告预算。其假定是竞争对手的支出行为在本行业中有一定代表性，同时本企业有能力赶上竞争对手的广告支出。这种方法的优点是有利于企业竞争，缺点是竞争对手的广告费用不易确定，并且在很多方面难于模仿。

（5）目标任务法。在确定广告预算时主要考虑企业广告所要达到的目标。首先尽可能地明确广告的目标；其次确定这些目标所要从事的工作；最后估计每项工作所需的成本，各项成本相加即广告预算。这种方法的优点是逻辑上合理，使企业的特定目标与企业广告联系起来。缺点是广告目标不易确定，预算也就不易控制。

3．广告媒体的选择

广告所发出的各种信息，必须通过或加载到一定的媒介载体上才能传达到消费者。广告媒体是在广告主与广告接收者之间起媒介作用的物体。广告所运用的媒体，有报纸、杂志、广播、电视、电影、幻灯片、户外张贴、广告牌、霓虹灯、样本、传单、书刊和包装物等。其中最常用的四大媒体是报纸、杂志、广播、电视。由于不同的广告媒体有不同的特点，起不同的作用，各有其优缺点，在广告活动中应根据实际情况择善而行。就四大媒体来说，其优缺点主要表现在以下方面。

（1）报纸广告。优点是传播范围广、读者广泛；传播及时、信息量大；较大的可选择性和伸缩性和较高的可信性。缺点是时效短、不易保存；不易从造型、音响方面创新；不同报纸广告费用差异大。

（2）杂志广告。优点是针对性强；有较长的时效性，可以反复阅读、过期阅读；比报纸在色彩、造型方面有创新的良好条件；传播时间长，可保存。缺点是因专业性强，传播范围有限，灵活性差。

（3）广播广告。优点是听众广泛；传播速度快，传播范围广；费用比电视广告便宜。缺点是较难保存，听众过于分散，相对电视来说创新形式有所限制，只闻其声、不见其形。

（4）电视广告。优点是具有传播的广泛性，深入千家万户；综合运用各种艺术形式，表现力强；具有直观性，有听觉、视觉的综合效果；传播速度快、信息量大。缺点是针对性不强；竞争者较多，价格昂贵。

（5）户外广告。优点是灵活机动；展露时间长、费用低；视觉效果好，冲击力强；竞争者少。缺点是信息单一，内容不能经常更新；对画面品质、灯光处理要求高；目标顾客没有选择。

根据各种媒体客观上存在的优缺点，在选择时应着重考虑以下因素。

（1）产品的性质。对汽车来说，电视和印刷精美的杂志在形象化和色彩方面十分有效，因而是最好的媒体。有的汽车杂志广告主要选用了能充分体现汽车外观美的设计，给受众以视觉上的冲击。高技术性能的机械电子产品，若用样本做广告，则可详细说明其性能，效果也较好。

（2）目标消费者的媒体习惯。不同媒体可将广告传播到不同的市场，而不同的消费者对杂志、报纸、广播、电视等媒体有不同的阅读、收视习惯和偏好。广告媒体的选择要根据消费者的这些习惯和偏好才能成功。如购买跑车的大多数消费者是中青年的成功人士，所以广播和电视就是跑车的最有效的广告媒体。

（3）传播信息类型。例如，宣布明日的购销活动，必须在电台或报纸上做广告；而如果广告信息中会有大量的技术资料，则须在专业杂志上做广告。一般情况下，汽车产品的针对性强，因此，比较适合在专业杂志和报纸上做广告，能直接面向特定的受众，有助于用较低的预算实现预期目的。

（4）媒体的成本。广告活动应考虑企业的经济负担能力，力求在一定的预算条件下，达到一定的覆盖、冲击与持续。电视是最昂贵的媒体，而报纸则较便宜。不过，最重要的不是绝对成本数字的差异，而是目标沟通对象的人数构成与成本之间的相对关系。

10.3.3 广告效果评估

企业对广告效果进行评估，评估的内容很多，但主要应抓住两个方面：一是信息传递效果；二是促进销售的效果。

1．信息传递效果的评估

就是评估广告是否将信息有效地传递给目标听（观）众。这种评估在事前和事后都应进行。事前可邀请顾客代表对已经准备好的广告进行评估，了解他们是否喜欢这则广告，广告信息中存在哪些问题。事后可再邀请一些目标顾客，向他们了解是否见到或听到过这一广告，是否还能回忆起广告内容，等等。此外，还可利用一些现代科学手段进行测试。

2．促进销售的效果评估

就是评估广告使消费额增长了多少。一般来说，广告的销售效果要比信息传递效果难于测定，因为除了广告因素之外，销售还受产品性能、价格、售后服务等因素的影响。最容易测定的广告效果是邮购广告的销售效果，最难测定的是树立品牌或企业形象的广告的销售效果。测定广告的销售效果，可通过两种方法进行。

（1）历史资料分析法。这是由企业营销人员利用最小平方回归法求得企业过去的销售额与企业过去广告支出二者之间关系的一种测量方法。

（2）实验设计法。这是可选择不同地区，在其中某些地区进行比平均水平广告强 50%的广告活动，在另一些地区进行比平均水平弱 50%的广告活动，这样从 150%、100%、50%三类广告水平的地区的销售记录，就可以看出广告活动对企业销售究竟有多大影响。

10.4 公共关系促销

对企业来说，在日常的营销活动中要和企业外部的原材料供应商、产品经销商、代理商、顾客、政府管理部门、各种公众团体打交道，要和企业内部的合伙人、股东、董事、职工等内部公众打交道，因而存在错综复杂的公共关系。汽车生产企业由于汽车产品的特殊性，在这方面尤为如此。市场营销不是单纯的推销，还包括建立企业信誉并利用信誉树立企业形象、扩大销路、提高经济效益等诸多方面。在企业市场营销中运用公共关系，往往可以取得事半功倍的效果。

10.4.1 公共关系促销的内容和职能

公共关系指的是企业利用传播手段，促进企业与公众之间的相互了解，求得社会公众对企业的理解和支持，使公众与企业建立良好关系，树立起企业良好形象，提高产品和企业声誉的一系列活动的总称。公共关系反映的是公众对企业认知、评价、支持与合作的程度和趋向。

1. 公共关系促销的内容

公共关系的主要任务是沟通和协调汽车企业与社会公众的关系，以争取公众的理解、支持、信任和合作，从而扩大汽车销售。根据企业公共关系的对象和企业的发展过程，公共关系的内容主要包括如下五种。

（1）汽车企业与消费者的关系。在市场经济体制下，“顾客就是上帝”。汽车企业要加强与消费者的沟通，促使其对企业及其品牌汽车产生良好的印象，提高公司和产品在社会公众中的知名度与美誉度。

（2）汽车企业与相关企业的关系。汽车作为一种集机械、电子、化工等产品为一体的商品，企业是不可能独立完成从自然原料到产品销售的整个过程的，它无时无刻不与中间商、供应商及竞争企业发生着各种各样的关系。

（3）汽车企业与政府及社区的关系。汽车工业是国家的支柱性产业，汽车企业必须处理好与政府相关职能部门的关系，赢得政府的信赖和支持；必须建立起融洽的社区关系，树立起企业在社区居民中的良好形象，为企业发展创造良好的周围环境。

（4）企业与新闻界的关系。在现代社会中，新闻媒体和新闻工作者的作用日益突出。它不仅可以创造出社会舆论，而且会引导消费，从而间接调整企业行为。汽车作为一种耐用消费品，公众在购买时是很谨慎的，汽车企业要想争取社会公众，必须处理好与媒体的关系。

（5）企业内部公共关系。通过完善企业的规章制度，加强企业文化建设，满足员工的物质和精神要求，加强企业内部团结，协调好企业、员工及投资者的关系，生产出优质的汽车产品，实现企业的经营目标。

2. 公共关系促销的职能

尽管公共关系活动领域已经远远超出工商界，公共关系活动不等于促销活动，但公共关系具有促销的作用，则是无可置疑的。公共关系已成为促销的一种重要手段。公共关系促销，就是将公共关系运用到促进销售中去，从而达到促进产品销售的目的。公共关系对于促进产品销售具有以下几方面的职能。

（1）优化营销决策。公共关系是企业决策者与公众之间沟通的手段。企业决策者通过公共关系活动，能够了解不同公众的需求信息，公众对企业的产品、服务、信誉等方面的评价和反映，社会经济与市场状况及其变化趋势等，这些都是企业决策者进行科学的营销决策的重要依据。

（2）树立企业形象。企业形象是指公众心目中对企业的全部看法和总体评价，亦即企业的实际表现在公众中的投影。企业要赢得公众的支持，必须在公众心目中树立良好形象，这种形象是企业巨大的资本。因此，企业在促销过程中要重视企业的信誉，确立“信誉至上”、“消费者第一”的营销观念，不断生产公众喜爱的产品，提供热情周到的服务，在公众中树立良好的企业形象。

（3）开拓产品销路。近几年来，公关人员也加入了市场推销的行列，成为推销人员和广告人员的强大同盟军。但这并不意味着公关人员也去做推销员，而是要运用公共关系理论和技术，开展各种公共关系活动，沟通企业与公众之间的信息联系，对公众施加影响，为推销人员和广告人员创造良好的环境和有利的舆论，使他们能更好地发挥推销产品的作用，开拓和扩大产品销路。

（4）创造“人和”的环境。企业在公众中的信誉，是通过人与人的直接接触和广泛的社会关系网络建立起来的。公关人员参加各式各样的招待会、座谈会、茶话会、谈判、慰问和走访活动，与社会公众广泛进行沟通，可以建立良好的人际关系。企业营销部门通过公共关系工作，能够加强同事之间、上下级之间的联系，协调全体营销人员的思想和行动，使大家为着一个共同目标而奋斗。

10.4.2 公共关系促销的原则

1. 真实性原则

公共关系促销的一项主要工作，就是将企业有关产品的品种、质量、性能、销售服务等信息向公众传播；将公众对企业的组织形象、销售服务状况的看法向企业反馈，使双方互相了解、互相适应。在公共关系促销过程中，要本着实事求是的精神，以对事实的掌握为工作出发点。这就要求公关人员在采集信息过程中，一定要保证信息的真实性，注重信息的全面性和系统性。公关人员向公众发布的信息，也应全面、真实。

2. 利益共享原则

公众的理解、合作和信赖，对于企业来说，意味着市场的拓宽、产品销售渠道的畅通，经济效益的增加、企业的兴旺发达。因此，企业在制订经营目标和计划时，必须将公众放在特别重要的位置，并以公众利益为根本出发点，在实现企业利益的同时，努力增进社会整体效益，这是公关促销利益共享原则的含义。为此，企业在营销活动中，除了追求本身的利益外，还必须从公众利益出发，生产价廉物美的产品，提供优质的服务，满足公众的需求。

利益共享原则，不仅要求企业在企业营销活动中尊重公众利益，还应要求企业承担社会责任，为企业创造一个和谐的社会环境。例如企业要重视环境保护，注意生态平衡，保护环境卫生；在人力、物力、财力许可的情况下，要关心和支持所在地区的公益事业；要搞好社区关系，遵守社区的规章制度，协助社区保卫治安，维持正常的工作和生活秩序，促进社区精神文明建设。这不仅是企业影响、提高企业“美誉度”的重要举措，而是企业公共关系的根本准则。

3. 满足需求原则

影响公共关系促销效果的因素很多，其中重要的一项是要掌握公众的购买心理，满足公众需求。因此，公关促销活动的开展应以满足公众需求为其基本准则。人们的需求是无限的、多样的，既有衣、食、住、行的物质需求，又有精神的需求。如开展公共关系促销活动时，应充分考虑如何满足公众知晓的需求，对公众提出的有关产品的品种、质量、性能、价格、服务等问题，应力求做到“百问不厌，有问必答”，而且如实传递信息，不弄虚作假，以得到公众信任。

4．科学指导原则

贯彻科学指导原则，是公共关系本身的性质决定的。公共关系促销与广告促销、人员推销等不同，它是通过协调企业内外关系，争取社会公众的信任和舆论的支持，为企业树立良好的形象，促进产品或劳务销售。其促销的重点是开展公共关系活动。要使公共关系促销取得良好的效益。首先要广泛开展调查研究，及时了解公众对企业的反映，协调企业与环境的关系，确保促销目标的实现。其次将企业有关销售的想法和信息向公众传播和解释，并及时反馈公众对企业的意见。除此以外，还应运用现代科学的知识和手段，分析和处理各种信息，为决策者提供高质量的咨询，提高整个经营决策过程的科学水平。

10.4.3 公共关系促销的方式

1．创造与利用新闻

新闻是对最近发生的事情的报道。凡是对社会和公众有重要影响，能引起读者、听众、观众兴趣的事件，都可以构成新闻。对企业来说，新厂动建或投产、重要合同签订、新生产线的引进、新产品开发、产品评比得奖、企业荣誉称号的获得、厂庆纪念日、领导人来访、社会公益活动的举办等，都是形成新闻的素材。除此之外，企业还应学会“制造新闻”。如 1998 年上海汽车工业销售总公司为了配合新型桑塔纳“时代超人”的推出，与上海大众合作在新疆举行桑塔纳轿车拉力赛活动；美国福特公司的雷马牌汽车推出时，发邀请信给有关主管，提供他们当天汽车使用权；日本丰田汽车公司的破坏性试验、每年举办“丰田杯”足球赛，对提高丰田公司在全世界的知名度有很大作用。这些都是比较成功的案例，不同程度地为新产品上市在目标消费者中产生了良好的影响。

2．宣传材料

这包括汽车年度报告、小册子、文章、视听材料以及公司的商业信件和汽车杂志等。美国克莱斯勒公司的年度报告几乎就是一份促销小册子，向其股东促销每一种新车。小册子能在向目标消费者介绍汽车产品的性能、使用、配备等方面起到很重要的作用。汽车企业领导人撰写的文章能引起人们对汽车企业及其产品的注意。企业的商业信件和汽车杂志可以树立汽车企业形象，向目标市场传递重要新闻。如《中国汽车报》《中国交通报》等，都是较权威的汽车行业出版物，易获得消费者的信赖。视听材料的成本高于印刷材料，但是电影、幻灯、录像等形象、生动，能给消费者很深的印象。企业刊物受企业控制，能够根据企业的公共关系方案，进行经常的、有计划的、有步骤的宣传。它以直接报道企业的信息为主要内容，针对性强，读者稳定，印刷方便，成本低廉，为大中企业所广泛采用。

3．记者招待会

新闻舆论界是影响社会舆论的权威性机构，是整理信息、传播信息的专门组织，是企业与公众之间信息交流的加速器，是企业公关促销活动的有效支持者。企业与新闻舆论界建立良好关系的一条重要途径，是召开记者招待会。

企业中值得举行记者招待会的事件主要有：对社会产生重要影响的新技术或新产品的开发投产；重大成果的取得；对社会做出的重大贡献；企业合并转机；企业的重要庆祝日或纪念日；企业出现了如火灾等紧急事件；企业正当权益受到侵害；企业因产品质量或售后服务等问题受到公众指责或新闻单位的批评等。企业通过召开记者招待会，通过新闻机构传播企业的最新信息，不断改进企业在公众中的形象。

4．社会赞助

社会赞助是指企业以不计报酬的捐赠方式出资或出力支持某一项社会活动或某一种社会事

业。社会赞助富有公益性，有利于企业搞好同社区、政府部门和一般公众的关系，培养社会各界对企业的良好感情，提高企业的知名度和美誉度。

社会赞助的种类很多，一般包括赞助体育活动、赞助文化活动、赞助教育事业、赞助福利事业、赞助学术理论活动等。如一些汽车企业给灾区人民捐款、捐赠汽车，为老少边地区捐资援建希望小学等活动。

5．举办展览会

展览会是工商企业经常采用的公共关系专题活动的形式。它通过真实可见的实物、热情周到的服务、详尽的文字图片资料、专业人员的生动讲解和实际操作等形式，促进产品销售，展示企业风貌。

举办展览活动可以吸引更多的宾客，有极强的吸引力、感染力和说服力，提供了企业和公众进行双向沟通的机会，还可“制造”新闻。它具有直观、形象、生动，企业与公众双向沟通，复合性的传播，影响范围广等特点，因而被广泛采用。如在我国举办的汽车展览会上，许多大型国际汽车公司都展现了他们的优良汽车产品和技术，对提高他们的产品和企业在我国的声誉有巨大的作用。

6．公关广告

公关广告是一种为树立企业形象，提高企业的知名度和美誉度，求得社会公众对企业的了解，赢得公众支持和帮助、信任与合作的广告。其特点：一是公关广告在宣传内容上应能唤起人们对企业的注意、好感和信赖，树立企业形象；二是公关广告在宣传方式上应取悦公众和争取公众理解。所以，其公众性、社会性较浓，商业性较淡。故此，公关广告又称“形象塑造广告”。其形式主要有如下三种。

（1）响应性广告。即用广告响应社会生活中的某一主题，表达企业关心、参与公众生活的意念，并借这一主题的社会影响扩大企业的影响。这类广告常与社会赞助配合进行。

（2）介绍性广告。此类广告一般用于介绍企业的性质和行为；介绍企业的目标和价值观；介绍企业的生产、经营和管理情况；介绍企业的成绩和信誉等。

（3）倡导性广告。亦称创意广告，是以企业的名义率先发起一项对社会有重要意义和影响的活动，或倡导一种新观念，显示企业领导社会新潮流的能力。

10.4.4 公共关系促销的主要决策

在考虑如何和何时使用公共关系时，管理层应当制定公共关系目标，选择公共关系主题及载体，实施公共关系计划，评估结果。

1．确定公共关系促销目标

营销人员应为每一项公共关系活动制订特定的目标，如建立知名度，建立信誉，激励推销人员和经销商，降低促销成本等。一般来说，公共关系费用要比广告费用低。公共关系越有效，越能节省广告费用和人员推销费用。

2．选择公共关系信息和载体

目标确定后，公共关系人员就要鉴别或拟定有趣的题材来宣传。公共关系主题要服从企业的整体营销和宣传战略。公共关系宣传词要与企业的广告、人员推销、直销和其他宣传工具相结合。公共关系的载体有新闻、演说、特别活动、书面材料、公益活动等几种。

3．实施公共关系促销计划

公共关系促销人员的主要“资本”之一，就是他们与传播媒体人员的个人友谊，他们可以通过熟识的编辑、记者进行宣传报道，实现公共关系促销计划。他们了解媒体需要什么，如何让媒体满意，从而使他们的稿件不断被采纳。

4. 评估公共关系活动的效果

如果公共关系活动开展在其他促销手段之前，可以通过如下 3 种方法进行评估。

（1）展露度衡量法。该方法是检视公共关系报道在媒体上的展露次数和时间，可以了解宣传报道的影响范围。

（2）衡量公众对产品的注意、理解、态度三方面的变化，也是一个较好的衡量方法。如举办重要的研讨会，邀请知名人士演讲，举办周年纪念，开展体育比赛，举行记者招待会等。

（3）计算公共关系的投资收益率。即将公共关系活动后销售额和利润的增加与公共关系投入相比较。公共关系投资收益率愈高，就说明公共关系活动愈有成效。这是最有说服力的一种评估方法。

由于公共关系活动往往与其他促销活动是同时进行的，因此，任何方法都很难准确地评估公共关系的效果，只能是一个估计数字而已。在通常情况下，企业可不必去评估它的效果。

总之，企业公共关系活动是现代社会化大生产的产物，企业应善于利用之，以更好地服务于企业的各项生产经营活动。

10.5 营业推广

营业推广，又称销售促进，它对刺激顾客购买和提高经销商的积极性有较好的作用。在现实的营业推广活动中，包括鼓励消费者购买企业产品的各种短期性的刺激手段和活动。汽车营业推广在汽车营销中被广泛应用，是刺激销售增长、尤其是销售短期增长的有效工具。进入 20 世纪 90 年代以来，日本汽车生产企业在国内市场上进行营业推广的投入以年均 9.4%的速度增长，1997 年销售促进费用超过了 30 亿美元。

10.5.1 营业推广的特点

1. 非规则性和非周期性

营业推广大多用于短期和临时的促销工作，是一种非定期和非例行的促销活动，与广告等促销手段相比，它更注重刺激顾客采取直接的购买行为。如果说广告提供了购买的理由，营业推广则提供了购买的刺激。

2. 方式较灵活多样

常用的营业推广方式有：样品、优惠券、赠品、免费试用、购买折扣、有奖促销、产品展示等多种形式，它们各具有特点。企业在开展营销活动时，应根据自己企业的具体情况灵活选择。

3. 营业推广见效快

只要企业选择恰当的营业推广的方式，其效果可以很快在企业的推销工作中显示出来，而广告、公共关系的效果要在较长时间里才能显示出来。

营业推广在销售中引起的反应虽然比广告等促销手段快，但由于营业推广主要吸引的是追求交易优惠的顾客，因此，它不易产生稳定长期的购买者，且这种做法容易使人感到卖主有急于求售心理。

10.5.2 营业推广的方式

营业推广的方式各种各样，在选择具体的营业推广方式之前，企业营销人员要综合考虑汽车市场营销环境、目标市场的特征、竞争者状况、销售促进的对象与目标、每一种方式的成本效益预测等因素，还要注意将汽车销售促进同其他促销方式如广告、公共关系、人员促销等互补配合。

1．分期付款

由于汽车价格一般比较高，普通消费者一次付款较难接受，因此世界各汽车公司都有分期付款业务。1997 年岁末“长安奥拓”推出分期付款方式，车型就是定价为每辆 58800 元的“奥拓”轿车，第一次付款 18000 元即可提车，余款在其后的 18 个月内付清，“首付一万八，奥拓开回家”。此举使得这种微型车的销量在较短时期内在北方市场增长一倍，并且有 80%的产品走入家庭。目前日本丰田公司有 2/3 的新车销售是由汽车生产企业提供分期付款金融借贷服务的。2000 年的北京车市，有近一半的消费者采取了分期付款的购车方式。

分期付款通过“首期付款”的方式，把价格“降”下来，实现了较低消费层次的现实购买力，并以余款延期缴纳的方式，解决了购销双方资金和资源的双重闲置。但对汽车生产企业来说，分期付款占用资金大，周转回收慢，企业承担了较高的风险。因此，需要制定分期付款的法规，明确各方的权利和责任，建立信用评估机构，推进“分期付款购车”的健康发展。

2．汽车租赁销售

汽车租赁销售是指承租方向出租方定期交纳一定的租金，以获得汽车使用权的一种消费方式。汽车专业租赁公司，是继出租用车市场后又一大主体市场，是汽车生产企业长期、稳定的用户之一。租赁销售是刺激潜在需求向现实需求转化的有效手段。据美国市场调查机构公布的数字表明，1993 年以租赁方式售车的轿车和卡车占总销量的 1/4，销售总额达 43 亿美元，是 1984 年的 4 倍，其中高级轿车中有超过半数以上被租售。

租赁销售促进了汽车销售，使汽车工业获得了自我发展的资金来源，为汽车生产企业技术更新提供了资金保证。租赁销售促使经销商不断改进服务，大大提高用户满意度。

3．汽车置换业务

汽车置换业务包括汽车以旧换新、二手汽车整新跟踪服务、二手汽车再销售等项目的一系列业务组合。汽车置换业务的投资回报很快，加速折旧及置换还可使企业在税赋方面享有实惠。汽车置换业务加速了汽车的更新改造，已成为全球流行的销售方式。1997 年美国新车销量不足 1500 万辆，二手汽车销量却高达 1850 万辆。

4．赠送礼品

购买汽车附带赠送某些礼品，如计算机、印有产品标识的日常用品、打火机、手表、真皮笔记本、夹克衫、伞、烟灰缸等小型纪念品，不同年限的汽车维修卡，不同价值的保险费（如第三者责任险），不同里程的汽车免费保养卡，免费代办汽车牌照等。对汽车这样的产品来说，尽管一般的小礼品对销售促进的影响不大，但可以提高消费者满意度，在一定程度上刺激消费者的购买欲望，使某些汽车产品品种特别是家用经济型轿车在局部地区的销售直线上升。如北京北方汽车市场某汽车店，推出了“购车送 VCD+抽奖”活动，即每购一辆车送一台 VCD，还有机会摸到彩电、手机、电烤箱等奖品，使汽车销售数量大增，全年销售达 8000 辆，取得了较好的效果。

5．免费试车

邀请潜在消费者免费试开汽车，刺激其购买兴趣。免费试车为消费者提供亲身体验，有利于进一步加强消费者的购买欲望，最终达成交易。

6．售点陈列和商品示范

在汽车展厅通过布置统一标准的室内装饰画、广告陈列架等结合汽车的陈列，向消费者进行展示。上海大众帕萨特轿车上市时，上汽销售总公司为所有特许经销商提供统一的装饰画，带有浓烈的现代感，符合大多数潜在消费者的审美观念。

7．使用奖励

企业为了促进汽车销售，对使用该企业汽车产品的优秀用户给予精神和物质上的奖励。一汽大众对哈尔滨地区 30~40 万公里无重大修理的汽车驾驶员给予在德国参观学习的重奖。东风汽车公司对使用本企业汽车达到数万公里、且从未出过事故的驾驶员给予物质奖励，举行庆功表彰大会等。

8．价格折扣

对经销商的购车给予低于定价的直接折扣，如鼓励其购买一般情况下不愿购买的汽车型号；增加其进货的数量；如果经销商提前付款，还可以给予一定的现金折扣等，从而刺激其销售的积极性。

9．折让

汽车生产企业的折让用以作为经销商宣传其产品特点的补偿。广告折让用以补偿为该产品做广告宣传的经销商；陈列折让用以补偿对该产品进行特别陈列的经销商。例如一汽大众对其产品的专营公司免费提供广告宣传资料，以成本价提供捷达工作用车，优先培训等。

10．免费商品

对销售特定车型的汽车或销售达到一定数量的经销商，额外赠送一定数量的汽车产品，也可赠送促销资金，如现金或礼品等。

10.5.3 营业推广方案的制订与评价

任何企业在运用营业推广的策略时，首先要确定销售促进的目标，并以此选择适当的营业推广方式，制订具体的实施方案，按最优方案组织实施，最后对其执行结果进行评价。营业推广的目标主要有 3 种：一是针对顾客（消费者）的目标。通过对顾客（消费者）的强烈刺激，以求迅速采取购买行为。二是针对中间商的目标。吸引中间商销售新产品。鼓励中间商增加适销产品和帮助推销滞销产品，提高中间商对本企业产品的忠诚度。三是针对推销人员的目标。针对企业推销人员展开的推广，目的是鼓励推销人员积极开展销售活动，导致企业的销售量增大。

1．方案的制订

企业制订具体的促销方案，应包括销售促进的刺激规模、刺激对象的范围、实施刺激的途径，以及促销活动的实施期限和费用预算等内容。

（1）销售促进的规模。规模是指促销广度与深度。广度不宜过大，深度不宜过深，刺激规模大小应根据目标市场的实际情况适当确定，才能达到预期的效果。

（2）刺激对象的范围。企业在制订销售促进方案时，可以选择目标市场中的一部分顾客（消费者）作为活动的刺激对象，也可以把全部消费者作为刺激对象。

（3）实施刺激的途径。企业应认真研究采用何种途径和方法把销售促进的刺激物传给对象，这对营业推广的实际效果和费用有很大的影响。企业应根据自己产品的特点、选择营业推广的方式和销售组织能力等因素综合考虑。

（4）促销活动的实施期限。实施期限的长短，直接影响到营业推广的效果和利益。实施期限过长，顾客可能误认为产品存在某种缺陷，从而降低营业推广活动的声誉与效果；实施期限过短，不少有可能成为购买者的潜在顾客不能及时购买，促销的效果不明显。

（5）确定营业推广活动的总预算。营业推广活动的预算可有两种方法确定。一是分项累计法，即用于促销刺激的直接减利费用，加上营业推广的管理费用（包括邮寄费、印刷广告费、会议费和其他活动费等），由此测算出促销活动的总预算。二是比例分摊法，即按企业年度总的计划销售费用和习惯比例，大致安排，分摊到每项促销活动上。这两种预算方法各有其优点和缺点，企业在实际操作时应综合考虑选择使用。

2．评价

企业为了不断提高营业推广活动的组织能力，在营业推广活动完毕后应及时进行评价。评价的方法有以下几种。

（1）阶段比较法。即对企业在营业推广活动实施前后的产品销售进行比较评价。

（2）追踪调查法。是追踪那些在营业推广活动中先是购买甲产品，后来又转向购买乙产品的顾客。通过追踪调查，揭示出顾客进行转移性购买的原因。

（3）回忆测试法。即开展对顾客的调查，了解有多少人参加了营业推广活动，他们的印象如何，活动中受益人有多少等。

（4）测试法。即企业由于在不同的市场采用不同的营业推广方法，或在同一个市场采用不同的营业推广方法的逐个试验，以便对不同的营业推广的效果做出比较评价。

【案例 10.1】

雅阁跨海

1．策划起因

2008 年 5 月 1 日，杭州湾跨海大桥将正式通车。大桥北起嘉兴市，止于宁波市慈溪水路湾，全长 36 千米，是目前世界上最长的跨海大桥。在大桥正式通车这个举世瞩目的时刻，特策划举办“百年梦圆——第八代雅阁海上见证辉煌”活动。

活动目的：让广州本田有跟世界第一桥一样的深远涵义；再创热潮，吸引更多顾客的眼球；拉近与潜在客户的距离，多一份亲切感；得到社会各界人士的支持；大桥的开通有利于发挥以上海为龙头的集聚和辐射作用，进一步提高广州本田品牌在浙江省的综合知名度，使广本品牌与世界“品味”相联系，提升关注度。

2．方案执行

活动时间：4 月 30 日（安检、城区游行），5 月 1 日（通车典礼）。

参加活动车辆：本次活动共有 40 台第八代雅阁，20 台奥德赛参与；其他品牌有奥迪 20 台，吉利 100 台。其中，第八代雅阁是唯一入选的中高级轿车，奥德赛同样是唯一入选的商务类车型。

为提高广州本田第八代雅阁在社会上的知名度，借唯一入选的中级别轿车这一荣誉，参加本次活动的 40 台雅阁以及 20 台奥德赛，组成了浙江区域有史以来规模最庞大的车队，4 月 30 号在宁波市区的城区主干道上进行了规模盛大的巡游。

大桥开通典礼当日，充当驾驶员的大部分都是雅阁的潜在客户，他们奔驰在宽阔的世界第一桥上，观望着桥下那涌动的人海，享受着海天一色的感觉。

活动宣传：本次活动前期在报纸、电台、电视等各种媒体展开了一系列的宣传（同时，为了 5 月份 2.0 雅阁的大量上市，在宣传中加入了 2.0 雅阁提前预热的信息）。同时，为了提高读者的关注度，对盈通的总经理进行了专访，整篇专访以“第八代雅阁见证辉煌”为主线，并以漫画的形式把总经理的形象画于专栏中。

店内布置：在报纸等媒体大量宣传的同时，在展厅内也进行了相应的布置，使每个客户一进到展厅就能知道——雅阁将作为唯一入选的中级车第一个见证辉煌。

3．活动效果

4 月 30 日的巡游在宁波产生了轰动的效应，上万名群众都知道广州本田车辆将首先通过跨海大桥，此举直接提升了广州本田品牌在消费者心目中的地位。

5 月 1 日，充当驾驶员的大部分都是雅阁的潜在客户，客户对能参加本次活动很感兴趣，也非常满意。本活动使今后的销售与服务多了一份与客户的亲切感。另外，在举办活动前到展厅的客户都被店内的宣传横幅所吸引，在活动结束后很多来店客户第一句话就会说：“你们的车是第一个通过大桥的，真好！”

就在大桥通车的当天，慈溪会展中心有一个慈溪国际车展，但是大桥的吸引力远远超过了车展。就在广本车队进入大桥的一瞬间，一下子吸引了在桥下无数双羡慕的眼球，同时也激起了参加本次活动客户的自豪感。

活动当天，国家领导人，省、市政府主要领导人，社会知名人士等近 500 人共同见证了广州本田 60 台车辆组成的庞大车队通过大桥。中央电视台，全国各主要电视台同步直播，广州本田雅阁与奥德赛作为全国第一批且是唯一的一批中高级别轿车，在全国亿万人民的注视下率先通过这座有着世界 5 个第一的跨海大桥，这代表着广州本田在国内中高级轿车市场中的领袖地位不可替代。

在政府的大力支持下，本次活动引起了社会各界人士、媒体的极大反响，广州本田在继 08 款雅阁上市后再次成为人们的焦点。

【案例 10.2】

上海通用汽车　打赢世博营销持久战

当前，全世界的镜头和灯光都不约而同地聚焦在盛装举行的上海世博会。对于企业来说，持续 184 天的世博会是企业的营销战场。如何在这场营销持久战役中与消费者建立更加紧密的互动和联系，让企业的品牌和产品赢得更深远的影响，是每个企业思考的重大课题。作为 2010 年世博会全球合作伙伴，通用汽车除了在世博会现场以非常精彩的主题——“直达 2030”的企业展馆呈现给世界一个未来的交通生活理念外，更借助互联网开启了广阔的世博营销平台。目前，中国拥有世界上最多的网民数量，互联网作为信息集散平台，连接着网民与世博，无疑成为企业不可忽略的世博会营销阵地。

目标与策略：全方位展现和凸显上海通用汽车作为上海世博会全球合作伙伴的价值

上海通用汽车希望通过营销推广，全方位展现和凸显上海通用汽车上海世博会全球合作伙伴的价值；同时，借助互联网平台与受众深入地互动交流，提升通用汽车品牌形象及好感度。据百度数据研究中心统计，上海世博会、世博会门票、世博展馆等已迅速上升为网友关注的热门搜索词，每周在百度搜索“上海世博会”的网民达到近 30 万。凭借对互联网数以亿计网民搜索请求和关注点的聚集，以及对受众社区行为的深入洞察，上海通用汽车与百度联合建立了世博会专题网站，全面整合和调动百度搜索及社区资源，在世博会期间，分阶段举行丰富多样的活动，与网民深入持久互动，分享世博乐趣。

策略 1——搭建网站平台。当网友在百度中搜索“世博会、上海世博会”等关键词时，在搜索结果页面中即会出现“2010 年上海世博会百度专题”的网站链接。根据不同的投放阶段，有时在搜索结果页面顶端右侧，也会看到上海通用汽车与百度合作的世博专题擎天柱广告，点击即可进入上海通用汽车百度 2010 年世博会专题网站。专题页面以清新淡雅的绿色为主色调，契合了世博环保、低碳、简约的理念，也与上海通用追求绿色、环保的企业理念相融合。“2010 年上海世博会百度专题”网站中共设置世博全景图、世博总攻略、世博全互动、世博百科馆、世博直通车五大板块，汇集游览世博的精品攻略及网友攻略，以新闻、视频、图片三种形式结合，全面介绍和展示世博会信息。同时，页面中设置了场馆热搜榜、展品热搜榜的世博排行榜，帮助网民及时了解搜索热点；增加的机票、火车票查询功能模块，方便网友出行参考，打造出一站式的世博服务平台。在整个页面中，穿插上海通用汽车世博会官方合作伙伴的 Logo、通栏广告及世博期间的活动展示，让网民在查询信息的同时，增加上海通用汽车的展现与曝光。

策略 2——“世博出行我知道”系列有奖问答活动。2010 年 4 月，上海通用汽车携手百度知道推出“世博出行我知道”系列有奖问答活动，邀请网友一起解答世博出行的各种问题。网友在报名参加活动时，需要先为自己获取参与图标——上海通用汽车 Logo，该图标将成为活动参与的标志并作为获奖的必需条件。提问和答题都可以获得奖励。提交问题有机会获取“精彩提问奖”，问题按照驾车出行、公共交通、地标直达等分为不同类别。回答提问的网友可获取积分并评选出最佳答案，有机会获取“精彩回答奖”。根据积分的最终排名，活动还将选出世博出行知道专家奖、世博出行知道达人奖。同时，问答专题页面中还结合百度地图，推出“上海通用汽车推荐路线”，提供上海火车站、东方明珠、虹桥机场等十几处热点地段去往世博园的路线图，网友也可以根据自己的需求输入关键字进行路线搜索。

策略 3——“上海世博会团队 PK 赛”活动。“城市让生活更美好”是 2010 上海世博会的口号，作为活跃在知道问答平台上的网友，可以做些什么让我们的生活更美好呢？是智慧！ 基于百度知道平台的超大流量和用户的高活跃度，5 月，上海通用汽车联合百度知道继续推出了以“传递绿色世博，绿色分享智慧”为理念的“上海世博会团队 PK 赛”活动，邀请网友共同分享世博的信息和智慧。参与活动的网友要从“城”“市”“让”“生”“活”“更”“美”“好”八支团队中选择自己喜爱的团队加入，成为百度知道世博问答志愿者。回答百度知道世博分类下的问题并被采纳后，即可获得个人积分，同时为该团队贡献积分，积分最高的团队获胜，赢取世博门票等丰富奖品。

基于消费者洞察的搜索营销创新

根据消费者洞察，当网友来到百度时，他们会在百度地图查询世博会游览路线、在百度知道分享世博会知识、在百度贴吧交流世博会话题、在百度空间晒世博会游记……以搜索为核心，他们的足迹遍布了百度的各个频道。上海通用汽车与百度合作，联手百度百科、百度空间等更多重磅资源，构建以消费者关系为核心的整合营销平台，不断举行丰富多彩的线上活动，为网友提供饕餮世博盛宴。如上海通用汽车借助百度贴吧实时发布上海通用汽车“在线预约试乘试驾”等活动动态，聚集企业“粉丝”，在与消费者的深入互动中，通过适时地植入上海通用汽车的相关信息，提升品牌形象，增加品牌好感度。

此次的营销合作中，在建立上海通用汽车世博专题页面的基础上，百度全面整合并打通了知道、贴吧、百科、地图、空间五大频道优势资源，创造更多的时间和接触点，让上海通用汽车与消费者全面、深入互动。“世博出行我知道”系列有奖问答活动，截至活动结束，共有近 1.5 万人参与问答。“上海世博会团队 PK 赛”活动，截至 2010 年 5 月 25 日，已有 13804 人参与团赛，已解决问题 3839 个，涵盖了关于世博展品、展馆、活动类问题，世博美食、住宿类问题等。

【案例 10.3】

一毛钱秒杀比亚迪 G3

活动时间：2010 年 6 月 27 日、7 月 27 日

活动主题：一毛钱秒杀比亚迪 G3（6 月 27 日）

在嗨淘网购物就有机会把比亚迪 G3 开回家（7 月 27 日）

主推产品：比亚迪 G3 智能版

1．活动背景

随着 2009 年的尘埃落定，对于各路汽车厂商而言，中国的汽车市场已经进入到了一个前所未有的黄金时代；而对于消费者，愈加激烈的市场竞争也让他们拥有了更加丰富的选择。于是，越来越多的高科技设备也正在以不可思议的速度迅速走下神坛，普及到消费者身边。种种迹象表明，随着中级车市场在空间、动力等方面性能的竞争趋于同质化，以高品质为基础、智能化高配置为卖点的“双高”家轿已经成为了中级车市场的主流。

作为比亚迪首款高端精品中级家轿，2009 年 10 月正式上市的比亚迪 G3 无疑是近期车市的一大亮点。比亚迪 G3 在全国巡回上市阶段就取得了订销过万的佳绩。而比亚迪 G3 在第一时间“秒杀”众多消费者眼球的秘密武器除了整车品质外，最让人津津乐道的就要属其“武装到牙齿”的高科技配置了。这些配置当中，最引人瞩目的则非比亚迪 G3 全系标配的 Keyless 智能无钥匙系统莫属。

现在，国内车市形势一片大好，各车企迎来了发展的最佳时机。比亚迪于此时凭借 G3 突入中级车高端市场，既是其市场战略的重大转折，也是提升品牌形象的关键步骤。目前比亚迪 G3 各地预订销售情况火爆，进入 20000 辆汽车销售俱乐部可谓是指日可待。

2．活动形式

以电视节目秒杀比亚迪 G3 作为宣传点，依托湖南卫视强大的宣传平台将比亚迪 G3 智能版车型相关特

性进行深度宣传；

6 月 28 日～7 月 27 日长达一个月的嗨淘网宣传。“在嗨淘网购物就有机会把比亚迪 G3 开回家”，掀起一波网络购物风潮，并引导消费者关注比亚迪 G3；

在活动开展过程中利用强大的网络媒体宣传以上两个主题活动，同时期通过百度搜索可查询多达 13100 条报道，各主流网站相应频道和社区网站都作了转载，宣传攻势锐不可当。

3．活动目的

借助娱乐和当下流行元素推广品牌，赋予品牌活力，拉近与消费者的心理距离；

通过节目和网络“秒杀”，增强 G3 产品的宣传，加强消费者对 G3 的认知推广产品。

4．活动流程

6 月 27 日晚 19:35 收视黄金时段，湖南卫视《越淘越开心》栏目播出，栏目压轴大戏即为现场观众秒杀 1 辆比亚迪 G3 智能版 1.8CVT 豪雅型汽车；

6 月 28 日～7 月 27 日，长达一个月的嗨淘网宣传，在一个月内只要在嗨淘网上购物即有机会在 7 月 27 日秒杀 1 辆比亚迪 G3 数字智能家轿 1.8CVT 豪雅型汽车。

5．效果评估

借助湖南卫视宣传平台，当期收视人群近 4000 万观众；通过整合网络媒体、社区网站资源，通过软文投放及论坛转帖，仅百度搜索即可查询到 13100 条关于秒杀比亚迪 G3 的相关信息，各大网站自发对秒杀比亚迪 G3 这一事件进行报道，在网络上掀起一波 G3 宣传风潮。如图 10-1 和图 10-2 所示为相关活动宣传图片。

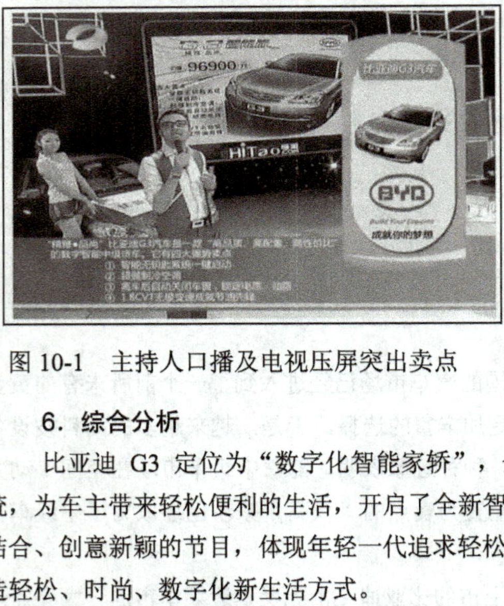

图 10-1　主持人口播及电视压屏突出卖点

图 10-2　嗨淘网发布一元秒杀比亚迪 G3 的信息及 G3 车型图片

6．综合分析

比亚迪 G3 定位为“数字化智能家轿”，全系标配 Keyless 智能无钥匙系统和 Can-bus 局域网控制系统，为车主带来轻松便利的生活，开启了全新智能家轿时代。《越淘越开心》节目是全国首档电视与网络深度结合、创意新颖的节目，体现年轻一代追求轻松时尚数字化生活方式。G3 与《越淘越开心》栏目主旨同为创造轻松、时尚、数字化新生活方式。

据官方统计数据显示，比亚迪与湖南卫视合作的此期《越淘越开心》节目收视率为 0.75，收视份额 1.92，全国排名第八，最高收视份额更高达 2.32，比亚迪品牌得到了极大的宣传和推广。

当期节目现场，汪涵用其独特的主持风格向现场观众及全国电视观众介绍比亚迪 1.8CVT 豪雅型 G3 的四大强势卖点：智能无钥匙系统一键启动，让您轻松开启汽车；超强制冷空调，为您在炎炎夏日带来丝丝凉爽；离车后 G3 自动关闭车窗，锁定电路、油路，带来体贴的安全；1.8CVT 无极变速成就节油先锋，在油价不断上涨的今天，为您节省每一分钱。另外，全程摆放在《越淘越开心》节目现场舞台上的比亚迪 G3 在 70 分钟的节目中，频频出镜，打破了栏目合作品牌推广曝光记录。全国观众通过收看湖南卫视《越淘越开心》节目，直观地了解和接受了比亚迪 G3 车型信息。

借助《越淘越开心》寓教于乐的娱乐营销推广模式，比亚迪在品牌推广的道路上又迈出了豪迈的一大步。

【案例 10.4】

借赛事 “东风”走向世界

赞助大型体育比赛费用虽然高，但收益亦高达 3—5 倍，品牌认知度可提高 10%

李娜法网夺冠在中国掀起前所未有的网球热潮，中国网球公开赛随之成为下一个热点。

9 月 6 日，2011 中国网球公开赛官方新闻发布会对外宣称，北京奔驰汽车有限公司（下称“北京奔驰”）与北京中国网球公开赛体育推广有限公司正式签约，再次成为中国网球公开赛的首席赞助商，这是北京奔驰连续五年助力中网。

北京奔驰赞助中网只是一个引子。留意我国汽车行业营销变化的人不难发现，眼下中国汽车市场中，体育营销事件越来越多，汽车与体育的联姻正在频繁进入大众的视野。现代汽车集团赞助“2011 FIFA 德国女足世界杯”、斯柯达汽车则赞助今年环法自行车赛、广汽集团斥巨资赞助广州亚运会……是何种力量促使汽车产业开始与体育产业不断携手并进？

事实上，体育运动中时尚、活力、动感、创新、永不放弃的精神，在汽车产业中无疑也能充分得到体现。或许正是汽车产业与体育产业这种先天的相关性，使汽车产业从诞生那天起，就注定会与体育产业走到一起。

借力体育营销 品牌认知度提高 10%

我国有多少体育粉丝，1 亿人次还是 5 亿人次？这虽无定论，但答案并不重要。对于汽车企业而言，最为重要的是，在数量庞大的体育爱好者中，有多少人是汽车潜在或现实购买者？保守估计，即使全国拥有 1 亿人次的体育粉丝，那么通过这些群体进行的体育营销，完全可以在特定人群当中产生相当大的影响力。

2010 年，我国汽车产销量突破 1800 万辆，连续两年超越美国成为世界第一大汽车市场。亿万中国家庭已经为拥有汽车、进入汽车生活做好了准备。作为世界最大的汽车消费潜力市场和世界排名第一的汽车消费市场，我国汽车产业已进入品牌营销时代。尤其是 2011 年我国汽车市场增速放缓以后，品牌营销意识对汽车企业而言尤为重要。

在中国汽车领域，卖方市场已经完全进化为买方市场，全行业正在加快优胜劣汰的进程。在一个潜力巨大、开发并不充分的行业中，任何品牌和任何经营者都有胜出的机会。

在多品牌同质化竞争的情况下，打价格战始终是下策，要想在激烈的车市竞争中突围，好的营销点子就成了车商制胜的尖刀。

“企业品牌与体育产业的联姻，最核心之处在于两者是否存在相关性。这两者所针对的特定人群是否存在交集，是体育营销应当考虑的重点。在这个基础上，才能谈企业与体育的合作。”一位深谙体育营销的资深人士这样告诉记者。毫无疑问，汽车和体育所共同拥有的动感、速度、时尚、勇往直前等特质，以及这两者在粉丝数量上的巨大交集，无疑可以使这两者达到水乳交融的境界。从这一点来看，体育恰好可以成为汽车营销最得力的载体之一。

事实上，从汽车诞生之日起，体育营销就是汽车行业营销的最直接手段，经过百年的发展，这一营销方式既诞生了 F1 这样的全球顶级体育赛事，也孕育了众多类似达喀尔、勒芒 24 小时耐力赛等世界闻名的专业赛事。全球大型汽车企业无一不与各种汽车赛事有着千丝万缕的关系。到今天，体育营销不再仅仅满足于各种有着苛刻限制的专业赛事，开始更多地走近普通消费者。

重要的是，体育营销给汽车企业带来的经济和社会双重效应超过了其他营销方式。专业调查数据显示，在全球范围内通过体育赛事每提高 1%的知名度，需要花费 2000 万美元的广告费用，如果是赞助大型体育比赛，费用则更高，但收益亦高达 3—5 倍，品牌认知度可提高 10%。

体育营销赚“钱景” 汽车品牌树形象

国外知名汽车品牌成功的体育营销，是前车之鉴。

奥迪是一个成功的体育营销案例。早在1983年，奥迪凭借四驱汽车成为世界汽车拉力赛的冠军；1984年，奥迪囊括世界汽车制造商和驾驶员锦标赛冠军。此后的奥迪，被更多的体育爱好者及市场认知。

宝马则用可持续性的体育营销在我国诠释体育的动感、速度与激情。从2008年的北京奥运会，再到2010年的广州亚运会，众多体坛冠军购买宝马车型的热潮引起了业界的广泛关注。2010年底，宝马与中国奥委会签订未来6年的合作协议，创下奥运赞助最长纪录。

最直接的效果则是，多位体育界明星开始与宝马结缘。在距离伦敦奥运会开幕式一年之际的7月27日，华晨宝马汽车有限公司营销高级副总裁戴雷向透露，2008年北京奥运会后，已有超过三分之一的中国奥运冠军成为宝马车主；2010年的冬奥会冠军继续加入这一名单；而在广州亚运会结束后的半年内，已有超过130名亚运冠军选择了宝马汽车。

显然，宝马已成为借助体育营销的最大赢家。宝马、奥迪所引发的体育营销效应在持续放大。自主品牌、合资品牌、外资品牌都开始蜂拥进入中国体育营销赛事，或跻身于其他国际体育赛事。

以莲花汽车为例，作为一个全新品牌，莲花汽车进入我国汽车市场时间短，由于尚处在品牌导入期，市场对莲花汽车品牌的认知度低，产品缺乏品牌支撑，品牌溢价能力低。在我国市场采用合适的营销方式，已经成为迫在眉睫的问题。

在赛事营销以“性能”为主要诉求的莲花汽车，在CRC赛事中，莲花汽车能够参与到国内顶级赛事就是对性能最好的诠释。因为亚太级别赛事的入门条件很高，对赛车的性能有着严格的要求，所以通过参加这一层级赛事，莲花汽车树立了品牌的高度，突出了产品本身的高性能。

莲花汽车并非国内第一家参与赛事营销的汽车企业。莲花汽车赛事营销通过三个层次的共同运作，形成品牌提升、整合传播的合力，以顶尖赛事来定位品牌，以专业赛事来诠释品牌，以自创赛事来体验品牌，将莲花汽车的品牌形象融入赛事营销当中。一方面通过各种专业赛事塑造莲花汽车技术先进、性能优良的品牌形象；另一方面，通过F1争霸赛这样的自办赛事让消费者来亲身体验，从而达到消费者主动塑造莲花汽车高性能、高科技的品牌认识。

汽车品牌时代的到来，营销是树立品牌和口碑最为重要的一环，而赛事营销正不断向消费者渗透。现在，即使那些看起来非常“大牌”的汽车，也主动投身于赛事营销，希望为自己博得更多的关注度。

8月最后一个周末，上海七人制橄榄球邀请赛在上海浦东源深体育场举行，而在赞助商的名字中，记者发现，赞助商为路虎。路虎提供了旗下第四代“发现”、“神行者2代”、“揽胜”、“揽胜”运动版等车型作为比赛官方用车。

奔驰在网球场上长袖善舞，奥迪为勒芒24小时耐力赛提供赞助，宝马、沃尔沃乐此不疲地举办高尔夫球赛……当众多豪华车品牌将目光投向相对小众的赛事，世界杯上风光无限的现代、欧洲杯上尽情驰骋的起亚，则让更多人重新认识了以现代起亚为代表的韩系品牌。

现代起亚相关人士多次表示：“积极进取、不断拼搏、以实力取胜的体育精神，与现代起亚汽车年轻、激情、积极向上的品牌理念十分吻合。与全世界最受欢迎的足球运动紧密相联，正是现代起亚提升品牌知名度的重要策略之一。”

悦达起亚样本　借体育营销走向世界

2011年6月11日起，南非世界杯再燃战火，全球亿万球迷的激情无不汇集于这场32支足球劲旅的超级体育盛会。

对于世界杯这样的体育盛事，更有无数企业怀揣同样的梦想，希望能搭上世界杯的顺风车。借助赛事营销，成功走向世界舞台的当属韩国现代。

现代汽车从1988年奥运会开始在世界舞台上为人所知，而真正让现代Logo崭露头角的要数2002年韩日足球世界杯。当时现代汽车邀请欧洲足球英雄约翰·克鲁伊夫担任形象大使，请其参加巨型足球签名、现代汽车巡展、5人制迷你足球锦标赛等活动。2002年足球世界杯后，同一时期在日本当地面向2000名观众的调查结果显示，现代汽车的形象认知度达到67%，比2月份（2002年）提升了2倍多。能在日本这一相对成熟的汽车市场实现这样的效果，可以说是比较成功的。

据现代起亚相关人士表示，赞助2002年世界杯，现代汽车投入了1亿美元。算上世界杯期间600亿人次观看现场比赛和企业广告，现代汽车取得了超过50亿美元的直接和间接广告效果，而现代汽车的销售量则上升了30%。

凭借赞助2002年韩日世界杯，现代不仅摆脱了1997年金融危机的泥潭，更使品牌关注度疯狂飙升14个百分点。通过对体育的种种渗透，韩系企业使自身品牌和产品家喻户晓。

对中国球迷来说，尽管中国无缘2010年世界杯，仍会有成千上万的球迷彻夜难眠地守候在电视机前，为自己心中的世界足球劲旅呐喊助威。

连续8年成为世界杯唯一汽车类赞助商的现代汽车可谓经验丰富，面对中国这个全球最大汽车市场，他们熟悉赛事营销带来的长远利益。早在中国队首次参加决赛的2002年世界杯时，现代汽车就制作了直径为4.5米的大型足球，在广州、上海、大连、北京，现场组织大型签名。这个满载中国球迷期盼的足球巨无霸，最终出现在中国队每个赛场上。

针对2010年的世界杯，无论是东风悦达起亚“迷你世界杯”5人制足球赛，还是北京现代世界杯涂装版ix35九城巡展，都让车迷和球迷们有了零距离接触世界杯的机会。众多针对性的“定制”活动，能为现代在中国的形象加分不少。

全球范围内持续的体育营销，很快让现代汽车（包括姐妹品牌悦达起亚）占据了一定的市场地位。数据显示，2008—2010年现代汽车还连续3年投资每30秒广告费30亿韩元的美国职业橄榄球决赛“超级碗”广告，也为其2010年一季度获得10亿美元的史上最高利润额奠定了基础。

持之以恒是品牌形象在消费者心中扎根的保证。阿迪达斯强大的品牌号召力，就是因为它拥有80多年的奥运会赞助史。而在汽车界，投身具有国际影响力体育赛事20多年的现代起亚同样可圈可点。为摆脱赛事后品牌形象迅速淡出消费者视线的危机，现代汽车在1988年汉城奥运会以东道主优势取得独家赞助权后，又包揽了到2014年所有与FIFA相关足球赛事的汽车赞助权。

从国际经验来看，商家一般通过赞助、冠名、体育节目广告投放、体育明星代言、场馆赞助等方式进行体育营销。这种将企业营销与体育赛事结合的方式集受众广泛、运动理念和公益价值等特点于一身，能快速提升品牌、树立形象和改善客户关系，最终扩大产品销量，为企业创造效益。从历年国际奥委会“合作伙伴关系”企业的发展来看，这些企业从开发奥林匹克运动无形资产上获得的回报无疑是极其丰厚的。

【案例10.5】

2012年国内车市十大营销案例集锦

NO.1　沃尔沃汽车　沃尔沃汽车全球形象代言人——林书豪中国行系列活动

营销内容：8月8日，继三月份正式签约成为沃尔沃汽车公司全球品牌及产品代言人之后，林书豪带着他的旋风热潮席卷中国，“沃尔沃汽车林书豪中国行”正式拉开帷幕。活动首日，沃尔沃汽车公司董事长李书福亲自赴京与林书豪一起参与了当前新潮的微博“微访谈”，共同阐述了沃尔沃汽车的品牌内涵及价值观。8月15日，驾驶着沃尔沃最新V60的林书豪登陆上海滩，参与了上海东方卫视第四季《中国达人秀》启动盛典的录制，与大家分享了他将梦想照进现实的不懈奋斗过程。8月18日，林书豪空降广州，现身沃尔沃V60 T5广州发布会，见证这款豪华运动型多功能车的上市时刻。

亮点：迅速蹿红的美籍华裔篮球巨星首次正式中国行引起全社会广泛关注，短时间内为其代言产品沃尔沃汽车赚足了眼球。

点评：林书豪曾一度蹿升为全球范围内最炙手可热的新星，在世界华人圈内迅速积累起广泛的人气，明星效应一时无二，成为商家争抢的宠儿，沃尔沃汽车成为第一个尝鲜的品牌。通过此次林书豪中国行系列活动，借助其超高的人气，沃尔沃品牌的影响力有了显著的提升。沃尔沃汽车公司董事长李书福曾说过，他的任务就是把沃尔沃汽车放虎归山，还原老虎原有的捕食能力，借助中国市场加强沃尔沃的全球竞争力。而此次，林书豪携手沃尔沃来到我国，他要做的就是让沃尔沃这支猛虎发出更强的啸声，把沃尔沃的理念更广泛地传播，让沃尔沃的品牌更具号召力，助力沃尔沃品牌早日进入国内豪车市场第一阵营。

NO.2　　MINI 中国　MINI 品牌的文字游戏引发多品牌网络“大混战”

营销内容：MINI 品牌首先在户外广告中挑起事端，其打出的广告词：“用 Smart 的钱，买 MINI”，虽然其注明了：Smart 译为聪明，但明眼人都能看明白，这是 MINI 在用 Smart 作为噱头，提升自己的品牌形象，挑衅意味十足。这一举动马上引起了 Smart 的强烈回击，方式相同，还是文字游戏，Smart 打出广告词：“买真正的 MINI，选 Smart”，并注明 MINI 为小巧精致的意思。随着时间的推移，加入这场文字游戏的汽车品牌越来越多，大众甲壳虫、奥迪 A1、菲亚特 500 等纷纷参战，均欲借势树立自己的品牌形象。

亮点：巧妙地运用品牌名称的中英文翻译互相“掐架”，别出心裁地实现了宣传品牌形象的效果。

点评：MINI 和 Smart 的互相“掐架”在品牌营销过程中巧妙地融入了娱乐效果，通过双反的互相调侃提高了各自的受关注度。在我国，广告法明确规定，产品广告不得贬低其他生产经营者的商品或服务。所以，这类带有攻击性或讽刺意味的广告多发于民间，多为网友或公关公司在微博或其他自媒体进行的一番“争斗”，不过这却为它带来了更加广泛的受众群体，一时间“小型车”成为人们的聚焦点，参与此次事件的几个品牌也都赚足了大众的目光。发展到最后，谁赢谁输已无从考量也不再重要，通过此次营销事件，我们更看重的是其展现出来的竞争态势和娱乐精神。

NO.3　　大众中国　“蓝色驱动”交互式广告活动

营销内容：作为两年前大众汽车发布的“Think Blue 蓝 • 创未来”全球性战略的补充，2012 年初，大众中国推出了“蓝色驱动——移动应用及网站”交互式广告活动。活动随着大众中国推出的一款 APP 手机应用正式开启，这款应用专门为有车一族定制，安装应用到手机上，程序会根据 GPS 系统定位到车主的位置，画面中会出现一只蓝色的小北极熊，伴随车主驾驶而左摇右晃。当完成驾驶后点击“停止”，本次行程的时间、距离、速度、加速、减速等数据都会被记录下来，应用程序会根据你的表现进行打分，并对你的数据进行分析，给出相应的建议。另外，大众汽车在专门的活动网页还开展了相应的宣传活动，参与者不仅可以随时下载 APP 程序追踪你的驾驶行为记录，还提供了一个“造冰救北极熊”的小游戏。在造冰拯救的过程中，还可以与其他玩家 PK，赢得奖品。

亮点：作为国内为数不多的通过 APP 进行品牌营销的尝试，大众中国的“蓝色驱动”可以实时记录、分析用户的驾驶习惯，为用户提供节能建议。

点评：大众在我国的营销已经做得炉火纯青，无论是在品牌定位方面还是在创新时尚元素的植入方面，大众始终能够制造出吸引消费者关注的噱头。此次“蓝色驱动”活动是大众连续多年推出的“蓝 • 创未来”战略的延续和补充，活动期间，“蓝色驱动”APP 程序下载量高达 110 多万次，使用该应用的行驶里程数超过 180 万公里，社交网络上的评论、分享不下 22 万次。通过互动倡导车主改善驾驶习惯节约油耗，有效地传播了节能减排的环保理念，又为大众汽车建立了良好的品牌口碑。可以说，大众中国的这次探索无论是对 APP 的使用还是其营销理念，都让人眼前一亮。

NO.4　　上海大众　贾樟柯执导的《再会，桑塔纳》视频 勾起情感回忆

营销内容：为了给全新桑塔纳的上市造势，上海大众的营销活动可谓是不遗余力。首先，聘请国内知名导演贾樟柯执导了名为《再会，桑塔纳》的视频广告，通过一个个温情款款的镜头将人们拉回到了 1983 年——桑塔纳上市时间，黑白的老照片、老式电视机、霹雳舞、清新的校园民谣，引发消费者对于桑塔纳品牌的情感回忆。紧接着，在柏林当地时间 10 月 29 日，沃尔夫斯堡大众汽车的总部所在处，全新桑塔纳在这里揭开了面纱。第二天，全新桑塔纳传奇的“回归之旅”拉开序幕，从德国沃尔夫斯堡出发，历时 45 天，经过 14 个国家，跨越欧亚 19500 公里，最后到达中国北京。

亮点：桑塔纳在国内市场的优势就在于其深厚的品牌积淀，全新桑塔纳通过怀旧的营销手法传承了这一优势，而从德国的归来旨在强调全新桑塔纳的德国血统，摆脱掉老车型产品陈旧、技术落后的负面影响。

点评：作为国内首款合资轿车，桑塔纳所代表的意义已经不只是一款车型，一度是轿车的代名词，承载了几代人的生活梦想。上海大众是希望通过怀旧情感营销，来唤醒人们的真情记忆，引起消费者对全新桑塔纳车型的共鸣。但这种怀旧营销也有其明显的负面风险，桑塔纳作为曾经的"国民车"，给人的印象比较陈旧，产品与时代的需求脱节，这显然不是全新桑塔纳所希望传承的内容。为了强调新车的德系血统，上海大众别出心裁地为其制定了一条跨越欧亚大陆的"回归"之旅，从大众总部到中国北京，其目的就是要强调全新时代的具有德系品质和德国血统的桑塔纳重归我国市场，再通过一些微薄话题讨论等在新媒体上的营销手法进行全方位的包装，在对其产品力的讨论还未定调之前，已经让全新桑塔纳的品牌形象焕然新生。

NO.5　　长城汽车　哈弗 M4"蹦极"上市

营销内容：5 月 23 日，怀柔国际滑雪场被改造成蹦极场，不过蹦极的不是人而是长城小型 SUV 哈弗 M4，从 20.8 米的高空干净利索地完成了惊世一跃，平稳落地，哈弗 M4 蹦极上市。据长城汽车相关负责人介绍，选择这样独特的方式上市，一方面是因为 M4 面对的消费群体是年轻时尚的人群；另一方面也是通过这样的方式诠释长城过硬的产品质量和敢于"第一个吃螃蟹"的企业精神。

亮点：别出心裁的上市仪式映衬出长城哈弗 M4 的质量和长城人的胆识。

点评：在合资车企各种新潮的上市活动影响之下，自主品牌也开始重视创新性的营销方式变革。长城哈弗 M4 以高空蹦极的"极限"方式正式上市是一次成功的"冒险"，按哈弗 M4 产品负责人的说法，正是希望通过"蹦极"，与大家共同见证哈弗 M4 作为一款精品小型 SUV 的"硬家功夫"和过人实力，同时想向大家展现哈弗 M4 释放激情、乐于挑战的产品性格。

近年来，自主品牌产品的质量提升是有目共睹的，但其综合市场表现却仍然不温不火，究其原因，品牌力的羸弱是关键，如何有效地表达自己产品的特色、品牌的内涵与外延，成了考验自主车企营销能力的一道坎。与所有自主品牌一样，长城一直在努力寻求品牌提升之道，此次在媒体闪光灯下 M4 的蹦极成功不仅为产品质量正了名，同时也将助力于哈弗品牌整体形象的提升。

NO.6　　上汽　荣威 W5——丈量边关活动

营销内容：10 月 3 日，荣威 W5"丈量边关 致敬英雄"活动再启征程，这是继去年上海汽车组织的荣威 W5 丈量 960 万平方公里的活动之后，荣威 W5 继续进行的丈量活动，而一次原本简单的整车活动，由于有了朝鲜妹妹的横空出世，引来了众多网友的纷纷关注。朝鲜妹妹以"指南针女孩"的形象出现在大众面前，并为全社会所认知，而网民在不断八卦朝鲜妹妹时，发现她与荣威 W5"丈量边关"活动有着千丝万缕的关系，于是网民开始不由自主地关注起"丈量边关"的活动来，而荣威也顺理成章地实现了由对网络红人到对荣威品牌活动的关注。

亮点：借助网络红人引发对车企活动以及产品的关注。

点评：借助朝鲜妹妹的神秘感，引起网友的自发讨论和自发关注，又由于她是在荣威 W5"丈量边关"活动中被发现的这一因素，就让网友不可避免地开始关注"丈量边关"活动以及后续的精彩故事，看他们会不会有其他更多的发现。"朝鲜妹妹"成功帮助荣威 W5 赢得第一波关注，并调动起大众对这次"丈量边关"的好奇心以及持续关注的热情。

NO.7　　宝马　宝马——奥运营销

营销内容：随着宝马英国成为伦敦奥运会合作伙伴，宝马中国成为中国奥委会独家汽车合作伙伴，宝马在全球拉开了奥运营销策略的序幕。从 2012 年初，宝马在中国也启动了一系列奥运品牌攻势。3 月，在广州举办"BMW 中国奥林匹克计划"启动盛典；7 月，推出"BMW 奥运之悦"嘉年华。与此同时，宝马也积极支持中国的奥运队伍，其赞助的击剑和帆船帆板队在伦敦赛场也都实现新的突破，夺得奥运会金牌。

亮点：宝马在中国市场持续、有效的奥运营销传播，对其品牌形象的树立起到了积极的作用，"BMW 之悦"的品牌理念逐渐深入人心。

点评：随着宝马“Joy is BMW”品牌战略在中国的本土化工作启动，“BMW 之悦”成为了宝马中国扭转宝马品牌过去在华被误解品牌形象的关键词。根据第三方市场调查公司的调研，截至 8 月底，超过半数的受访者知道宝马是中国奥委会和伦敦奥组委的赞助商；而这部分受访者中的 90%表示，通过奥运，他们对“BMW 之悦”品牌所代表的激情、梦想、创新和社会责任等品牌特性的认同度有所提高。此外，宝马在奥运营销上采取的是持久长期的战略模式，而借助奥运这个主题以及人们对这一主题的持续关注，宝马也将受惠于奥运所带来的长期积极影响以及关注。

NO.8　　　　　　　　　　　奥迪　奥迪——奥运冠军送车

营销内容：2012 年 7 月上旬，在“进取·与中国之队同行”合作签约仪式上，一汽大众奥迪不仅成为中国国家射击队和中国国家游泳队唯一指定汽车合作伙伴，同时还专门为中国选手设立了特别奖——中国队获得本届奥运会第一枚金牌的金牌得主获赠一辆全新奥迪 A6L3.0FSI 技术型轿车。而就在 7 月 28 日我国射击选手易思玲在获得金牌后的几分钟内，奥迪就高调宣布将赠送一辆全新奥迪 A6L 3.0 FSI 技术型轿车给易思玲。

亮点：借助奥运会这一顶级赛事在全球范围内的极高关注，汽车厂商通过积极赞助其各类赛事和项目，以乘上关注的顺风车，实现对自身品牌的宣传和影响力的扩大。

点评：在体育营销上一直不缺少奥迪的身影。四年前，大众是北京奥运会汽车业的合作伙伴之一，其旗下的奥迪品牌围绕奥运会也可谓是赚足了眼球。通过启动奥林匹克计划，在项目计划分阶段开展进行中，成效显著，销量飞涨，实现了“五环”推着“四环”跑的局面。今年，尽管未能成为奥运会合作伙伴，奥迪仍然通过打擦边球的方式进行体育营销，吸引关注度。

而易思玲在伦敦奥运上获得中国代表团的首枚金牌，无疑将是媒体争相报道的对象，而奥迪抓住这一机会，借助送车获得了最好的一次传播自己品牌的机会。

NO.9　　　　　　　　　　　丰田　丰田——危机公关营销

营销内容：在钓鱼岛事件发生后，作为日系车代表的丰田汽车随即第一个作出反应：向车主推出“0 负担”服务，只要车主可以提供车辆被砸或受损的证据，比如报警记录、保险公司报险的记录等，丰田汽车就会承担保险公司不赔付部分的维修费用，此外，如果客户提出置换新车，还将在折损价外另增加 2 万元的补偿，此举一出得到了多数消费者和业内人士的认同。

亮点：在打砸日系车事件发生后，作为第一家采取赔偿措施的日系车企，丰田赢得了广泛赞誉，并有效缓解了危机带来的负面影响。

评价：日系车被砸事件频频曝光后，以丰田汽车为首的日系车在中国的销量急降。面对这一现状，丰田率先作出反应，通过推出“0 负担”等措施以恢复消费者信心，随后日产、本田等日系车企也纷纷采取了类似的服务和赔偿措施，而这些做法在一定程度上减轻了消费者在买车时的心理负担，同时获得了外界的赞誉，并在很大程度上加速了 11 月份日系车的销量回暖。丰田的这一举措称得上是一次成功的危机公关。不过钓鱼岛事件尚未得到妥善解决，而国人对购买日系品牌车的热情短时间也难以恢复到危机前。

NO.10　　　　　　　　　　　通用　昂科拉——年轻化运动

营销内容：在 2012 年 10 月 10 日昂科拉的上市会上，昂科拉将目标群体瞄准为崛起的年轻一代，在接下来的几天里连续发布了六支视频广告。而在广告中，无论是青年旅馆的创办人、创意家具设计师还是最近流行的中国好声音参赛者金志文，出现在别克昂科拉 ENCORE 宣传短片里的人物均为“80 后”，带着鲜明的年轻一代“族群”的烙印。此外，作为一款“小型”SUV 车型，昂科拉将价格锁定在 15 万～20 万元之间。

亮点：随着 80 后甚至 90 后成为购车的主力，通用顺势而为调整在华战略，并借此开启别克品牌进军高端 SUV 市场。

评价：昂科拉这组广告在收获了众多好评以及情感共鸣的同时，在市场上也得到了积极的反馈。根据上海通用发布的数据显示，刚刚上市第一个月，昂科拉销售就达到 6000 辆，其订单更是达到 2 万辆。此外通过推出昂科拉车型，也标志着别克品牌意在回归年轻化，随着 80 后甚至 90 后成为购车的主力，不管是奔驰、宝马还是其他汽车厂商，吸引年轻消费群体的注意已经成为车厂不可或缺的一项主题。同时，昂科拉也成为通用别克品牌进军 SUV 市场的开始。

分析与思考

1．举例说明什么是促销？影响促销的因素有哪些？

2．促销的基本途径和基本策略有哪些？拉引策略与推动策略的区别如何？

3．人员推销的特点是什么？常见人员推销策略有哪些？

4．什么叫广告？广告媒体有哪些？如何选择？

5．什么是公共关系促销？开展公关促销的原则有哪些？

6．什么是营业推广？有何特点？营业推广主要有哪些方式？

课程实践

1．目标

掌握汽车企业促销的基本方法和策略。

2．内容

（1）让学生欣赏半个小时左右的不同品牌汽车电视广告，教师引导学生对其创意、目标受众人群等进行讨论。

（2）以顾客的身份去参加某汽车经销商举办的促销活动，结合所学知识分析其促销方式的特点。

3．要点及注意事项

尽可能联系某拟举办促销活动的汽车经销商，作为举办方的一员参加促销活动。在活动过程中，注意分析促销活动的效果。

第 11 章　汽车营销实务

学习目标与要求

1. 掌握发展潜在顾客的方法。
2. 掌握潜在顾客的管理方法。
3. 掌握推销洽谈的技巧。

汽车销售企业的主要业务包括整车分销、售后服务、网点管理和信息管理四个部分。整车分销指的是汽车厂商将汽车产品批发（供应）给经销商（含代理商），以及经销商将产品销售给最终用户，并提供相关附属服务的整个流程。由此，整车分销业务可以分为汽车厂商的整车供应和经销商的汽车零售两部分。汽车的售后服务是指客户接车前后，由汽车销售部门为客户提供的所有技术性服务工作，包括供应商售后服务和特约维修站售后服务两个层面的工作。汽车销售网点和售后服务网点构成了汽车营销网络。

11.1　汽车厂商整车销售实务

汽车厂商通过其销售公司或其总代理商（以下统称供应商），负责制造商所制造的所有产品的销售工作。前者隶属于制造商，后者属于独立核算的经营者。其组织机构设置大致相同，一般设有业务部、市场部、财务部、计划采购部、储运部等，基本功能是完成整车销售的整个流程，包括进货、验收、运输、存储、定价、销售等环节。

11.1.1　进货

供应商的计划部门汇总经销商的月订单、周订单等指导性订单，并根据实际库存资源以及市场环境、同期对比等指标，制定出具有指导生产性质的月计划订单、周计划订单上报给汽车制造厂商，制造商根据订单汇总信息，调整物料和生产节拍，生产出产品提供给供应商。

11.1.2　验收

汽车制造厂商制造出的产品下线后，一般直接送往供应商的仓库。入库前，供应商的质检人员要进行车辆新车交车前的全面检查（PDI）。各供应商PDI检查的项目和指标差别很大，但大致包括车辆外观、动力性、舒适性、随车物品等方面的检查。PDI检查合格的车辆才能入库，不合格的车辆如只有小毛病则就地修理后入库，其他有明显缺陷的车辆在注明原因后返回制造厂商。同时，清点入库数目，做到账实相符。

11.1.3 运输

由于市场竞争日益激烈，为了加快对市场的反应速度，各品牌供应商开始陆续在全国各地建立分销中心或中转库，使经销商能够就近提车，减少用户或经销商的提车时间。因此，经过验收的车辆，将根据各地库存的需要，运输到各地的分销中心或中转库存储。

我国汽车厂商通常采用的运输方式是铁路运输和公路运输两种。随着物流业的发展壮大，一些大的轿车供应商开始实行第三方物流，即委托专业的物流公司进行运输，这样可以节约人力成本和运输成本，使资源得到合理的运用。

11.1.4 存储

汽车运送到目的地后，接收员首先要核对运输凭证，根据凭证清点数目，同时检查每辆车的外形是否有破损、刮伤等，验收无误后才能办理汽车入库手续。入库后的汽车，应按车型摆放在一起，有条件的要做到“一车一位”。场地中要留有足够的通道作为消防和进出通道。出库时，提车人必须持有提货单、发票等凭证，经核对所提车辆与提货单一致才可放行。

11.1.5 定价

价格是价值的体现，确定产品的价格是市场营销中一个非常重要、非常敏感的环节，它直接关系到产品受市场接受的程度，影响着市场需求量、销售量和企业利润的多少，它涉及生产者、经销者、用户等多方面的利益。我国汽车企业的定价模式通常是：厂家根据核算的产品成本，加上适度的利税，确定出出厂价格，并按此价格提供给供应商。供应商再考虑物流费用、各种营销费用以及销售环节利润后，确定销售价格，并按这个价格将车辆销售给经销商。同样，经销商也大体按此模式，确定出最终的零售价格。当然，汽车在各环节的最终价格，是一个复杂的确定过程，需要考虑种种因素，有关内容参见本书相关章节。

11.1.6 销售

销售是供应商整车销售流程的主要环节，是供应商的最终目的，现以我国某汽车厂商销售业务流程图为例（图11-1）说明其

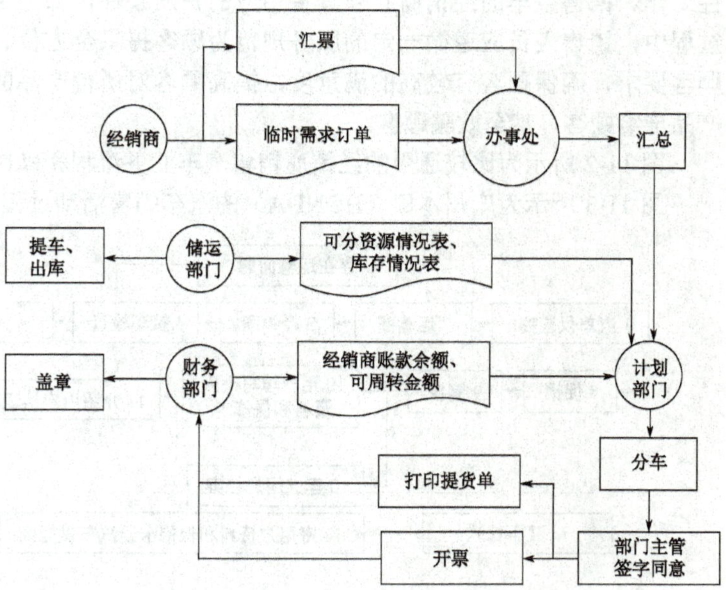

图11-1 汽车供应商销售业务流程简图

步骤。

经销商将需要立即执行的订单（临时需求订单）传真给各大区的办事处（也有的供应商采用网上下订单的方式），由办事处汇总或双方协商后稍作修改传递给供应商总部计划部门。同时，经销商需将汇票原件直接送给办事处，由办事处确认后，将汇票复印件传真给计划部门，作为分车时的财务依据之一。

分车是指将某一车型、数量且存储于某一车库的车辆具体分配给指定的经销商。如果经销商的财务状况在合同规定的范围内，且当天库存情况能够满足其订单要求，计划部门就根据订单进行完全分车，所分车辆的存储地要力争是离经销商最近的中转库，如中转库库存不足，就分总部的库存资源；如果当天库存资源不能完全满足所有订单的需要，则计划部门就根据经销商所在市场的重要程度、经销商等级以及订单先后次序等因素综合考虑，对不能完全满足的订单，再和经销商进行协商是否可以更换车型或数量，如经销商同意，则分车给经销商，否则暂停该订单的执行，请制造部门安排生产。所有的分车结果，应由计划部门主管核准签字同意。

分车后的结果由财务部门核实车价，然后开票，同时，打印提货单，提货单上主要打印车型、数量、购货单位、送达地址等信息，有的供应商在分车时可以做到分给某一经销商某一车位或 VIN 码（企业自己编制的一种描述车辆配置的编码体系）的车，则提货单上还需打印车位、VIN 码等信息。

提车员根据提货单的信息入库找车，将提货单上指定的车辆提走。如提货单上的送达地址不在本地，还需填写运输凭证，以委托运输商进行运输，运输商将货送达后，经销商应在运输凭证上签字，运输商凭此回执向供应商结算运费。

11.2 经销商整车销售实务

经销商整车销售是指经销商在顾客选购汽车产品时，帮助顾客购买到汽车所进行的所有服务性工作。销售整车的经销商必须具备相应的资质条件，如资金、场地以及人员配置。在整个销售过程中，销售人员应遵循一定的服务规范为顾客提供全方位、全过程的服务，在销售工作中满足顾客要求，确保顾客有较高的满意度，提高顾客对所销产品的品牌忠诚度，而不能不负责任地把产品推给顾客，甚至欺骗顾客。

图 11-2 所示为比较通用的经销商销售汽车业务流程和操作模式。

图 11-3 所示为广州本田（HONDA）的汽车销售活动过程图。

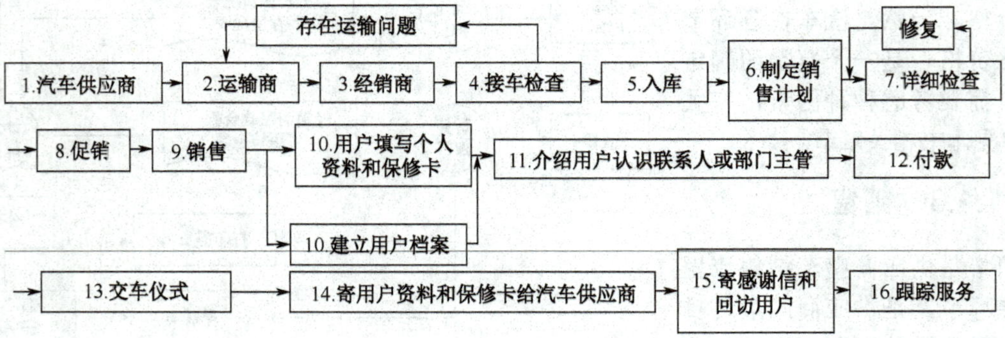

图 11-2　经销商整车销售业务流程

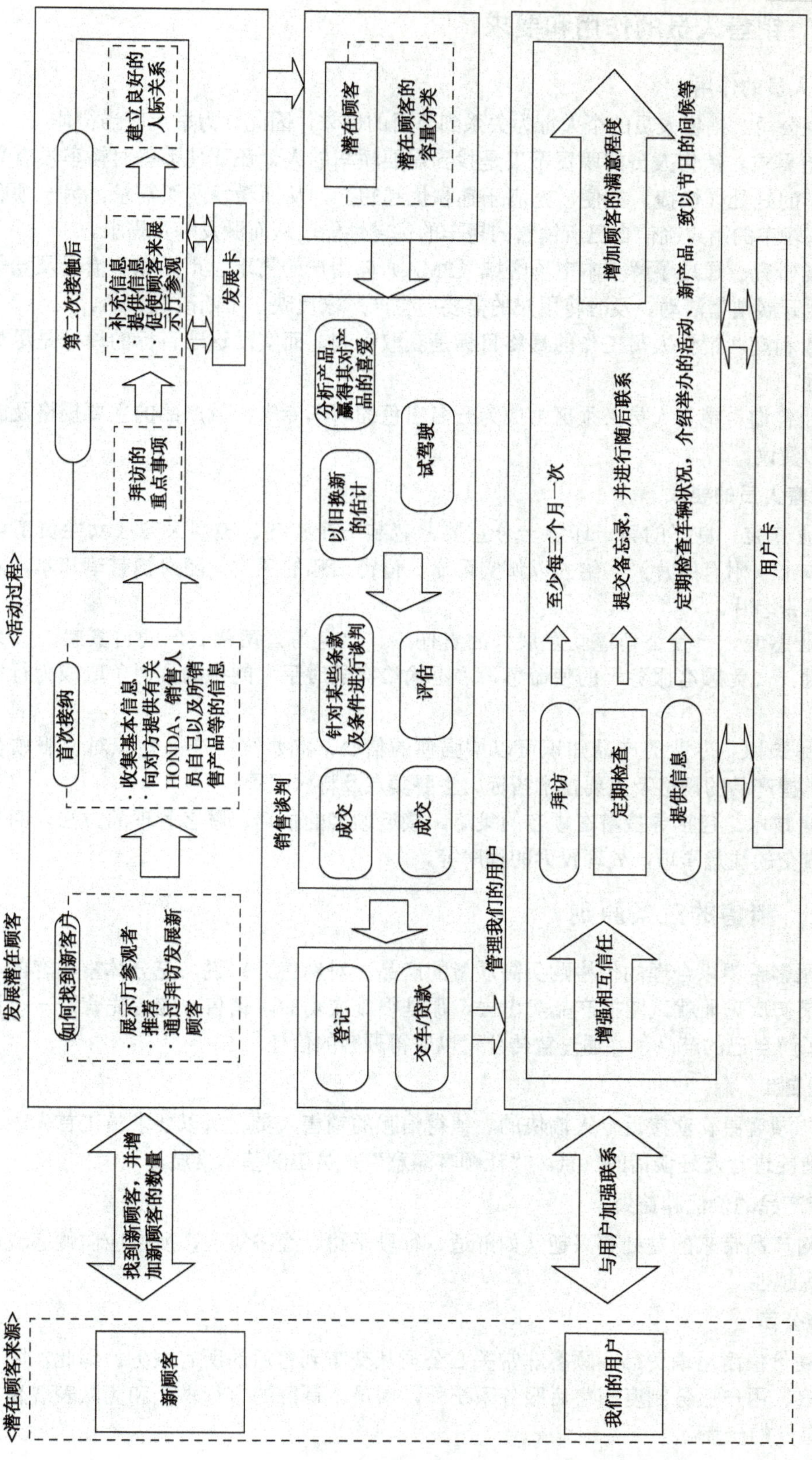

图11-3 广州本田（HONDA）汽车销售活动过程图

11.2.1 销售人员的作用和要求

1. 销售人员的作用

（1）代表公司。销售人员的个人行为关系到公司的信誉，因此行为举止应当得体。

（2）创造需求。销售人员的职责不仅是找到需要轿车的人，还要使那些对轿车没有兴趣的人确信拥有轿车的好处（快捷、方便、充满乐趣和优越感），从而激发购买需求。另一项职责是让使用竞争厂家轿车的用户确信自己所销售的轿车的优越性能，从而激发购买需求。

（3）市场研究。通过了解基本市场区域（PMA）向用户的需求，市场竞争情况及竞争对手动向，可更好地开展销售活动。及时将用户的需要向生产厂家反映，不断改进产品。

（4）获取利润。销售人员工作的最终目标是获取利润，而实现这一目标的途径是尽最大的努力让顾客满意。

（5）专业咨询。销售人员必须努力成为一名出色的轿车专家，就产品的主要规格及配备向顾客提供咨询和建议。

2. 对销售人员的要求

（1）职业着装。良好的第一印象十分重要，着装干净整齐、美观大方（女性员工可适当化妆），佩带胸卡（附有照片），给人以诚实可靠、值得信赖的感觉。随身携带笔和本，随时准备记录。随身携带名片。

（2）职业态度。“使公司蓬勃发展”的责任感，“身为公司代表”的自豪感，“为自己工作”的自觉性，“为顾客服务”的使命感，“不输给竞争对手”的拼劲，“争取成为行家”的上进心。

（3）产品知识。专业的产品知识可以增强你的信心，高水平的产品知识对说服顾客大有帮助，所以应掌握产品的规格及主要技术指标、主要卖点及特殊配置。

（4）销售技术。包括寻找潜在顾客的策略，接近顾客的技巧，顾客管理的方法，商务洽谈的技法，建议成交的注意事项，处理投诉的程序等。

11.2.2 销售的三条原则

大多数顾客希望以合理的价格购买高质量的产品，对销售方来说，充分体察顾客的心态是很重要的。如果初次见面就试图把产品卖出去，那是很难成功的。销售方应首先营造一个谈话的氛围，让顾客了解自己的产品，并通过宣传公司以取得顾客的信任。

1. 展现自我

购物时，顾客更喜欢接近令人愉快的、值得信赖的销售人员。所以要求员工首先表现出诚意和热情，营造能进行友好谈话的气氛。“让顾客满意”是员工的基本素质。

2. 宣传产品的价值和益处

顾客会对产品带来的益处感兴趣（如舒适、行驶平稳、经济等），所以应向顾客说明使用所代理品牌的优越性。

3. 宣传公司

汽车是高价值耐用消费品，顾客非常关心公司从交车到售后的所有服务。因此，除了说明公司的经营宗旨、用户服务制度和售后服务系统外，用员工良好的言行举止和团队表现赢得顾客的信任也是很重要的一点。

11.2.3 销售过程

1．发展潜在顾客

销售的数量因销售人员所拥有的潜在顾客及可能成为潜在顾客数量的不同而不同，销售人员为达到销售目标，应该充满热情并找到足够的潜在顾客，然后通过产品推介、推销等方法使潜在顾客变成最终用户。

一般潜在顾客具有三个前提，即购买能力（收入状况及信用状况显示有支付能力）、购买欲望（对产品有兴趣、表示关心）和购买的必要性（在经营活动或日常生活中，产品对顾客有贡献）。而潜在顾客的四个来源是展示厅的参观者（在展示厅、车展或电话中首次接触的顾客）、发展的顾客（在发展顾客中接触的顾客）、顾客推荐者（通过他人介绍接触的顾客）、用户（已购买本公司产品的人）。发展潜在顾客的方法有以下几种。

（1）促使顾客参观展示厅。

① 促使顾客参观展示厅的方法有以下几种。

a．散发宣传资料。如在经销商的市场区域内，确保传单在展览会举办前散发出去。若没有举办展览会的计划，也至少每月散发一次传单。

b．询问（首次拜访顾客）。收集潜在顾客的信息并上门拜访或电话交谈，尽可能地促使他们参观展示厅。

c．发送邮寄材料。在举办各种活动前（如展览会），按照发展顾客的名单发送邮寄材料，特别是一些名人，促使他们来展示厅参观。在发了几次邮寄材料后，打电话或拜访顾客以收集更多的信息。

d．举办展示会或其他活动。在举办活动前打电话给顾客（电话促销），确定要接待潜在顾客的人数。积极举办室外展示会（展示厅外面的展示会）。

② 潜在顾客行为、性情特征与对策。参观展示厅的潜在顾客，其行为和性情有如下特征。除非通过鼓动宣传，否则参观展示厅的顾客数量不会多。他们感觉销售人员的态度和展示厅的气氛，如果不满意就会马上离开。很多顾客将去竞争对手的展示厅，或是在参观完竞争对手的展示厅并收集相关信息（已查阅了竞争对手的产品、价格、优惠条件及展示厅的状况等）之后来的，如果不满意，他们就会转向去竞争对手那里。多数顾客来展示厅前，心里已有了他们中意的车型。顾客不情愿给出他们的地址，但知道当他们留下姓名和地址后销售人员就会与其联系，顾客期望这种联系尽快进行。为了给前来参观展示厅的顾客一种愉快的感觉，最大程度地接近顾客，检查、改进销售工作的每个方面，并且明确规定和履行每个员工的职责非常重要。

首先，潜在顾客到来之前，应确保有停车位；应保持展示厅室内和室外清洁（清洁窗玻璃、桌子和洗手间，使产品目录等资料摆放整齐，清扫展示厅的室内和室外以及树的周围）；检查陈列或展示的轿车，为顾客的参观或试驾驶做好准备；整理维修区，使维修区的机械设备干净、整齐；早、晚集会上，练习接待顾客用语。

其次，潜在顾客来到展示厅时，应热情迎接。迎接的目的，第一是表达您对他来展示厅的感谢之意；第二是让潜在顾客轻松地在展示厅逗留较长时间，慢慢地看车（举办促销活动时除外）；第三是充分利用这段时间尽可能多地搜集潜在顾客的基本信息（与潜在顾客一起填写“首次接洽卡”、介绍产品并了解顾客的需要、鼓励试驾驶）。表 11-1 举例说明了在展示厅与顾客谈话（初次面谈）的技巧。

根据顾客对车的需求，把销售要点压缩至最重要的一到两点，并在试驾驶前宣传这些性能。试驾驶时与顾客同行，让他想象拥有后的感觉。试驾驶后，强调试驾驶前宣传的那些销售要点，向顾客说“它真的很棒，是不是？”。

最后，在潜在顾客参观展示厅之后，销售人员应在顾客参观展示厅的当天或第二天，去家中拜访或打电话给他，以判断潜在可能性。对潜在可能性做出准确、客观的判断，而不是凭感情和一时猜测做出决定。

③ 发现潜在顾客的地方。发现潜在顾客的地方一般有保险公司、注册机构、贸易展销会、租赁公司、贸易团体名录、商会名录、朋友或亲戚处等。

④ 需保存的潜在顾客相关资料。

a. 个人资料有名称、地址、电话号码、职业、职务、年收入、住房类型、家庭规模、业余爱好等。

b. 现有车的相关情况有现有车辆、车型、购买日期、行驶里程、安装的附件，以往轿车更新情况，购自哪家销售店，使用频率（工作日和周末使用），每月平均行驶里程，对现有轿车满意不满意，其他家庭成员用车等。

c. 购车相关情况有增添购车的计划，心中常设想的车型、款式、颜色，决定购车的大体样式等。

顾客通常在实际购买车的前一年开始有打算，因此，销售人员应设法通过每次接触了解潜在顾客的心理状态，并记录一段时间的心理变化情况。销售人员对潜在顾客要有足够的耐心，他们往往需要一年的时间才能做出决定。

表 11-1　在展示厅与顾客谈话举例（初次面谈）

步骤	反　应	要　点
问候	• 迎接刚进入展示厅的潜在顾客，致问候“早上/下午好！” • 前 30 秒至一分钟让顾客随意参观陈列的车辆	• 起立，以愉快的声调打招呼
介绍展示的车	• 走近顾客，开始交谈 “您觉得它怎么样?” “您对×××感兴趣吗?” • 从顾客注视的地方开始介绍 • 让顾客坐在驾驶座位上，介绍内部操作	• 同顾客肩并肩地站立，并作介绍 • 探明顾客参观展示厅的目的，迅速确定顾客的需要并试着做出反应（例如，“您正考虑×××车吗？”）
收集信息介绍产品	• 引导顾客到销售洽谈区 “如果您能抽出时间，请坐一下好吗？” • 出示自己的名片：“我是×××，这是我的名片。” • 依据产品目录介绍产品，同时收集有关信息，如顾客的姓名、地址、现有车辆、车款车型（强制性检测月份）、用途、现有车辆状况、家庭成员组成等 • 鼓励试驾驶	• 询问顾客的姓名、地址和电话号码（使用首次接洽卡） • 试着做出评价（“您的车被评估过吗？您现在用的是什么车？”） • 约定拜访顾客。如果没有确定日期，询问何日方便
致谢	• “感谢您的光临！”	• 目送顾客走向他的轿车 • 当您拿到顾客的地址后填入发展卡，进行随后的联系 • 在顾客参观展示厅后的几天内电话预约去其家中拜访

（2）发展顾客。

以下方法可用于发展潜在顾客并建立潜在顾客资料库。

① 散发宣传品。可在存在潜在顾客的特定地点散发，建议实施率为每月一次，应在展览会或

重大活动前一天散发。

② 直接邮寄。可按发展顾客的名单邮寄材料，特别是本地区的知名人士（具有影响力的人物），可寄出重大活动（如展览会、维修优惠服务月等）的通知单。

③ 上门推销。销售人员应调查本地区居民，了解到潜在顾客的居住和工作地点。可在本地定期进行，从竞争对手、其他高档商品零售商等处获取信息，应和这些潜在顾客加强联系。

④ 电话促销。开始谈话前应做清晰、简明、简短的自我介绍，谈话的重点是促成约会。

⑤ 团体促销。经常对公司团体顾客进行拜访，可以增进友谊，并建立长期的业务关系。

⑥ 展览会和其他活动。最好选定有特殊意义的时间举办，如节假日。预先确定需通知的顾客人数，举办场所最好在展示厅以外，除依靠直接邮寄通知外，活动前一天电话通知。

⑦ 顾客推荐、进一步洽谈。具体内容参见相关章节。

（3）顾客推荐。

光顾销售店的人数很大程度上是由当时的市场环境决定的，但是，由顾客推荐而得到的顾客不会受市场状况的影响。顾客推荐促销是销售活动中最重要的因素之一，顾客推荐资料一般由销售店销售经理管理与控制。

利用有影响力的人做联系人，如邀请参加活动，为公司经营活动提供资料，与顾客庆祝特别意义的日子等。在进行车辆检查、保养或拜访顾客时可请求顾客推荐。当想经介绍认识某些特别人士时，可以请该地区的有影响力的人进行推荐。当拜访有影响的人时，就询问他熟识的人中是否有适宜的人选。由于一些人不希望被知道是谁推荐的，因此不要暴露推荐人的联系方式（这一点一定要给予尊重，并做出相应的工作计划）。为表示感谢，可赠送介绍人适当的礼品。一旦通过顾客推荐鉴定购买合同后，应继续和他保持联系，使他感到我也应该向别人进行推荐。继续与未购买的顾客进行联系，并了解他未购买的原因。表 11-2 是进行顾客推荐的步骤与方法表，表 11-3 是推销自己的话题和称赞词语。

表 11-2　进行顾客推荐的步骤与方法

步　骤	实施方法	说　明
问候、介绍	•说明自己的姓名和公司名 （名片） •说明你在××先生的推荐下拜访被推荐顾客 •在客厅进行正式问候（必要时，再递上一张名片） •说明与推荐人的关系 •开始谈生意前，先高兴地进行简短的对话，以建立融洽的气氛	•不要忘记向家庭其他成员问候 •在客厅的举止 （坐的位置、香烟、茶水） •在接顾客递过来的名片时，一定要举止得体 •记住一定要称赞推荐人 •对一般事务少做谈论
业务谈话 试探、优势介绍、试驾驶、评估、做出承诺	•发现顾客的需要 •依据顾客的需要做产品介绍，并介绍产品的优越性 •请被推荐顾客进行试驾驶 •对现在的轿车进行评价 •评价特定用途的车型 •尝试达成协议并得到允诺	•考虑谈话开始和结束的方式 •使用产品目录和说明书 •尽可能为顾客多准备需要的车型 •事先对各种车型进行评估计算 •提供给顾客的条款和条件要与提供给顾客推荐人的相同 •如果未能成交，则进行全面总结。列出到目前为止顾客所能接受的项目 •对其他家庭成员的意见适当加以注意 •不要停留太久
订好下次约会	•方便时进行	•由顾客安排时间
感谢信	•对当天的会谈表示感谢	
与推荐人进行联系	•无论结果如何通知推荐人进行的情况	•越早越好，甚至可以电话通知

表 11-3　推销自己的话题和称赞词语

推销自己的话题		称赞词语	
气候、季节	“最近几天冷吗？”	人物	“您对我真好，我非常感激。”
爱好、家乡、同行业	“您丈夫经常打高尔夫球，是吗？”	服装	“您戴的领带真漂亮。”
新闻、花园、人物	“今天早晨广播报道……”	家乡	“×××家乡真漂亮，公路很宽。”
旅行、生日、经历	“您是要去度公假吗？”	学校	“噢！您是×××毕业生，那所学校的教学水平很高，是吧！”
天气、展览、传统	“天气真好！”	公司	“您公司有许多漂亮的女士，是吧！”
家居、家庭、外国	“孩子上中学了吗？”	工作	“您的工作很顺利我十分高兴。”
健康、经济、艺术	“看见您身体很好，我真高兴。”	家	“您的孩子真可爱。”
家族姓氏等	“我知道您的姓在北方是大姓。”	爱好	“我认为喜欢打高尔夫球是一项很好的爱好，因为它可以促进身体健康。”
工作、爱好、习惯	“您工作总是很忙，是吗？”	房子	“我真希望我也能住上像这样好的房子。”
服装、封装	“您穿的衣服很漂亮，是自己挑选的吗？”		
食品、饮食习惯、餐厅	“这个水果看起来又好又新鲜！”		
住房、居住区、居民	“您的房子采光很好，是吧！”		

（4）拜访顾客。

经常性的拜访顾客可以建立良好的人际关系，推销自己，提供信息（邀请参观展览、所经营产品的介绍、公司介绍、新产品介绍和其他有关信息），发现与潜在顾客共同感兴趣的话题，然后将其引入销售的话题，还可以进一步收集顾客的信息（现有车辆、车款、车型、家庭组成、雇主、购买决定者、购买行为动机等），发现顾客的需求。通常，人们期望在第三次拜访时，能够签订销售合同。对于像汽车这种较昂贵的商品，在签订销售合同之前，推销员可能还需进行多次拜访，这样的拜访也被视为再次拜访。图 11-4 所示为从首次拜访到与潜在顾客会谈过程图。

2．潜在顾客管理

潜在顾客及可能成为潜在顾客的顾客是销售网点最重要的客户资源，应建立必要的顾客管理制度以保障潜在顾客不至于流失，便于进一步发展。顾客管理的内容包括如下两点。

（1）潜在顾客的识别和分类。潜在顾客的识别，通常根据在销售活动中收集的关于个人和车辆状况的信息，判断或识别顾客的购买意向（感兴趣的车辆、购买的意向以及对所销产品的兴趣），购买能力（职业、收入、资产、资金的储蓄），或者需求（家庭情况变化、老款车型的淘汰、车辆老化或损坏）。为使销售会谈更顺利地展开，应将潜在顾客按其可能转化的程度和预计的购买时间进行分类。然后，依据潜在等级，确定拜访频次。顾客分类表如表 11-4 所示。

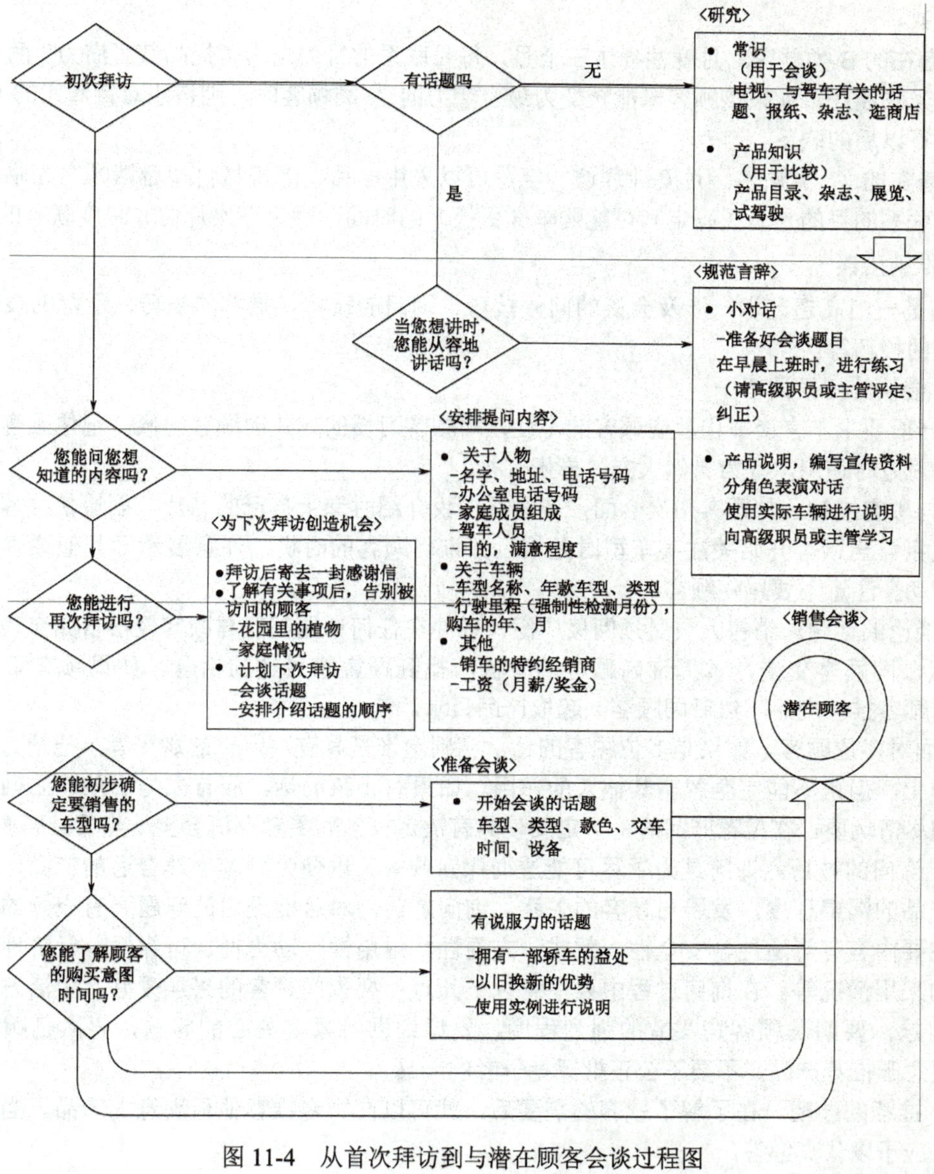

图 11-4　从首次拜访到与潜在顾客会谈过程图

表 11-4　潜在顾客分类表

类　别	可能签销售合同的时间	检 查 项 别
最有潜力的 A 类顾客	一个月	a. 是否对产品进行过说明；b.是否完成试驾 c. 是否选定车型、颜色；d.是否已报价 e. 是否已讨论付款方式
潜在的 B 类顾客	两个月	依据产品实际情况而定
潜在的 C 类顾客	三个月	依据产品实际情况而定
其他潜在顾客		除以上三类顾客以外的顾客

（2）对潜在顾客的态度。

① 最有潜力的 A 类顾客。销售负责人应了解销售人员与其销售谈判的进展；邮寄光临展厅的感谢信并在感谢信上附加亲笔书写的附言或电话感谢光临展厅；增加拜访次数（拜访间隔不能

超过5天）。

② 潜在的B类顾客。月度性拜访三个月，每月联系的目的是为了提高其“潜力”程度，促使顾客再次光临展厅。如果该顾客未能转变为最有潜力的A类顾客时，则按照对待潜在的C类顾客的方式进行以后的联系。

③ 潜在的C类顾客。月度性拜访一年，可以采用电话、邮寄材料和邀请顾客光临展厅等形式。每月联系的目的是为了确定其可能购车（更换）的时间，确定下次拜访、月度联系的方式。

3．推销洽谈

洽谈是一门高超艺术，涉及会谈的问候技巧、询问的技巧、推荐的技巧、示范的技巧、回答顾客问题的技巧等。

（1）会谈的问候技巧。

① 一般要求。言谈举止适应顾客的个性，用顾客习惯的方式向顾客问候，记住顾客的姓名，并在称呼对方时使用，行为自然大方、彬彬有礼。

② 与顾客接触。与顾客初次会面，要进行自我介绍时递上自己的名片，创造使顾客感到无拘无束的气氛。当顾客开始关注某车型时是接近并询问顾客的时机，注意展示厅其他顾客以便需要时给予帮助。注意不要尾随顾客。

③ 谈论的话题。销售人员必须阅读广泛，以便在任何话题都能与顾客轻松自如交谈。要善于打破沉默，同顾客交谈，掌握询问顾客的时机，找到顾客感兴趣的话题。如果顾客索要产品目录，应向顾客推荐产品，然后同顾客一起取产品目录。

④ 面对多位顾客。如果是多位顾客的话，应判定谁是具有决定权的购买者，把精力主要集中到他的身上，但也不能完全忽略其他人的作用。如果有小孩的话，应首先与小孩建立融洽的关系并使他们尽情玩耍。在推荐产品时，一定要使具有决定权的购买者有机会坐一坐驾驶席座椅。

（2）询问的技巧。询问是为了尽可能透彻探问顾客，以便为顾客推荐合适的产品，估计顾客对购买产品的渴望程度，发展与顾客的关系。询问之前，对可能提出的问题要有充分的准备，常提问的主要内容有舒适性、安全性、款式、方便性、耐用性、动力性、可靠性、经济性、声誉、新技术的采用情况等。在询问过程中要注意以下几点：要询问顾客的兴趣爱好、生活方式、有何需要等问题，要明确顾客购买欲的强烈程度，要详细回答顾客关心的问题，要激励顾客的购买欲，不要急于推荐产品，不要不公正批评竞争者的产品。

（3）推荐的技巧。在了解了顾客的需要后，就可以向顾客推荐他最满意的产品。当顾客提出问题时，应予以认真解答。

销售人员可在以下位置就所售汽车对顾客进行说明。

- 驾驶席侧前方，外观、款式、气体力学、安全性能。
- 前方，保险杠、发动机、驱动系统、悬架系统、转向系统、保修项目。
- 助手席侧，外观、车体结构、轮胎、助手席侧车门、安全性能。
- 后方，外观、款式、后备箱区域、安全性能。
- 驾驶席侧，车桥、悬架、制动、车体结构、防锈蚀。

车内，舒适、方便、仪表板、可视性。

在进行推荐的过程中，要继续向顾客询问，要对自己所经销的产品和同类产品做客观的比较，要与顾客平等谈话，不要对顾客大发评论。

（4）示范的技巧。在进行必要的讲解说明后，应说服顾客自己试车。在试车过程中，一系列关于性能优越性方面的疑问将自行解决。

在示范过程中，供试验驾驶用的轿车要干净整洁；销售员要首先驾驶并说明基本操作控制技巧；要按预定路线行驶，避开交通拥挤路段；试车过程中不要过多讲话以让顾客自己体会驾驶的乐趣；不要忘记向顾客推荐销售店可提供的其他优质服务；如果顾客不愿试车，不要勉强，可以另定约会时间。

（5）回答顾客的反对意见。顾客不可避免地要有反对意见，这恰恰表明顾客有意购买汽车，这是获得顾客信任的良机。因此，应鼓励顾客讲明其反对意见。

在回答顾客的反对意见的过程中，要听清顾客讲的内容而不要打断，要弄清楚反对意见是真实存在还是由其他原因造成的；要举例说明并明确答复，用事实说明问题；要强调与顾客合作，不要争吵，争吵获胜意味着损失一笔买卖。

（6）谈判与成交。所有的顾客都对价格十分敏感。因此，一提到价格，顾客的注意力就会集中到价格上而不去考虑产品的价值。因此，在觉察顾客的购买信号之前应避免谈到价格问题。不要急于成交，这会使顾客产生反感，并要求降价。必须要等觉察到表明顾客确定要购买的信号，这是成交的最佳时机。

典型的购买信号有如下两种。

“什么时候可以交车？”、“我不喜欢这种颜色，有红色的吗？”

如果顾客没有强烈的购买欲望，可以通过以下问题进行试探：

“感觉怎样？”、“需要马上交货吗？”

在开价时，信心是赢得顾客信任并顺利成交的重要因素，应想到产品的价格物有所值，不要开始为价格解释或辩解。如果顾客几秒钟内不表态，那么等，看顾客有什么反应，沉默是十分有力的工具。开价后，顾客通常要求“考虑一下”或“同他人商量一下”。这种情况下，应明确顾客特定的思虑，并设法解决。如果顾客坚持离开展示厅，则约定好下一次会面。一定要记住顾客的联系电话，以便采取下一步行为。如果因为细小的价格差异而不能成交，显然是由于自尊心问题造成的，可以通过赠送附件或选装件使顾客满意。

在谈判过程中要注意，应逐步与顾客达成一致，顺利地将顾客引导到成交阶段。不要同顾客争吵。最后的讨价还价应在私下里进行，以免被打断。

4．交车与付款

当交车与付款之际来临时，业务磋商中的艰苦谈判和成交时的紧张气氛都已缓解。不过，如果进展得不顺利，销售员没有履行在销售洽谈中的承诺（如交车日期、选装零部件等），那么顾客就不会再信任销售员，业务有可能中止，顾客甚至会把自己不愉快的经历宣传出去。因此，交车与付款可以视为与顾客保持另一种良好关系的开始，不要简单的交车了事，要进行令人满意的说明，重视顾客的反应，只有这样，顾客才会对该产品感到满意。

（1）付款。可以提前支付或交车时付款，鼓励贷款购车。根据已签订的销售合同接受现金或支票。

（2）交车。交车过程中用户有以下的担心：交车时车辆不是处于完好状态；可能曾有很多人试乘过这辆车；销售人员交车过程中催促用户，不给用户足够的时间熟悉车辆；交车完毕后，顾客的满意度不再是特约店的主要考虑。了解用户的担心有利于特约店做好验车交车工作。

① 交车准备。根据交车计划，约定交车可能日期。联系用户，确定交车日期，并填写用户跟踪服务管理表中的相关内容。检查上牌（用户要求代办时）和随车资料是否正确、齐全。安排移交前车辆检查（PDI）。

② 交车过程。根据相关情况，交车当天再次确认时间。

发车当日，由销售人员再次确认各位经理是否能参加当日的交车仪式；销售人员在交车当天一大早确认好交车的各个事项，包括车辆文件、纪念品、照相机等；销售人员确认在发车前 30 分钟 PDI 是否能够完成。

用户到达后，接待用户，陪用户验车，包括移交相关资料，核对相关资料（底盘号、发动机号、牌照号、用品等），协助用户依照 PDI 检查单逐项进行检查，为避免日后在车况方面可能出现的争议以及由此引起的麻烦，销售人员对此项工作应予以高度重视。用户满意后，在 PDI 检查单上签字；销售人员说明正确的车辆操作和驾驶方法（参阅用户手册），全面介绍检查、保养和维修等服务项目（参阅保修手册），说明自己所经销的汽车的保修政策；销售人员填写保修卡，并当场回收（回收的保修卡应尽快寄送售后服务科）。

虽然特约店每天售出许多车，但用户却只买一辆。购车是许多顾客家庭的重要事件，通常是继买房之后最昂贵的开支。举行交车仪式能创造一种愉快、轻松的气氛，使用户终生难忘。其基本流程是：介绍店长、销售经理、售后服务经理、零部件经理→由店长赠送纪念品，并向用户致以深深谢意→由店长、销售经理、售后服务经理、零部件经理、销售员同用户在车前愉快微笑合影，并一起向用户致谢→用户离去时，销售员走出店门确认道路的通畅及安全，再次致谢。

交车是用户最开心的一天，若能让用户喜上加喜，用户一定会对特约店留下深刻的印象。

③ 定期联络。通过定期联络使用户感到来自特约店的尊重和重视。

发车后 5 天内，由销售员发感谢信（连同交车仪式的照片一起寄发）。感谢信发出后 2 天内，销售员应通过电话以十分礼貌、客气的语气再次对用户表达发自内心的感谢，询问用户车辆状况（如行驶是否正常等），并口头预约用户首保时间（是否来首保是该客户以后是否会继续来店维修的起点）。如果用户愿意来店首保，销售员编制首保计划。销售员接待首保的用户，并安排到售后服务部门进行首保。

其他工作，如为了保持客户资源，需建立用户档案、进行顾客回访、调查用户满意度等。

【案例 11.1】

为什么最后没有成交

某天，一对夫妇来到了某品牌汽车的 4S 店。

销售人员：（将这对夫妇带到车库，用手指着停在车库内的各款轿车向客户介绍）“这是 59800 元的标准型，这是 69800 元的舒适型和实用型。”

客户：“59800 元和 69800 元这二款车有什么不同？”

销售人员：“59800 元这款车没有方向助力、ABS、电动后视镜等。”

客户：“装一个方向助力要花多少钱？”

销售人员：“××××元”

客户：“如果我定下来，款怎么付？”

销售人员：“可以分期付款也可以银行按揭。”

客户：“按揭一个月要付多少？”

销售人员：“如果按揭的话，先付 40%，余下的分三年付清，每个月只要付××××元。如果你们的经济情况可以一次性付款的话，可买 69800 元的。如果采用分期付款的贷款方式，就没有必要买 69800 元，而应该买 59800 元。”

客户：“让我们考虑一下是买 59800 元的还是买 69800 元的那款。”

分析与说明

① 当客户问“如果我定下来，款怎么付？”的时候，销售人员应该问这样的问题：“您是指 59800 元这款车呢？还是 69800 元这款车？”目的只有一个，让客户明确自己会选哪款车。因为客户离开时的理由就是我要考虑选哪款。同时，问清楚客户准备采取什么样的付款方式。

② 何种方式付款不是确定车型的条件，车型确定的条件只有一个：客户真实的投资目标。该销售人员

不知道应该先明确客户的购买目标后再作产品展示的道理，他们不会主动询问客户将选哪一款车，这是现阶段汽车销售中存在的共性问题，尤其是销售人员销售的汽车有多种款式时更容易出现这样的情况。当客户已经明确要买某个品牌的车时，首要的任务就是将客户的需求明确化，即洽谈之前就要弄清楚客户倾向性最强的车是哪一款，然后围绕客户的需求目标不断强化购买会给他们带来的好处，如果不买会给他们未来的生活和工作带来的不利，这样才有可能将整个销售引向成功。

③ 当客户问“装一个方向助力要增加多少钱时？”，销售人员应该了解方向助力对客户是否重要，可以这样问：“你要买的车是否要带方向助力？”，并根据客户的回答进行下一步的销售。如果客户的投资不足以购买装备方向助力的车，就要向客户强调该车车身质量只有 890kg，没有方向助力驾驶也相当轻巧。如果客户的投资足以支付增加方向助力的费用，此时应该强调装有方向助力的轿车更容易操控，特别是在狭小的空间调头时的便利性。

在这个案例中，这对夫妻下午 4:30 左右来到展厅，5:30 以后他们的朋友赶到，这是一个典型的当天可以成交的销售案例。但到了 7:30 他们离开时，这对夫妇只留给销售人员一句话：“让我们考虑一下是买 59800 元的还是买 69800 元的那款。”

这是一个 10 分钟就可以完成的销售，但该销售人员却花了那么长时间也没有成交。失败的原因除了没有能把握成交时机外，就是这位销售人员始终忽视了顾客来店的原因，花了大量时间在展示自己对汽车产品的熟悉和了解，特别是当顾客谈到竞争产品时，该销售人员非但没有做转化的工作来弱化顾客对竞争产品的认同，反而进一步强调竞争产品优于自己产品的地方。客观来讲，销售人员介绍的那款车的外形属于中庸的那一类，虽有部分客户不认同，但因为其优异的发动机性能和最低的油耗赢得了客户的赞誉。其实，该客户为什么会在千里马、羚羊、夏利和优利欧中比较后选择这款车，最主要的原因是投资的问题。他们不是不知道千里马好，但 78800 元的车价与他们的投资目标有一定的差距。这一点这位销售人员始终不明白，在销售中一直还在拼命介绍 69800 元这款车，如果改变一下销售的方式，让客户确认售价 59800 元的标准型，那么当天的销售可能不用 10 分钟就可以完成。

【案例 11.2】

为什么最后又没有成交

某日一位老板走进一间专门销售进口品牌汽车的车行。

顾客：“宝马 730 是不是全铝车身？”

销售人员：（客户提出的这个问题有点突然，而且他是第一次听到全铝车身的概念）“哦，不太清楚，我要查一下资料。”（查完资料后告诉客户）“不是全铝车身。”

顾客：“刚才我到了某车行看了奥迪 A8，他们的销售人员告诉我奥迪 A8 采用的是全铝车身，是最新的技术，能够提升动力而且省油，我以前开的是宝马 530，对宝马车比较了解，现在想换一部车，准备在奥迪和宝马之间做出选择。如果宝马也是全铝车身的话，我就买宝马。”

销售人员：（经过确认后再次告诉顾客）“实在对不起，宝马 730i 不是全铝车身。”

结果，顾客离开了展厅再也没有回来，据了解后来买了奥迪 A8。

分析与说明：

应该说，这位销售人员虽然有好几年的销售经历，但面对客户提出的“全铝车身”的概念还比较陌生，加上沟通能力还未达到炉火纯青的地步，所以就把这位顾客放走了。

如果这位销售人员清楚奥迪 A8 全铝车身是一个什么样的概念，那么就可以如下这样处理。

销售人员：“老板，你能告诉我选购一部全铝车身的汽车会给你带来什么好处呢？”

顾客：“我也不大清楚，只是他们告诉我全铝车身比钢结构的车身好，而且更高档，也是最新技术。”

销售人员：“既然这样，让我们一起来讨论一下铝合金车身是如何加工的。正像您知道的，铝合金由于其金属特性不如钢铁那样容易冲压，因此要做成车体钣金件就有很多技术要克服，以往用钢铁可以一次冲压完成的钣件，改用铝合金之后却可能要分成数个部件，再用其他的技术结合起来；这样在汽车制造的时候，或许手续繁杂、或许成本增加。只是，如果场景一换，车子因为事故意外而有所损毁时，那维修可就不像新车制造那么简单了，这时候不但需要特殊的技术、更需要特殊的配备，有些车体部位更是只能更换、不能用传统方法钣金，这就造成了很多的不便。”

顾客：“原来是这样的，我真的不知道。”

销售人员：“既然您对宝马情有独钟，为什么会因为一个全铝车身的问题而让你去选一个您从来没有开过的汽车呢？这是一项新技术，刚才谈到了新技术意味着要多花一些不应该花的钱，也许还会承担更大的使用风险。再者，这项技术很多人都不知道，而且是在汽车内部，他们可能根本不知道您花了那么多，也难以体现您的价值。”

如果这位销售人员能够这么去做、对全铝车身了解再多一些的话、更专业一点的话，同时以奥迪 A4、A6、A8 外形的差异性不大来强化宝马汽车外形的可识别性、即对顾客身份的印证的话，也许这位顾客还会选择宝马 730i 这款车。遗憾的是，太多的销售人员当他们感觉到对顾客的销售明显已经不可能再进行下去的时候，特别是当顾客要走出展厅的时候，就不知如何扭转乾坤，其实这时候只要问一句：“先生或小姐，能否请教一下是什么原因让您不考虑在我们这里买车？”这样的问题时，可能会收到意想不到的结果。要知道，如果这样做了，也许还有继续销售的机会，如果不这么做，将永远失去这样的机会，反正顾客已经是准备要走了，已经是不会再回来了。

销售的成功往往是在一转念之间，关键就看你愿不愿意去做这样力挽狂澜、扭转乾坤的工作了。

分析与思考

1．发展潜在顾客的方法有哪些？

2．怎样对潜在顾客进行管理？

3．推销洽谈的技巧有哪些？

4．简述汽车售后服务的主要内容和工作流程。

5．简述汽车售后服务业务中接待的技巧。

6．在售后服务过程中，如何面对愤怒客户？

7．如何进行汽车销售网络和服务网络的管理。

课程实践

1．目标

（1）了解汽车“4S”店的组织结构和工作环境。

（2）掌握向客户展示汽车产品的方法。

2．内容

（1）将学生分成若干小组，各小组分别到不同品牌汽车“4S”店，就其组织结构和工作环境进行实地考察和人员访谈，写出调查报告。

（2）将学生分成若干小组，各小组分别选择一款轿车，从外形、内饰与配置、动力性、经济性、安全性等方面进行综合评价，找出其卖点向客户（由教师扮演）进行展示。

3．要点及注意事项

（1）实地考察前必须约好时间，要克服心理障碍，所提问题要简明扼要，并注意记录。

（2）对轿车的评价要客观公正、实事求是。尽可能在现场针对实车进行展示，并准备若干宣传彩页。注意展示的基本步骤，语言要专业而又通俗易懂，要灵活运用询问、推荐、示范等技巧，解决与客户交流过程中所遇到的问题。

12

第12章 汽车配件营销

学习目标与要求

1. 了解汽车易损件有关知识。
2. 掌握汽车配件目录的使用方法。
3. 掌握汽车零配件的采购、仓储知识。
4. 掌握汽车零配件的销售方法。

12.1 汽车配件分类与易损件

12.1.1 汽车配件的分类

就广义汽车零配件而言，除现在生产中习惯列为零配件的品种外，还把发动机总成、变速器总成等关键总成和某些相关件，以及铸、锻毛坯件，都列为研究零配件的对象。另外，底盘和车身虽然在统计时往往单列，但它们也被认为是广义的汽车零配件。以往，各国对汽车零配件没有一个统一的分类方法，一般都是根据自己确定的目的进行单一原则的分类。

1. 按最终用途分类

即按安装在汽车不同部位来分类，例如有车身零件、传动零件、底盘零件等，主要用于商业或统计上。列入日本汽车零配件工业会统计的有7类，共130个零配件，如表12-1所示。

表12-1 日本汽车零配件工业会的《产品出厂动向调查》中列入的主要汽车零配件

零配件分类	主要零配件	数量（个）
发动机	活塞、活塞环、气缸垫、垫圈、气门、燃料泵、电控燃料喷射泵等	29
电气装置及电子装置	起动机、交流发电机、火花塞、发动机控制装置、制动系控制装置等	12
照明、仪表等电气、电子装置	前照灯、速度表、刮水器电机及其他电机、各种开关、转向锁、线束等	15

续表

零配件分类	主要零配件	数量（个）
动力传动装置及操纵装置	离合器从动盘、手控变速器、自动变速器、转向助力装置、等速万向节、传动轴、车轮（钢质、轻合金质）、变速操纵杆等	26
悬架及制动装置	钢板弹簧、减振器、制动装置、制动增力装置、制动软管等	20
车身	车架、燃料箱、窗框、车门手柄及锁、座椅及座椅弹簧、座椅安全带等	19
附件	时钟、收录机、冷暖气装置、车轮罩、修理用涂料、汽车立体声音响装置等	9

2．按市场结构分类

按维修市场、配套市场和出口国际市场划分，将汽车零配件分为以下四大类。

A 类：维修市场件，为汽车维修服务的零配件；B 类：通用配套件，为两种或两种以上基本车型系列服务的零配件，面向全国市场；C 类：专用配套件，为单一基本车型系列服务的零配件，面向局部市场；D 类：外向型零件，主要产量是出口，面向国际市场。

日本把汽车零配件分成装配用和修理用两类。据日本汽车零配件工业会的《出厂产品动向调查》报道的历年统计结果，1975—1991 年汽车生产厂用于装配汽车的零配件产值一直占整个零配件产值的 80%左右；对于修理用零配件产值，不论是汽车生产厂使用的，还是零配件生产厂直接供应的，都呈连续减少的趋势。

从修理用汽车零配件产值逐年减少这一事实，可以推断汽车零配件的可靠性在不断提高，因此修理用零配件数量就不断减少。当然这种倾向是随零配件的种类及性能而异的，其中发动机零配件、电气装置与电子元件的这种倾向十分明显。

修理用汽车零配件比率减少的另一原因是各厂家都将修理用汽车零配件的库存量控制在最低限度。使用信息网络，联系供应，可使库存量与需求量尽量接近。

另外，由于大规模生产，同种形式的零配件很多，许多零配件及装置已不再进行分类修理。当其失效时，直接更换装置，这一点发动机零配件最为典型。这样，汽车维修形式的变化，也使修理零配件的需求发生变化。

3．按产品主要含量分类

在按含量分类原则中，一般只采用按资源含量和科技含量分类两种方法。资源型零配件，是指产品成本中所含原材料、能源费用较高（包括外协、外购件中的材料、能源费用）的零配件；另一种意义是含附加值较少的零配件。科技型或高科技型零配件是指产品所含科技内容多，另一种意义是高资金型，投资要求大，附加价值高（主要是人工费、折旧费、税费三部分）。把原材料、燃料动力费用占成本 50%以上的零配件称为资源型零配件，占 30%—50%者称为准资源型。

中国汽车技术研究中心对《汽车行业贯彻执行国家产业政策实施办法》中规定的几个主导产品，即轿车中的一汽捷达系列、二汽神龙系列、上海桑塔纳系列、轻型车中的依维柯系列和五十铃 N 系列，任选 61 个零配件，应用该中心提出的评价体系（分产品结构、生产技术、技术含量 3 类 7 个指标、全部指标满分为 50 分），请 20 位专家评分，其结果列于表 12-2 中。

表 12-2　各种零配件按科技含量分类状况

科技含量	零件名称
高科技类（35—50 分）	发动机总成、齿形带、V 型泵、消声器、风扇离合器、空调设备、后视镜、座椅、油封、中央接线盒、汽车仪表、汽车铸件、模具、软内饰、特种油品、安全玻璃
科技类（25—35 分）	变速器总成、保险杠（大型塑料）、活塞、活塞环、气门、挺杆、轴瓦、油箱、空滤器、机油滤清器、燃油滤清器、离合器、盘式制动器、转向盘、刮水器、等速万向节、紧固件、灯具、汽车锻件、轴承、音响设备与车载电视、特种带材（轴瓦、散热器用）

续表

科技含量	零件名称
一般类（≤25分）	轿车总成、高压油管、散热器、制动软管、转向器、传动轴、后桥齿轮、减振器、钢板弹簧、钢圈、玻璃升降器、风窗洗涤器、暖风机、点火线圈、火花塞、喇叭、电线束、灯泡、随车工具、蓄电池

12.1.2 发动机易损件

（1）气缸体。除气缸正常磨损可进行镗磨加大尺寸予以修理外，在冬季因缸体未放尽积水被冻裂，运行中因气缸缺少冷却水而过热膨胀裂缝漏水，以及在行车事故中被碰撞损坏和缸孔孔径数次镗削扩大至极限。有一定的消耗量，属正常应备品种，数量应视地区销售情况而定。

（2）气缸套。常见故障有缸孔自然磨损、外径压配不当漏水（湿式缸套）、缸壁因敲缸损伤，或在突发工况下如连杆螺栓松脱被连杆击穿等。必备品，耗量较大，应有一定的备量。

（3）气缸盖。除未发现的制造缺陷如隐藏裂纹、排气门座压配松弛等引起的漏水现象外，主要是使用不当和自然疲劳损坏。常备品，应有一定的备量。

（4）气缸盖衬垫。缸盖紧固螺栓或螺栓拧紧力矩失准或松弛，制造上的缺陷，漏水造成热化学腐蚀等，结果封闭气缸孔边缘部位烧蚀泄漏、水孔边缘部分热腐蚀缺损使封闭失效。一次性使用配件，消耗量很大，通常也作为随车主要维修备用品，应有较多库存备量。

（5）活塞。自然磨损，在发动机过热时会造成部分铝金属熔蚀发生拉缸和咬死，在点火前角太大、磨损后配合间隙过大、积炭早燃时会击伤、裂缝等。主要易损件，消耗量大、规格多，是营销必备品种。

（6）活塞环。因活塞拉缸被折断，自然磨损，弹性衰减等。是主要易损件，消耗量大、规格多，是营销必备品种。

（7）活塞销。外径自然磨损，在特殊工况下或制造上未检出的隐藏裂缝造成的折断。主要易损件，消耗量大、规格多，是营销必备品种。

（8）活塞销衬套。自然磨损，因缺油高热烧损及压配合间隙过大引起衬套走外圆等。主要易损件，消耗量大、规格多，是营销必备品种。

（9）连杆。受力杆体扭曲、大头小头孔座因轴孔磨损或断油造成的过度磨损松旷、螺栓孔螺纹损坏等。虽属易耗件，但相对销量较少，应有一定备品以应需要。

（10）曲轴。主轴颈和连杆轴颈磨损，曲轴因受力扭曲变形导致同轴度失准以及在突发工况下或材质缺陷、隐藏裂纹等造成个别现象的折断等。主要非易耗件，但仍有一定的销量，为常备供应配件之一。

（11）连杆、曲轴轴承。因断油产生的合金层合金烧熔咬轴，因冲击负荷所致合金层部分合金疲劳剥落，因配合间隙过大造成轴承钢衬走外圆及定位唇口变形移位等。易耗件，需成组更换新品，应有足够数量的备品。

（12）飞轮。大端工作平面因离合器钢片损坏或磨损后被铆钉突出磨损形成的沟槽，飞轮齿圈齿端因起动机驱动齿轮的撞击崩块或齿面磨损过大，齿圈与飞轮外圆配合松弛等。应有一定的备品。

（13）气门。自然磨损和胶粘咬死、断裂、腐蚀等。易耗件，应有较多的备品。

（14）气门导管。自然磨损致配合间隙过大，燃烧废气或润滑油杂质等侵入，形成磨料，使气门杆咬死或内孔拉伤。易耗件，在发动机大修中，常需换用新品，应有一定备量。

（15）气门弹簧。变形、折断、弹性衰减等。易耗件，常供品，应有一定的备量。

（16）气门座圈。机械磨损和热腐蚀，以致造成气门或座圈的密封面破坏。应有一定备量。

（17）凸轮轴。主轴颈磨损、凸轮磨损。凸轮轴弯曲变形，同轴度变坏和机油泵驱动齿轮损坏也属常见。根据地区供需情况，应有一定备量。

（18）气门挺杆。杆部自然磨损、调节气门间隙螺钉螺纹损伤、与凸轮轴凸轮接触球形工作面磨损等。是易耗件，但与其他品种比较消耗量较少，应有一定备量。

（19）气门摇臂。轴承孔磨坏，圆弧工作面磨损，气门间隙调节螺栓与螺母或螺钉与螺母以及螺孔螺纹的松旷和损坏。耗量较大，应有较大的备量。

（20）凸轮轴正时齿轮。齿部因受冲击力矩被崩裂、断齿，铁芯与胶木或尼龙的压配松动及齿面磨损超过允许值等。易耗件，在维修作业中常被更换，应有较多的备品。

（21）正时链条。链板疲劳，轴销、滚子磨损后伸长。工程塑料制齿形带的损坏现象为出现疲劳伸长、齿面磨损等。易损件，应有一定备量。

（22）进、排气歧管总成。热疲劳裂纹，安装凸缘边缘因螺栓拧紧顺序及力矩不当造成的断裂，或受热疲劳引起的安装平面翘曲变形而破坏的漏气等。易耗件，接口垫消耗量较大，应有较多备品。

（23）机油泵。除制造质量外，运动件自然磨损、限压阀弹簧弹力疲劳衰减、密封衬垫损坏等也会造成供油压力不足甚至失效。维修易损件，属常供常备品，应有较大的备量。

（24）机油集滤器。滤网经多次阻塞清洁后变形或破损、浮子泄漏及油管油垢阻塞、清除中变形等。维修易损件，属常供常备品，应有较大的备量。

（25）机油滤清器。滤芯被机油杂质污染阻塞，密封衬垫变形损坏，限压阀因弹簧压力衰减，开启压力失准。易损件，需要量较多，应有较多备量。

（26）油底壳。易损件，应有一定备品。

（27）汽油泵。膜片疲劳损伤裂缝，进、出油单向阀工作面磨损致其密封性破坏，摇臂工作面磨损量过大，膜片行程减小等。应有较多的备量。

（28）汽油滤清器。漏气（不密封）或滤芯未及时维护而形成阻塞。消耗件，应多备。

（29）空气滤清器。滤芯被尘土阻塞。消耗件，应多备。

（30）散热器。除磕碰损伤外，还有因机械损伤而导致的漏水，水垢阻塞，温度过高水气膨胀压力增大导致水管裂缝漏水，冬季未放尽冷却水而被冻裂等。消耗件，消耗量较大，应有足量的备品。

（31）节温器。皱纹筒热变形失去弹性，蜡式感温体热疲劳感温性能变坏，机械损伤等。常备易耗件，应有足量备品。

（32）水泵。壳体裂缝，轴承损坏，水封及木垫片失效，壳体安装螺栓孔损裂等造成冷却水泄漏。用户大多更换总成，故水泵总成应有较多备量。

（33）风扇皮带。疲劳伸长后传动失效，或因包布脱层而导致的破损和断裂。易损件，需求量较大，并为行车中必备件之一。

12.1.3　底盘易损件

（1）离合器总成。从动盘摩擦面片磨损、钢片裂纹、面片铆钉突出或面片被油脂污染，分离轴承套筒、分离叉、分离杠杆等零件摩擦工作面的磨损等。

（2）离合器从动盘总成。波形弹簧钢片损裂、减振弹簧折断或弹性衰减，从动盘毂裂纹，而摩擦片磨损减薄破裂和烧损更为多见。主要易损零件，应有较多备量。

（3）离合器机械式操纵机构。自然磨损。分离轴承耗量较大，应有较大备量。

（4）离合器液压式传动机构。活塞、活塞的皮碗、皮圈磨损及橡胶老化，双向阀损坏，缸筒磨损等。主缸、轮缸总成应有较多备品。

（5）变速器。齿顶撞击打毛、齿部崩裂、疲劳点蚀、齿厚磨损减薄、齿轮内磨损、间隙增大等。易损件为各档变速齿轮及操纵机构中的变速叉、变速叉轴等，应有一定备量。

（6）传动轴。万向节叉十字轴座孔磨损扩大及配合松动，滑动叉及花键轴的键槽或键齿磨损松动，轴管变形弯曲，突缘叉裂缝等。应有一定备量。

（7）万向节。十字轴轴颈磨损形成滚针沟槽，轴承钢碗磨损使配合间隙超过规定值。万向节及中间支架中的滚动轴承、橡胶垫环等耗量较多，应有一定备量。

（8）半轴。过载或因冲击导致杆部断裂、扭曲，花键磨损，安装螺栓孔因螺栓松旷造成的磨损扩大或裂纹等。

（9）前轴。受冲击负荷发生弯曲变形，主销承孔因磨损扩大。易损件，应有一定备量。

（10）转向节。主销孔、指轴及轴承颈磨损，紧固螺纹损坏，指轴受冲击负荷弯曲变形、产生疲劳裂纹等。转向节主销和衬套易于磨损，损耗量较大，应有较多备品。

（11）轮毂。因未及时维护或锁紧螺母松动或缺少润滑脂，使轴承早期损坏，车轮晃动导致轴承孔座损伤松旷，影响汽车正常运行。是一种多耗易损件，应多备。

（12）轮毂螺栓螺母。螺纹破坏缺损，甚至受冲击负荷而折断。耗用较多的易损件，应多备。

（13）钢板弹簧。弹性衰减（硬度过高或隐藏裂缝）或折断。应有一定备量。

（14）螺旋弹簧。断裂、弹性衰减和变形。是耗量大的易损配件，应多备。

（15）钢板弹簧衬套。自然磨损、破裂、压溃。应有较多备品。

（16）减振器和减振器胶套、缓冲胶。阻尼减振性能衰减、变坏或失效。是易耗零件，应有多量备品。

（17）转向盘。外包塑料老化产生裂缝，转向盘变形，中央轮毂内孔键槽或花键因工作疲劳或维修拆装损伤，喇叭安装结构的损伤等。应作少量储备。

（18）转向器。转向柱管变形偏离中心、齿轮调整失准或磨损、支承轴承损坏、齿轮磨损、间隙增大等。应作少量储备。

（19）动力转向装置。动力泵油压不足、转向轴弯曲变形、转向器调整失准、控制阀卡住或失灵、液压系统泄漏或进入空气、动力泵零件磨损等。应作少量储备。

（20）纵拉杆与横拉杆。易损件为球销、球销碗、弹簧座、弹簧、防尘罩等。应有较多的零件和总成（纵拉杆和横拉杆接头）备量。

（21）空气压缩机。活塞组零件磨损，排气阀阀片磨损，连杆轴承磨损配合等。应有一定备品。

（22）液压制动主缸和轮缸。除正常使用磨损、渗漏油液之外，往往因皮碗质量不好或配合尺寸选用不当，以及活塞与缸孔磨损后间隙过大，以至皮碗刃口反向等造成制动失效。应有一定备量。

（23）液压制动软管。接头疲劳脱落、损伤，橡胶老化，内孔孔径膨胀缩小或阻塞。是易耗品，应有较多备品。

（24）气压制动软管。偶然发生脱头及起鼓分层等现象，与轮胎胎面摩擦而磨损（前轮）及橡胶老化膨胀较常见，内径阻塞或油污阻塞等。应有一定备量。

（25）前、后制动片。磨损、烧蚀、破裂等。属使用频繁、工作条件恶劣的易损件，消耗量很大，应多备。

（26）盘式制动器。受粉尘侵袭，磨损较大。消耗量很大，应多备。

（27）离合器拉索、油门拉索。易耗件，应有一定备量。

（28）油封。是易损件，而且消耗量很大，故应有较多数量备品。

（29）滚动轴承。是受力很大的滚动摩擦零件。是易损件且通用性很广，故应有较多备量。

（30）汽车轮胎。与地面滚动摩擦产生高热，其胎面磨耗快，也易被外物割伤或扎伤，使用不当则会爆胎，是消耗量大的易损件，应多备。内胎的损耗量也较大，也应有足够的备品。衬带的消耗量较少，可少备。

12.1.4 电器、仪表易损件

（1）发电机。绕组断路、短路、电枢轴承磨损、机壳及盖损伤等。硅整流发电机的硅管受高峰电压的冲击而击穿损坏也属多见。总成应多备，而易损件如电刷等亦应有一定数量的备品。

（2）起动机。起动开关触点烧蚀，电磁开关绕组及电枢、磁极励磁绕组的断路、短路、整流子磨损，轴承损坏，移动叉行程调节距离失准，驱动齿轮损伤等。总成应多备，而电刷、电磁开关也应有一定备量。

（3）蓄电池。壳体碰击裂纹、漏液，极板活性物质脱落沉淀于壳底，隔板微孔为活性物质阻塞使内阻增加，单电池连接铅条脱焊松动，电池室因电液不足使极板硫酸铅化成死片等。易损件，冬季旺销，应有较多备量。蓄电池壳、盖亦有一定需量，应有一定数量的备品。

（4）点火线圈。绝缘胶木上盖磕碰破损，高压电流击穿，绝缘破坏，绕组断路或过热烧坏，接线柱接线脱焊，潮气侵入罐内等所致的变压功能失效。消耗较多的易损件，应有较多的备量。

（5）有触点分电器。传动轴磨损，配合间隙增大，传动轴旋转晃动，分电胶木盖或分火头绝缘破坏击穿，高压电窜接，断电器（白金）触点烧蚀，电阻增大，凸轮角磨损，离心块弹簧失效，电容器击穿漏电等。更换总成较多，故总成应有较多备品。

（6）磁感应式点火信号发生器。信号感应线圈短路、断路，导磁转子轴磨损偏摆或定子（感应线圈与导磁铁芯组件）移动而使转子与铁芯之间的气隙不当。更换总成较多，故总成应有较多备品。

（7）霍尔式点火信号发生器。内部集成块烧坏、线路断脱或接触不良等。更换总成较多，故总成应有较多备品。

（8）光电式点火信号发生器。发光元件、光敏元件弄脏或损坏，内部电路断路或接触不良使点火信号发生器信号过弱或无信号产生，造成发动机不能工作。更换总成较多，故总成应有较多备品。

（9）火花塞。电极易受高温及化学腐蚀，容易被燃烧废气污染，使点火间隙增大或绝缘体裙部损伤造成短路等。消耗量很大的易损零件，应有足够的备品。

（10）电热塞。为柴油发动机易损件，在柴油汽车较多的地区应多置备品。

（11）低、高压线。绝缘层老化破裂或受硬物划伤漏电或短路。易损件，应有大量备品。

（12）汽车灯具和灯泡。有一定的燃点小时使用寿命，而且受行车震动或超电压冲击产生灯丝断路、烧毁等的照明失效。而灯具则因外露受到泥水浸渍、锈蚀，使外观和照度变坏。易损件，有较大的耗损比率。其中尤以灯泡的损坏为多，应比灯具的备量为多。

（13）各种继电器。易损件，且耗量很大，应多备。

（14）各种开关。使用频繁，是易耗件，应多备。

（15）刮水器。是易耗件，应有一定的备品，特别是刮水臂及刮片的消耗量更大，应有更多的备量。

（16）风扇带。损耗较大，应有足够的备品。

（17）喇叭。触点烧结不能分开造成喇叭不响，按钮卡死、继电器触点烧结、导线绝缘层破损等造成喇叭长鸣，膜片破裂等造成喇叭变音。要有一定备量。

（18）仪表、传感器。应有较大的备品量。

12.1.5 车身易损件

（1）纵梁。弯曲变形和裂缝。可视情况有少量备品。

（2）蒸发器及壳体。发生碰撞严重弯曲或破裂。有少量备品或视需要临时补充进货。

（3）驾驶室。板金蒙皮锈蚀，碰撞变形，车门碰撞变形，玻璃破碎，玻璃升降器损坏，门锁损坏等。如玻璃、升降器、门锁、车门铰链等易损件应有较多备量。

（4）翼子板、托架、前后轮挡泥板。碰撞损坏，振动裂缝，泥水锈蚀。应有较多备量。

（5）保险杠、牌照板、车外后视镜。常因碰撞而损坏。应有较多备量。

（6）装饰条、车门槛嵌条、立柱饰板。均属易损件，应有较多备量。

12.2 汽车配件目录的使用

12.2.1 配件目录的内容

配件目录一般根据原厂的生产设计资料编制，是配件流通中的技术标准。在配件目录中通常包括以下内容。

1．配件插图

配件插图是配件目录的主要组成部分之一，一般采用轴侧图来表现系统中各零配件的相对位置和装配关系。按照国家标准，在配件插图中标有图中序号，使用时要特别注意零件之间的包含关系。

2．配件编号

配件的唯一准确的编号，贯穿配件设计、生产、采购、销售、维修各个环节。它是配件订货和销售的最准确的要素，所有的配件订单和销售单据上必须清楚标示出配件编号。

3．配件名称

主要是在设计和生产中使用的名称，它只是根据配件的特点，结合约定俗成的标准为配件赋予的一个文字符号，但指代和区分能力较弱，一般用于配件经销中作描述性说明和补充手段。

4．全车用量

给出该零件在一辆车上的使用数量。

5．备注

配件目录中十分重要的部分，一般用来补充说明配件的参数、材料、颜色、适用年款、车型以及其他配置信息等。备注信息提供了配件适用范围的准确描述，因此在采购和销售汽车配件时一定要注意该栏说明。

6．其他

在配件目录中，一般都附有厂家对该配件目录的适用范围，使用方法的详细说明，应在使用之前仔细阅读。

12.2.2 配件编号和规格的识别

汽车配件的制造厂编号代表汽车配件的型号、品种和规格，对于配件的采购和管理十分重要。编号和规格一般印在配件的包装物上，也有的打印或铸造在配件的非工作表面。国产汽车的编号有统一标准，国外汽车大都没有统一标准，而由厂家自定。

1．国产汽车配件编号规则

在中国汽车工业联合会颁布实施的《汽车产品零部件编号规则》中，汽车配件编号方法如

图 12-1 所示。

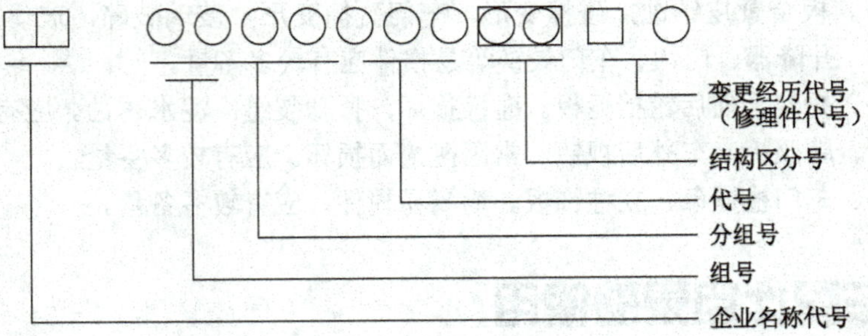

图 12-1 国产汽车配件编号规则

方框代表汉语拼音字母，圆圈代表阿拉伯数字，方框加圆圈在一起表示汉语拼音字母或阿拉伯数字均可。各部分意义如下。

（1）企业名称代号（发动机零件要包括发动机型号）。

（2）组号。用两位数字表示汽车各功能系统内分系统的分类代号。如发动机的主组号为 10，发动机冷却系统的主组号为 13，变速器为 17，转向器为 34 等。

（3）分组号。用四位数字表示总成和总成装置的分类代号。头二位数字代表它所隶属的组号，后二位数字代表它在该组内的顺序号。如发动机包含的分组号为 1000～1022，变速器包含的分组号为 1700～1706，转向器包含的分组号为 3400～3413 等。

（4）代号。用三位数字表示零件、总成和总成装置的代号。

（5）结构区分号。用两个字母或两位数字区别同一类零件、总成和总成装置图的不同结构、性能、尺寸参数的特征代号。

（6）变更经历代号。用一个字母和一位数字表示零件、总成和总成装置图更改过程的代号，当零件或总成变化较大，并且首次更改不影响互换的用 A1 表示，依次用 A2、A3……当零件或总成首次更改影响互换时，则跳过字母 A 而用字母 B，若再次更改而不影响互换则用 B1 表示。

（7）修理件代号。在标准尺寸的基础上加大或减小尺寸的修理件，并按其尺寸加大或减小顺序给予代号。用两个汉语拼音字母表示，前一个字母表示修理件尺寸组别，后一字母为修理件代号，用“X”表示。当某一修理尺寸有三组尺寸时，其代号为“BX”、“CX”、“DX”。当该组修理件标准尺寸件进行影响互换的更改时，应相应更改尺寸组别代号，其字母根据更改前所用的最后字母依次向后排列。如第一次影响互换更改时，标准尺寸的更改经历代号为“E”，则相应修理件代号为“FX”、“GX”、“HX”。

2. 国外汽车配件编号

国外汽车配件编号比较繁杂，各厂自行规定各不相同。需要认真查对原厂的零件目录和手册。不过有一点需要注意的是：国外汽车车型的更新和改进较快，有些同一车型的同一配件，只因生产年份不同而不能通用互换。所以国外车型的配件必须注意其生产年份和生产日期，这是国外汽车零件编号的普遍规律。如日本丰田汽车，要查对零件编号必须先查出车辆型号和车架号码，由车架号码查出车辆生产日期，查出发动机型号，再从有关目录上查出编号。

3. 如何查阅汽车配件目录

汽车配件目录一般是按汽车的发动机、底盘、车身和电气设备四大组成部分顺序编排的。发动机按机体组、曲柄连杆机构、配气机构、供给系、冷却系、润滑系、点火系和起动系排列。底盘按传动系（离合器、变速器、万向传动装置、驱动桥）、行驶系（车架、车桥、悬架、车轮）、转向系、制动系排列，接着是车身附件和电器系统。

在汽车配件目录中，一般每一总成都有拆解示意图，并标明该总成各组成零件的序号（标号），对应表格中给出各标号配件的名称、编号、每车用量、通用车型等。

查阅汽车配件目录时应注意如下两点。

（1）首先要确定所查阅的配件为车辆的原有目录，否则将无法保证所购配件是否适用。

（2）查阅前，必须确知汽车型号、发动机型号、发动机编号、底盘编号、出厂日期等参数。

下面以捷达（JETTACL）ABX（四速和五速）及 ACR 型和捷达王（JETTAGT）轿车的配件目录为例加以说明。

本目录分为 5 个部分，第一部分是零件主组索引，按照一汽大众公司的零件主组编号，介绍各编号内的子组零配件及其名称。第二部分为零件目录正文，其中包括全部零配件的子组图解和每种零配件的编号、名称、说明、件数、适用车型等内容。第三部分为备件号码索引，它把书中全部零配件的零件号码按顺序编辑，以便使用者能在知道零件号码后查阅零件所在部位、形状、名称等有关情况。第四部分为新增备件索引。第五部分为车型和零件目录内容和符号说明附表。

现将使用须知说明如下。

（1）本目录中所列出的零件按汽车的构造分成 9 个主总成，每一个主总成又分成若干总成。在主总成和子总成中大部分的零件均按它们设计结构上的相互从属序列和编号，结构图也是从这个意图出发安排的。

（2）一般零件号码由 9 个数字组成，分成 4 组。第一组 3 位数表示汽车的车型或发动机或变速器的型号（对于油漆、辅料及一部分通用件则用 1 位或 3 位字母表示）；第二组 3 位数字表示该零件所属的主组（主总成）及子组（子总成）；第三组 3 位数则组成零件号。当零件改进后则在第 10、11 位用字母或数字表示。有颜色的零件由 3 个数字或数字与字母组合在第 12—14 位来表示。

（3）为了使本目录与一汽大众公司的配件技术文件通用，本目录对零件编号、图号及零件主组页码等内容未做改动，以利于用户到有关部门订购配件。每页零件目录列表下端都有两组数，如 200-10 和 9-003，200-10 表示图号，9-003 表示零件第 9 主组的第 3 页。

（4）为了直观快速地查阅已知零配件的号码、部位，本目录全书编排了页码，可先查阅第一部分零件主组索引及目录，然后再按目录所示页码查阅子组列表目录，即可查阅到已知零件组图页号码，再由图页号码查阅零配件列表目录，即可查阅到已知零件号码、部位。

（5）在只知零件号码的情况下，应使用本目录第三部分。首先根据所查零件号码第 2 组 3 位数字的顺序查到该零件号码所在的零件主组页码（对于第一组是字母的零件将其安排在前部，在查阅时要注意），据此即可找到被查零件所在的图解及附表。

（6）为方便用户使用，在目录中增加了新增备件索引，如需要可根据所查零件号码的第 2 组的 3 个数字的顺序在新增备件索引中即可查到。

（7）车型、零件目录内容和符号说明等，可按此第五部分中的附表中查出。

12.3 汽车配件的采购

12.3.1 汽车配件进货渠道与货源鉴别

1. 进货渠道

汽车配件销售行业大都从汽车配件生产厂家进货，在进货渠道的选择上，应立足于以优质名牌配件为主。但为适应不同层次的消费者的需求，也可进一些非名牌厂家的产品，可按 A、B、C 顺序选择。

A 类厂是全国有名的主机配套厂，这些厂知名度高，产品质量优，多是名牌产品。这类厂应是进货的重点渠道。其合同签订形式可采取先订全年需要量的意向协议，以便于厂家安排生产，具体按每季度、每月签订供需合同，双方严格执行。B 类厂虽生产规模知名度不如 A 类厂，但配件质量还是有保证的，配件价格也比较适中，订货法与 A 类厂不同，可以只签订短期供需合同。C 类厂是一般生产厂，配件质量尚可，价格较前两类厂低。这类厂的配件可作为进货中的补缺。订货方式也与 A、B 类厂有别，可以电话、电报要货，如签订供需合同的话，以短期合同为宜。但必须注意，绝对不能向那些没有进行工商注册、生产“三无”及假冒伪劣产品的厂家订货。

2．货源鉴别

汽车配件质量的优劣，关系到销售企业的经营大计。汽车配件产品涉及范围广泛，要对全部零配件做出正确和科学的质量结论，中、小型汽配销售企业难以具备所需的全部测试手段。企业要根据自身的实际情况，添置必备的技术资料和通用检测工具，如自己所经营的主要车型的主机厂的图样或汽车配件目录、各类汽车技术标准等，这些资料都是检验工作的依据。此外，购置如游标卡尺、千分尺、百分表、千分表、量块、V 形架、平板等通用量具，以具有一般通用检测能力。

3．检验方法

一般的汽车配件销售企业没有完备的检测手段，但可根据不同的配件种类采取以下不同的鉴别方法，并综合运用。

（1）目测法。查看文件资料、表面包装和商标，目测产品表面质量（零配件的细小裂纹可通过敲击听音加以判断），以此可以识别配件优劣。

（2）经验法。检查配件表面硬度是否达标、结合部位是否平整、几何尺寸有无变形、总成部件有无缺件、转动部件是否灵活、装配记号是否清晰、绞接零件有无松动、配合表面有无磨损等。

（3）比较法。用标准零件与被检零件作比较，从对比中鉴别被检零件的技术状况。

12.3.2 汽车配件进货方式和进货量的确定

1．进货方式

汽车配件销售企业在组织进货时，要根据企业的类型、各类汽车配件的进货渠道以及汽车配件的不同特点，合理安排组织进货。

（1）集中进货。企业设置专门机构或专门采购人员统一进货，然后分配给各销售部（组、分公司）销售。集中进货可以避免人力、物力的分散。还可加大进货量以受到供货方重视，并可根据批量差价降低进货价格，也可节省其他进货费用。

（2）分散进货。由配件销售部（组、分公司）自设进货人员，在核定的资金范围内自行采购。

（3）集中进货与分散进货相结合。一般是外埠采购及其他非固定进货关系的一次性采购，方法是由各销售部（组、分公司）提出采购计划，由业务部门汇总审核后集中采购。

（4）联购合销。由几个配件零售企业联合派出人员，统一向生产企业或批发企业进货，然后由这些零售企业分销。此类型多适合小型零售企业之间或中型零售企业代小型零售企业联合组织进货。这样能够相互协作，节省人力，凑零为整，拆整分销，并有利于组织运输，降低进货费用。

2．进货量

控制进货量是汽车配件销售企业确定每次进货多大数量为最佳进货量的业务活动，在进货时不能只考虑节约哪一项费用，必须综合分析，以销定进。进货量的控制方法有定性分析法和定量分析法两种，而定量计算方法又有经济批量法和费用平衡法。

（1）定性分析法。用定性分析法确定进货量要注意以下几点。

摸清市场情况，找出销售规律，确定进货重点。不少汽车配件的需求量是按一定的规律变化的，须在市场调查的基础上分析实际销售数量和有关因素的影响，从而找出销售规律，以便确定进货重点。其方法是将历年的月销售量抽样绘制成销售曲线图，从曲线图中分析出配件销售的五种现象：平稳性、趋向性、周期性、季节性、随机性，据以制定相应的进货对策，以达到准确、及时地估算和预测，防止脱销和超储。例如，对于销售上升的配件，应保证常年销售不断档；对于具有平稳性、周期性、季节性的配件，应根据实际情况，做出进货计划，并注意应季进货、季末销完；对于受随机因素影响的配件，则采取按用户预约登记，及时组织进货的方式。

遵循供求规律，合理确定进货数量。对供求平衡、货源正常的配件，应采取勤进快销、多销多进、少销少进，保持正常周转库存。对于供大于求、销售量又不大的配件，要少进，采取随进随用、随销随进的办法。对暂时货源不足、供不应求的紧俏配件，要开辟新的货源渠道，挖掘货源潜力，适当多进，多进多销。对大宗配件，则应采取分批进货的办法，使进货与销售相适应。对高档配件，要根据当地销售情况，少量购进，随进随销、随销随进。对销售面窄、销售量少的配件，可以多进样品，加强宣传促销，严格控制进货量。

按照配件的产销特点，确定进货数量。常年生产、季节销售的配件，应掌握销售季节，季前多进，季中少进，季末补进。季节生产、常年销售的配件，要掌握生产季节，按照企业常年销售情况进全进足，并注意在销售过程中随时补进。新产品和新经营的配件，应根据市场需要少进试销，宣传促销，以销促进，力求打开销路。对于将要淘汰的车型配件，应少量多样，随用随进。

按照供货单位的远近，确定进货数量。当地进货，可以分批次进货，每次少进、勤进。外地进货，适销商品多进，适当储备。要坚持“四为主，一适当”的原则，即以本地区缺门配件为主，以具有知名度的传统配件为主，以新产品为主，以名牌优质品为主，品种要丰富，数量要适当。

按进货周期确定进货时间。进货周期，就是每批次进货的间隔时间，每批次进货能够保证多长时间的销售，这就是一个周期。进货周期的确定既要保证汽车配件销售的正常需要，又不使汽车配件库存过大，要坚持以用定进、勤进快销的原则，要考虑配件销售量的大小、配件种类的多少、距离供货单位的远近、配件运输的难易程度、货源供应是否正常、企业储存保管配件的条件等因素。合理的进货周期，可使每次进货数量适当，既加速资金周转，又保证销售正常进行。

（2）定量分析法。用定量分析法确定进货量有以下两种方法。

① 经济批量法。采购汽车配件既要支付采购费用，又要支付保管费用。每次采购量越少，采购的次数越多，采购费用支出也就越多。反之，每次采购量越少，保管费用就越少。由此可以看出，采购批量与采购费用成反比，与保管费用成正比。根据这一原理可以用经济进货批量法来控制进货批量。所谓经济进货批量是指在一定时期内，进货总量不变的前提下，求得每批次进多少，才能使进货费用与保管费用之和（即总费用）减少到最小限度。

② 费用平衡法。是以进货费用为依据，将存储费用累积和进货费用比较，当存储费用累积接近但不大于进货费用时，便可确定其经济进货量。

存储费用=销售量×单价×存储费用率×（周期-1）

12.4 汽车配件的仓储管理

汽车配件绝大部分是金属制品，此外还有橡胶制品、工程塑料、玻璃、石棉制品等。有的配件精度很高，精密偶件不能随便拆换，如柴油机的喷油泵芯套和喷油嘴；有的不仅保管期限短，而且对保管的温度有一定的要求，如补胎胶。由于汽车是一种技术含量很高的产品，近年来许多高、精、尖的技术都在汽车上应用，如电脑、电喷系统、安全气囊、防抱死系统等，对配件储存提出了更高的要求。

目前，汽车配件销售企业经营的产品逐渐增多，如各类汽车美容用品、各种油类、液类、车腊、油漆以及各种摩托车配件等。为了保管好各种汽车配件及其横向产品，必须根据其不同的性质、特点区别对待，妥善地处理好在入库、保管和出库中发生的一系列技术问题。

12.4.1 入库验收

1．入库验收的主要工作

入库验收是配件进入仓储管理的准备阶段，把好“收货关”就是为提高仓储管理打下良好的基础，具体工作包括数量与质量验收两个方面。数量、品种、规格的验收，应与运单、发货票及合同的规定相核定，开箱或打开包装检查，在运输过程中有无损坏和丢失。质量验收，首先查验装箱单和合格证是否齐全，而后按技术标准或合同规定的标准进行检验，凡仓库能自检的，由仓库负责，需要技术部门或专业部门检验的，应通过他们检验并出具检验合格证明，才能点收入库。还应注意配件的原厂合格证必须妥善保管，以便对质量问题交涉和索赔。

2．验收入库的程序

（1）点收大件。仓库保管员根据入库单所列的收货单位、品名、规格、型号、等级、产地、单价、数量等各项内容，逐项进行认真查对、验收，并根据入库配件的数量、性能、特点、形状、体积，安排适当货位，确定堆码方式。

（2）核对包装。在点清大件的基础上，对包装物上的商品标志和运输标志，要与入库单进行核对。只有在实物、商品和运输标志、入库凭证相符时方能入库。经过核对检查，如果发现票物不符或包装破损异状时，应将其单独存放，并协助有关人员查明情况，妥善处理。

（3）开箱点验。凡是出厂原包装的产品，一般开箱点验的数量为 5%～10%。按入库单所列内容进行核对验收并查验合格证，经全部查验无误后才能入库。

（4）归堆建卡，安排货位。归堆时一般按“五五堆码”原则（即五五成行、五五成垛、五五成层、五五成串、五五成捆）的要求，排好垛底，并与前后左右的垛堆保持适当的距离。批量大的，可以另设垛堆，但必须整数存放，标明数量，以便查对。建卡时，注明分堆寄存位置和数量，同时在分堆处建立分卡。

（5）上账退单。根据进货单和库、架、排、号以及签收的实收数量逐笔逐项登账，并留下入库单据的仓库记账联，作为原始凭证保留归档。另外两联分别退还业务和财务部门，作为业务部门登录商品账和财务部门冲账的依据。

12.4.2 仓储保管

1．配件管理分类统一

（1）按部、系、品种系列分库，就是所有配件不分车型，一律按部、系、品种顺序，分库集中存放。凡是品名相同的配件，不管是什么车型，都放在一个库内，这种管理方式的优点是仓容利用率高，而且比较美观，便于根据仓库的结构适当安排储存品种。缺点是顾客提货不太方便，特别是零星用户提少量几件货，也要跑几个库，再就是保管员在收发货时容易发生差错。

（2）按车型系列分库，就是按所属的不同车型分库存放配件。如分别设东风牌汽车配件库、解放牌汽车配件库、桑塔纳汽车配件库等。这样存放，顾客提货比较方便，又可以减少保管员收发货的差错。缺点是仓容利用率较差，对保管员的业务技术水平也要求较高。

（3）在一个库区内同时储存属两个或两个以上单位的配件时，也可以按单位设专库储存。但不论是按部、系、品种系列还是按车型系列，是按单位设专库储存还是两个或以上单位混合储存，都要为单位建卡和立账，要与这些存货单位的分类建账结合起来，实行对口管理，这样便于工作联系和清仓盘点，也有利于提高工作效率。

（4）大件、重件（如驾驶室、发动机、前后桥、大梁等）都要统一集中储存，以便充分发挥仓库各种专用设备，特别是机械吊装设备的作用，不仅可以提高仓容利用率，而且还可以减轻装卸搬运工人的劳动强度，提高劳动效率。

2. 安全堆码美观整齐

仓库里的配件堆码必须贯彻安全第一的原则，同时还要做到文明生产。配件的陈列堆码，一定要讲究美观整齐，具体做到以下 4 点。

（1）安全“五距”。库内货垛与内墙的距离不得少于 0.3m，货垛与柱子之间不得少于 0.1m，货垛相互之间一般为 0.5m，货架相互之间一般为 0.7m。库外存放时，货垛与外墙的距离不得少于 0.5m，这样既可以避免配件受潮，同时又减轻了墙脚负荷，保证了库房建筑的安全。

（2）实行定额管理。库房的储存量指标应有明确规定，实行定额管理，每立方米的存放重量不得超过设计标准的 90%，以保证库房建筑安全达到设计使用年限，同时也保证了库存物资和人员的安全。

（3）堆码美观整齐。堆垛要稳，不偏不斜，货垛、货架排列有序，上下左右中摆放整齐，做到横看成行，竖看成线。包装上有产品标志的，堆码时标志应一律朝外，不得倒置，发现包装破损，应及时调换。

（4）重量较轻、体积较大的配件应单独存放。堆码时要注意适当控制堆码高度，不要以重压轻，以防倾倒。

3. 仓容利用经济合理

各种配件体积重量相差很大，形状各异，要把这些体积、重量、形状不同的配件安排适当，以求得最大限度地提高仓容利用率。如前后桥、发动机、驾驶室等重件、大件，可以放在地坪耐压力强、空间高、有起吊设备的库房。此外，还要根据配件的性能、特点和外形，配备一定数量的专用货架和格架等。为提高单位面积利用率，可设高层货架或在普通货架区的货架最上面一层铺盖楼板，以储存重量轻的配件。

4. 卡物相符、服务便利

提高卡物相符率的关键是认真执行“五五堆码”和“有动必对”的原则，其中最重要的是“有动必对”。每当发完一批货，必须将卡片的结存数量与库存实物结存数量当时进行核对，一定要保持卡片的结存数与仓库的实物结存数相符。另外要搞好每月、每季或每半年一次的定期盘点。服务便利的基础是配件堆码要讲究科学性，一定要遵循“五五堆码”的原则。大批量的配件，可设分堆、建分卡，力求整数，并分层标明细数，便于做到过目成数，使发货、核对方便。

12.4.3 出库

汽车配件出库标志着储存保管阶段的结束，把好“出货关”是全库管理工作的重要一环。

1. 出库的程序

（1）核对单据。业务部门开出的供应单据（包括供应发票，转仓单，商品更正通知单，补发、调换、退货通知单等），是仓库发货、换货的合法依据。保管员接到发货或换货单据后，先核对单据内容、收款印戳，然后备货或换货，如发现问题，应及时与有关部门联系解决，在问题未弄清前，不能发货。

（2）备货。备货前应将供应单据与卡片、实物核对，核对无误，方可备货。备货有两种形式：一种是将配件发到理货区，按收货单位分别存放并准码整齐，以便复点；另一种是外运的大批量发货，为了节省人力，可以在原垛就地发货，但必须在单据上注明件数和尾数（即不足一个原箱的零数）。无论采用哪种形式，都应及时记卡、记账、核对结存实物，以保证账、卡、物三相符。

（3）复核、装箱。备货后一定要认真复核，复核无误后，用户自提的可以当面点交。属于外运的可以装箱发运。在复核中，要按照单据内容逐项核对，然后将单据的随货同行联和配件一起装箱。如果是拼箱发运的，应在单据的仓库联上注明，如果编有箱号的，应注明拼在几号箱内，以备查考。无论是整箱或拼箱，都要在箱外写上运输标志，以防止在运输途中发错到站。

（4）报运。配件经过复核、装箱，查号码后要及时过磅称重，然后按照装箱单内容逐项填写清楚，报送运输部门向承运单位申请准运手续。

（5）点交和清理。运输部门凭装箱单向仓库提货时，保管员先审查单据内容及印章以及经手人签字等，然后按单据内容如数点交。点交完毕后，随即清理现场、整理货位，腾出空位以备再用。用户自提的一般不需备货，随到随发，按提单内容当面点交，并随时结清，做到卡物相符。

（6）单据归档。发货完毕后，应及时将提货单据（盖有提货印章的装箱单）归档，并按照其时间顺序，分月装订，妥善保管，以备查考。

2. 出库的要求

（1）凭单发货。仓库保管员要凭业务部门的供应单据发货，但如果单据内容有误，填写不合规定、手续不完备时，保管员可以拒绝发货。

（2）先进先出。保管员一定要坚持“先进先出、出陈储新”的原则，以免造成配件积压时间过长而变质报废。因为汽车更新换代很快，配件制造工艺也在不断地更新，如果积压时间过长，很可能因为产品老、旧而淘汰报废。

（3）及时准确。一般大批量发货不超过两天。少量货物，随到随发。凡是注明发快件的，要在装箱单上注明“快件”字样。发出配件的车型、品种、规格、数量、产地、单价等，都要符合单据内容。因此，出库前的复核一定要细致，过磅称重也要准确，以免因超重发生事故。

（4）包装完好。配件从仓库到用户中间要经过数次装卸、运输。因此，一定要保证包装完好，避免在运输途中造成损失。

（5）待运配件。配件在未离库前的待运阶段，要注意安全管理。例如，忌潮的配件要加垫，怕晒的配件要放在避光通风处。总之，配件在没离开仓库之前，保管员仍然要保证其安全。

12.5 汽车配件的销售

汽车配件销售企业要将销售业务看作最重要的业务环节，企业的一切活动都应围绕着销售进行。在汽车配件市场竞争日趋激烈的情况下，销售业务开展得如何，对企业的生存和发展起着举足轻重的作用。

12.5.1 汽车配件销售的特征

1. 专业性

现代汽车是融合了多种高新技术的集合体，其每一个零部件都具有严格的型号、规格、工况标准。一辆汽车在整个运行周期中，约有 3000 种零部件存在损坏和更换的可能，所以经营某一个车型的零配件就要涉及许多品种规格的配件。即使同一品种规格的配件，由于有许多厂家在生产，在产品的质量、价格等方面差别很大，甚至还存在假冒伪劣产品。从业人员既要掌握商品营销知识，又要掌握汽车配件专业知识、汽车材料知识、机械识图知识，学会识别各种汽车配件的车型、规格、性能、用途以及配件的商品检验知识。相对于一般生活用品而言，卖配件更重要的是搞服务、卖知识。经营必须与服务相配套，特别是技术服务。

2．季节性

一年四季、春夏秋冬给汽车配件销售市场带来不同季节的需求。在春季，为适应在雨天行驶，各种挡风玻璃、车窗升降器、电气雨刮器、挡泥板等部件特别多。在夏季和早秋季节，因为气温高，发动机机件磨损大，对火花塞、气缸垫、进排气门及冷却系部件等需求特别多。调查资料显示，季节性需求所带来的销售额，约占总销售额的 30%—40%。

3．地域性

我国国土辽阔，地理环境的差异也给汽配销售市场带来地域性的不同需求。在山地高原，因山路多、弯道急、坡度大，汽车钢板弹簧就易断、易失去弹性，变速部件、传动部件、减振器部件也易损坏，需要更换总成件较多。在城镇，汽车起动和停车次数较频繁，其所需起动、离合、制动、电器设备等部件的数量就较多。

另外，由于汽车配件经营品种多样化以及汽车故障发生的随机性，经营者要将大部分资金用于库存储备和商品在途资金储备。

12.5.2 汽车配件的销售方式

1．从零售店经营的品种数目看

（1）专业店，也称为专卖店。专门经营某一个汽车公司或某一种车型的汽车配件。国外多数汽车公司的配件都实行专卖。专卖店要么属于汽车公司，要么与汽车公司（或其他经销站、代理商）是合同关系。

（2）混合店。一般直接从各生产厂家或汽车公司进货，经营品种涉及各个汽车厂家各种车型的配件。

（3）超级市场。不仅规模大、品种全、价格合理、知名度高，而且还从事批发业务。这类市场的辐射力很强，形成以超级市场为中心的经营网络。例如上海汽车工业零部件总汇，堪称为国内第一流的汽车配件经销店。

2．从零售店的经营权看

一般零售店都是独立的。但连锁店不同，一般与汽车配件主渠道——汽车配件公司连锁，由汽车配件公司对其进行规划、管理、技术指导、提供信息，并优惠供应配件。

3．从零售店的集中程度看

（1）分散形式。汽车配件零售店一般分散在各个地方，周围可能只此一家。

（2）汽车配件一条街。这种一条街在我国许多城市都存在，一般位于较有影响的配件批发商附近，或在汽车贸易公司、汽车企业销售机构附近的地区。

4．从零售店的综合程度看

多数零售店只是经营汽车或摩托车配件以及相关五金工业品，但也有综合性很强的大型零售店，有些类似于超级市场。这类大型店提供的服务不仅是经营各类汽车配件，还向客户提供加油、娱乐等多种服务。

12.5.3 汽车配件的门市销售

对于汽车配件流通企业来讲，汽车配件的主要销售方式是门市销售，无论是大用户，还是零星购买，门市供应都是最基本、最直接的流通渠道。一般称门市销售部门为门市部、营业部，也有的称销售中心、销售部（公司）等。门市一般应选在交通方便、顾客比较集中，且停放车辆方便的地方。一个较大的汽车配件销售企业往往在一个地区设立几个门市部，或跨地区、跨市设立门市部。在有多个门市部时，相互间的分工至关重要。有的按车型分工，如经营解放、东风或桑塔纳、捷达、奥迪配件等；有的实行综合经营，不分车型；也有的二者兼有，即以综合经营为基础，各自又有一两个特色车型。

1. 门市销售的柜组分工方式

在一个门市部内部，各柜组的经营分工，一般有按品种系列分柜组和按车型分柜组两种方式。

（1）按品种系列分柜组。经营的所有配件不分车型，而是按部、系、品名分柜组经营。如经营发动机配件的柜组，叫发动机柜组。经营通用工具及通用电器的柜组，叫通用柜组。经营化杂配件的，叫化杂件柜组等。

这种柜组分工方式的优点是能够结合商品的本质特点，比较适合专业化分工的要求。如金属机械配件归为一类、化杂件归为一类、电器产品归为一类，这种划分方式有利于经营人员深入了解商品的性能特点、材质、工艺等商品知识。汽车配件品种繁多，对于营业员来说，学会他本人经营的那部分配件品种的商品知识，比学会某一车型全部配件的商品知识要容易得多，这样能较快地掌握所经营品种的品名、质量、价格及通用互换常识。尤其在进口维修配件的经营中，由于车型繁杂，而每种车型的保有量又不太多，按品种系列分柜组比较好。再就是某些配件的通用互换性，哪些品种可以与国产车型的配件通用，往往需要用户提供，有的则需要从实物的对比中得出结论。如果不按品种系列，而按车型经营，遇到上述情况，就有许多不便。

（2）按车型分柜组。按不同车型分柜组，如分成桑塔纳、富康、捷达、奥迪、东风、解放柜组等，每个柜组经营一个或两个车型的全部品种。

中小型企业及个体用户，大多拥有一种或几种车型，这些中小型用户的配件采购计划往往是按车型划分，所以一份采购单只集中到一个柜组的一两个柜台，便可解决全部需要。另外，按车型分工还可与整车厂编印的配件样本目录相一致，当向整车厂提出要货时，经营企业可以很便利地编制以车型划分的进货计划。按车型分柜组，根据社会车型保有量统计数据，把进货、销量库存、资金占用、费用、资金周转几项经济指标落实到柜组，在此基础上实行利润包干形式的经济责任制，有利于企业管理的规范化。

但这种方法也有缺点，那就是每个柜组经营品种繁多，对营业员的要求高，他们需要熟悉所经营车型每种商品的性能、特点、材质、价格及产地等情况，这不是一件很容易的事。而且当一种配件可以通用几个车型时，往往容易造成重复进货、重复经营。

两种柜组分工方式各有利弊，可根据具体条件决定。

2. 门市橱窗陈列和柜台货架摆放

对汽车配件门市部来讲，陈列商品十分重要。通过陈列摆放样品，可以加深顾客对配件的了解，以便选购。尤其对一些新产品和通用产品，更能通过样品陈列起到极大的宣传作用。

（1）门市的商品陈列，包括橱窗商品陈列、柜台货架商品陈列、架顶陈列、壁挂陈列和平地陈列等。分别介绍如下。

① 橱窗商品陈列。是利用商店临街的橱窗专门展示样品，是商业广告的一种主要形式。橱窗陈列商品一要有代表性，体现出企业的特色，如主营汽车轮胎的商店，要将不同规格、不同形状

的轮胎巧妙地摆出来，美观大方、引人注目。

② 柜台、货架商品陈列。也叫做商品摆布，它具有陈列、销售、更换频繁的特点。柜台、货架陈列是营业员的经常性工作，汽车配件中如火花塞、皮碗、修理包、各类油封等小件商品，适合此类陈列方式。

③ 架顶陈列。是在货架的顶部陈列商品。特点是它用上部空间位置，架顶商品陈列的视野范围较高，顾客容易观看，这种方式一般适合相关产品，如全损耗系统用油、美容清洗剂等商品的陈列。

④ 壁挂陈列。一般是在墙壁上设置悬挂陈列架来陈列商品，适用于质量较轻的配件，如轮辋、皮带等。

⑤ 平地陈列。是将体积大而笨重、无法摆上货架或柜台的商品，在营业场地的地面上陈列，如电瓶、发动机总成、离合器总成等。

（2）商品陈列的货架摆放及注意事项。要将商品摆得成行成列、整齐、有条理、多而不乱、易于辨认。陈列的商品要明码标价，存货有价。商品随销随补，不断档、不空架，把所有待销售的商品展示在顾客面前。摆放商品要定位定量，不要随便移动，以利于营业员取放、盘点，提高工作效率。按商品的品种、系列、质量等级等有规律地摆放，以便用户挑选。把使用上有联系的商品摆放在一起陈列，这样能引起顾客的联想，具有销售上的连带效应。

3．门市销售应注意的问题

（1）门市销售不等于坐等客户。当前汽车配件市场供大于求，市场竞争十分激烈，门市销售除了日常的接待客户外，还应通过走访、邀请、电话、信函等交流手段熟悉用户，与购货比较集中的单位，如公交公司、汽车运输公司、出租车公司、厂矿车队、修理厂等，加强联系，熟悉其主管人员、主办人员、车数、车型保有情况，建立用户档案，根据汽车配件的消耗规律判断其进货计划，使销售工作有的放矢。

（2）对用户货款结算应持谨慎态度，避免拖欠和造成重大损失。货款结算方式有现金收讫、转账支取、托收承付、担保延期付款等方式。但除关系密切、信誉好的用户外，宁可薄利，也应及时回笼货款。

（3）研究制定合理的销售价格体系。销售中如何发挥价格杠杆作用，根据市场需求变化、进货成本，在不违背国家有关规定的前提下，灵活定价。根据市场行情变化，适当调高畅销品、名优产品价格，但凡代理销售生产厂家产品的企业应征求厂家意见。适当调低滞销商品价格，必要时为加速资金周转，可亏本或保本出售。对批发价商品要根据购买数量、成本进行核算，薄利多销。在整个销售中有赔有赚，以盈补亏，这样可以消化呆滞积压配件造成的经济损失，给企业的发展注入活力，但应防止采取低价倾销的不正当竞争行为。

（4）对优质服务要有全面认识。门市销售不单单是面带微笑、热情待客，更重要的是练好“内功”。每个用户，特别是大用户购买配件时，总是希望在一个公司能满足其所需的全部配件，且质好价宜。因此，门市销售就必须在品种、质量、价格上下功夫。营业员必须根据汽车配件车型多、品种繁、专用性强等特点，不但要懂得所经销配件的通用互换情况，而且还要了解同一车型、不同代产品的配件。不然，就会造成本来可以通用互换的不同车型的配件，不能实现销售，降低了用户的满足率，同时还会造成因不知道同一车型、不同代产品不能通用的知识所带来的销售错误。所以营业员必须学会识别各种配件的车型、名称、规格、用途，掌握汽车配件基本知识。只有这样才能为用户提供满意的咨询导向和售后服务，与用户建立起牢固的感情纽带。

（5）理顺进销关系。以门市销售情况、库存数量及各品种销售走向安排进货，按汽车配件消耗规律组织营销，进货与销货不能脱节。一旦预见到将会发生品种短缺，立即联系进货，保证常规易损、易耗配件的充足供应，最大限度地满足用户需求。今后的发展趋势是门市销售记账实现办公现代化，利用计算机准确快捷地统计出各品种销售情况，可更好地理顺进销关系，提高工作效率。

（6）对门市销售业务要考核经济效益，同时也要考核社会效益。一般对考核经济效益比较重视，主要指标是考核“纯利润”，对配件商品供应率（即用户购买满足率）却不太重视。配件商品供应率是一项反映企业在当地市场上销售品种对用户的满足程度，尤其是对本企业所经营的、当地保有量大的车型配件的满足程度。考核办法是，在一段时间内抽取某些有代表性的老用户采购单，把采购单上的品种总数作为分母，把本企业所能满足的品种总数作为分子得出的数据再乘以 100%。这个百分数越大越说明本企业的品种覆盖率高，社会效益好，同时也扩大了销售，促进了经济效益的提高。

（7）接待并处理好用户退换货业务。用户退换商品一般有两种情况：一是因商品质量不合乎要求而退换；二是由于所购商品不适合应用而退换。不论对于哪种情况，都应给予妥善处理。遇到第一种情况，首先必须验明是否确属本企业售出的商品，并经证明质量状况是否符合标准，然后由商店按规定处理。遇到第二种情况，也要首先验明是否确属本企业售出的商品，再查验商品有无损坏，并在规定退换期内，报请商店负责人按规定退换。对于不符合退换规定的，应耐心解释。

（8）完整地向顾客介绍汽车配件及其质量保修规定。顾客在购买汽车配件时，有时并不十分清楚所购配件在使用时的注意事项，营业员应详细向顾客介绍该配件的功能、性能特点及使用方法，有时还须示范或让顾客亲自试用。有条件的话，可向顾客分发产品使用说明书。营业员应对汽车配件的产地、质量、特点等有较深的了解，积极如实地向顾客介绍。同时，对有些配件还应介绍其质量保修规定，这也是顾客十分关心的问题，如保修年限、承保范围、费用分担等问题，还应向用户发送质量保修卡。

4．提高汽车配件商品供应率

配件商品供应率，有两个方面的影响因素：一是所经营商品品种结构问题，即所规定的经营商品结构是否合理，是否适应市场的需求；二是现有商品结构中的每个具体商品的存量问题，额定存量能否在数量、质量、价格、供货时间等方面满足市场需求。要提高配件商品供应率应从以下两方面着手。

（1）要重视配件商品结构的调整。在一定的条件下强化管理，合理调配资金，提高资金保证程度，向适应和满足市场需求靠拢，不断改善和拓宽商品结构，提高商品供应率。但这种商品结构，一般说不能一劳永逸，应根据不断变化的市场需求，定期进行调整。

（2）要注意研究每一种配件商品的合理存量。商品存量一般采用定额管理办法进行管理、调控、处理。商品存量的不正常情况主要表现是商品超储积压和短缺脱销这两个方面。这两种情况往往是同时并存，经常出现。商品的超储积压比较直观，容易发现，它的后果主要是使某些商品被压死，造成资金沉淀，仓储费用增加，甚至损失商品资金，危害性十分明显。而商品短缺脱销、供应率下降的情况，有时容易被忽视。

对一个汽车配件经营企业来讲，提高配件商品供应率是一项参与市场竞争的重要手段，如果配件商品供应率差，客户的需求屡屡得不到满足，将会发生两种效应：一是“泼水效应”，即老客户一去也许再不回头；二是“失火效应”，即连累适销对路商品的销售，甚至由于客户之间的相互宣传，产生客户转移的连锁效应。作为一个配件销售人员，要经常进行用户需求调查，在商店要建立缺货随时登记制度等，以不断提高配件商品供应率。

【文摘 12.1】

浅析我国汽车维修配件流通体系

一、引言

自 2009 年以来我国汽车产销量持续稳居世界第一，目前我国汽车产业已经由高速增长进入平稳增长阶段，汽车产业链正逐步向汽车服务业充分延伸，汽车后市场日益壮大，汽车产业的附加值正由汽车组装逐步向研发和服务转移。数据显示，一辆新车从购入到报废的全部花费中，购车费用占 35%左右，税费、保险、燃油等占 20%左右，售后维修保养则占到 45%左右。当前我国汽车维修服务仍然是以更换配件为主，在目前整车利润不断下降，汽车产业链不断向下游延伸的情况下，配件销售已成为重要的利润增长点。但是我国目前汽车配件流通体系还存在诸多问题，以促进市场公平竞争、保障消费者合法权益为目的，完善我国汽车配件流通体系，不仅关系我国汽车产业的健康发展，还关系到整个国民经济的发展和社会的稳定。

二、我国汽车配件流通体系现状

1．流通模式分析

我国汽车配件流通模式主要分为三类，如图 12-2 所示。

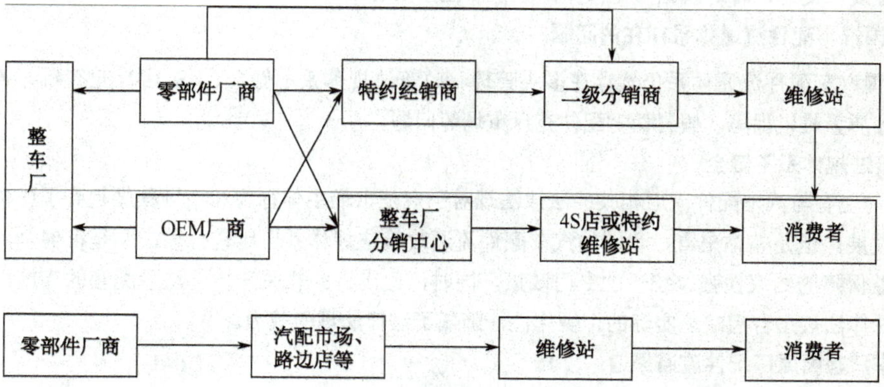

图 12-2　我国汽车配件流通模式

一是所谓“原厂配件”。即通过整车厂或其配件供应商生产并经由整车厂渠道进行销售的汽车配件，其特点是配件销售封闭在整车厂授权的销售体系内。具体流通渠道如下：零部件厂商→整车生产企业→整车企业配件分销中心→4S店或特约维修站→消费者（部分配件为整车厂自行生产）。

二是规模较大的配件生产企业自己建立销售网络，其中部分配件制造商在满足售后市场的同时还为整车厂提供 OEM 配件。其售后配件通过授权的特约经销商（通常为一级分销商，以批发为主）销往全国各地，其配件流通渠道如下：零部件厂商→特约经销商（一级分销商或批发商）→二级分销商（零售商、汽配连锁）→维修站→消费者。

三是大量的规模不大的配件生产企业，其产品品种繁多、质量参差不齐，通过汽配市场、路边店等各种渠道流入售后服务市场，包括大量的假冒伪劣汽车配件。

2．政策法规体系现状

目前我国汽车配件流通管理政策主要分为如下三类。

（1）作为流通主管部门的商务部出台的相关政策法规。

包括《汽车品牌销售管理实施办法》（以下简称《办法》）、《汽车贸易政策》、《商务部关于促进汽车流通业“十二五”发展的指导意见》（以下简称《指导意见》），前两个政策其核心内容是在整车销售方面，涉及汽车配件流通的相关规定很少，其中对汽车配件销售流通模式的规定，国家鼓励甚至是要求被授权或特许的经销商来经营相关品牌的汽车配件，此实际等同于整车生产商“专供”汽车配件于其所授权的 4S 店或其他经销商。在《指导意见》中提出了我国“十二五”汽车配件流通的主要任务，即促进和规范汽车配件流通，发展汽车配件规模化经营和引导配件多渠道和规范流通，为我国汽车配件流通的发展指明了方向。

（2）作为汽车维修主管部门的交通运输部出台的相关政策法规。

包括《汽车维修业开业条件》《机动车维修管理规定》《汽车配件营销企业经营管理规法》《机动车维修服务规范》等。以上文件在配件营销企业、维修企业的开业条件与等级，以及消费者关心的工时费、保质期和公开配件标价及生产厂家信息等方面作出了详细的规定，这些法规规章和规范的实行对于规范我国汽车配件流通及机动车维修市场秩序起到了积极作用。

（3）作为质量和市场监管方面主管部门的质监总局、工商总局出台的相关政策。

包括 2012 年出台的由质监总局起草并上升为国家条例的《缺陷汽车产品召回管理条例》（以下简称《召回条例》），已经开始公开征求意见的汽车产品“三包”政策以及国家工商总局出台的《关于进一步加强汽车销售行为以及汽车配件质量监管工作的通知》等。汽车召回管理由部门规章提升至法规，提高了法律约束力，《召回条例》扩大了缺陷汽车召回范围和加大了缺陷汽车处罚力度，从而可以更加有效地保障汽车产品的使用安全。在“汽车召回”与“汽车三包”政策齐备后，汽车生产商、经销商以及消费者在产业链条中的话语权将会发生变化，将对我国整个汽车产业链产生重要影响。

三、我国汽车配件流通体系存在的问题

当前我国汽车配件流通体系仍然存在多头管理、政策法规体系不健全、4S 店行业垄断导致配件价格居高不下、产品质量难以保障、假冒伪劣配件充斥市场等问题。

1. 政策法规体系不健全

我国目前现有与汽车配件流通相关的法律法规对于规范市场主体行为和市场秩序起到了积极作用，并促进了市场的发展。但是整体来看，我国的汽车配件流通政策法规体系还比较分散，不是很健全，同时缺乏基于消费者利益保障的约束性强、统一的专门政策。同时，已出台的相关法律、法规配套的实施细则仍然不够完善，使得法律法规出台后缺乏实际的可操作性，降低了法律法规的效力。

2. 整车厂垄断原厂配件流通渠道

我国集整车销售、配件供应、售后服务、信息反馈于一体的 4S 店营销模式已经成为绝对主流。国内汽车厂商及国外汽车厂商在华设立的进口汽车总经销商垄断了整车及原厂配件的流通渠道，导致以下几个问题。

（1）拥有定价权的整车厂为追求高额利润大幅抬高配件批发价格，同时部分整车厂家直接规定经销商的配件终端价格或者是限定最低售价，使经销商始终处于从属地位，在损害了经销商的定价权的同时，直接导致目前 4S 店零部件价格居高不下；

（2）4S 店为了牟取暴利，可能从市场上采购非原厂件，冒充原厂件用于维修，欺瞒消费者；

（3）整车厂严禁配件供应商或 4S 店将配件销售给授权经销体系外的企业，导致独立维修企业因不能获得原厂的配件和技术支持而无法与 4S 店进行公平竞争，消费者只能到 4S 店接受昂贵的垄断维修保养服务，特别是在车辆保修期内，导致权益受损；

（4）独立维修企业因拿不到原厂配件，只能用所谓的副厂件维修，不能保障所有的维修质量；

（5）汽配市场商户正常渠道拿不到配套件，只能通过变通办法拿，如不开票从配套厂或 4S 店拿货，拿不到发票或进货凭证，商户的经营就没有正当性，在被打假时就无法有效保护自己。

3. 产品质量参差不齐、知识产权保护不利

由于 4S 店维修配件价格高，消费者无力承担，个体经营的维修店为了满足消费者对于低价修车的诉求，自然而然要选择价格远低于原厂件的品牌件。但是目前我国品牌配件厂商的品牌意识还很欠缺，虽然有的产品质量同样是很高的，完全可以满足维修质量标准要求，但却不被社会认可，被戴上副厂的标签，由于品牌件没有统一的标准，就给假冒伪劣产品提供了生存空间。

此外，目前国内有一部分中心规模企业甚至是一些作坊在专门生产劣质配件，并假冒他人注册商标；流通领域的个别商户为了一己私利，甚至以次充好，以假充真；而汽配城，尤其是管理不规范的汽配城则是劣质配件的重要销售场所。

4. 缺乏品牌化、规模化的大型汽配流通企业和连锁品牌

目前国内汽配流通主要业态是大量中小型配件经销商集中于大中型汽配城的模式，缺乏具有品牌化、规模化的汽车配件流通企业和连锁品牌。一方面，中小型配件经销商其资金实力有限，不可能在短期内达到采

购的规模化，从而在上游压缩成本，因此在未来竞争中处于成本劣势；另一方面，由于汽配城内经销商大量聚集，供需双方往往并不稳定，因此各经销商之间相互拿货现象相当普遍，直接影响了各配件经销商的获利能力；再有，各经销商本身进货渠道的混乱给相关管理部门的监管也带来相当大的难度。

5．未建立起全国性的汽车配件质量追溯体系

2008 年 5 月杭州建成了全国第一套完整的机动车配件追溯体系。2012 年 7 月起宁波市机动车维修业也开始试点配件质量追溯系统。追溯系统对于因机动车配件引发的问题，能够实现层层追溯，最终寻找到问题源头，同时建立健全汽车配件生产、流通、使用追溯体系对于落实我国即将实施的汽车“召回”和“三包”政策也将具有重要意义。虽然杭州市配件追溯体系取得了极大的积极效果，但是也出现一些问题，如机动车配件的质量身份识别和防伪就是两个技术难题。同时，由于汽车维修配件质量追溯体系建设政策性很强，涉及的部门和环节较多，牵扯到各方的利益，目前我国全国性的汽车维修配件生产、流通、使用追溯体系仍未建立。

6．政府部门多头管理，缺乏第三方行业监管

目前，我国管理体制的缺陷使得政府管理职能难以充分发挥。除商务部、交通运输部等行业主管部门以外，我国汽车配件流通市场的监管还涉及工商、税务、物价、质检、城管、环保等多个管理部门，多家管理容易造成重复管理，浪费政府资源，同时也可能造成管理出现漏洞，从而在一定程度上也造成了汽车配件流通市场的混乱无序。另外，目前没有充分发挥行业协会的作用，同时我国汽配行业缺乏专业权威且独立公正的第三方检测鉴定机构。

四、建议

以推动汽车配件产业健康发展、促进市场公平竞争、保护消费者权益为目标，出台政策法规，促进我国汽配流通市场的有效竞争和汽车售后市场的健康发展，是行业重要课题。

1．打破原厂配件垄断

在《反垄断法》《反不正当竞争法》等法律框架下针对汽车配件流通领域的垄断和不正当交易行为出台配套政策法规，打破行业垄断。

（1）修订现有《汽车品牌销售管理实施办法》中允许汽车配件实行“专供”流通模式的有关内容，尽快开放所有汽配流通渠道，要求汽车厂商公平地向所有经销商、维修厂提供所需配件和维修技术，从而打破行业垄断，维护消费者的合法权益；

（2）消费者可以从整车生产商指定的 4S 店之外的其他经销商处购买质量相当的汽车配件，整车生产商应为其提供相应的维修和保养服务；

（3）汽车企业不得强迫用户在保修期内必须在其授权的网络内进行维修保养，不得强迫维修时必须使用原厂配件；

（4）汽车企业应向独立维修企业提供车辆技术信息、诊断设备、维修工具和相关培训等；

（5）汽车生产商不得限定 4S 店汽车配件的销售价格，不得设定汽车配件的最低价格或者交易价格等；

（6）通过法规要求汽车供应商保证停止生产和停止销售车型配件的及时供应。

2．建立全国性汽车配件质量追溯体系

建立全国性的汽车配件质量追溯体系是加强汽车配件产品质量监督、落实生产者责任的重要手段，同时也是打破整车厂对汽车维修及产品缺陷信息的垄断，以确保及时准确获取维修和缺陷信息，保障汽车“召回”、“三包”政策顺利实施的基础。

（1）质量追溯体系的建设在一定程度上增加了配件经营户和维修企业的违法经营成本，因此应该坚持系统布局、分步实施、稳步推进的原则。即先在管理较规范的企业中推广，条件成熟时全面推广；先在关乎行车安全的配件中实施，进而对所有种类配件实施质量追溯；

（2）政府集中技术力量突破机动车配件的质量保证和防伪等有关技术难题；

（3）探索建立全国性或区域性的汽车配件信息服务和交易平台，形成涵盖汽车配件生产、流通、销售、使用全链条的信息采集、加工、发布和共享体系；

（4）消费者要懂得维护自己的正当权益，要求维修机构提供质量追溯凭证，而维修机构又转而向经销商要求提供质量追溯凭证，层层递进，追溯体系方能得到更好的落实。

3. 完善行业监管体系

（1）强化主管部门职能，并加强相关部门的沟通和配合，形成市场监管合力；

（2）形成市场监管的动态长效管理机制，根据市场发展情况的变化不断创新管理机制，及时调整管理的方式方法；

（3）规范配件市场经营秩序，制定配件交易市场经营规范，引导汽车配件经销企业规范经营行为，在经营场所明示配件来源、品质、价格等信息；

（4）主管部门严格把守汽车配件的质量关，加大对使用假冒伪劣汽车配件的企业的处罚力度，通过定期抽检、消费者投诉数据库以及召回等多项措施对汽车维修行业售卖零部件进行有力的监管。

4. 整合汽配流通企业，支持规模化、品牌化经营

汽配特许经营是提高企业与社会经济效益的客观需要，是汽配营销现代化的要求，其管理现代化、资源规模化、资本集约化、品牌统一化和人员专业化所产生的优势集中地满足了汽配市场的需求。因此，应该鼓励汽车配件流通行业采取特许、连锁经营等方式向规模化、品牌化、网络化方向发展，支持配件流通企业进行整合，培育一批有影响力的汽车配件流通企业和连锁品牌。

5. 加快汽配流通企业信息化建设步伐，提升企业管理水平

信息化在帮助汽配企业降低采购、营销成本，减少库存，优化库存结构，拓展销售渠道，提高服务效率等方面起着不可替代的作用。人才是提高企业整体素质、推进企业信息化的基础，企业应在实施信息化之前对所需人才进行内部培养或者外部引进以适应信息化建设的需要，建立与企业信息化建设相适应的用人机制；企业信息化建设与业务流程重组应互相推进。一方面着手对企业的管理和技术基础工作进行整合与提升，使之适应先进管理软件的要求；另一方面，对软件所要求的工作条件和环境，企业要结合自身情况对一时难以达到的部分管理软件进行重新开发，使之能与企业的现状较好地融合在一起；用信息技术来革新管理方法。全面、深入、持续地运用信息技术，根据企业的实际需要将信息技术与管理有效地结合起来，以提升企业自身科学化管理水平。

6. 充分发挥行业协会作用

国外的汽车行业协会在促进政府与企业的结合，协调成员企业间的利害关系和维持正常的生产经营秩序，搜集整理相关信息，规范市场秩序等方面发挥着重要作用。行业协会一方面是政府的助手和参谋，另一方面是企业的朋友，起着桥梁与纽带的作用。所以在为企业服务的过程中有其自身的优势，它的作用恰恰能对维修行业管理的职能不足给予补充。因此，行业协会应该充分发挥自身优势，做好行业培训、科技推广、法律服务、信息咨询、资质评定、经验交流、检查评比等方面的有关工作，推动建立高品质配件社会化流通网络，保证消费者多种选择。

7. 尽快建立第三方检测鉴定机构

在汽配行业的商业打假中，由于第三方鉴定机构的缺失很难保证打假的公正性。此外，对于消费者来说，公正且有法律效力权威鉴定机构的缺失，是汽车消费举证难、维权难的主要原因。因此应由政府或行业组织尽快建立第三方检测鉴定机构，并保证第三方鉴定机构具备独立性、权威性、技术性三大特征，以保证其公平性、公正性及权威性，为行业管理提供让人信服的鉴定报告，提升配件质量。

【文摘 12.2】

汽车配件市场乱象丛生　亟待规范

汽车 4S 店服务正规，而且保证销售原厂配件，本应是众车主最应该选择的爱车保养修理场所。然而由于其服务价格高而让不少车主“望而却步”。与此对应的是，越来越多的汽车零件商开始打出“保证原厂零件”的招牌，但真假难分的产品又让消费者放心不下。

面对激烈竞争的市场，4S 店的配件价格为何能一直居高不下？本应只在 4S 店销售的原厂零件，又为何现身在未经授权销售的汽车零件商处？

保险买单垄断市场已成“潜规则”

在汽车行业流行这样一句调侃：将一辆新车拆解后在 4S 店卖配件，可以卖出两辆新车的价钱。显然，4S 店的服务价格虚高，已经是汽车业界的“潜规则”。

吉林省汽车协会理事、汽车专家王巍告诉记者，汽车生产企业与 4S 店之间有合同规定，不允许 4S 店到市场上购买零配件，也不允许将原厂配售的零配件外卖，一经发现将予以重罚，甚至取消 4S 店资格。

这其实造成了汽车生产企业和 4S 店对于汽车原厂配件的垄断。而近年来 4S 店汽车销售利润的压缩，使得 4S 店只能通过在维修保养方面寻求新的利润增长点。这正是在汽车 4S 店更换零件的价格远高于普通零件的主要原因。

其次，由于汽车 4S 店聘请的修理工人素质和技术水平较高，使得其工时费也远远超过普通汽修厂。

另外，记者调查发现，选择前往 4S 店进行车辆保养修理的车主，主要集中在对车辆进行保险的群体。由于部分保险公司推出了“指定专修厂险＋车损险”组合服务项目，修车费用中保险公司支付占大部分，因而这部分车主对 4S 店的高服务费用并不“心疼”。

已有近两年驾龄的北京车主唐先生告诉记者，这两年内除了简单的剐蹭，只出现了一次保险杠被撞坏的事故，事后前往保险公司指定的 4S 店维修更换保险杠，标价 2000 元左右。在保险公司赔偿后，实际他自己只掏了几百元钱。

价廉物美？高仿件、代工件泛滥市场

“1.8L 排量手动挡宝来变速箱，保证原厂件。提前预订，现场拿货。”“大众宝来前后刹车片，只需 120 元、130 元，保证原厂。”记者以买主身份来到位于长春市正阳街的汽贸城，这里云集了各种品牌的汽车零件商，生意火爆，很多车主都在这里购买零件。

原厂配件只在汽车生产企业和 4S 店提供。那么在汽配市场广泛流通的所谓“原厂件”是怎么进入市场的呢？

王巍告诉记者，汽车属于高集成产品，整车由上万个零件组成，如果所有的零件都由汽车生产企业独自生产，既不符合市场规律，更是对资源的浪费。因此，汽车生产企业会授权技术过关的生产厂家来生产零件。而生产出的零件按照订单形式由汽车生产企业购买安装到整车上，其中肯定会多生产出一小部分零件，这些就成了市场中所谓的“原厂件”。

提供给汽车生产企业的零件与市场中的“原厂件”两者之间的区别，就好比“出口转内销商品”与直销国内商品之间的区别。虽然生产原料、生产标准基本相同，但是在做工、精密度方面，“‘出口转内销商品’质量会略高于直销国内商品。”长春市安达街某汽修厂的王老板如此解释两种原厂件之间的差异。

王老板告诉记者，近两年在汽配市场上还出现一种高仿件。从外观上看，高仿件与原厂件几乎一模一样，普通消费者很难在没有装车使用的情况下辨别真伪，此类商品的出现使得本已鱼龙混杂的汽配市场更加混乱。

原厂件能否“光明正大”流通市场

由于原料垄断，汽车 4S 店零配件价格虚高。近日来，“放原厂件流通于市场”的呼声渐高。原厂件在市场流通是否具有可行性呢？

王巍表示，汽车生产企业与 4S 店之间，不允许将原厂配售的零配件外卖的合同规定，一方面是厂家出于对汽车安全性的考虑，因为如果放开汽车零部件的生产，大量鱼龙混杂的生产厂家出厂的零件将与原厂件一同出现在市场中，且很难区分，一旦车主购入并安装此种零部件，很难保证汽车的安全性。另外一个原因则是出于对汽车生产企业知识产权的保护，许多零部件即使不在汽车生产厂家生产，也是由其设计研发，并安排专人在招标企业监督生产，生产的流程、生产的数量都是在其监督下进行。

吉林省消费者协会研究员宗守运认为，如果将原厂件完全放开流通于市场，势必会造成所谓高仿零件的更大范围流散，而高仿零件的价格和普通副厂件也更加容易打着“原厂件”的旗号，鱼目混珠，市场不但不容易规范，反而更加错综复杂，难以管理。

宗守运还认为，汽车作为一种技术密集型商品，不仅需要消费者协会以及相关执法部门对其进行监管，同时也需要技术性评估机构的参与。消费者保护协会在处理投诉、纠纷过程中，没有能力逐个对投诉车辆进行完整、定量的拆卸评估，因此，需要建立能够覆盖全国的专业汽车技术鉴定机构、机制。不过，此类机制对于技术力量的要求较高，短时间内很难建立。

【文摘 12.3】

汽车配件网上市场一片空白　亟待开发

汽车装饰品网上有卖，而配件却很少，这与人们的消费习惯有关。

近日，记者走访几家汽配市场，发现商户们对于“电商”基本没多少概念。

一家专营汽车坐垫的韩先生说，公司经营有 100 多种坐垫，人手比较少，来回送货、发货都忙不过来，哪有时间在网上卖东西？

另一家主营汽车传动轴的店主说，网上买件衣服，回家就能穿，传动轴这么大的东西，收到后你能自己安装吗？商户对电商不感冒，其实，在深层次上，也和人们的消费习惯密不可分。

汽配行业很少借助网络出售产品，一些大型汽配企业，就算上网，也顶多是产品展示、价格咨询，最终的交易完成，还是在线下。

目前，中国的汽配行业，仍然是以汽配城这种场地集聚方式来发展。这种模式，具有仓储、物流、交通、商品集中、金融等优势，能给客户最实在的采购体验。

国人还是喜欢看得见的产品，能挑挑看看，讨价还价。而网上图片展示难以获得切实的信任感。

同时，产品质量问题，也是一个很大的限制。汽配产品种类繁多，报价不一，低的几毛钱，高的几万元，小的可以握在掌心，大的需要拖车。如果客户不满意，怎么退货换货？

中国汽车流通协会统计数据显示，2012 年国内汽车后市场规模已达 4900 亿元。预计未来几年，我国汽车售后服务占汽车经销商净利润的比重将逐渐上升，售后市场规模仍将保持 20%左右的增速。到 2015 年国内汽车后市场规模将达到 8000 亿元。

如此庞大的市场规模，汽配企业想要远离电商独善其身，恐怕很难。现在，很多汽配企业开始尝试电商，因为“这是未来的发展趋势”。

业内人士说，未来汽配行业的发展，将体现出“仓储式、物流式、电商式”的特点，传统的门店模式，将与电商模式互相依存。

现在，之所以电商模式难以发展壮大，是因为行业良莠不齐，整个市场不规范。因汽配市场尚处于高速成长期，门店杂乱，还没到生死存亡的激烈竞争期，难以稳定市场格局。不过，随着社会的发展，不出 5 年，汽配电商将形成规模。虽然汽配电商发展还有诸多瓶颈，但它有自身的发展潜力，未来也将是门店销售模式的一种渠道补充。

【文摘 12.4】

消费者网购汽车配件类型日趋丰富

根据 AutoPartsWarehouse.com 最近进行的一项在线调查显示：与三年前相比，今天消费者网购汽车零部件时选择的种类更加多样化。越来越便捷的“how-to”信息的使用，越来越舒适的网购环境，以及越来越多的老龄化车辆都在推动着网购浪潮的发展。

调查还指出，省钱和可以在线货比三家是消费者认为网购的最大优势。在调查网购消费者时，AutoPartsWarehouse.com 同时还对 3200 多家网上汽车配件销售商进行了快照式调查。在这 3200 多个调查对象中，偶尔 DIY 消费者和经常 DIY 消费者的比例不相上下，经常去汽车维修点、经销商处维修的消费者比例不到 10%，另外 10%是汽车修理工。

AutoPartsWarehouse.com 成立于 1995 年，是一家国际顶尖的网上汽车配件零售商，它致力于通过推广网购为消费者节省成本。该网站提供了一个全面的汽车配件销售目录，在售的汽车零配件超过了 200 万种，可覆盖国内外所有售后汽车零部件供应商的配件。同时还为消费者提供购物超过 50 美元免费送货服务，以及灵活的付款方式和延长保修方案服务，等等。AutoPartsWarehouse.com 的配件仓储遍及全美，可以为消费者提供快速递货服务。

AutoPartsWarehouse 的 CEO Shane Evangelist 讲道："快照式调查的结果证实了消费者越来越体会到在网上选购汽车配件的便捷性。当他们的车辆需要维修时，消费者们将会进一步强化自我角色：无论是通过网购在线比较配件的质量和价格，抑或是通过自己动手安装网购的配件。这种改变具有非常的意义。因为随着车辆的老龄化，越来越多的 DIY 消费者和维修店都将乐意安装网购的零部件，也就毫不奇怪调查者中为什么会有近 90%的消费者认为将来很可能会选择在线购买汽车零部件，而不是去专卖店或经销商处购买。

调查集锦

调查显示，偶尔的、经常的 DIY 消费者们如今网购汽车配件的频率与几年前相比大有上升。其中 78%的 DIY 消费者也表示，如今他们网购的汽车配件种类比三四年前网购的种类要丰富得多。

当被问及为什么他们现在会网购更多种类的配件时，"网购的舒适性"是首要原因，其次是通过在线网购，DIY 消费者们可以更易学到汽车修理信息，而"拥有一部旧车辆"的原因则排名第三。让人感到惊讶的是，仅仅有 31% 的消费者提到了经济因素，这部分人认为经济会影响财务状况，所以为了省钱，才会自己动手维修自己的车辆。经济因素的排名位居末位，这表明了日益繁荣的电子商务的宏观力量、网络信息的普及、车辆使用寿命的延长战胜了财务挑战，或许这也是日益繁荣的经济形式的一种表现。

受访者指出，未来他们肯定会选择网购汽车配件：89%的消费者认为日常生活中他们更倾向于在网上选购汽车配件，而不是去专卖店或者经销商处。

当被问及说出网购的最大优势时，省钱排名第一，其次是可以在线比较价格，网上购物有更大的选择性，如图 12-3 所示。

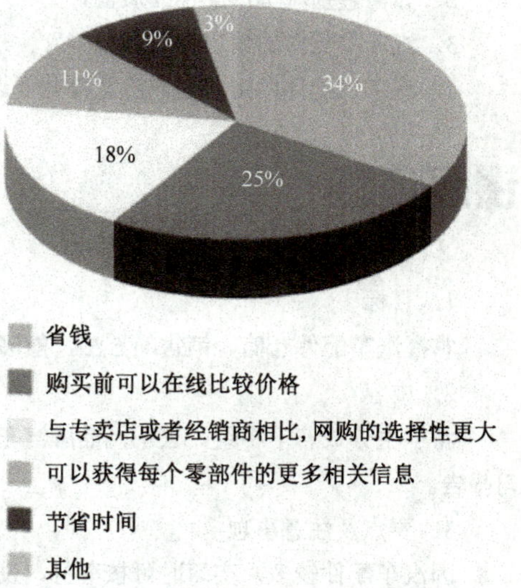

图 12-3 网购汽车配件调查结果

网络购买汽车配件的理由

很显然，节约成本是选择网购的最大动力，超过 90%的消费者认为网购可以省钱。这其中，31.5%的消费者认为可以节省 10%—20%；30.3%的消费者认为能节省 20%—30%；16.5%的消费者认为能节省 30%—40%；8.4%的消费者认为可以节省高达 40%—50%的费用，甚至有 4.4%的消费者认为在网上购物能节省一半的费用。而只有 9%的消费者认为网上的价格和实体零售店里的价格没有什么大的差别。

虽然，总体上大部分受访者认为节约成本是网购的第一优势，但网购发烧友们认为可以在线比较价格是网购的最大优势（这部分人占 41%）。然而对于那些不常网购的消费者（他们往往是在车辆急需维修时才会上网购买零部件）来讲，省钱和方便安装是可以促使他们将来经常网购的首要因素。至于那些从来没有在网上购买过汽车配件的受访者，他们觉得访问汽车配件销售网站的最大优势是可以获知更换一个问题零部件的成本大概是多少。

为了 DIY 汽车维修，消费者网购基本汽配零部件，但也选购复杂汽配零部件。在这些自称是 DIY 的消费群体中，相对容易安装的零部件显然是很畅销的。而如今，“复杂”零部件的网购在 DIY 群体也逐渐流行开来。

调查者网购中最多的部件是常用的配件和饰件（表 12-3），如车镜、前大灯、保险杠、挡泥板、格栅、发动机罩盖等，其次是制动相关部件、空气滤清器和排气系统部件、发动机、传动零部件、功能部件、插头、电线及点火装置。对于那些十分复杂的，难以安装的零部件，1/5 以上的调查者称曾经购买过以下一种或者多种配件：减振器和支柱、燃油泵或散热器。近 2/3 的调查者透露，他们购买这些复杂零部件是为了自己动手安装。

表 12-3　网购配件种类

网购配件种类	网购消费者比例(%)
减振器和支柱	24.50
燃油泵	22.80
散热器	20.10
门把手	17.50
车窗调节器	15.80
控制臂	13.90
保险杠	11.10
三元催化转化装置	10.00
挡泥板	9.80
大包围	9.50
燃油箱	8.20
发动机罩盖	7.90
以上均没有	30.30

许多汽车维修店都乐意安装在其他地方购买的零部件。调查显示，过半的受访人员都很清楚这一点，其中 55% 的人曾经去过维修店安装网购的零部件。而对于那 40% 并不清楚这一点的人，知识的力量会改变他们未来的行为：其中 66% 的调查者表示既然他们现在知道了这条信息，那么以后他们会在网上购买好零部件再去维修店安装，尤其是当他们得知这样可以为他们节省成本。

注： *该调查是在网上汽车配件销售商之间展开的，时间从 2012 年 12 月～2013 年 1 月份，共得到了 3214 份完整的回馈信息。

*在分析 AutoMD.com 上的维修店的反馈信息时，有 48% 的维修店表示他们可以接受安装客户提供的零件。

分析与思考

1. 如何使用汽车配件目录？
2. 如何鉴别汽车零配件的质量？
3. 汽车零配件的销售方法有哪些？
4. 汽车零配件门市销售应注意哪些问题？

课程实践

1. 目标

掌握汽车配件仓储、销售的方法，能够辨别汽车配件的新旧、真假。

2. 内容

将学生分成若干小组，去不同品牌汽车 4S 店或汽车配件市场，进行汽车配件仓储、销售实习并写出实习报告。

3. 要点及注意事项

因汽车配件较多，实习时可按车身、发动机、底盘、电器仪表及附件和通用件五个部分进行。

第 13 章　汽车服务策略

学习目标与要求

1. 了解服务与服务营销。
2. 熟悉与掌握汽车的售后服务内容和流程。

现代市场营销的重要特点就是产品与服务的联系越来越紧密，只卖产品没有服务的时代已经一去不复返了。特别是汽车这样的复杂产品，服务更是成为现代企业竞争的焦点，谁能够为广大汽车用户提供优质的服务，谁就可能会在市场竞争中克敌制胜。服务不仅是汽车生产企业的经营对象，还是汽车销售企业、汽车维修企业以及汽车物流企业的直接经营对象。这些情况表明，物质产品的营销和服务营销不是两种能够清晰分开的营销类型，制造型公司已深深卷入到服务之中，而服务型公司往往也需要产品来实现其服务。本章在介绍有关服务营销的基本知识后，重点对汽车产品的售后服务进行讨论。

13.1　服务与服务营销

13.1.1　服务的分类与特征

1. 服务的含义

关于服务的概念，菲利普•科特勒认为，“服务是一方能够向另一方提供的基本上是无形的任何活动或利益，并且不导致任何所有权的产生。它的生产可能与某种有形产品联系在一起，也可能无关联。”而另一位学者弗雷德•里克认为，服务是“为满足购买者某些需要而暂时提供的产品或从事的活动”。而 A•佩恩则认为，“服务是一种涉及某些无形因素的活动，它包括与顾客或他们拥有财产的相互活动，它不会造成所有权的变更。条件可能发生变化，服务产出可能或不可能与物质产品紧密相联。”

由此可见，服务的含义应当包含以下要点。

① 服务提供的基本上是一种活动，活动的结果可能是无形的，这种活动有时也与有形产品联系在一起。

② 服务提供的是产品的使用权，并不涉及所有权的转移，如提供了汽车维修服务，并不产生汽车所有权的改变。

③ 服务对其需求者的重要性，并不亚于实物产品。例如，汽车发生故障后，对维修服务的需求比对汽车产品的需求还要重要。

2．服务的分类

服务可从下面几个方面进行分类。

（1）根据服务活动的本质，即服务活动是有形的，还是无形的，以及服务对象是人还是物，可分成如下4类。

① 服务对象是人的有形活动，如医疗服务；

② 服务对象是物的有形活动，如货运、机械设备维修服务；

③ 服务对象是人的无形活动，如教育、广播、信息服务；

④ 服务对象是物的无形活动，如银行、保险、法律咨询服务。显然，汽车服务是以维修服务为主要内容的，属于第二种类型的服务。

（2）根据服务供应与需求的关系分类。有些服务供应与需求的波动都较小，如银行、保险、法律服务；有的需求波动幅度大而供应基本能跟上，如电力、电话等；有需求波动大，有时会超过供应能力，如交通运输、宾馆、饭店等。汽车服务基本属服务的供给和需求都不会波动太大的类型。

（3）根据服务推广的方法分类，服务包括如下几类。

① 顾客在单一地点主动接触服务机构，如电影院、维修店；

② 服务机构在单一地点主动接触顾客，如直销、出租汽车服务；

③ 顾客与服务机构在单一地点远距离交易，如地方电视台、信用卡公司；

④ 顾客在多个地点主动接触服务机构，如公共汽车、连锁快餐店；

⑤ 服务机构在多个地点主动接触顾客，如邮寄服务、应急修理；

⑥ 顾客与服务机构在多个地点远距离接触，如电话公司、广播网等。汽车服务，如果只考虑汽车厂家的特约维修服务，则属于第一类服务；如果考虑到社会上众多的独立维修店，汽车服务又属于第四类服务。当然，现代汽车服务的观念也在发生变化，即汽车厂家及其特约维修站主动服务的意识不断增强，这样的服务就演变为第二类服务了。

由此可见，由于研究的出发点不同，某一特定的服务可以被划归到不同的类型。

3．服务的特征

服务的特征较多，以下几方面对制订营销方案影响较大。

（1）无形性。无形性也称不可触知性，顾客在购买服务之前，一般不能看到、听到、嗅到、尝到或感觉到服务。因此，广告宣传不宜过多介绍服务的本体，而应集中介绍服务所能提供的利益，让无形的服务在消费者眼中变得有形。实际上，真正无形的服务极少，很多服务需要借助有形的实物才可以产生。顾客购买某些产品，只不过因为它们是一些有效功能的物质载体，这些载体所承载的服务或者效用才是最重要的。

（2）同步性。服务的供应者往往是以其劳动直接为购买者提供使用价值，生产过程与消费过程属于同一个过程，两个过程不可分离。如汽车维修过程，对车主而言是消费过程，对维修技师而言就是生产过程。这一特征表明，顾客只有而且必须加入到服务的生产过程中，才能得到服务；而且一个出售劳务的人，在同一时间只能身临其境在一个地点提供直接服务。因此，直接销售通常是服务唯一的分销途径。

（3）差异性。服务是以人（服务提供者）为中心的产业，这与实行自动化生产的制造业不同。由于人的气质、修养、文化与技术水平存在差异，不同的人操作同一服务，服务质量就很难达到完全相同；即使是同一个人做同样的服务，因时间、地点、环境与心态的不同，服务成果也难以完全一致。因此，服务必须特别强调保持应有的品质，力求始终如一，维持高水准，建立顾客信心，树立优质服务的形象。

（4）即时性。由于服务的生产与消费同时进行及其无形性，决定了服务不能进行贮存，也不能进行退换，不能对服务实施“售后服务”。而且很多服务的使用价值，如不及时加以利用，就会“过期作废”。如宾馆中的空房间、汽车维修设备的闲置等，均为服务业不可补偿的损失。因此，服务业的规模、定价与推广，必须力求达到人力、物力的充分利用。

（5）服务交易所有权的非转移性。服务与有形产品最本质的区别就在于服务交易过程中，不存在服务所有权的转移，也就是说，顾客购买服务，购买的只是服务的使用权，并不是服务的所有权。即：服务的无形与易逝，使得购买者不能“实质性”地占有，因而不涉及所有权的转移，也不能申请专利。

13.1.2 服务营销的组合要素

市场营销的实质是一种交换关系，实物产品营销的理论和原则也适用于服务营销。由于服务的前述特征，服务营销战略的形成和实施，以及服务营销组合均应有所不同。服务营销的组合要素比实体产品营销要多，它除了产品、定价、分销和促销四个要素外，还应包括服务人员、服务过程和有形展示三个要素。

1．产品

服务产品必须考虑的要素是提供服务的范围、质量、品牌、保证以及跟踪服务等。服务产品包括核心服务、便利服务和辅助服务。核心服务体现了企业为顾客提供的最基本效用，如航空公司的运输服务、汽车故障的维修服务等；便利服务是为配合、推广核心服务而提供的便利，如航空公司的订票送票、送站接站，汽车维修商前往用户故障地点拖拉故障车辆等；辅助服务用以增加服务的价值或是区别于竞争者的服务，有助于企业实施差异化营销战略。

2．分销

随着服务领域的扩展，服务销售除直销外，经由中介机构销售者日渐增多。中介机构主要有代理、代销、经纪等形态。如文艺演出、体育比赛的门票分销，往往经中介机构进行。汽车企业通常是在全社会选择适当的维修厂店，建立一套维修服务网络进行服务“分销”，有的维修企业也在异地设立服务连锁店。在分销因素中，服务地点的选择至关重要，要尽量贴近服务需求者，使他们能够方便地得到服务。

3．定价

一般而言，由于服务质量水平难以统一界定，特别是作用于人的服务，质量检验也难以采用统一标准，服务定价必须有较大的灵活性。而在区别一项服务与另一项服务时，价格也是一种重要的识别标志，顾客往往从价格感受到服务价值的高低。但有时，对作用于物的服务，也可以尽量制定量化标准。如汽车维修服务，服务商都有各种故障的维修工时定额、服务价目表等，维修完毕后也可以检查故障是否已排除、产品的性能质量是否复原等。

4．促销

服务的促销方式也包括广告、人员推销、营业推广、宣传、公共关系等营销沟通方式。为增强消费者对无形服务的印象，企业在促销活动中要尽量使服务产品有形化。

5．服务人员

服务提供者，特别是与顾客直接接触的服务提供者，对顾客感知的服务质量的形成起着至关重要的作用。服务提供者的服务技能、服务意愿和服务态度等，均会对整个服务过程及服务效果具有重要的影响。

6．服务过程

服务的生产和消费过程是不可分割的，消费者要参与服务的生产过程。服务是谁提供的，以什么样的方式生产，对于顾客来说是十分重要的。对于某些服务来说，服务过程质量的重要性甚至会超过结果质量。

7．有形展示

也称为有形证据，是指服务过程中能够被顾客直接感知和提示服务信息的有形物证。如汽车4S 店的建筑、装修、设备、员工制服、接待休息室的灯光、温度、茶水等。服务环境对于顾客感知服务，从而产生强化购买行为具有重要的意义。

13.1.3 服务质量管理

1．服务质量的内涵

服务质量同顾客的感受关系很大，可以说是一个主观范畴，它取决于顾客对服务的预期质量同其实际感受的服务水平或体验质量的对比差距。整体感受质量不仅取决于预期质量与体验质量之比，也决定于技术质量和职能质量的水平。技术质量指服务过程的产出，即顾客从服务过程中所得到的东西。对此，顾客容易感知，也便于评价。职能质量则指服务推广的过程，即顾客同服务人员打交道的过程，服务人员的行为、态度、穿着等都直接影响顾客的感知，如何提供服务和接受服务的过程会给顾客留下深刻的印象。

顾客对服务的预期质量，通常受到四个因素的影响，即市场营销沟通、顾客口碑和企业形象。接受服务的顾客通常能直接接触到企业的资源、组织结构和运作方式等方面，企业形象无可避免地会影响顾客对服务质量的认知和体验。顾客心目中的企业形象较好，会谅解服务过程中的个别失误；如果原有形象不佳，则任何细微的失误也会造成很坏的影响。因此，企业形象被称为顾客感知服务质量的过滤器。

2．服务质量的评价

通常，可以从以下五个方面去评价服务质量。

（1）服务有形性。指提供服务的有形展示：如各种设施、设备、服务人员的仪表等。顾客正是借助这些有形的、可见的部分把握服务的实质。有形部分提供了有关服务质量本身的线索，同时也直接影响到顾客对服务质量的感知。

（2）可靠性。指服务供应者按照约定，准确、及时、无误地完成所承诺的服务。可靠性要求避免服务过程中的失误，顾客认可的可靠性是最重要的质量指标，它与核心服务密切相关。许多以优质服务著称的服务企业，正是通过强化可靠性来建立自己的声誉的。

（3）响应性。主要指反应能力，即随时准确为顾客提供快捷、有效的服务，包括矫正失误和改正对顾客不便之处的能力。对顾客的各项要求，能否予以及时满足，表明企业的服务导向，即是否把顾客利益放在第一位。

（4）保证性。主要指服务人员友好态度与胜任能力。服务人员较高的知识技能和良好的服务态度，能增强顾客对服务质量的可信度和安全感。在服务产品不断推陈出新的今天，顾客和知识渊博而又友好和善的服务人员打交道，无疑会产生信任感。

（5）移情性。指企业和服务人员能设身处地为顾客着想，努力满足顾客的要求。这便要求服务人员有一种投入的精神，想顾客之所想，急顾客之所急，了解顾客的实际需要，以至特殊需要，千方百计地予以满足，给予顾客充分的关心和相应的体贴，使服务过程充满人情味，这便是移情性的体现。

按上述评价标准，可通过问卷调查或其他方式对服务质量进行调查。调查应包括顾客的预期质量和体验质量两个方面，以便进行分析研究。汽车企业的营销部门，每年都应花费较多的资金进行服务质量的调查和评估。

3. 服务质量管理

如上所述，顾客期望在顾客对服务的认知中起着关键性的作用，期望与体验是否一致已成为服务质量评估的决定性因素。因此，服务质量管理首要的就是能够对顾客期望进行正确的管理，并在实际服务过程中做到超出顾客期望。为了达到这一目的，企业可以从以下几方面进行工作。

（1）确保服务承诺的现实性。明确的服务承诺（如广告和人员推销）和暗示的服务承诺（如服务设施外观、服务价格），都是企业可以控制的，对之进行管理是管理期望的直接的可靠的方法。

企业应集中精力于基本服务项目，通过切实可行的努力和措施，确保对顾客所作的承诺能够反映真实的服务水平，保证承诺圆满兑现。过分承诺难以兑现，将会失去顾客的信任，破坏顾客的容忍度，对企业是不利的。

（2）重视服务的可靠性。在顾客对服务质量进行评估的多项标准中，可靠性无疑是最为重要的。提高服务可靠性能带来较高的现有顾客保持率，增加积极的顾客口碑，减少招徕新顾客的压力和再次服务的开支。可靠的服务有助于减少优质服务重现的需要，从而合理限制顾客期望。

（3）坚持沟通的经常性。经常与顾客进行沟通，理解他们的期望，对服务加以说明，或是对顾客光临表示感激，更多地获得顾客的谅解。通过与顾客经常对话，加强与顾客的联系，可以在问题发生时处于相对主动的地位。企业积极地发起沟通以及对顾客发起的沟通表示关切，都传达了和谐、合作的愿望，而这又是顾客经常希望而又很少得到的。有效的沟通有助于在出现服务失误时，减少或消除顾客的失望，从而树立顾客对企业的信心和理解。

（4）进行服务质量的传送。在服务过程中，顾客亲身体验了提供的服务技能和服务态度有利于保持更切合实际的期望和更多的理解。每一次与顾客的接触都是一次潜在的机会，可使顾客感到享受了超出期望的服务，而对顾客冷淡的员工则是浪费了机会。

（5）加强力量组织现场服务。虽然对完美的服务的追求是优质服务的特征，但在第一次服务出现失误时，一流服务的重现显得十分重要。服务重现是一个超出顾客期望的绝好机会，也为企业提供了重新赢得顾客信任的机会。企业必须加强力量组织好重现服务，使服务中的问题得到令人满意的解答。虽然在服务重现期间顾客对过程和结果的期望都会比平时更高，但顾客将比往常更加注意服务的传递过程，以全身心投入来对待顾客的有效重现，能使顾客顺心惬意，并为精心组织的服务重现超出期望而感到惊喜。

13.1.4 服务的有形展示

1. 有形展示的类型

物质产品可以自我展示，服务则不能，顾客看不到服务。但是，顾客可以看到服务工具、设备、员工、信息资料、其他顾客、价目表等，这些有形物都是顾客了解无形服务的线索。由此，在服务营销管理中，一切可以传递服务特色与优点的有形组成部分，均可称作服务的有形展示。有形展示可以从不同的角度加以分类。从构成要素的角度，有形展示可分为三种类型，即实体环境、信息沟通和价格。

（1）实体环境。

实体环境包括三大因素：周围因素、设计因素和社会因素。其中周围因素是指服务现场及周围的空气质量、噪声、气氛、整洁度等。这类要素通常被顾客视为构成服务产品内涵的必要组成部分，其存在虽不致使顾客格外地激动，但如缺少这些或是达不到顾客的期望，就会破坏顾客对企业的印象。也就是说，顾客注意到周围因素，更多的是引发否定行为而不会因之有意接近。

设计因素是指服务处所的建筑、结构、颜色、造型、风格等美学因素和陈设、标识等功能因素。这类要素用以改善服务产品的包装，显示服务产品的功能，建立有形的、赏心悦目的服务产品形象。设计因素的主动刺激比周围环境更易引起顾客的积极情绪，鼓励其采取接近行为，有较强的竞争潜力。

社会因素是指在服务场所内一切参与及影响服务产品生产的人，包括服务员工和其他出现于服务场所的人士，他们的人数、仪表、行为等，都有可能影响顾客对服务质量的期望与认识。

（2）信息沟通。

信息沟通所使用的方法有如下两种。

① 服务有形化。在信息交流中强调与服务相联系的有形物，让服务显得实实在在。有形因素能使服务容易被感觉，而不那么抽象。

② 信息有形化。通过鼓励积极的口头传播、服务保证和广告中应用容易被感知的展示，使信息更加有形化。很多顾客都特别容易接受其他顾客提供的口头信息，据此做出购买服务的决定。

（3）价格。

服务价格是营销组合因素中决定收入的主要因素；而顾客之所以关注价格，是因为价格可以提高或降低人们的期望。由于服务是无形的，价格是对服务水平和质量的可见性展示。价格能展示一般的服务，也能展示特殊的服务；它能表达对顾客关心，也能给顾客以急功近利的感觉。制定正确的价格能传送适当的信息，是一种有效的服务展示方式。

2. 有形展示的作用

（1）帮助顾客感受到服务所能带来的利益。服务展示的一个潜在作用，就是能给营销策略带来乐趣优势。有形展示可在顾客的消费经历中，注入新颖的、激动人心的、戏剧性的因素，消除顾客的厌倦情绪。采用有形展示的实质，是通过有形物体对顾客感观的刺激，让顾客感受到无形服务所有带给自己的好处和利益，进而影响其对服务的需求。

（2）引导顾客对服务产生合理的期望。服务的无形化及不可感知性，使顾客在使用前难以对该项服务做出正确的理解或描述。运用有形展示，可以让顾客在使用服务前能具体地把握服务的特征和功能，从而对服务产生较合理的期望，避免因期望过高而难以满足所造成的负面影响。

（3）影响顾客对服务产品的第一印象。有形展示作为部分服务内涵的载体，是顾客取得第一印象的物质因素。对于新顾客而言，在购买和享用某项服务之前，往往会根据第一印象对服务产品做出判断。有形展示的成败，最终会影响顾客的购买决策。

（4）促使顾客对优质服务做出客观评价。服务质量高低由多种因素决定，可感知性是其中的一个重要特质，而有形展示正是可感知的服务组成部分。有形展示可使顾客对服务产生优质的感觉。

（5）引导顾客识别与改变服务的形象。有形展示能有形地、具体地传达最具挑战性的企业形象。服务企业或服务产品形象的无形性，增强了改善形象的难度。形象的改变不仅是在原来形象上加入新内容，而且要打破传统观念，利用有形产品作为新设计的形象的中心载体，使形象变更的可见信息迅速传送给顾客。

（6）协助企业培训服务员工。在利用有形展示突出服务产品的特征以及优点时，也可利用有形展示作为培训员工的手段。员工作为“内部顾客”，通过有形展示深刻、具体地理解了企业所提供的服务，会有助于保证他们所提供的服务符合企业规定的标准。

3. 有形展示的管理

服务的不可感知，主要是指其不可触及，难以从心理上进行把握。为克服因此产生的营销难题，必须使服务内涵尽可能地附着于某种实物上。服务的有形化，还必须考虑使服务更易为顾客所把握。因此，有形展示应选择顾客视为重要的有形实物，最好是他们在该项服务中所寻求的一部分；同时，必须保证此有形实物所暗示的承诺，在提供的服务中能完满兑现，即服务质量要与承诺的内容一致。

有形展示的最终目的，是建立企业与顾客之间的长期关系。首先是服务人员要取得顾客的好感。服务产品的顾客，常常被服务企业中的某一个人或某一群人所吸引，而不只是认同服务本身。服务人员直接同顾客打交道，不仅其衣着打扮、言谈举止影响着顾客对服务质量的认知和评价，而且服务人员同顾客之间的关系直接决定了顾客与企业关系的融洽程度。为此，企业必须确切了解目标顾客的需要，明确有形展示的预期效果，并确定独特的推销重点，将此重点作为该服务产品的组成部分。

以上讨论了服务营销的某些基本而重要的理论，它们对指导汽车企业及其服务网络做好服务工作具有重要作用。

13.2 汽车的售后服务

现代营销理论已经普遍认为，售后服务是营销策略中不可分割的组成部分和销售工作的支撑条件，现代产品的整体概念是实体与服务之和。汽车卖出去并不是销售的结束，而只是占领市场的开始。用户在购买产品时，也总是希望能给他带来整体性的满足，不仅仅包括实体物质产品，还包括满意的服务。售后服务的功能应当覆盖到能够为用户想到的一切技术服务范畴。现代国际汽车市场的竞争现状表明，汽车营销的竞争重点已从技术和价格的竞争转向了服务领域的竞争，世界各大汽车企业公认的一条规律是：第一辆汽车是由销售人员卖出去的，而从第二辆起就是由优质的售后服务卖出去的。因此，做好汽车的售后服务工作的意义极其重大，汽车产品的售后服务是当今汽车市场激烈竞争的一个重要因素。

值得说明的是，从营销组合策略的角度看：售后服务具有产品策略和促销策略的双重属性。通常“产品”是要为企业带来营业收入的，而“促销”却是要花钱的，促销费用属于企业营销成本的重要部分。显然从这种意义上讲，售后服务中的质量保修（俗称“三包”）属于促销的概念范畴，而质量保修范围之外的服务因为是有偿服务，应属于产品的概念范畴。但由于售后服务源于质量保修，质量保修至今仍是售后服务的中心工作之一，二者的联系密不可分，故在本节一并讨论。

13.2.1 汽车售后服务的作用

汽车产品售后服务的作用有以下几点。

1．确保用户购置的汽车产品的正常使用

企业为用户提供及时、周到、可靠的服务，以保证汽车产品的正常使用、可靠运行，最大限度地发挥车辆的使用价值。在用户的汽车产品出现故障时，或为用户恢复汽车的使用性能，或接受用户的索赔，或执行汽车召回制度，为用户解除后顾之忧进而使用户满意。

2．使企业树立良好的形象、提高市场竞争力

售后服务直接面向消费者，是汽车企业伸向市场的触角。优质的售后服务可以继产品性能、质量、价格之后，通过售后服务渠道准确而有力地展现给用户，增加用户对产品的好感及偏爱心理。这种好的感受又会影响更多的人，树立产品的口碑，从而提高了企业的声誉，赢得更多的用户，增强企业的竞争能力。同时，还可以让用户体验到被重视、被尊重的感觉，给他们以心理上的优越感，这也是协调消费者心理平衡的一个重要的过程。如果服务没有做好，消费者损失的不仅是金钱，还包括时间和情感，但最终损失最多的仍将是企业的信誉。

售后服务部门是企业的一个窗口，是企业形象的直接体现。近几年来，企业形象标准化建设在汽车售后服务行业中逐渐兴起，如悬挂汽车企业的厂徽、厂标，厂容、厂貌、色彩、设备、职工着装的标准化、统一化，厂房、厂区建设以及管理的规范化，这些都极大地提高了企业形象。

3．通过广泛收集用户意见和市场需求信息为企业经营决策提供依据

为用户提供服务的过程是广泛收集用户意见和市场需求信息的过程，也是信息反馈的过程。通过服务，不仅能使用户用好汽车产品，还可以把用户在实际生活中遇到的问题及时反馈到汽车生产企业，使其能及时改进存在的不足，增加产品的市场竞争力，为企业创造最好的效益。售后服务网络的建设，不仅可以使企业掌握用户的信息资料、收集用户意见，还可以广泛收集、及时反馈市场需求信息，为企业及时做出正确的决策提供依据，提高决策的科学性、正确性、减少风险和失误。

4．增加企业收入

除在一定的保证期限内为用户提供免费服务外，其他的有关服务以及为用户提供大量的零配件和总成件也可以增加企业的收入。据专家分析，企业出售整车只赚了消费者的 20%钱，还有 80%的钱滞留在以后的售后服务中。有人正是从这个角度提出了汽车售后服务商业化的提法。

13.2.2 汽车售后服务的概念、内容及功能

1．售后服务的概念

在现实生活中，汽车服务有多种概念或提法，如销售服务、技术服务、售后服务等。对于这些概念或提法，人们的理解不尽一致，有必要在此做出界定。

销售服务泛指客户选购汽车产品时，销售部门帮助用户购买所做的各种非技术性服务工作。一般包括如下三种。

（1）产品介绍，即向客户宣传产品、推荐合适产品、帮助客户挑选产品。

（2）简化手续，即向客户通报银行账号，快捷确认和办理财务手续、有关单据等。

（3）提车和其他服务，如提车及办通行车手续、帮助用户出库的服务；为用户初期使用提供方便（如加燃油，办理临时行车执照，指导用户检查车辆，采购技术资料、易损件、润滑油脂、

冷却液、汽车美容用品及其他附件），乃至用户所需要的一切必要生活服务（如安排食宿）。销售服务工作多由销售人员或接待人员负责，前一节营业推广措施中的服务促销就是销售服务。

售后服务泛指销售部门为客户提供的所有技术性服务工作及销售部门自身的服务管理工作。就技术性服务工作而言，它可能在售前进行（如车辆整修、测试），也可能在售中进行（如车辆美容、按客户要求安装和检修附件、对客户进行的培训等）。但更多的是在车辆售出后进行的质量保修、维护、技术咨询及备件供应等一系列技术性工作。由此可见，售后服务并不是字面意义上的“销售以后的服务”。它并不只限于汽车销售以后的用户使用环节，也能是在售前环节或销售环节。此外，所有技术性服务都属于售后服务的范畴，技术性服务是售后服务的主要工作。甚至于在一般情况下，技术服务和售后服务二者不加区别。

2．售后服务的工作内容

综合地讲，售后服务工作的主要内容包括如下四项。

（1）技术培训。售后服务本身属于技术服务的范畴。由于汽车产品的高度技术密集、知识密集，汽车产品的售后服务工作必然包含着对用户的技术指导、技术咨询、技术示范，也包含着对企业的售后服务网络的技术培训、技术示范、技术指导和技术咨询。通常的做法是，汽车企业的售后服务部门对售后服务网络，而售后服务网络对用户进行上述工作。

同时，汽车制造企业还将负责产品的更改、新产品投放时技术要点的宣传，等等，凡是需要向社会、经销商、售后服务网络和用户宣传和阐明的技术要领，均全部由销售服务部门去完成。而售后服务网络有责任向用户提供各种维修服务和技术维护服务，当然维修和维护技术则是由汽车制造企业提供。

（2）质量保修。质量保修（Warrant），又作质量保证、质量担保、质量赔偿，我国俗称“三包”（包赔、包修、包换）。基本含义是指处理用户的质量索赔要求，并向厂商反馈用户质量信息。在我国的汽车行业内，质量保修工作通常是由第一线的售后服务网络（服务站）受理用户的质量索赔要求，决定是否赔偿。厂商售后服务总部对服务站的赔偿进行赔偿鉴定，复核赔偿的准确性，并进行质量动态的综合分析，向生产和采购部门反馈产品的质量信息。

质量保修具有极强的政策性和技术性。政策性强，指的是保护用户权益的法律法规越来越多，保护力度越来越大，厂商的生产经营活动必须遵守有关政策和法律的规定，切实履行自己的义务。另外，社会舆论对保护用户权益的影响也越来越大，厂商也必须顾及自己的社会形象。为了适应这种形势需要，国际上各大汽车公司都建立了自己的车辆召回制度（有的国家还颁布了车辆召回法），对存在质量隐患的已售出车辆，实行无条件召回，进行零部件更换，消除质量隐患，并承担全部相应的经济损失。近年来，在我国销售的一些进口汽车品牌屡屡被迫召回，闹得沸沸扬扬，舆论反响强烈。

技术性强，指的是汽车产品有其特殊性，如结构复杂，零部件数量极多，生产配套厂家多，用户的使用千差万别，汽车故障千奇百怪。而汽车故障是属于产品质量故障，还是用户使用不当故障，一般需要较为复杂地调查和鉴定，这些工作并不是简单地依靠某个法律条文或某个机构就能解决的。通常情况下，汽车企业负责产品质量故障的调查和鉴定，只在重大故障鉴定意见不能与用户达成共识时，才请道路交通管理部门、技术监督部门或其他法定鉴定部门予以调查和鉴定。目前国内大部分汽车企业都申明保留最终技术仲裁权，并只对企业本身质量原因的直接损坏零件赔偿，不负担相关损失的赔偿，这些做法的合法性是不成立的（但在我国现实社会中这种现象却常常存在）。

质量保修工作的要点有三：一是“准确”，系指准确地做出质量故障鉴定，既要维护企业的利益，又要维护用户的利益；二是“快速”，系指对用户的求救迅速处理、快速服务。国际上各大汽车公司都保证 24 小时之内，把质量保修零件送到用户手中，并向全世界公布其服务热线电话；三是“厚待”，系指售后服务人员要善待用户，对用户的愤慨、怨恨、不满，应始终保持一种平和的心态，认真解决产品的质量故障。因为质量保修面对的是企业产品的质量缺陷，如果售后服务人员用负疚的心情面对用户的损失，既可以缓解用户的不满，又可以维护企业的形象。

（3）备品供应。备品供应在售后服务中具有决定性作用，没有良好的备品供应就没有优质的售后服务。

试设想一下，备品经常缺货，或者备品不能保证其质量，汽车售后服务工作怎能令用户满意呢？怎能解除用户的后顾之忧呢？所以有人说备品供应是售后服务工作的“脊梁”，表明的就是备品供应的重要性。

备品供应还是售后服务工作的重要利润源泉，这一点在国内外汽车企业的售后服务中得以证明。如国外大汽车厂家利润的 1/4—1/3 来自于配件经营，日本日产公司的整体利润，配件最高曾达到过 3/4 的份额，因而每一个国际型的汽车企业均把备品工作置于企业最高的位置。我国的汽车企业：其配件经营额在企业经营额所占的份额虽然不及上述国际汽车公司高，但也占到经营额的 1/30—1/20。我国汽车备品经营的主要问题是汽车零部件知识产权保护落后，仿制、假冒及劣质汽车配件充斥市场，挤占了正宗汽车配件的市场份额，对这种状况急待采取经济的、行政的手段进行协调整治，以规范汽车配件市场。

（4）组织和管理售后服务网络。汽车是典型的大量生产的产品，而且用户分布点多面广，很难设想单纯依靠生产厂家自身的力量，就能够圆满地完成售后服务的全部工作。通常的做法是由汽车主机企业在全社会组织一个庞大的服务网络，并由这个网络代表主机企业完成各种售后服务工作。

汽车主机企业售后服务网络的基层组织通常叫做服务站。服务站的类型一般有两种：一种是集汽车营销、服务和其他职能于一体的汽车经销商下设的维修工厂或车间，这类服务站寓于汽车企业的整车销售网络之中；另一种是只承接单纯的汽车维修业务的小型工厂，这类服务一般是前一种服务站的补充，例如在第一种类型的服务站不能覆盖或服务能力不足的市场区域才设立此种服务站。

（5）企业形象建设。售后服务除了以上工作内容以外，还肩负着企业形象建设的重任。影响消费者对企业形象评价的因素主要有：产品使用性能及厂商的服务质量、企业窗口部门的工作质量及其外观形象、企业的实力及企业的口碑等。显然，汽车企业售后服务网络是用户经常“打交道”的对象，在汽车企业形象建设方面负有重要的责任。

3．售后服务的功能

售后服务的内容范畴是宽阔的，它意味着为用户实实在在的“好处”，真正为用户解除后顾之忧。也就是说，售后服务的职能应当覆盖用户需要的一切技术服务内容。通过服务，使用户用好汽车产品，并创造最好的经济效益，这才是售后服务工作的成功。纵观全局，完善的售后服务应具备两大功能：一是对外功能，即能够安抚用户，为用户解除后顾之忧。二是对内功能，即能够及时而准确地反馈产品的使用信息、质量信息以及其他重要的信息，为企业及时做出正确决策提供可靠的依据。

综上所述，要做好售后服务工作，应遵循“技术培训是先导，质量保修是核心，备品供应是关键，网络管理是保障，公关沟通是形象”的原则，以下按此原则分别讨论其内容。

13.2.3 技术培训

技术培训不仅包括对用户的技术指导、使用训练、咨询解答，更主要的是要对全售后服务网络进行各种技术的培训。任何一个企业或产品的售后服务都必须从技术培训开始，业界关于“技术培训是售后服务的先行官”的说法揭示的就是这个道理。

1．用户培训

用户培训主要集中于销售环节。对于社会已经熟悉的汽车产品，由于用户已经具有汽车使用的知识，因而用户培训一般较为简单。通常情况下，用户提车时经销商会要求将新车开到服务站进行交车前的全面检查，此时可以根据用户的具体情况进行一些有针对性的简单培训，如：检查用户的技术资料是否交付完整、讲解售后服务的相关政策、合理科学使用汽车的经验、简易故障及其排除方法等，这类培训可以分散进行。

对于汽车新产品，在局部范围试销时，一般要对用户进行集中培训，要按照统一的口径、统一的内容、统一的教材，进行标准化的讲解。

2．服务网络的培训

服务网络的培训，是汽车企业售后服务总部所要培训的主要对象，通常是以服务站的技术骨干为主。对他们的培训，内容上通常要深一些、广一些，帮助服务站形成能够排除各种使用故障的能力。

对服务站的培训，主要内容包括如下几方面。

① 汽车结构及其技术内容。

② 常见故障、典型故障和突发故障的现象、形成机理及其排除方法。

③ 新产品的技术培训，做到“先培训、后投放”。

④ 汽车企业售后服务尤其是质量保修的管理政策和业务流程。

⑤ 其他内容，如服务站的经营管理、大型促销活动的准备等。

3．技术培训的组织

要做好技术培训，首先要组织好培训教材。教材的标准形式有两种，一种是完全按讲稿（义）的内容印出的教材，这种教材内容完整、齐全，适合学员自学；另一种是只印出需要讲解的提纲要点和必要的工程图、结构图，教材中留出足够的空白，让学员在听课时，自行根据听讲内容，填写要点。

教材除了文字形式外，还应包括投影胶片、幻灯片、教学挂图、音像教材甚至实物教材等多种形式，以增强教材的示范性、针对性和实用性。技术培训的教材大部分需要培训部门组织编写，少部分可以借用其他教材，或委托其他力量编写。

企业的所有产品，都必须要有相应的标准教材。教材可以按车型分类编写，也可以按总成系统分类编写。既要讲出本企业的技术特点，还要按车型讲解清楚产品的特征。

新产品的使用技术文件和培训教材必须在产品试制试验阶段就同步编写，以保证售后服务网络能够超前得到，以更好地服务于新产品的市场投放。

其次，要选好一批培训教师。培训部门可以自己承担一部分教学任务，也可以在企业内外选聘一些专业人员担任教员。总的来讲，培训师应具备必要的理论知识和较强的实践技能，并有一定的培训经验，因而培训师既要能够根据培训要求挑选更换，又要大体保持队伍稳定。

最后，要注重培训部门的能力建设。培训部门的能力包括：①培训基地接纳学员学习的能力，如要有必要的一般培训教室、专业培训教室、实习车间、样品陈列室等；②现代教学能力，如电教能力、多媒体教学能力、远程教育或网上教学能力等；③标准、规范和技术政策的研究能力，如新产品维修工艺方法、最佳工艺设施（装备）配置、维修工时制订等，均需要培训部门与产品设计部门共同研究。

13.2.4 质量保修

质量保修是售后服务工作的核心，是售后服务的意义所在。质量保修工作的好坏，对企业形象、企业声誉具有举足轻重的影响。

质量保修的工作内容主要有两个方面：一是质量保修规范的制订；二是质量信息的分析处理。

1．质量保修规范

制订质量保修规范，包括制订整车（零部件）的保修里程或保修时间，制订质量故障的受理、鉴定和赔偿程序。

表 13-1 简明给出了某汽车公司关于质量保修的规定（表中的特别补偿只针对动力部分）。目前国内外汽车厂商一般只是针对质量保修范围内被损坏的汽车零部件进行免费更换，不承担因为故障导致的相关损失的赔偿。

表 13-1 某汽车公司质量保修简表

按汽车载质量分类	一 般 补 偿	特 别 补 偿
小型车：1～3t	不超过 60000km 或 3 年	不超过 100000km 或 5 年
中型车：4～8t	不超过 20000km 或 1 年	不超过 50000km 或 1 年
大型车：8～12t	不超过 20000km 或 1 年	

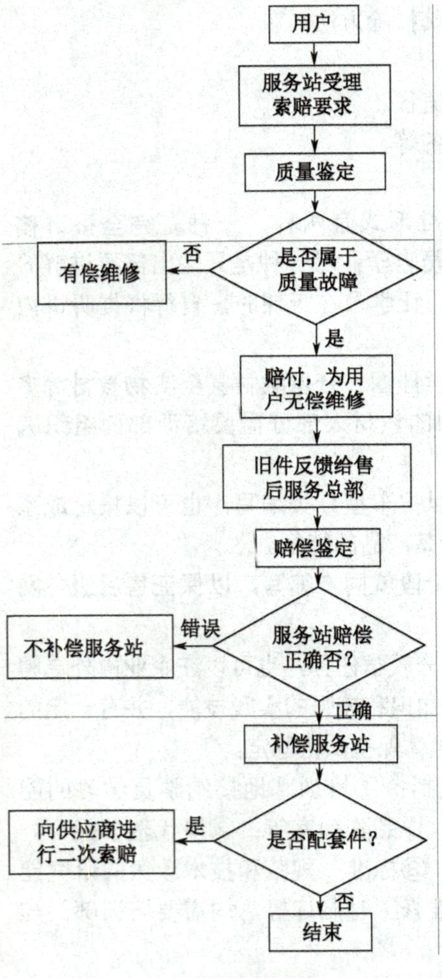

图 13-1 汽车产品质量赔偿工作流程图

有的公司或有的产品还针对不同的零部件给予不同的保修规定，如对发动机的保修规定就与底盘零件不同。此外，有的零部件因属于是配套件，供应商有他们的质量保修规定。

以上质量保修规定，是厂商依据其生产质量控制水平、产品使用故障规律、有关法律法规或技术标准规定，并参照行业内同类产品的质保规定等因素综合确定。

图 13-1 所示是大多数汽车产品质量赔偿的工作流程图。

2．质量信息的分析处理

质量保修为企业收集、分析和研究产品质量状况，了解质量变化动态提供了最有说服力的素材。

质量信息的分析处理必须依靠计算机完成。通过计算机处理，可作如下的常规统计分析。

（1）汽车企业历年单车平均赔偿金额。

（2）汽车企业历年 100 辆车赔偿金额。

（3）主要质量故障发生频次历年对比。

（4）历年各质量责任单位质量赔偿发生频次和金额。

（5）各大总成发生的质量赔偿频次占总频次比例。

（6）某一重要质量故障按生产月份发生的频次分布。

（7）某一重要质量故障按生产序号发生的频次分布。

（8）某一重要质量故障按汽车行驶里程发生的频次分布。

（9）按故障原因发生的赔偿车次。

（10）按区域分布统计的赔偿车次。

（11）故障总频次与汽车行驶里程的分布关系。

（12）3000 km 范围内故障频次与汽车行驶里程的关系。

通过以上统计分析，可以得出一系列的有益信息，并对生产实践具有直接意义。例如东风汽车公司曾在 1986 年、1987 年连续两年的质量信息分析中，发现了飞轮螺栓、螺母早期松动故障现象。用计算机分析，发现连续两年故障月份分布图形十分相似，同一质量故障现象均发生在 8 月份。1988 年，东风汽车公司发动机厂总工程师从 6 月底就亲自蹲在装配岗位，逐台观察。特别是 8 月，更是加紧了对生产的监督和观察。“蹲点”结论表明，时近 8 月，由于气温太高，天气炎热，该岗位劳动条件非常一般，劳动者稍微的松懈，就出现“松动”故障。发动机厂便立即着手改善该岗位的劳动环境条件，从 1988 年起，此故障终于全部消失，不再出现。

13.2.5　备品供应

备品，在我国被广泛地称作汽车配件。备品供应就是配件营销，它是售后服务工作的关键。备品供应具有两大职能：一是为维持本企业汽车正常运转提供“粮草”，是维持汽车处于良好技术状况的保障条件；二是汽车主机企业以备件让利形式，通过支持其服务站开展备品经营，取得效益，以促进售后服务网络的运转和发展。备品供应需要做好的工作主要包括：确立合适的备品经营机制，做好备品的仓储作业，基于备品需求的科学预测、现代仓储管理技术和 IT 技术，推进备品供应工作的现代化等。

1．备品供应的经营机制

长期以来，欧、美、日等汽车工业发达国家，一直实行备品专营制度。据介绍，推行这一制度的理由除了保护售后服务网络的利益外，还有如下两个原因。

（1）汽车零部件开发、生产技术、结构图纸等均属于企业的工业产权范畴，主机企业为了保护自己的知识产权，有权只向其供应商提供相关技术，并要求供应商不扩散技术；

（2）只有实行备件的专营专控，才能保证备品的数量、质量和价格。如按照售后服务的需要控制各种零部件的产量，敦促供应商严格把握备件质量，规范备件的市场流通渠道，维持备件的市场价格。

在备品专营制度下，零部件供应商的供货都采取价格的双轨制，备件的价格通常略高于主机装车的零部件价格，因为备件的包装、防锈要求高于装机零部件。

汽车主机企业一般不直接面向普通最终用户供应备件，也不向售后服务网络以外的汽车维修站和配件经营商供货，而是努力完善其售后服务网络，促进服务站提高正宗备件的市场占有率和维修业务的市场占有率。

需说明的是，以上备品专营制度在欧盟范围内已被打破，欧盟委员会已决定于 2002 年 10 月开始，废除汽车的特许经营制度，迫使制造商向独立维修店（不属于主机企业的售后服务网络体系）提供汽车配件和维修设备，保护独立维修店与制造商的售后服务网络体系之间展开正常竞争，允许汽车零部件生产厂家自由营销而不再依附于汽车主机企业，等等。当然，这些政策的实施效果如何，是否能够真正起到保护消费者利益的作用，将对全球的汽车营销和服务贸易产生何种影响，诸如此类问题目前尚不得而知。但可以肯定的是，由于欧盟的市场经济较我国发达，各种制度规范比较完善，国民素质和全社会商业道德较高，其汽车服务市场的开放不同于我国长期存在的汽车服务市场的混乱状况，二者不可同日而语。

中国国情决定了中国汽车用户的汽车保养和维修，可以不完全依靠主机企业的售后服务网络。一般集体、国有企业（用户单位）都有自己的专业汽车修理班组。全社会也存在着大量的独立维修企业或维修店，他们均独立地向全社会自由采购维修配件。但同时也存在假冒伪劣配件和非法生产配件充斥市场的现象，让人真假难辨，汽车用户的利益缺乏保障。预计这种局面还将维持较长时间，我国很难在所有的汽车产品上推行备品专营制度，只有通过主机企业的售后服务网络与社会独立维修店充分竞争，大家“比质量、比服务、比价格”，争取汽车用户，在竞争中谋求发展。

2．备品的仓储作业

备品仓储中心的主要任务是储存备件。备品中心通常可划分为若干区域，各区域的作业任务分别如下。

（1）接受检查区。这是备品中心的第三者区域，在备件入库时进行备件的检查，包括数量清查、配套协作件的质量抽检或普查等。

（2）仓储区。通常按不同车型、不同总成、不同用途的周转速度分区存放，以优化备件物流。目前，备件仓储多采用立体自动化仓库，并实行计算机控制和进行库存管理。

（3）取货区。主要是仓库的通道，应保证通道畅通、干净。

（4）防锈包装区。防锈处理通常指对备品的加工表面进行的涂敷处理，而包装包括收货包装和发货包装。

（5）发货区。应有一定的装卸作业场地，发货方式通常有铁路运输、公路运输、水上运输等，目前集装箱运输日益被广泛使用。

以上是仓储中心的基本作业。目前较大型的汽车主机企业因其产品市场范围较广，为了保证各地的服务站及时得到备件，他们通常在本部以外的适当区域设有备件分库。分库的各种业务受总库管理，其出入库及库内作业流程与总库是一样的。

3．备品营销的现代化管理

备品营销现代化管理涉及较多的内容，这里只简单强调两个方面的内容。

首先要做好备件需求的科学预测，合理储存各种备件的数量，包括主机停产后社会在用车辆继续需要的备件的储存。

充足的备品供应能给用户以安全感和亲切感，对开拓和巩固市场无疑将起到促进作用。但备品的储存数量也不是越大越好，储存过多会导致备件功能失效，而且会增加企业的流动资金占用，增加存储费用，不利于节约营销成本。因而企业应当追求合理的经济储备，做到既满足社会对备件的需要，又节约仓储费用。这就不能离开备件的科学预测，为此企业要积累各地区在用车数、地区使用特点、汽车行驶平均里程、各种备件的历史消耗等资料，采用科学的预测方法，认真测算各种备件的合理存储规模。要做到这些工作应当越来越容易，因为现代计算机技术和数据库技术的应用日益深入和普及，各种备件的历史数据很容易记录和进行统计分析。

其次要引入计算机技术、数据库技术、信息识别技术、通讯技术及互联网技术等现代科技手段，实现仓储业务作业和管理的现代化。

抓好备件的经营管理及分析研究相应的营销策略，理顺从备件计划、订货、采购、接收、入库、质检、仓储、定价、合同、发货、运送、交付等诸环节的关系，力求提高效率，降低成本，促进周转，方便用户，更好地服务于整车市场是汽车主机企业在备件工作上的目标。但由于备件品种极其复杂，需求差异较大，信息处理量极大，不采用以上现代科技手段几乎难以完成任务。现代汽车企业备件营销已全部采用计算机管理、管理覆盖范围包括计划、合同、采购，进货、出库、发票、结算、市场分析、用户管理、总库与分库全部联网管理等。与此同时，现代通信如程控电话、传真、网络传输等技术，信息识别如条形码技术、防伪技术等，都可以为做好备件经营服务提供技术支持。

此外，备品营销的现代化管理还包括备品计划及采购的科学化、订货方式的规范化等内容，在此不再叙述。

13.2.6 汽车售后服务的工作流程

供应商的售后服务网点是委托在当地的符合条件的汽车维修企业（即特约维修站，以下简称服务商）来担任的。汽车产品的售后服务包括供应商售后服务和特约维修站服务两个层次的工作。

1．供应商售后服务

供应商设有售后服务部门（通常称用户服务部、售后服务部或技术服务部等），主要进行质量保修费用结算、售后服务纠纷的裁定、配件供应、策划售后服务宣传活动以及管理服务网络等。服务站的售后服务作业可以分为三类，一是有偿服务，即为用户维修、保养汽车并向用户收取规定的服务费用。二是质量保修，即在质量保修期内，按质量保修规定为用户进行的保养、维护，以及由于产品质量问题而为用户进行的维修、更换零部件的服务，这些都是不收费的。三是活动服务，即由供应商或服务商通过开展宣传活动，额外提供给不在质量保修规定范围内的用户的免费服务。

（1）质量保修费用结算。在质量保修和受供应商委托的活动服务中，服务商付出的工时、人力和配件成本要凭相关单据由供应商来付费，供应商对整个付费过程的操作、监督称为质量保修费用结算。下面以我国某汽车厂商的结算流程为例说明质量保修费用结算的一般过程，其流程图如图13-2所示。

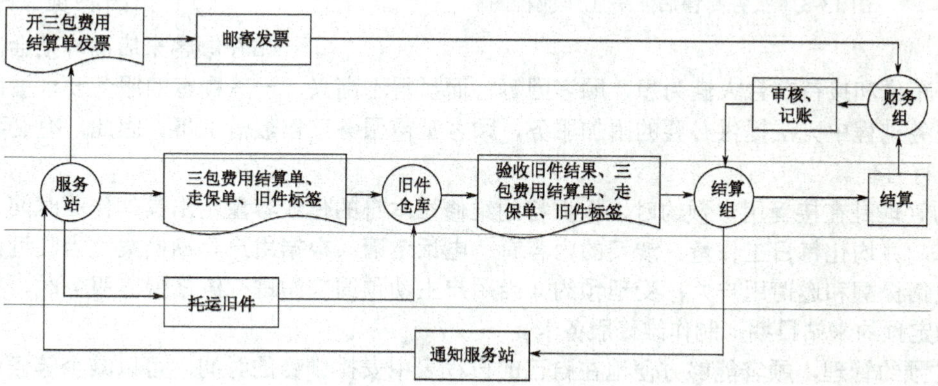

图13-2　质量保修费用结算流程图

第一步，服务商定期（一般一月一次）将质量保修结算单据，包括用户签字的费用结算单、首保单或二保单、旧件标签（用以记载更换旧件信息的小卡片），以及将更换下来的旧件，一并寄回给供应商售后服务部的旧件仓库。

第二步，供应商售后服务部的旧件验收人员，验收寄回的旧件是否正宗、故障原因是否属于质量保修范围。如验收正常，则将单据及验收结果交给结算组，由结算人员予以结算；如发现旧件不属于本公司出品或旧件故障不属质量保修范围，则该旧件的工时费、零件费不予结算。

第三步，结算组根据标准工时及零件费用结算，并由财务人员审核结算结果。

第四步，审核无误后，由结算员通知服务商开出发票，财务人员收到发票后，将费用划拨到服务商账户。

（2）配件供应。配件供应的基本业务流程是：服务站通过网络、电话及传真向供应商的售后服务部配件分部订购配件，配件分部收到信息，马上查询库存情况，如果数量充足，就立即出库，若某些配件库存不足，便立即向制造厂商或配件供应商发出订单。

2．服务商售后服务

服务商售后服务工作流程包括以下内容：招揽用户，预约管理，接待，问诊/诊断，费用估计，零部件，作业管理，修理、保养作业，完成检查，清洗车辆，结算，交车，跟踪服务。服务商售后服务工作流程图如图13-3所示。

（1）招揽用户。由于市场竞争日益激烈，服务商（或特约维修站）从运营开始的每一天都要主动去招揽顾客。招揽顾客的方法有多种，如可以通过广告（电视、电台、报纸、传单、户外广

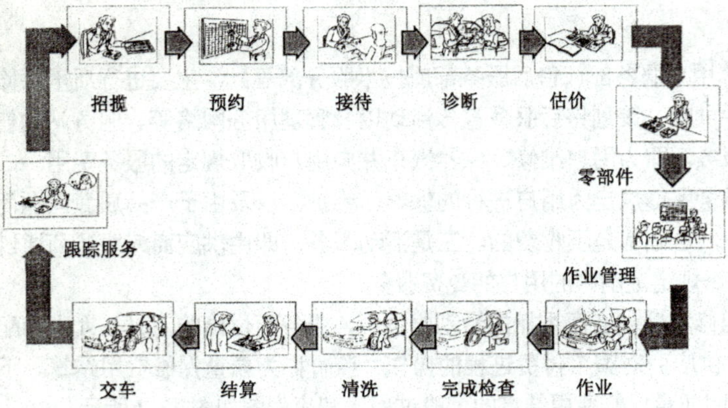

图 13-3　服务商售后服务工作流程图

告等）在社会上广泛宣传；也可以通过发信息、打电话对管理区用户进行招揽。以下方法是对管理区用户进行定期保养、年检保养的招揽活动，并结合售后服务流程给用户提供满意的服务。

与经销商合作得到用户购车档案→制作定期维护一览表→邀请函（邀请电话）→预约记录→来厂记录→未来店原因分析→改善方案。

（2）预约管理。特约维修站在顾客来店高峰期会出现以下情况：停车位和接待前台人满为患，顾客因等待而显得不高兴，一些顾客的服务要求被简化或被拒绝，服务过程中无法提供必要的附加服务，顾客觉得服务工作敷衍了事。因此，有必要对用户的预约进行管理。

预约管理是在接受用户预约时，根据特约维修站本身的作业容量定出具体作业时间，以保证作业效率，并均化每日工作量。涉及的内容有：电话邀请（根据用户车辆档案，当临近保养日期时，打电话提醒和邀请用户）；受理预约（当用户主动预约来站进行维修保养服务时，要及时受理）；确定预约来站日期；制作维修服务卡。

通过预约管理，顾客能够方便地在自己的日程表中安排维修的时间，可以减少等候的时间，能够受到更多个别的关照，使维修工作尽量能够在一天内完成，由于有更充分的时间用于诊断，因而能得到质量更好的服务。服务商也会从预约管理中受益，无论是服务人员还是设备都不会由于高峰期而过度劳损，前台接待员能够恰当地完成所有接待工作，在整个营业时间内能获得更高的生产效率，能够提前预计第二天的工作。

（3）接待用户。

① 顾客接待。迅速出迎问候顾客；引导顾客停车；引导用户前往接待前台。问候顾客是很重要的，可以从以下几个方面理解：首先，不要让顾客等待。人们都很不喜欢被忽视和不得不等候，所以顾客一来到后应立即与其打招呼，告诉顾客您会等他一会儿。提高接待响应时间的最佳办法就是在高峰接待时间设置一名专门的“迎接人员”（使用兼职人员、一般办公室人员、销售部或零件部员工都可）。“迎接人员”可以向顾客致以问候，为顾客端上一杯饮料，还可以向顾客了解一些大致的维修信息。“迎接人员 ”能够减轻那些高薪、有价值的前台接待员在这些琐事上的工作量。其次，一个微笑可以迅速建立起友善的关系，没有什么比表示出友善能够对接待顾客带来一个更好的开始。最后，表现出你很关注。你的顾客遇到了问题才来这儿。如果对顾客的问题你表现出真诚的关心，那么顾客可以很快地冷静下来，并对你和你的部门留下深刻的印象。

② 确认来意。记录用户陈述；明确用户需求，是定期保养（PM），还是一般修理（GR），或钣金、喷漆（B、P）。有两个原则要遵循，一是要仔细聆听，永远不要打断顾客。二是要提问，直到你确信你已经理解了。向顾客复述问题常常会有所帮助，然后让顾客说出：“是的，这正是我所遇到的问题”。如实记下顾客的陈述，用顾客的原话而不要按照你自己所理解意思记录（也许你会理解不清楚）。由于没有正确的记录下顾客的陈述、顾客自己的看法，技术人员常常抱怨不清楚送来的车辆究竟怎么了，这种不理解是造成返修的一个很重要的原因。

③ 受理车辆。陪同用户前往停车场，安装 CS 件（脚垫、方向盘套、座位套）；检查车辆外观（如损伤痕迹、凹陷等），一定要在用户陪同下进行并加以确认；检查车辆有无贵重物品，如有则交给用户保管；起动发动机，检查有无异响。

（4）问诊/诊断。前后过程为询问故障现象、故障再现确认、推测故障原因。某种品牌汽车特约销售服务店接车问诊表如表 13-2 所示。

表 13-2 接车问诊表

顾客对故障描述

顾客姓名		发动机编号	
车种		行驶里程	
车架号码		日期	
登记号		修理履历（次数）	1/2/3次以上

发生时间	•突然 •（ ）天前• （ ）
发动机状态	•冷机时 •热机时•其他（ ）
路面状态	•水泥路面 •路面条件差•砂土路面•上坡•下坡•海拔 •高速公路 •弯道（急/缓）•其他（ ）
行驶状态	•低速行驶 •减速时•加速时•高速时
天气	•雨•多云•晴•炎热•寒冷•湿度大•气温（ ）
发生时的使用状态	•行驶（ ）km后•乘车人数（ ） •行驶（ ）分钟后•停开（ ）个月后 •（ ）
发生频度	•经常•只有一次•有时每（ ）日/月一次
工作状态	•换挡（ ）挡→（ ）•挡•起动时 •空调（开/关）
其他	•洗车后•修理后 •（ ）
发生部位	•前座（右/左）•后座（右/中/左）

发生部位图		对故障声音的描述	

[钣金修理经历]（有/无）
（如有修理，修理部位）

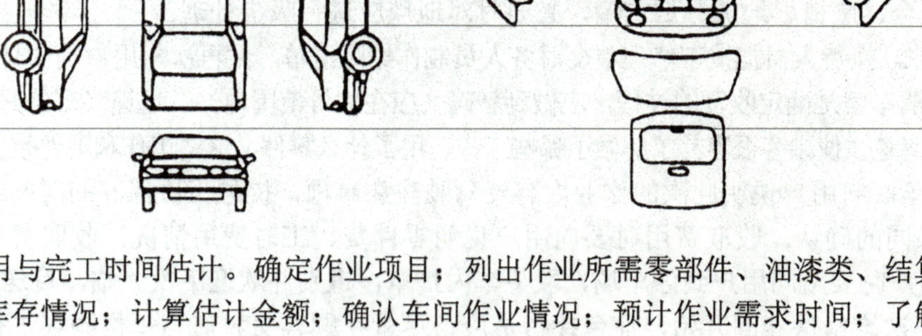

（5）费用与完工时间估计。确定作业项目；列出作业所需零部件、油漆类、结算工时费；确认所需零件库存情况；计算估计金额；确认车间作业情况；预计作业需求时间；了解用户需求的

取车时间，必要时调整作业计划。

确定作业项目的原则是越精确越好，因为修理指令是估算收费与所需时间、安排进度及向修理工分配工作的基础。估价的意义是为每位顾客提供一个估算范围，不给出估算可能会在结账时引起麻烦。当前台接待员有一本价格速查在手时，就比较容量进行估算。

（6）用户确认与说明交车程序。说明作业内容，估算费用，交车日期/时间；针对报价、交车时间征求用户意见；用户签字确认。说明交车时支付费用的方法（支票/现金/其他），明确用户是等候还是离店，对等候的用户说明休息室的位置或引导顾客到休息室内，对要离店的用户介绍店周围的道路及交通情况。在交车前制作完成新用户的用户档案。

（7）配件管理。填写零部件出库通知单，交零件部人员安排出库。对无库存的零部件必须向零部件部门及时确认到货日期；对在库待修车辆应根据预定到货日期安排作业；对无库存零部件而用户需要用车时，应请用户按预定到货日期预约来店；零部件到货日期不能保证交车日期时，必须事先与用户联系征求用户同意；必须每日检查，及时掌握零部件到货情况。

（8）维修作业管理。此项管理的目的是依照对顾客承诺的时间，合理安排与分配维修工单。当分配维修工单时应考虑时间、人员、设备这三个因素。内容涉及如下几项。

① 发出作业指示。选派合适的技术工人，指示作业内容及时间的要求，并分配维修工单。

② 确认作业进度。每日早、中、晚三次，准确跟踪修理工在每项工作上所用的时间，以确定修理车间的效率与生产率。必要时调整维修管理显示板、调整完工时间。

③ 控制完工时间。当某些项目变化时，要及时与用户联系，重新确认交车时间、作业内容、维修金额。完工时间延迟、作业内容追加时要及时与用户沟通，并征得用户的同意。

（9）修理保养作业。修理作业一般步骤：故障及车辆情况核实→明确作业内容→领取零部件→实施作业→记录故障原因、作业内容→签名确认。

在进行作业过程中，要注意对车身的保护，安装车身保护件（叶子板保护罩）。对于新产品上市以后首次发生、频繁发生、涉及安全、招致用户很大意见或修理费用很高的故障要填写质量信息报告。在本站首次出现或维修难度较大的项目要编写《故障实例集》，并在技术培训时讲解。

（10）完工检查。完检人员根据问诊表、接车修理单等，逐项核实确认（必要时试车）。检查有无遗留物品，如工具、资料等。完检后签名。完检过程发现有误或遗漏则马上返修，返修后务必重新全面检查。

质量控制的最佳方法就是在每个环节都有专人负责，并且将质量控制作为服务工作的一部分。可通过配置必要的工具与设备建立专门的质量控制区，为这一岗位配置一名完检技术人员，完检人员应就所有与安全、性能及排放相关的修理实行质量控制。这一方法能有效避免返修，确保所有要求的工作都已完成并发现附加工作（在质量控制阶段，修理人员及完检人员要检查所需的附加工作，然后将他的发现写在修理卡上交给前台接待员）。

（11）清洗车辆。包括外观清洗和内部清洗。前者即把车外洗干净，包括玻璃、轮毂、车窗；后者包括仪表台、座椅、地板、烟灰罐，必要时对地毯应进行吸尘处理。

（12）结账。接待人员把接车修理单交财务人员制作结账清单，并再次与用户确认交车时的付款方式。制作结账清单就是确定收费的过程，应做到精确（应在估价范围内）、迅速（车修好后结账清单也应准备好）、清楚（使顾客很容易了解做了哪些工作、用了什么零件、这些工作和零件收费是多少）。

（13）交车。向用户说明此次的作业内容及驾驶注意事项，提醒下次保养的时间或里程，并对修理结果作共同的确认。收取费用时要向用户说明零件费、工时费用情况，收取费用后要向用户致谢。送别用户时要陪同用户到停车场，取下车内护罩，道别并欢迎下次光临，目送用户离去。

交车是下次维修保养的开始，前台接待员应该尽量在顾客交款前与每位顾客进行个别交流。

和顾客一起审阅维修卡和结账单，向其解释维修情况与费用。对维修、保养中发现的新项目，应征求用户意见，尽量说服顾客继续对新增加项目进行维修。如顾客不同意此次维修，应尽量与顾客商定下次维修的时间，以便为顾客提供必要的附加服务。提醒顾客车辆下次保养时间。为使这次服务有一个好的、积极的结果，前台接待员应对顾客来店表示感谢，给顾客名片（如果接待期间没有给过顾客名片），如果顾客有任何疑问或需求都可直接与自己联系。当顾客付款时，财务人员不要试图就维修工作或收费做出解释，除了费用计算或付款方式，将所有其他问题转交给前台接待员。如果顾客表现有些不妥，立即通知前台接待员，由前台接待员与顾客进行询问解释。

（14）跟踪服务。维修完毕后，服务商应对用户进行跟踪服务。跟踪服务可以让顾客感觉到你很在乎他们是否满意，并可请顾客就改进您的工作提出意见。通常要制作跟踪管理表，交车一段时间（一般是一周）后打电话给用户，感谢用户并询问车辆情况及维修时间/费用是否满意，记录下用户的评价。跟踪服务发现问题时，必须及时反馈给接待人员、前台主管或服务经理进行处理。因作业有误，发生返修时必须优先处理。为提高用户满意度，应整理跟踪管理表并上报售后服务经理，针对存在的不足之处研究改善方案并进行改善。

13.2.7 售后服务管理

服务管理是做好售后服务工作的保障前提。售后服务管理同样涉及较多内容，这里分别从服务理念、售后服务网络的规划与建设管理、服务站的经营管理、售后服务管理机构的设置、售后服务的物流管理和信息管理等方面进行讨论。

1. 服务理念

服务理念其实是汽车企业的经营观念或营销观念在服务工作上的具体化。先进的营销观念必须要有先进的服务理念予以支撑，否则落后或不合适的服务理念将会贬损企业的营销观念。要充分看到，企业具有先进的营销观念，未必有先进的服务理念。如企业非常重视销售工作，非常注重产品开发和市场调查，也知道服务工作的重要性，但就是在具体的服务工作中总是差强人意。

先进的服务理念决不是各种响亮的口号，服务理念必须转化到各种具体的服务工作之中。然而，要做到这一点并非易事，既需要“和尚念经”式地不断重复、强调，耐心地讲那些浅显易懂的道理，潜移默化地提升全体服务人员的服务意识，又要制订严格的管理措施，将那些服务得好和服务得差的人员区别开来，奖罚分明。

当前，我国汽车企业的服务理念参差不齐，但总体上与广大汽车用户的期望尚有较大差距，与国内家电等行业的差距也很明显。汽车用户期待着汽车企业能够提供主动服务，并保持服务一贯性。

2. 售后服务网络的规划与管理

售后服务网络的规划与管理，系指汽车企业根据其营销战略和具体业务的需要，对其售后服务网点的布局、选建、撤并和优化的过程。

首先，汽车企业要根据其目标市场的营销需要，做好售后服务网点的布局规划，确定服务网点的规模（服务能力）、数量及其比例关系。对于传统目标市场，由于本企业的汽车保有数量较多，因而服务网点的数量要多一些，且要考虑不同规模网点的搭配，以便各司其职、相互协作、相互补充，而不是相互恶意竞争。随着汽车维修理念向着“立等修理”、“快修”、“零修”、“小修”、“换件修理”、“总成更换”等修理方式转变，售后服务网点的平均规模趋于缩小，网点数目趋于增加，要求售后服务网点尽量贴近市场、贴近用户。

对于企业拟开拓的新型目标市场，服务网点的建设必须先于产品的实际投放，以便支持市场开拓。但由于服务的业务量可能不大，因而网点的规模不宜太大，数量也不宜多。

其次，汽车企业要做好服务网点的选建工作。汽车企业对其售后服务网络体系进行规划之后，就要具体发展网点成员了，他们以各种规模的特约维修站为主。

汽车企业的售后服务管理部门在收到社会上的独立维修店（企业）的加盟申请书后，先审查其是否符合自己的售后服务网络体系布局发展规划。若符合，派专人按照事先制定的考评规范，对其进行全面考察、考评，考评通过并经由主管领导批准后，汽车企业的售后服务管理部门与加盟者签订建立特约维修站的合同。合同生效后，独立维修店（企业）便成为汽车企业的特约维修站，双方将各自履行自己的义务，并享有相应的权利。

最后，汽车企业要做好服务网点的年度管理，即对全部售后服务网络成员进行年度审查。年审的结果将作为对网点成员进行奖惩、升降级、撤并的依据，以保证全部售后服务网络体系的不断优化。各个汽车企业年度考评的内容大同小异，表13-3列出了这些主要考评项目。

表13-3　汽车企业特约维修站年度考评内容

序　号	项目内容	序　号	项目内容	序　号	项目内容
1	维修站组织机构	7	企业内部管理	9	配件处理
2	维修站外观/厂房/场地	7.1	业务接待	9.1	物料管理
3	工作环境	7.2	车间管理	9.2	配件经营管理
3.1	业务接待室	7.3	数据管理	9.3	仓库管理
3.2	修理车间	7.4	领导管理水平	10	广告宣传
3.3	用户休息室	8	索赔工作	11	信息反馈
4	用户调查和访问	8.1	索赔处理	12	档案资料
5	优质服务	8.2	索赔件回收	13	环境保护
6	人员培训	8.3	信息反馈	14	其他

对于年度检查评比的先进服务站通常要进行表彰奖励，汽车企业既可以给予现金奖励，也可以给予物质奖励，如奖励自行车、照相机、彩电、录像机、复印机、打字机、传真机、计算机等物品，以实物方式奖励有助于帮助服务站改善办公条件。

3. 服务站的建设管理

服务站产权独立，不属汽车主机企业，但汽车主机企业对服务站具有业务规划、指导与管理职能。特别是大多数品牌轿车企业的特约维修站，业务还具有排他性，主机企业对其特约维修站从外观建筑、布置，到室内设计、设备配置和经营管理等软件，都有着非常具体的规定，有着统一要求。

表13-4列出了某品牌轿车为其特约维修站制订的《建站模式规划手册》的主要内容。在每一项内容上，均提供了非常具体的规定，如对建筑物提供了立体彩色效果图、平面施工图等，对各种标识、箱、牌等提供了具体尺寸、图案，对组织、人员及其培训也提供了具体的机构设计、素质要求、培训日程及学习内容。总之，特约维修站只要筹措资金和组织施工即可，其余的所有问题都不用再操心了。

表13-4　某轿车特约维修站《建站模式规划手册》主要内容

序　号	项目内容	序　号	项目内容	序　号	项目内容
1	工程规划	2.4	标记牌	6	人员培训
1.1	总则	2.5	指路牌	6.1	培训须知
1.2	维修站规模功能	2.6	全国分布图	6.2	管理人员入学条件
1.3	工位定义	2.7	色谱	6.3	基础培训入学条件

续表

序号	项目内容	序号	项目内容	序号	项目内容
1.4	场地选择	3	工程规划审批与验收	6.4	人员培训计划
1.5	总平面规划	3.1	厂房建设程序	6.5	课程日程安排
1.6	建筑设计要素	3.2	竣工验收	7	工具与设备规划
1.7	业务大厅	4	计算机系统管理规划	7.1	定货流程
1.8	二楼的设置	4.1	人员准备	7.2	必备工具与设备
1.9	修理车间	4.2	计算机硬件准备	7.3	选配与购件
1.10	配件仓库	4.3	计算机软件准备	7.4	常用工具清单
1.11	拓展	4.4	其他准备	7.5	发动机专用工具
1.12	照明	4.5	培训	7.6	变速器专用工具
2	标记与标识	5	组织与人员规划	7.7	底盘专用工具
2.1	标识	5.1	人员与组织机构	7.8	本品牌专用工具
2.2	灯箱	5.2	组织机构	8	其他
2.3	蓝带墙	5.3	职位		附录

图 13-4 所示为法国雪铁龙公司服务站的外观形象示意图。

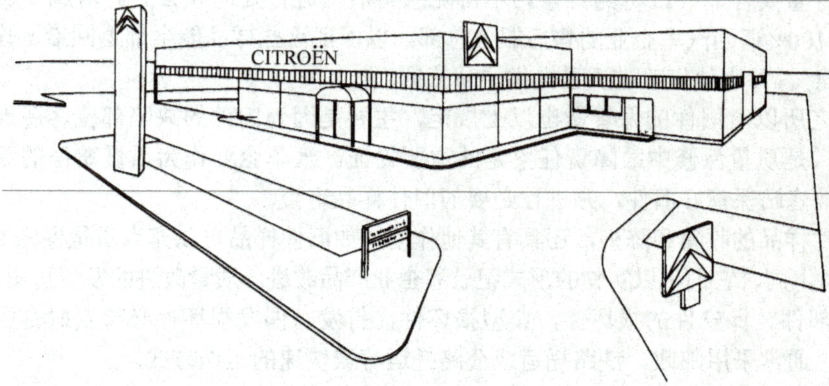

图 13-4 法国雪铁龙公司服务站的外观形象

4．售后服务管理部门的设置

汽车企业的售后服务管理体系一般包括三个层次，最高层次为主机企业营销部门内设立的售后服务管理总部，中间层次为主机企业在各地设立的营销分公司、子公司或办事处内的服务管理组 / 管理员，基层层次为特约服务站。三个层次各司其职，总部是全售后服务网络体系的心脏和发动机，统领各种管理职能，中间层次履行辅助管理职能，而特约服务站则具体承担各项服务工作。

售后服务全网络各个层次的机构设置，通常是按照职能专业化设置的，图 13-5 所示是雷诺汽车公司售后服务部的机构设置图，图 13-6 所示是大众轿车特约服务站的机构设置图。

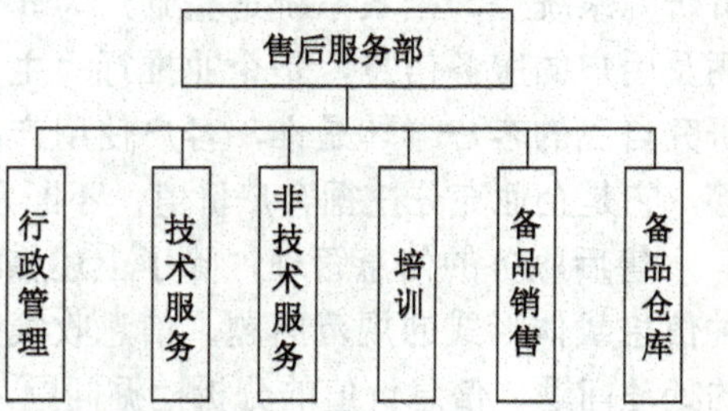

图 13-5 雷诺汽车公司售后服务部机构设置图

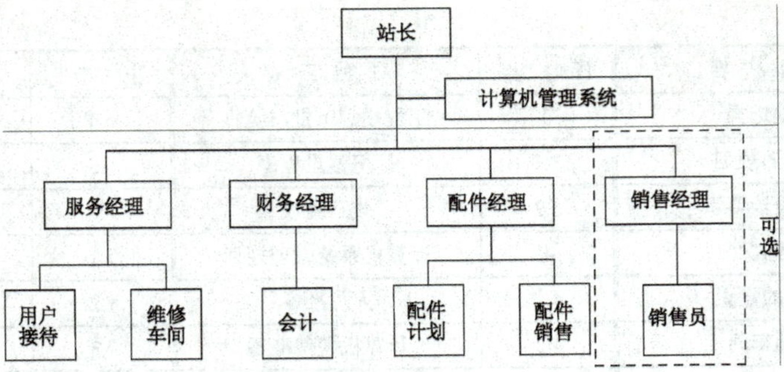

图 13-6 大众轿车特约服务站机构设置图

5. 售后服务的物流

售后服务的物流涉及备件物流和质量保修更换下来的旧件物流。备件物流的流向是从主机企业的备件仓库或地区分库，向特约服务站流动；而旧件物流的流向是从特约服务站，向主机企业进而向供应商（限协作配套件）流动。

关于备品管理，前面已经进行了比较充分的叙述，这里只对旧件的管理进行叙述。

汽车企业一般都规定，质量保修更换下来的旧件必须全部保存，进行严格的编号、挂标签，以便能很方便地找出和与赔偿单核对。除非经过售后服务部总部定期巡视人员的同意，批准销毁和指定寄回部分重要样品外，特约维修站不得随意将旧件进行处理和丢失。对属于协作、配套性质的旧件必须 100%返回汽车企业的售后服务总部，以保证这些样品能全部返回给协作、配套厂家进行“二次索赔”，并为他们改进质量提供样品依据。

汽车企业之所以对旧件的保管做出以上规定，主要是因为旧件的缺陷部位客观地记录着零部件损坏的原因，是质量保修中故障责任鉴定的重要物证。汽车企业作为质量赔偿的承担者，自然有权要求特约维修站保管好旧件，并进行必要的旧件样品审查。

当然，旧件样品的收集和陈列，还具有其他作用，如旧件样品可以充当质量保修专业人员技术培训的实物教材，同时它们也以实物的形式记录着企业产品改进、质量改进的发展历史。

对于重要部件、保安件的损坏件，典型损坏件，首发、偶发损坏件必须及时寄回汽车厂家的售后服务总部，通常采用邮政、铁路托运或公路托运等较快速的运送方式。

6. 售后服务的信息管理

售后服务的各个工作环节都凝聚着大量信息，这些信息是企业的宝贵资源。售后服务的信息管理，除了前述的质量保修信息管理、备件经营的信息管理外，还有一个十分重要的领域，那就是车辆用户信息管理。

车辆用户信息管理系统，应当包括车辆用户档案系统、车辆用户服务跟踪系统、车辆用户分析研究系统等。档案系统是基础，为其他系统提供原始翔实的数据；服务跟踪系统记录着在用车辆及用户的服务信息，是企业推行“主动服务”不可或缺的助手；而分析研究系统可以帮助企业研究自己的客户群体是谁，客户使用产品和购买产品的特点如何，客户何时将产生新的需求，等等，它是企业充分挖掘客户价值，不断发现新商机的秘密武器。

售后服务的信息管理，除了上述借助计算机进行管理外，还应包含更广泛的含义。例如，各种信息载体形式的规范问题、信息收集的固定机制问题、信息传递的畅通性问题、信息去伪存真的处理问题、信息价值的分析挖掘问题，等等，都需要科学管理。

本节对汽车产品的售后服务策略，进行了较为全面的讨论。最后尚需说明的是，售后服务工作并没有一个现成的样板和模式去学习或模仿，也不是一成不变的，它必须顺应潮流，与时俱进，不断创新，只有这样才能保持售后服务的活力。

【文摘 13.1】

日本汽车售后服务市场浅析

国外汽车服务贸易体系对中国这一潜力巨大的市场觊觎已久，而我国的业界人士对国外的汽车服务贸易体系却知之甚少。在即将加入 WTO 之际，中国汽车售后服务体系考察团对日本的汽车售后服务体系进行了考察。考察团认为，日本汽车售后服务体系的做法更接近和适用于我国市场，也更易被我国消费者所接受。

日本汽车销售体系经历了几次变革，但系列化销售一直延续至今，形成了日本独特的销售体制——排他性系列销售体制。销售体系以代理商制度为主，销售体制中生产厂家占主导地位，生产厂家结合地方势力建立全国经销网络。经销网络由公司、地区分部、经销总店和分店组成。总店和分店负责销售汽车，地区分部负责全国合同执行过程的协调。每一地区建有车库和配件库存场所，统一存货，统一定货。每一分店均是四位一体，负责新旧车销售、维修和配件供应。

日本整车销售、维修服务、备件供应三位一体的销售模式被公认是一条行之有效的销售模式。考察团这次考察走访的 7 个汽车公司，基本上都是集整车销售、备件供应、维修服务于一体。汽车经销商都是围绕某一产品的专销、专修、备件专供的品牌专卖店，按产品在全国构成专业网，给用户提供了极大方便。

日本汽车行业的售后服务机构一般由经销商来设置，与生产企业没有直接关系。这与我国汽车产品售后服务网点一般均由生产企业直接设置和管理，且大多为特约或关系户的情况截然不同。日本汽车售后服务的基本特点有：销售体制中生产厂家占主导地位，销售及售后服务工作由经销商来做，汽车制造公司只负责产品开发和生产；新车销售方面具有排他性，而旧车销售所有厂家的车型都可以接受和销售；技术中心除负责全面为经销点培养维修技术人员外，还负责培训教材和维修服务手册的编写，以给各经销商和客户使用，同时为经销商提供工具设备，对管理的模式化、办公自动化等提供帮助；配件价格全国统一，其中主要部件自给，保证了配件质量又降低了成本；有一支规范的、高素质的经销商队伍，对经销商有严格的考证制度。

售后服务是竞争的重要手段，用户是市场战略的核心。日本汽车生产企业把向客户提供优良服务当作参与竞争的一种重要手段，因此，投入大量人力、物力培养人才、提高技术。每个公司都有自己相当规模的服务培训中心，为代理商及其服务网点培训人才、提供有力的技术支持。在日趋激烈的市场竞争中，产品性能使用户难以挑剔，而销售渠道的建设、灵活售车、全天候尽善尽美的服务则是竞争的重要手段，要做到最大限度地吸引用户。

以丰田公司为例。丰田产品的销售和服务工作全由经销商来做，经销商经常举行各种促销活动，组织用户试开新车，其费用均由经销商承担。丰田公司在全国共有 5000 多个经销商（维修站），分别隶属 33 个销售中心。日本的维修站都销售汽车，销售是其主要功能。销售大厅面临大街，大厅内错落有序地停放着各种展车，休息洽谈区内布置简洁明快，墙上没有任何宣传和广告，绝无豪华浮夸的装饰，给人一种温馨亲切的感觉。墙上的工作卡板将整个服务工作的情况清楚地显示在客户和管理人员的前面，其中约 80%的客户是通过预约来确定时间，这一点目前在我们国内还无法做到。

满意的售后服务是最难做到的，丰田的宗旨是“做用户还没想到的”。为此，他们制定了服务行动“亲切、切实、快速、合理”四个标准，要求所有的经销商都按丰田的要求和标准去做。经销商（维修站）对每一位客户都制订了用户档案（以牌照号自动编排），在每次修理之后定期和用户联系，以获取各种信息。

值得注意的是丰田公司对配件的做法。丰田公司设有 5 个零部件中心，负责丰田汽车 40 万种零部件国内外的供应。中心在接到订单后一天内可将配件送到国内各地，其供货率在 95%以上。各个经销商、维修站每天都能订货 4 次。虽然丰田汽车零部件品种繁多，但维修站的仓库却小得不可思议。另外配件的货款支付可以在 50 天内完成，这对资金周转和减少库存都是极为有利的。配件价格全国统一，价格由厂方和经销商协商确定，避免了相互之间的恶性竞争。

丰田公司零件中心共 5 个，半径在 30 千米范围内。除一个物流中心专门负责向全世界 100 多个国家地区发送出口零部件外，其他 4 个都按不同品种进行分工，专门从配套的零件生产厂进货，向维修点和销售点发货。中心管理人员根据用户，主要是零件商、修理厂提出的要求迅速通知仓库备货发货，同时汇总向有关的零件生产厂家提出订货。生产厂家在接到零件中心订货后向零件中心发货，所有这些活动每天进行数次，选择最佳的批量以最大限度地减少库存，降低资金占用，做到决不让货单滞留。管理人员为使进货入库作业均衡化，编制进货表和送货表标明在墙板上。零件的进货与发货都要看板，每天有数十次专用车进货和发货，进货发货的车都是按板上预定时间、预定地点（货位）到达或发出，包括装卸货时间，精确度在一个小时内。仓库的自动化程度很高，无人驾驶的库内货运车到处可见。整个零件中心像一台自动化程度很高的机器，按照设计好的程序在按部就班、有条不紊地正常运转。

【文摘 13.2】

我国汽车的售后服务的浅议

一、引言

随着我国居民生活水平的不断提高，汽车这一昔日的奢侈品目前已进入千家万户。预计未来五年中国汽车保有量将保持 20%—30%的年增长速度，2010 年 3100—3315 万辆，2015 年 4435—4719 万辆。随着我国汽车保有量的急剧增加，给汽车售后服务业带来了极大的商机，假如把整车销售作为汽车市场的“前市场”，那么维修保养、配件供给、汽车美容、汽车改装等服务都可以称为是汽车“后市场”。在利益驱动下，市场竞争已经从“前市场” 转移到售后服务竞争，甚至汽车售后服务业已成为商家赢得市场的关键。但我国的汽车售后服务水平与国外相比还处于初级阶段，从法律法规、经济模式到服务理念、品牌创造都存在巨大差异。面对与国外企业的强烈竞争，我国的汽车售后服务业必须对国外先进的服务体系进行研究和学习，吸取现有成功案例的经验，不断改进和完善，建立起一套健康、可持续发展的服务体系，才能使我国的汽车售后服务业在巨大的商机中得以更加辉煌的发展。

二、我国汽车售后服务的现状与分析

2007 中国汽车售后服务满足度调研报告显示，售后服务普遍存在不规范的竞争，将严重制约中国汽车行业的健康发展。93%的被调查者对“多次返修率”不满足；56%的被调查者担心，4S 店或特约经销商在维修过程中“偷工减料”，提供劣质配件；51%的被调查者认为，服务观点淡薄是 4S 店或特约经销商存在的比较普遍的问题；68%的被调查者认为，顾客的反馈信息并未得到满足回应或解决；73%的被调查者表示，质量保修期后会选择社会修理厂；但是，对社会修理厂的维修质量表示担心的被调查者竟达 62%。很多消费者称售后服务的消费太高。因此消费者实际接受服务的代价是：高昂的工时费及不规范的零部件。

1．标准和法规体系不完善

为发展国内汽车工业，政府及相关的部门出台了各项法规政策来推进汽车工业的发展，但相对于汽车制造业来说，汽车售后服务的发展明显滞后。长期以来，汽车售后服务业没有统一的服务标准和行业规范，在一定程度上造成了从事汽车售后服务业的服务水平低下，以及企业治理水平参差不齐，难以满足消费者需求。

2．售后服务理念淡薄

在我国，汽车售后服务企业自身的服务意识是相对落后的，国外售后服务的立足点是提高保质期，保证正常使用期，推行“保姆式”售后服务，而我国的售后服务的口号是：“坏了保证修理”，许多工作人员在利益的驱动下，不是想方设法解决疑难问题，而是诱导顾客更换不必要换的零配件，从而增加消费者的使用成本。国外售后服务的项目多，咨询服务、对客户进行技术培训、配件供给、维修、保养是一条龙，国内则是维修服务单一；国外服务连锁化、网络化，而我国目前还处于单个企业独立经营，连锁、网络还处于喊口号阶段。

3．不重视信息反馈

目前流行的汽车销售方式是 4S 专卖店，也就是集“整车销售”、“零部件供给”、“修理”、“信息反馈”四大功能于一件。信息是决策的基础，信息越具体，决策就越有“底气”。4S 店处于市场竞争的最前线，天天直接接触用户，把握着市场的每一个细微变化。在技术上，4S 店天天都要接待用户进行检查、保养、维修、索赔，等等，这些

信息对改进产品具有极大的价值。虽然现在的汽车 4S 店或汽车经销商也知道收集顾客的信息反馈，但顾客的反馈信息最终并未得到满足回应或解决。客户回访只是表面的一种形式，真正做到及时回访，认真做回访记录，建立客户档案的并不多。顾客的信息得不到及时的反馈，不能让顾客满足，也不能为公司的竞争及战略决策提供依据。

4．汽车零配件价格高，质量不稳定

随着轿车保有量的不断扩大，为配件和服务市场的发展提供了基础，也给大量的假冒配件企业和低质修理厂提供了生存空间。在大量关于汽车维修的投诉中，零配件的质量问题和零配件的价格不合理的案例较多。目前中国的零配件比较突出的问题是“劣质件”。客观地说，国家没有出台全面具体的零配件质量标准，也是劣质零配件问题长期以来难以解决的重要原因，除了 43 类与安全直接相关的核心零配件有国家质量标准，其他数以千计的零配件都无标准可依，质量很不稳定。

三、提高汽车售后服务质量的对策

结合现在汽车 4S 店或汽车经销商在售后服务方面所存在的问题，汽车 4S 店或汽车经销商针对自身的不足，尽量做到以下几点。

1．规范服务标准

目前，市场上的汽车品牌和汽车型号林林总总，种类繁多，加之售后服务本身也有很多种类，造成了汽车售后服务方式方法千差万别，服务质量也难以保证。因此，世界上的汽车生产商和消费大国通常是依靠制定国家强制性汽车售后服务标准，或者由该国行业协会出台汽车售后服务行业的行业规则，以规范汽车售后服务行业的活动。不仅如此，一些有实力的汽车售后服务企业纷纷选择通过国际 ISO 标准认证，将售后服务的标准化作为卖点，以吸引消费者。从汽车售后服务的发展态势来说，符合服务标准的服务企业将逐渐壮大，而不规范的服务企业将逐渐退出服务市场。

2．提高服务人员整体素质

随着科学技术的进步，汽车科技的发展也不断深入，顺理成章地各汽车 4S 店或汽车二级维修企业也都相应地配置了各种先进的诊断仪器、设备和工具，尤其针对品牌车型检验的专用计算机检测设备也都逐渐引进。但是国内汽车售后服务业的从业人员相当一部分来源于原国企车队的维修人员，年龄偏大，知识结构老化，对汽车新技术的把握以及先进诊断仪器设备的使用都比较困难；另一部分来自于新设的 4S 店服务人员，人才结构参差不齐，有的人员知识结构不合理，制约了汽车售后服务业的快速发展。提高汽车售后服务工作人员的整体素质，就要对整个售后行业进行全面、系统的培训。进行专业技能培训和提升顾客满足度的培训，主要是培训处理汽车故障的技术方法以及客户服务的处理原则、程序和技巧。同时聘请行业专家，定期对员工进行维修技术和提升顾客满足度的培训和考核，每一位工作人员经过严格的考核后，方能上岗。此外，工作人员的整体素质也应予以提高，无论是工作着装还是语言规范，都要经过专业的培训。只有这样才能在顾客心目中留下深刻的印象，使售后服务达到专业化水准。

3．发展连锁经营

国内汽车售后服务行业的现状有目共睹，路边小店、各种资质的维修企业、汽车 4S 专营店多种形式共存，没有形成经营规模，店与店之间低价竞争、互相拆台，严重的无序经营影响着这个领域竞争力的形成。同时国外服务业的进入，由于其强大的资金支持和先进的经营理念，会对国内的售后服务市场形成相当大的冲击。

在国外，汽车售后市场大多是以连锁方式运行的，它所带来的利润回报率也要比卖整车高。不管以国外经验还是国内现状看，连锁经营都是国内汽车售后服务经营者日后发展的必经之路。如全球最大汽车快修连锁企业美国 AC 德科公司日前也公布，未来三年内，将在华东地区发展 200 家以上的汽车快修连锁店，成为华东汽车快修“大哥大”。汽车售后服务连锁经营的优势在于，可以使加盟连锁的经营者在不需要大量资金的情况下很快拓展自己的业务体系，同时可以使加盟商在缺少行业经验的情况下，降低风险投资，顺利解决创业过程中的很多问题，能在创业之初就顺利地以成熟的面貌开始经营。

4．开展全方面的网络服务

建设与客户之间的交互平台，实时、互动、全面、客观才能为企业带来更多的机会，它也将成为同行业中一种主要的竞争手段。网络服务提供项目内容可以有：24 小时紧急抢修；新旧车置换服务；故障拖车服务；车辆代办年审和年审告知服务；车辆交通事故修复理赔服务；车辆保养维护、美容等。同时还可在网站中详细列出公司的部分或全部配件，对每一种配件做出具体的描述，包括图片、生产厂家、规格、价格等全部属性，客户也可以对自己需要的产品进行查看、定购，有问题也可以咨询或发表对产品使用后的意见。同样，企业可以根据客户对某种产品反馈的意见进行整理，对自己的产品系列可以适当地调整。

5．严格控制零部件的质量和成本

在我国汽车售后服务市场上，由于目前的中国的零配件供给市场日趋活跃，尤其是修理、更换配件方面，主要流通着“进口产品”、包括合资企业生产的“国产品”以及“仿制品”。在产品质量方面，“仿制品”零配件的价格和费用虽低，但是供给的配件质量较差，实际上是高价供给源，这种劣质产品不但会严重影响修车质量和企业信誉，还可能给社会造成极大的危害，因此产品质量要考虑的因素除了包括产品本身是不是符合企业的要求、耐用性、废品率等情况外，假如是生产制造商还要了解供给商是不是具有设计和制造产品的经验和资质，假如是批发零售商需要调查有没有提供相类似产品的经验、供给商的态度是否积极等评价标准。另外价格和费用方面，不同来源的汽车零配件价格相差幅度很大，进口件和国产件有时相差几倍，甚至十几倍都有。因此，在采购之前，采购人员应事先调查市场价格，不可凭供给商片面之词，误入圈套。假如没有相同商品的市价可查，应参考类似商品的市价。有时候采购商会放弃与提供极低价格的大批发商的合作，而选择不愿意提供极低价格的制造商或生产厂商合作，因为通常制造商通常在产品质量、货源保证、售后服务、促销活动及其他赞助上会有更多的营销费用支持。

四、结束语

许多商家面对大好形势而踌躇满志的同时，却又对汽车市场势将加剧的竞争表现得忧心忡忡，如何在竞争中脱颖而出，继续“生存和发展”已成了关注的热点问题。解决问题的核心在于通过将先进的服务模式与企业原有的销售模式相融合，真正将“客户为中心”的理念贯彻到具体的服务环节当中，使其可以全面提升企业服务能力，从而达到强化核心竞争力和击败竞争对手的目的。通过树立“以用户为中心”的服务理念，规范企业的服务行为，提升企业的服务能力，并通过实时监控服务进程和对一线数据的分析与挖掘，为企业决策提供依据，为用户提供高品质，专业化的服务。我们必须清醒地认识到，对汽车售后服务行业，建立健全的治理机制，也已经是责无旁贷、刻不容缓了。

分析与思考

1．服务的含义是什么？服务有哪些特征？

2．服务营销的组合要素包括哪些？

3．顾客通常从哪些方面评价服务质量？

4．如何准确理解汽车的售后服务内涵？

5．汽车的售后服务内容应包括哪些？

课程实践

1．目标

了解服务与服务营销和掌握汽车的售后服务内容和流程。

2．内容

前往本市汽车城或汽车销售公司的 4S 店，参观和了解其汽车售后服务的内容和流程，或作为顾客体验汽车 4S 店的服务，并撰写体验报告。

3．要点及注意事项

参观与体验要注意遵守汽车 4S 店的管理和指导，尽量减少对其正常业务的影响，并注意各种安全事项。

第 14 章　汽车网络营销与电子商务

学习目标与要求

1. 了解网络营销系统的组成及功能。
2. 掌握企业网络营销站点的规划方法。
3. 了解电子商务的功能与分类。
4. 掌握汽车企业电子商务的策略。
5. 了解我国汽车营销电子商务存在的问题，掌握相应的对策。

14.1　汽车网络营销

网络营销的发展是伴随信息技术的发展而发展的。目前信息技术的发展，特别是通信技术的发展，促使互联网形成辐射面更广、交互性更强的新型媒体，它不再局限于传统的广播电视等媒体的单向性传播，而且还可以与媒体的接收者进行实时的交互式沟通和联系。网络营销的效益是使用网络的人数随着入网用户成倍增加，网络的效益也随之以更大的指数成倍增加。美国调研机构 Royal Pingdom 对 2010 年全球互联网发展状况进行的总结报告显示，截至 2010 年 6 月，全球网民数量约为 19.7 亿人。根据中国互联网络信息中心（CNNIC）最新发布的数据，截至 2010 年底，我国网民数量达到约 4.57 亿人，互联网普及率攀升至约 34.3%。根据 DCCI 互联网数据中心的预测，随着 WEB2.0 时代的到来，随后三年我国网民的规模将达约 7.18 亿人，网民渗透率过半，达约 52.7%。随着中国网民的快速增长，互联网应用将进一步深化并普及，更多的经济活动正在加速步入互联网时代，从而带来整个社会的网络化。而高网民渗透率也将成为网络消费发展的坚实基础。据专家分析，用户一旦成为网民，则在信息获取、娱乐以及消费等方面都非常依赖互联网。到时我国的网上市场将步入良性循环轨道，成为一个新兴的有魅力的潜力巨大的市场。因此，如何在如此潜力巨大市场上开展网络营销，占领新兴市场，对企业来说既是机遇又是挑战，因为网络市场发展速度非常迅猛，机会稍纵即逝。

14.1.1 网络营销理论

网络营销是以互联网络为媒体，以新的方式、方法和理念实施的营销活动，它可更有效地促成个人和组织交易活动的实现。网络营销在国外有许多翻译，比较习惯和采用的翻译方法是 e-Marketing，e 表示是电子化、信息化、网络化涵义，既简洁又直观明了，而且与电子商务（e-Business）、电子虚拟市场（e-Market）等进行对应。

1. 网络直复营销理论

根据美国直复营销协会（ADMA）为直复营销下的定义，直复营销是一种为了在任何地方产生可度量的反应和（或）达成交易而使用一种或多种广告媒体的相互作用的市场营销体系。网络作为一种交互式的可以双向沟通的渠道和媒体，它可以很方便地在企业与顾客之间架起桥梁，顾客可以直接通过网络订货和付款，企业可以通过网络接收订单、安排生产，直接将产品送给顾客。基于互联网的直复营销将更加吻合直复营销的理念。这表现在以下四个方面。

（1）直复营销作为一种相互作用的体系，特别强调直复营销者与目标顾客之间的“双向信息交流”，以克服传统市场营销中的“单向信息交流”方式的营销者与顾客之间无法沟通的致命弱点。互联网作为开放、自由双向式的信息沟通网络，企业与顾客之间可以实现直接的一对一的信息交流和直接沟通，企业可以根据目标顾客的需求进行生产和营销决策，在最大限度满足顾客需求的同时，提高营销决策的效率和效用。

（2）直复营销活动的关键是为每个目标顾客提供直接向营销人员反应的渠道，企业可以凭借顾客反应找出不足，为下一次直复营销活动作好准备。互联网的方便、快捷性使得顾客可以方便地通过互联网直接向企业提出建议和购买需求，也可以直接通过互联网获取售后服务。企业也可以从顾客的建议、需求和要求的服务中，找出企业的不足，按照顾客的需求进行经营管理，减少营销费用。

（3）直复营销活动中，强调在任何时间、任何地点都可以实现企业与顾客的“信息双向交流”。互联网的全球性和持续性的特性，使得顾客可以在任何时间、任何地点直接向企业提出要求和反映问题，企业也可以利用互联网实现低成本的跨越空间和突破时间限制与顾客的双向交流，这是因为利用互联网可以自动地全天候提供网上信息沟通交流工具，顾客可以根据自己的时间安排任意上网获取信息。

（4）直复营销活动最重要的特性是直复营销活动的效果是可测定的。互联网作为最直接的简单沟通工具，可以很方便为企业与顾客进行交易时提供沟通支持和交易实现平台，通过数据库技术和网络控制技术，企业可以很方便地处理每一个顾客的订单和需求，而不用管顾客的规模大小、购买量的多少，这是因为互联网的沟通费用和信息处理成本非常低廉。因此，通过互联网可以实现以最低成本最大限度地满足顾客需求，同时了解顾客需求，细分目标市场，提高营销效率和效用。

网络营销作为一种有效的直复营销策略，说明网络营销的可测试性、可度量性、可评价性和可控制性。因此，利用网络营销这一特性，可以大大改进营销决策的效率和营销执行的效用。有关网络直复营销理论的应用将在后面的网络营销渠道策略中进行详细介绍。

2. 网络关系营销理论

关系营销是 1990 年以来受到重视的营销理论，它主要包括两个基本点：首先，在宏观上认识到市场营销会对范围很广的一系列领域产生影响，包括顾客市场、劳动力市场、供应市场、内部市场、相关者市场，以及影响者市场（政府、金融市场）；在微观上，认识到企业与顾客的关系不断变化，市场营销的核心应从过去的简单的一次性的交易关系转变到注重保持长期的关系上来。企业是社会经济大系统中的一个子系统，企业的营销目标要受到众多外在因素的影响，企业的营销活动是一个与消费者、竞争者、供应商、分销商、政府机构和社会组织发生相互作用的过程，正确理解这些个人与组织的关系是企业营销的核心，也是企业成败的关键。

关系营销的核心是保持顾客，为顾客提供高度满意的产品和服务价值，通过加强与顾客的联系，提供有效的顾客服务，保持与顾客的长期关系。并在与顾客保持长期的关系的基础上开展营销活动，实现企业的营销目标。实施关系营销并不是以损伤企业利益为代价的，根据研究，争取一个新顾客的营销费用是老顾客费用的五倍，因此加强与顾客关系并建立顾客的忠诚度，是可以为企业带来长远的利益的，它提倡的是企业与顾客双赢策略。互联网作为一种有效的双向沟通渠道，企业与顾客之间可以实现低费用成本的沟通和交流，它为企业与顾客建立长期关系提供有效的保障。这是因为，首先，利用互联网企业可以直接接收顾客的订单，顾客可以直接提出自己的个性化的需求。企业根据顾客的个性化需求利用柔性化的生产技术最大限度满足顾客的需求，为顾客在消费产品和服务时创造更多的价值。企业也可以从顾客的需求中了解市场、细分市场和锁定市场，最大限度降低营销费用，提高对市场的反应速度。其次，利用互联网企业可以更好地为顾客提供服务和与顾客保持联系。互联网的不受时间和空间限制的特性能最大限度方便顾客与企业进行沟通，顾客可以借助互联网在最短时间内以简便方式获得企业的服务。同时，通过互联网交易企业可以实现对整个从产品质量、服务质量到交易服务等过程的全程质量的控制。

另一方面，通过互联网企业还可以实现与企业相关的企业和组织建立关系，实现双赢发展。互联网作为最廉价的沟通渠道，它能以低廉成本帮助企业与企业的供应商、分销商等建立协作伙伴关系。如前面案例中的联想电脑公司，通过建立电子商务系统和管理信息系统实现与分销商的信息共享，降低库存成本和交易费用，同时密切双方的合作关系。有关网络关系理论的应用将在后面网络营销服务策略中进行详细介绍。

3．网络软营销理论

软营销理论是针对工业经济时代的以大规模生产为主要特征的“强势营销”提出的新理论，它强调企业进行市场营销活动的同时必须尊重消费者的感受和体念，让消费者能舒服地主动接受企业的营销活动。传统营销活动中最能体现强势营销特征的是两种促销手段：传统广告和人员推销。在传统广告中，消费者常常是被迫地被动地接受广告信息的“轰炸”，它的目标是通过不断的信息灌输方式在消费者心中留下深刻的印象，至于消费者是否愿意接受需要不需要则不考虑；在人员推销中，推销人员根本不考虑被推销对象是否愿意和需要，只是根据推销人员自己的判断强行展开推销活动。

在互联网上，由于信息交流是自由、平等、开放和交互，强调的是相互尊重和沟通，网上使用者比较注重个人体验和隐私保护。因此，企业采用传统的强势营销手段在互联网上展开营销活动势必适得其反，如美国著名 AOL 公司曾经对其用户强行发送 E-mail 广告，结果招致用户的一致反对，许多用户约定同时给 AOL 公司服务器发送 E-mail 进行报复，结果使得 AOL 的 E-mail 邮件服务器处于瘫痪状态，最后不得不道歉平息众怒。网络软营销恰好是从消费者的体验和需求出发，采取拉式策略吸引消费者关注企业来达到营销效果。在互联网上开展网络营销活动，特别是促销活动一定要遵循一定的网络虚拟社区形成规则，有的也称为“网络礼仪（Netiquette）”。网络软营销就是在遵循网络礼仪规则的基础上巧妙运用，以求达到一种微妙的营销效果。

4. 网络整合营销理论

在当前的后工业化社会中，第三产业中服务业的发展是经济主要的增长点，传统的以制造为主的正向服务型发展，新型的服务业如金融、通信、交通等产业如日中天。后工业社会要求企业的发展必须以服务为主，必须以顾客为中心，为顾客提供适时、适地、适情的服务，最大程度上满足顾客需求。互联网络作为跨时空传输的“超导体”媒体，可以在顾客所在地提供及时的服务，同时互联网络的交互性可以了解顾客需求并提供针对性的响应，因此互联网络可以说是消费者时代中最具魅力的营销工具。

互联网络对市场营销的作用，可以通过对 4PS（产品/服务、价格、分销、促销）结合发挥重要作用。利用互联网络传统的 4PS 营销组合可以更好地与以顾客为中心的 4CS（顾客、成本、方便、沟通）相结合。

（1）产品和服务以顾客为中心。由于互联网络具有很好的互动性和引导性，用户通过互联网络在企业的引导下对产品或服务进行选择或提出具体要求，企业可以根据顾客的选择和要求及时进行生产并提供及时服务，使得顾客跨时空得到所要求的产品和服务；另外，企业还可以及时了解顾客需求，并根据顾客要求组织及时生产和销售，提高企业的生产效益和营销效率。如美国 PC 销售公司 Dell 公司，在 1995 年还是亏损的，但在 1996 年，它们通过互联网络来销售计算机，业绩得到 100%增长，由于顾客通过互联网络，可以在公司设计的主页上进行选择和组合计算机，公司的生产部门马上根据要求组织生产，并通过邮政公司寄送，因此公司可以实现零库存生产，特别是在计算机部件价格急剧下降的年代，零库存不但可以降低库存成本，还可以避免因高价进货带来的损失。

（2）以顾客能接受的成本定价。传统的以生产成本为基准的定价在以市场为导向的营销中是必须摒弃的。新型的价格应是以顾客能接受的成本来定价，并依据该成本来组织生产和销售。企业以顾客为中心定价，必须测定市场中顾客的需求以及对价格认同的标准，否则以顾客接受成本来定价是空中楼阁。企业在互联网络上则可以很容易实现，顾客可以通过互联网络提出接受的成本，企业根据顾客的成本提供柔性的产品设计和生产方案供用户选择，直到顾客认同确认后再组织生产和销售，所有这一切都是顾客在公司的服务程序的导引下完成的，并不需要专门的服务人员，因此成本也极其低廉。目前，美国的通用汽车公司允许顾客在互联网络上，通过公司的有关导引系统自己设计和组装满足自己需要的汽车，用户首先确定接受价格的标准，然后系统根据价格的限定从中显示满足要求式样的汽车，用户还可以进行适当的修改，公司最终生产的产品恰好能满足顾客对价格和性能的要求。

（3）产品的分销以方便顾客为主。网络营销是一对一的分销渠道，是跨时空进行销售的，顾客可以随时随地利用互联网络订货和购买产品。以法国钢铁制造商犹齐诺—洛林公司为例，该公司创立于 8 年前，因为采用了电子邮件和世界范围的订货系统，从而把加工时间从 15 天缩短到 24 小时。目前，该公司正在使用互联网络，以提供比对手更好、更快的服务。该公司通过内部网与汽车制造商建立联系，从而能在对方提出需求后及时把钢材送到对方的生产线上。

（4）压迫式促销转向加强与顾客沟通和联系。传统的促销是企业为主体，通过一定的媒体或工具对顾客进行压迫式的促销来加强顾客对公司和产品的接受度和忠诚度，顾客是被动的和接受的，缺乏与顾客的沟通和联系，同时公司的促销成本很高。互联网络上的营销是一对一和交互式的，顾客可以参与到公司的营销活动中来，因此互联网络更能加强与顾客的沟通和联系，更能了解顾客和需求，更易引起顾客的认同。美国的新型明星公司雅虎（Yahoo！）公司，该公司开发一个能在互联网络上对信息分类检索的工具，由于该产品具有很强交互性，用户可以将自己认为重要的分类信息提供给雅虎公司，雅虎公司马上将该分类信息加入产品中供其他用户使用，因此不用做宣传其产品就广为人知，并且在短短两年之内公司的股票市场价值达几十亿美元，增长几百倍之多。

14.1.2 网络营销的内容

网络营销作为新的营销方式和营销手段实现企业营销目标，它的内容非常丰富。一方面，网络营销要针对新兴的网上虚拟市场，及时了解和把握网上虚拟市场的消费者特征和消费者行为模式的变化，为企业在网上虚拟市场进行营销活动提供可靠的数据分析和营销依据。另一方面，网络营销在网上开展营销活动来实现企业目标，而网络具有传统渠道和媒体所不具备的独特的特点：信息交流自由、开放和平等，而且信息交流费用非常低廉，信息交流渠道既直接又高效，因此在网上开展营销活动，必须改变传统的一些营销手段和方式。网络营销作为在 Internet 上进行营销活动，它的基本营销目的和营销工具是一致的，只不过在实施和操作过程中与传统方式有着很大区别。

1. 网上市场调查

主要利用 Internet 的交互式的信息沟通渠道来实施调查活动。它包括直接在网上通过问卷进行调查，还可以通过网络来收集市场调查中需要的一些二手资料。利用网上调查工具，可以提高调查效率和调查效果。Internet 作为信息交流渠道，它成为信息海洋，因此在利用 Internet 进行市场调查时，重点是如何利用有效工具和手段实施调查和收集整理资料，获取信息不再是难事，关键是如何在信息海洋中获取想要资料信息和分析出有用的信息。

2. 网上消费者行为分析

Internet 用户作为一个特殊群体，它有着与传统市场群体中截然不同的特性，因此要开展有效的网络营销活动必须深入了解网上用户群体的需求特征、购买动机和购买行为模式。Internet 作为信息沟通工具，正成为许多兴趣、爱好趋同的群体聚集交流的地方，并且形成一个特征鲜明的网上虚拟社区，了解这些虚拟社区的群体特征和偏好是网上消费者行为分析的关键。

3. 网络营销策略制定

不同企业在市场中处在不同地位，在采取网络营销实现企业营销目标时，必须采取与企业相适应的营销策略，因为网络营销虽然是非常有效的营销工具，但企业实施网络营销时是需要进行投入的和有风险的。同时企业在制定网络营销策略时，还应该考虑到产品周期对网络营销策略制定的影响。

4. 网上产品和服务策略

网络作为信息有效的沟通渠道，它可以成为一些无形产品如软件和远程服务的载体，改变了传统产品的营销策略特别是渠道的选择。作为网上产品和服务营销，必须结合网络特点重新考虑产品的设计、开发、包装和品牌的传统产品策略，如传统的优势品牌在网上市场并不一定是优势品牌。

5. 网上价格营销策略

网络作为信息交流和传播工具，从诞生开始实行的自由、平等和信息免费的策略，因此网上市场的价格策略大多采取免费或者低价策略。因此，制定网上价格营销策略时，必须考虑到 Internet 对企业定价影响和 Internet 本身独特的免费思想。

6. 网上渠道选择与直销

如果说 Internet 对企业营销影响最大是什么，那应该是对企业营销渠道影响最大。前面案例介绍的 Dell 公司借助 Internet 的直接特性建立的网上直销模式获得巨大成功，改变了传统渠道中的多层次的选择和管理与控制问题，最大限度降低渠道中的营销费用。但企业建设自己的网上直销渠道必须进行一定投入，同时还要改变传统的整个经营管理模式。

7．网上促销与网络广告

Internet 作为一种双向沟通渠道，最大优势是可以实现沟通双方突破时空限制直接进行交流，而且简单、高效和费用低廉。因此，在网上开展促销活动是最有效的沟通渠道，但网上促销活动开展必须遵循网上一些信息交流与沟通规则，特别是遵守一些虚拟社区的礼仪。网络广告作为最重要的促销工具，主要仰赖 Internet 的第四媒体的功能，目前网络广告作为新兴的产业得到迅猛发展。网络广告作为在第四类媒体发布的广告，具有传统的报纸杂志、无线广播和电视等传统媒体发布广告无法比拟的优势，即网络广告具有交互性和直接性。

8．网络营销管理与控制

网络营销作为在 Internet 上开展的营销活动，它必将面临许多传统营销活动无法碰到的新问题，如网络产品质量保证问题、消费者隐私保护问题，以及信息安全与保护问题，等等。这些问题都是网络营销必须重视和进行有效控制问题，否则网络营销效果或适得其反，甚至会产生很大的负面效应，这是由于网络信息传播速度非常快，而且网民对敏感问题反应比较强烈而且迅速。

14.1.3 网络营销系统

1．网络营销系统组成

企业开展网络营销是一个系统性工程，它需要企业调动人力、物力和财力进行系统的组织和开发。网络营销系统的组成主要包括有基于 Intranet（企业内联网）的企业管理信息系统、网络营销站点和企业经营管理组织人员。网络营销作为电子商务中重要的组成部分，网络营销系统的建设和开发一般要纳入电子商务系统的整体建设，把网络营销系统作为电子商务系统中的有机组成部分。下面主要从整体电子商务系统的架构中来讨论网络营销系统的组成。

（1）企业内部网络系统。计算机网络是通过一定的媒介如电线、光缆等媒介将单个计算机按照一定的拓扑结构连接起来的，在网络管理软件的统一协调管理下，实现资源共享的网络系统。

根据网络覆盖范围，一般可分为局域网（LAN）和广域网（WAN）。由于不同计算机硬件不一样，为方便联网和信息共享，于是将 Internet 的联网技术应用到 LAN 中组建企业内联网（Intranet），它组网方式与 Internet 一样，但使用范围局限在企业内部。为方便企业与业务紧密的合作伙伴进行信息资源共享，于是在 Internet 上通过防火墙（Fire Wall）来控制不相关的人员和非法人员进入企业网络系统，只有那些经过授权的成员才可以进入网络，一般将这种网称为企业外联网（Extranet）。如果企业的信息可以对外界进行公开，那企业可以直接连接到 Internet 上，实现信息资源最大限度的开放和共享。

企业在组建网络营销系统时，应该考虑企业的营销目标是谁，如何与这些客户通过网络进行联系。一般说来可以分为 3 个层次。

① 对于特别重要的战略合作伙伴关系，企业应允许他们进入企业的 Intranet 系统直接访问有关信息。

② 对于与企业业务相关的合作企业，企业应该与他们共同建设 Extranet 实现企业之间的信息共享。

③ 最后是对普通的大众市场，则可以直接连接到 Internet。由于 Internet 技术的开放、自由特性，因此在 Internet 上很容易受到攻击，企业在建设网络营销系统时必须考虑到营销目标需要，以

及如何保障企业网络营销系统安全。

（2）企业管理信息系统。一个功能完整的具有网络营销功能的电子商务系统，它的基础是企业内部信息化，即企业建设有内部管理信息系统。企业管理信息系统是一些相关部分的有机整体，在组织中发挥收集、处理、存储和传送信息，以及支持组织进行决策和控制。企业管理信息系统最基本系统软件是数据库管理系统 DBMS（Database Management System），它负责收集、整理和存储与企业经营相关的一切数据资料。

根据具有不同功能组织，可以将信息系统划分为销售、制造、财务、会计和人力资源信息系统等。如果要使网络营销信息系统能有效运转，营销部门的信息化是最基础的要求。一般为营销部门服务的营销管理信息系统主要功能包括：客户管理、订货管理、库存管理、往来账款管理、产品信息管理、销售人员管理，以及市场有关信息收集与处理。

根据组织内部不同组织层次，可划分为 4 种信息系统：操作层、知识层、管理层、策略层系统。

① 操作层管理系统支持日常管理人员对基本活动和交易进行跟踪和记录。

② 知识层系统用来支持知识和数据工作人员进行工作，帮助公司整理和提炼有用信息和知识，供上级进行管理和决策使用，解决的主要是结构化问题。

③ 管理层系统设计用来为中层经理的监督、控制、决策以及管理活动提供服务，主要解决半结构化问题。

④ 策略管理层，主要是根据外部环境和企业内部制订和规划长期发展方向。

（3）网络营销站点。网络营销站点是在企业 Intranet 上建设的具有网络营销功能的，能连接到 Internet 上的 WWW 站点。网络营销站点起着承上启下的作用，一方面它可以直接连接到 Internet，企业的顾客或者供应商可以直接通过网站了解企业信息，并直接通过网站与企业进行交易。另一方面，它将市场信息和企业内部管理信息系统连接在一起，它通过将市场需求信息传送到企业管理信息系统，让管理信息系统来根据市场变化组织经营管理活动；它还可以将企业有关经营管理信息在网站进行公布，与企业业务相关者和消费者可以直接了解企业经管情况。

（4）网络营销组织与管理人员。企业建设好网络营销系统后，企业的业务流程将根据市场需求变化进行重组。为适应业务流程变化，企业必须重新规划组织结构，重新设立岗位和培训有关业务人员。其中，有些机构和岗位需要削减，有些机构需要重新设立，如原来的客户服务部中电话接线员就可以大大减少，因为客户可以直接通过企业网络营销系统获得帮助。

2．网络营销系统功能

网络营销系统作为电子商务系统有机组成部分，它包括这样几大功能：信息发布与沟通、电子单据的传输、网上支付与结算、货物配送以及完善网上售后服务。

（1）信息发布和沟通。主要是实现信息发布和与顾客进行沟通功能。这也是大多数企业网络营销系统的初步形式，如网上产品目录与展示。由于信息是公开的，不涉及本质的交易，因此安全性和可靠性要求也不高。

（2）电子单据的传输。为保证交易的合法性，电子单据的传输一般要求保密、安全、可靠，而且可以作为法律凭证。该功能属于实现市场交易中的功能。

（3）网上支付与结算、货物配送。它属于市场交易完成阶段功能。企业一般都开设有银行账户，而且具有较好的信用，因此只要银行之间能实现网上清算，企业间电子商务活动的支付就非常容易，但这依赖网上银行的发展。货物配送是另外一个完成交易的关键，如何实时将货物送到指定的目的地，这是完成交易最后的环节。

（4）网上售后服务。由于产品使用过程中可能出现很多问题，如果不能解决好网上售后服务问题，就可能影响到电子商务活动的正常开展，因为客户可能转为寻求更可靠的传统方式。一般网上售后服务，主要提供技术资料、网上咨询等服务。

3. 网络营销系统开发方式

（1）购买通用商用系统。购买通用商用系统是实施的捷径。采用这种方式有以下优点：见效快、费用相对较低、系统质量较高、安全保密性较好、维护有保障。但是，商用系统也有其自身的局限性：第一，不能一步到位地满足企业管理的需求。企业在购买后，往往要针对自身的特点进行某些设定或是增补开发。第二，学习难度较大。第三，系统维护具有较强的依赖性。对于小型企业、事业单位以及业务比较规范而且特殊要求不多的大中型企业来说，通过购买商用系统的途径比较合适。

（2）自行开发。如果企业本身具有一定的技术能力，有一批开发会计信息系统所需要的复合型人才，往往希望自行开发系统。这种方式具有以下优点：针对性强，能够最好地满足单位管理的需要；便于维护，不需要依赖于他人；设计的系统易于使用。但采用这种方式也有其自身的缺陷：对单位的技术力量要求较高；系统的应变能力较弱。这种方式适合有比较稳定开发维护队伍的单位。

（3）委托开发。大多数单位不具备自行开发系统的能力，这时可以考虑委托外单位开发系统。这种方式的优点是：和自行开发系统一样，采用委托开发方式是针对本单位的业务特点和管理需求建立系统；可以弥补本单位技术力量不足的缺陷；由于是专用软件，比较容易为使用者接受。这种方式存在的缺陷是：开发费用较高；软件应变能力不强；维护费用高。这种方式比较适合本单位开发力量不足而又希望使用专用系统的单位。

（4）合作开发。与外单位合作开发系统，同时具备上述二、三两种方式的优点。这种方式也存在开发费用高、软件应变能力较弱等缺陷，但从成本与效益的角度考虑，不失为一种较好地开发方式，在实际工作中得到了普遍运用。

14.1.4 企业网络营销站点

1. 企业网络营销站点类型

一般来讲，企业建立自己的网站总有其目的，根据侧重面的不同，可将企业网站分为 5 种类型：信息型、广告型、信息订阅型、在线销售型和技术支持服务型。这 5 种典型模式中的不同类型的站点，每一个都具有其独有的特性，也存在一定的差异，正是这些特性将它们与其他的类型区分开来。此外，许多站点对这 5 种典型网络营销模式中的几个进行了组合，形成了综合型站点。下面简要说明各类网站的基本特点。

（1）信息型。信息型站点也称作传单站点或是公告牌站点。它的设计目的在于通过间接的途径获取经济效益，如相关产品的销售成本的降低。收益的根源在于通过网络建立起公众对其产品和服务的注意，从而增加现实当中的交易机会。与公路上的公告牌一样，这种站点的效果应当通过网民冲浪而过时的注目率以及他们受到的购买诱惑来衡量。

（2）广告型。网络电视、广播以及许多期刊型网站走的是广告模式的路子。所有的技术和信息内容编制所需的费用全都来源于广告收入。此时，消费者的注意力就成为网站价值的关键衡量标准。老练的广告商可以对一个网站进行评估并为其广告定价。

（3）信息订阅型。订购的费用可能按周、月或年来支付。最常使用的支付手段是信用卡，因为信用卡可以最方便地处理周期性电子商务。

（4）在线销售型。一个进行产品销售的网站实质上是一个电子版的产品目录。这些虚拟的店面通过精心编制的图片和文字来描述他们所提供的产品、进行促销活动、提供“网上购物车”系统以及在线交易系统。一旦产品被购买了，该网络企业就得安排产品销售的执行，包括运送和安装，等等。执行过程有时候是由网络企业来进行，有时候则是直接由生产商通过特定的配送机制来完成。

（5）售后服务型。互联网作为一种有效沟通渠道，许多企业都利用互联网提供技术支持服务与售后服务。特别对于一些 IT 类企业，经常需要对许多产品进行技术上说明，提供一些免费升级软件，利用互联网他们可以让客户自己在网站上寻求技术支持和售后服务，只有那些技术难度较大和专业知识要求较高的时候，才通过传统渠道进行解决。

2. 企业网络营销站点功能

一个结构完善的、设计合理的网络营销站点可以方便客户通过企业营销站点获取信息、订购产品和寻求售后服务。在规划企业网络营销站点结构时，除应具备一般站点应具有的站点结构位图（MAP）、站点导航、联系方式等基本功能外，还应该结合企业的网络营销目标进行综合设计。

（1）企业信息发布。这部分属于站点的最基础内容，它主要包括企业新闻、企业经营活动、重大事件信息发布，以及企业的概况和企业产品信息等。如金山网站中的栏目：产品介绍、公司简介、文摘报道、新闻、搜索等栏目。

（2）信息交流沟通。互联网最大的特点是可以进行双向沟通，一个友好的人性化网站一般都要提供顾客直接与企业进行沟通的渠道。如金山网站中的栏目：新闻组、论坛、注册和反馈，这些都是金山公司的用户或者业务伙伴与金山公司进行交流和沟通的有效渠道，同时他们也是金山公司软件用户之间交流的虚拟社区。

（3）网上销售。利用互联网进行网上销售既可以减少交易费用，又可以直接与消费者进行沟通，有利于完善软件和产品功能。提供网上销售功能时，还要考虑提供功能类型，如果只是有订货功能实现起来比较简单，如果是具有网上交易功能的，则网站还要提供网上支付功能。

（4）售后服务。售后服务是企业网站上经常提供的功能，设计时可以根据企业实际情况有选择性提供网上售后服务。如金山公司的网站提供了很强的网上售后服务，如这两个栏目：技术支持和授权培训，提供了消费者需要的有关技术资料信息和操作培训信息。

（5）个性化服务。为方便和吸引更多网民访问公司网站，更好为企业的顾客服务，还可以建设一些子站点为顾客提供更差异化的满足顾客个性化需求的网站。如金山公司专门针对公司的产品如文字处理软件、游戏软件、词霸等设有专门网站，同时为拓展新的业务，金山公司还建立了提供计算机咨询的金山卓越网站。

上述结构设置主要是针对生产类型企业，对于商贸型、服务型的其他类型企业的网络营销，网站结构还需要根据实际情况进行调整。

3. 企业网络营销站点规划

（1）企业网络营销站点规划步骤。企业建设网络营销系统是一项系统性工程，它涉及企业管理各个层面，包括企业高层的战略决策方面、中层的业务管理和低层的业务执行。进行企业网络营销站点建设，要考虑的是结合企业业务管理和执行将他们整合在一起。

首先，需要考虑的问题是企业打算利用网站进行那些活动，也就是考虑企业网站目标。常见的网站目标有：为用户提供了良好的用户服务渠道；试图销售更多的产品和提供更多的服务；向有兴趣的来访者展示一些信息。

其次，在确定站点的目标后，在规划的初始阶段，就应该尝试划定你的访问者范围，分析时要考虑访问者的情况包括：预期网站的主要目标受众在哪些地区，哪些人口结构；访问地区接入互联网的带宽有多大，能否快速访问到网站内容；谁会使用你的网络页面。

再次，确定网站提供信息和服务。在考虑站点的目标和服务对象后，根据访问者的需求规划站点的结构和设计信息内容，规划设计时应考虑：按照访问者习惯规划站点的结构；结合企业经营目标和访问者兴趣规划网站信息内容和服务；整合企业的形象规划设计站点主页风格。

最后，在分析站点的战略影响和规划好站点的经营目标和服务对象后，就要规划如何组织建设网站了。规划建设网站时，应该考虑这样 4 方面问题：是否要建立自己的网站或网页空间，还是采取其他方式（如委托建设）；为网上营销方案预计投入多少资金；如何组织人员和有关部门参与网站建设；如何维护管理企业网络营销网站。

（2）企业网络营销站点内容规划。企业网络营销站点建设的目的有着很大不同，并非所有的企业都是直接靠网络营销站点去赢利，绝大多数传统行业企业只是把网络营销站点当作一种宣传、广告、公关和销售补充工具而已。但也有一部分企业依靠建立网络营销站点，发展特殊网络营销赢利业务。

合理安排网络营销站点的内容对企业至关重要，精心规划、及时更新的网络营销站点能让访问者忠诚地不断回访，提高站点知名度，使企业网站在整个营销体系中真正发挥作用。

（3）成本效益分析。企业网络营销站点的建设是一项长期发展计划，但如果投入成本过大而收益太小，势必影响它的持续发展，因此合理核算域名成本和收益，以保成本收益为准来支持结构合理的营销计划，避免提前过多浪费投入。站点的成本包括使用平台（主机服务器、网上服务器、连接硬件设备和支撑系统软件）和服务内容（创意及日常设计、应用软件设计、日常管理、内容版权等）。另外，应当加强对企业实施网络营销后带来的效益进行核算，以确定企业下一步发展目标，不至于因投资不够延误站点带来的商机；由于企业上网动机和目的不一样，很难制定出标准的测算方法，但企业可以根据上网前后对企业营销成本核算进行比较。

如果投资建立了一个十分吸引人的站点，但不对它进行及时更新，站点很快就被遗忘失去功效。因此，在核算站点的成本费用时，还要加入对网站进行维护的费用预算。

14.2 汽车电子商务

网络营销作为 Internet 起步最早的成功的商业应用，网络营销得到蓬勃和革命性的发展。随着网络营销发展的深入，它不再仅仅是营销部门的市场经营活动方面的业务，它还需要其他相关业务部门如采购部门、生产部门、财务部门、人力资源部门、质量监督管理部门和产品开发与设计部门等的配合。因此，局限在营销部门在 Internet 上的商业应用已经不能适应 Internet 对企业整个经营管理模式和业务流程管理控制方面的挑战。电子商务是从企业全局角度出发，根据市场需求来对企业业务进行系统规范的重新设计和构造，以适应网络知识经济时代的数字化管理和数字化经营需要。

电子商务以不受地域时间限制、成本低、效率高、快速、方便等优势，受到越来越多企业和用户的欢迎，在世界范围内保持着快速、持续发展的态势。联合国国际贸易法委员会于 1996 年 12 月制定了《电子商务示范法》，这预示电子商务将成为 21 世纪的主要贸易方式，未来的工业采购将普遍参与跨国界的网上竞争。美国 2004 年电子商务销售额增长 26%，达到了 1170 亿美元。目前，电子商务应用已经从零售、运输、外贸等个别领域扩展到各类企业和各个行业，显示出强大的生命力。

14.2.1 电子商务的层次与分类

不同公司和不同的组织对电子商务有不同的定义，但基本内容是一致的。比较权威的定义是经济合作与发展组织 OECD 给出的定义：电子商务是关于利用电子化手段从事的商业活动，它基于电子处理和信息技术，如文本、声音和图像等数据传输。主要是遵循 TCP/IP 协议，通信传输标准，遵循 Web 信息交换标准，提供安全保密技术。如果给出一个更简单系统的定义，电子商务是指系统化地利用电子工具，高效率、低成本地从事以商品交换为中心的各种活动全过程。网络营销作为促成商品交换的市场交易实现的企业经营管理手段，它显然是企业电子商务活动中最基本的重要的 Internet 上商业活动。

1. 层次

根据国际数据公司 IDC 的系统研究分析指出，电子商务的应用可以分为如下几个层次和类型。

（1）第一个层次是面向市场的以市场交易为中心的活动，它包括促成交易实现的各种商务活动如网上展示、网上公关、网上洽谈等活动，其中网络营销是其中最重要的网上商务活动；同时还包括实现交易的电子贸易活动，它主要是利用 EDI、Internet 实现交易前的信息沟通、交易中的网上支付和交易后的售后服务等都在网上实现；两者的交融部分就是网上商贸，它将网上商务活动和电子商贸活动融在一起，因此有时将网上商务活动和电子贸易统称为电子商贸活动。

（2）电子商务活动第二个层次是指如何利用 Internet 来重组企业内部经营管理活动，与企业开展的电子商贸活动保持协调一致。最典型的是供应链管理，它从市场需求出发利用网络将企业的销、产、供、研等活动串在一起，实现企业网络化数字化管理，最大限度适应网络时代市场需求的变化。

2. 分类

从不同商务群体角度可以将电子商务分成以下几类。

（1）企业对消费者的电子商务。企业对消费者的电子商务（Business to Consumer）简称 B to C 电子商务，是指企业与消费者之间进行的电子商务活动。随着互联网的普及，这类电子商务通过互联网积极展开在线销售。凡是传统市场面向消费者的商品和服务，都先后扩展到企业设立的网站上，借助互联网的虚拟商店模式面对全体网民，进行销售和服务。由于企业与消费者之间的交易不需要规范的单据传输等复杂的过程，因而这类电子商务发展迅速，成为带动整个电子商务发展的主要力量。

（2）企业对企业的电子商务。企业对企业的电子商务（Business to Business）简称 B to B 电子商务，是指各企业之间进行的电子商务活动。工商企业利用计算机网络对其供应商进行采购，对其客户供货，并利用计算机网络实施付款、结账、合同订立、商品调拨等运作。面对市场的激烈竞争，发展电子商务可以降低成本，提高对市场变化作出反应的敏捷程度，可以更好地优化企业间的资源配置，从而建立竞争的优势。无论大、中、小企业都十分重视，希望通过信息化手段来促进企业的发展，故而这类电子商务的发展具有强大的驱动力。

（3）企业对行政机关的电子商务。企业对行政机关的电子商务（Business to Administrations）简称 B to A 电子商务。通过互联网上政府机构设立的网站，政府可利用网站竞价招标进行采购活动；进行收税和退税工作；发放进出口许可证或展开统计工作。通过互联网，企业可以参与政府采购的投标活动，实施各类商品的销售交易，完成税收交纳、电子报告、许可证申请、统计数据等商务、业务工作。这类电子商务既有保密性又有透明度，提高了行政机关与企业之间的相互服务质量。

其他类别还有 C to A、C to C 等电子商务模式。

14.2.2 电子商务的功能

在信息时代电子商务显示出了强大的功能和明显的效益，正因为如此，电子商务倍受各行各业重视，成为促进汽车工业发展和汽车消费的又一热点，各汽车企业应高度重视电子商务对本企业发展的推动作用。

1．在企业采购中的功能

在组织市场上，企业采购工作是一个复杂的多阶段过程。企业采购属于 B to B 电子商务模式，许多大中企业已经在专用网络上使用了电子数据交换来自动完成例行采购。全球范围利用 EDI 进行的商务活动已超过 3000 亿美元。据统计，利用 EDI 的企业一般节省采购费用 5%~10%。利用互联网可以进一步降低采购费用，许多中小企业可以从其低廉的传输费用中得益。

2．在企业减少库存上的功能

企业与供应商之间传统的供应链运作效率很低，表现在每次供货量很大，每批供货间隔时间很长，其结果是企业的库存量很大，供应商对企业的商品需求不能作出快速的反应。日本汽车企业创立了及时供货（JIT）系统，将企业年库存周转次数由 4—5 次提高到近 20 次。

生产计划是按销售情况来不断调整的，企业产品的库存过大会造成大量资金积压、过小会产生脱销而影响销售量，在传统的生产与营销模式中库存量在年销量的 10%～20%之间，管理水平很高的汽车企业已可以控制在 10%以下，即使如此，资金困难还总是困扰着大部分企业。

美国汽车制造商通过专用网络及电子数据交换系统与供应商之间沟通供货信息。供应商总是掌握整车厂今后两个月的生产计划以及近几天内的详细供应需求，这样供应商可以从容地安排本企业的供货和生产，同时及时向整车厂供货，使整车厂的年库存周转次数由近 20 次增到 130 次左右，从而节省了大量运营费用。

3．在企业缩短生产周期方面的功能

市场竞争要求企业迅速地推出符合潮流的新产品来满足消费者的需求，这对汽车业界而言是极大的挑战。按传统的方式开发产品，周期约为 5～6 年，日本企业采用并行工程研发方式将研发、生产和营销人员组织在一起进行工作，周期缩短到 3～4 年，这样企业从采用先进技术的新颖性到款式的时尚性都占有先机，具有很大的竞争力量。

4．在企业更好地为客户服务方面的功能

许多企业利用互联网进行客户服务，在网上介绍产品、提供诸多有关产品的信息资料，进行交互式的咨询服务，在互联网上接收订单，并按协议或方便客户的方式进行付款和送货。销售服务部门建立客户管理系统，通过电话、Web 站点、传真、E-mail 等触发手段与客户进行交流，提供技术支持和售后服务。

企业在利用互联网进行客户服务中，可以充分地展示企业的产品，可以和更多的潜在顾客交流信息，可以迅速地反馈客户对产品消费中的意见，能更好地使客户满意，节省大量的营销和服务费用。

5．在企业降低产品价格方面的功能

在传统的销售方式中企业要销售更多的产品必须增加销售人员，故而大型企业必然拥有一支庞大的销售队伍。如果通过互联网 Web 站点进行销售，新客户的增加仅仅受到服务器容量的限制，其他附加费用甚低。

由于销售上升，企业通过信息网络系统及时进行采购和物资调配，缩短了生产周期，保证了向市场供货。电子商务的运作模式使企业在生产、营销服务上节省了可观的资金，降低了生产成本和营销成本，最终在产品价格竞争方面具有更大的空间。

6．在企业寻求新的销售机会方面的功能

由于互联网在全球已进入普及阶段，各企业利用 Web 站点可以进入一个新的市场。Web 商务的特点是具有多媒体功能和交互能力，其页面能够显示各种彩色并附有音响的动画图像，可以很有效地宣传、介绍企业的产品，允许来访者输入数据进行信息交流。

企业通过 Web 站点与销售商接触，树立品牌形象，与客户进行交流，实现信息管理和分发，提供顾客服务、技术支持和网上销售。以计算机制造商戴尔（Dell）公司为例，在其 Web 站点上采购产品的客户，有 80%的消费者和一半的小公司过去从未购买过该公司的产品，有 1/4 的客户宣称，若无此 Web 站点，他们不会购买 Dell 产品。由于 Web 站点上的虚拟商店每周营业 7 天，每天营业 24 小时，因而可以比传统商店获得更多的商机。

对于汽车行业而言，中、小型的汽车零部件制造厂家通过电子商务可以获得许多新的销售机会。

7．在消费者购买商品中的功能

传统的消费者购买行为是进商店，货比三家，然后才是付款提货。

网上购货开辟了一个不同的模式，网上浏览虚拟商场可以取得精炼而有价值的信息，可以不受地域、时间限制迅速地了解数十家商场的商品情况，包括款式、功能及价格等。通过交互信息可以定制、砍价，可以参与产品的设计开发，可以选择多种付款方式，可以选择送货上门或在附近提货，可以得到咨询等各项服务。

8．对社会的功能

电子商务的发展将进一步促进市场的繁荣，使经济实现全球化。

信息产业是形成知识经济时代的核心，电子商务的发展将直接或间接地推动知识经济走向新的高点。在电子商务的发展过程中会出现许多新的行业和服务中介机构，例如物流公司和配送中心，它们将起到重要的中介作用。

电子商务为政府行政管理带来了新的模式，在安全管理、税收管理、法律保证、知识产权保护、隐私保护等方面提出了挑战。电子商务将创造出更安全、更合理、更方便的社会服务体系，从而推动经济的发展，使得人民生活得更便利以及消费得更满意。

14.2.3 汽车企业应用电子商务的优劣分析

1．优势分析

（1）汽车工业在国民经济中的地位有利于电子商务的应用。随着汽车工业自身的发展，汽车工业在世界各国的经济发展中所处的地位越来越突出，逐渐成为各主要汽车生产国的支柱产业。正是由于它在各国经济中的地位，决定了汽车企业一般都具有相当的规模和实力，是资本和技术密集型企业，这就为汽车行业应用电子商务提供了经济和技术基础。

（2）汽车工业行业特点适合电子商务的应用。汽车的零部件较多，也就决定了它的供应商较多，产业链较长，是一个大规模的协同产业，它需要有整车厂商、各级供应商、经销商的协同作业，需要广地域的全球采购。要实现广地域的全球采购只有利用信息技术连接供应链上的各个企业、各项业务，形成订单流程，缩短订单处理的时间，使销售、制造与供应商集成一体化，实现快速反应，及时采购、生产和装配，只有这样才能提高效率、降低成本、增强竞争能力。据福特公司统计，通过网络采购，每笔交易的费用只有 15 美元，而传统方式采购的交易费用是 150 美元。

（3）汽车工业产品特点适合电子商务的应用。汽车工业的许多零部件都是规范化的产品，有严格的技术标准，是标准件，即只要关心它们的规格，而不必担心它们的质量。这就使电子商务的风险减少了很多。

2．劣势分析

（1）消费者的消费观念和能力不利于电子商务的应用。在我国这样的发展中国家，消费者的消费观念还比较传统，消费能力还有限。对于消费者而言，汽车还是高档商品，消费者会花上千元去尝试网上购物，但他们不可能仅凭感性认识就做出购车决定，他们只可能通过网络这个窗口，了解汽车行情、市场变化情况及时尚车型、款式及价格，等等，最后还必须亲自到现场看车、验车、试车、讨价还价、办理相应购车手续。

（2）网络交易的安全问题制约电子商务的发展。在我国目前商业信誉还较低的情况下，网络交易的安全无法得到切实保障。另外，还有网上交易的支付等问题，虽然支付系统在不断完善，银行卡、在线支付等已经在中国银行、招商银行等实现，但从技术和方便易用性上讲，它还存在许多弊端和漏洞，有待进一步完善。

由此，我国汽车电子商务的发展应兴利除弊，先致力发展 B to B 模式，只有在汽车企业自身产品技术逐渐成熟，网络技术与交易手段逐渐完善了，才可能真正实现基于价值链的电子商务模式。

14.2.4　汽车企业电子商务策略

1．零部件企业发展电子商务的策略

信息技术的广泛应用和电子商务的发展可以为汽车企业拓展销售渠道、提高服务效率、降低采购营销成本、减少库存、优化库存结构，是汽车企业增强实力、融入经济全球化格局的必由之路。电子商务的应用将为我国汽车工业提供创新的机遇和无限的空间。因此，汽车企业可以采用电子商务来解决我国汽车供应链中的问题，从而最终促进我国汽车工业的进一步发展。

（1）建设网络基础设施。汽车零部件企业可利用电子商务网站来介绍自己的产品和服务，并在企业网站上发布企业的基本信息。还可以利用电子商务的交互性在自己的网站上建立诸如常见问题解答、聊天室等栏目，从而可方便汽车零部件企业与用户之间的相互交流，提升企业的服务质量。另外，还应积极地将自己的网站链接到其他门户网站或者著名的搜索引擎上，以提高访问量，这样可以最大限度地挖掘潜在用户。最终，汽车零部件企业可利用互联网的无时空限制使自己有更多的机会加入到世界汽车行业的全球采购网络中。

（2）建立企业核心业务管理（ERP）。汽车零部件企业应围绕着市场需求建立一个高效运作的后台——ERP 系统。通过 ERP 系统，可以将所有的部门和功能整合到一个应用软件系统中。通过共享的数据库，各部门之间可以很容易地共享信息，互相沟通。当从网上接到订单后，系统可以根据工厂产能和备料情况作好生产排程，并可立即告诉客户交货的时间和数量。利用 ERP 系统，汽车零部件企业可以保证及时供应高质量的零部件产品以及相应的服务，最终可以提升整个企业的运转效率，从而使得零部件企业与整车制造企业能够同步生产。

（3）建立客户关系管理（CRM）。目前许多企业已经开始注意到必须以客户为中心开发产品和提供服务，才能获得更大的竞争优势。要想更好地为客户服务从而提升自己的竞争力就必须引入 CRM。通过 CRM，汽车零部件企业可以方便地寻找到新的客户，并为现有的老客户搞好服务，从而提升企业的价值。汽车零部件企业要想作好 CRM，应该按照以下流程运作。

① 搜集资料。利用高科技手段与多种渠道搜集客户资料，并将它们整合成为单一的客户数据库。

② 分类与建立模式。借助分析工具与程序将搜集到的客户资料分成不同类型，并描述出每一类客户的行为模式。

③ 进行活动测试，执行与整合。通过客户服务中心或呼叫中心及时地反映出活动效果，这样会有助于企业实时调整进一步的营销活动。

④ 实行绩效分析与考核。CRM 可通过各种市场活动、销售与客户资料建立起一套标准化的考核模式，零部件企业可利用此考核模式考核服务与市场营销活动的实施成效，并及时发现实施过程中出现错误的原因。

2．整车制造企业发展电子商务的策略

汽车整车制造企业可利用电子商务的交互性与无时空限制来进行新产品的开发，利用互联网将广大的消费者引入产品的构思中来，从而改变我国汽车过分模仿国外产品而不具备自主知识产权的现状。整车制造企业利用电子商务进行网上新产品开发主要可从以下几个步骤展开。

（1）产品的构思。汽车整车制造企业可利用 Microsoft 的 ASP 技术再加上 SQL Sever 数据库在自己的网站上建立"新产品构思"的交互性栏目。"新产品构思"包括登录客户的姓名、电话、地址、新产品构思细节以及新产品构思效果图等内容。当用户将自己的构思内容填入网页表单中的相应空白处后，可单击页面中的提交按钮便可将用户所填写内容通过互联网传递到企业的后台"新产品构思"数据库中。

（2）构思的筛选及概念的形成。企业内部的专家们可从"新产品构思"数据库中查看到不同用户所提交的产品构思信息。通过分析，筛选出符合本企业发展目标和长远利益、并与企业资源相协调的产品构思。企业在筛选出构思的基础上对于产品的功能、形态、结构等进行详细的描述，使之在顾客心目中形成一种潜在的产品形象，即产品概念。

（3）新产品研制。汽车整车制造企业在新产品的研制过程中，可通过互联网与相应的汽车经销商和零部件供应商进行双向的沟通交流，通过相互合作可以最大限度地提高新产品开发的速度。

3．售后市场发展电子商务的策略

随着我国汽车工业的蓬勃发展，汽车售后市场容量已经超过了整车销售的市场容量，汽车售后市场的服务水平的高低将直接影响到整个汽车销售市场的发展。因此，汽车售后连锁经营机构应重视电子商务的应用，具体做法应体现在以下几个方面。

（1）连锁组织业务运营和信息交换。实施连锁组织内部的业务信息平台，通过广域的企业内部网和相应的信息系统为汽车售后连锁体系成员之间提供低成本、高效率、安全的业务往来，保障连锁体系低成本地跨地域扩张。

（2）组织内部管理。在汽车售后连锁系统内的各组成部分中实行信息管理系统，从而起到强化内部管理、规范经营管理模式等作用。

（3）网上客户服务。可以利用互联网平台让客户从网上订购汽车用品、配件等，然后依托整个连锁体系开展对客户的直接销售和配送，并利用互联网延伸客户服务。

（4）网上采购。通过电子商务手段，及时收集市场、用户对产品的需求并进行分析汇总，做出采购决策，并在此基础上与汽配厂商、汽车用品厂商等供应商之间通过电子商务手段交付订单，处理订货信息。通过电子商务手段进行采购，能够大大缩短采购周期，降低采购价格。

【案例 14.1】

2010 年汽车业十大经典网络营销事件

2010 年的汽车网络营销有两大主题，"消费行为"和"整合战略"，2010 年互联网也在各大汽车厂商的营销以及传播视野中占据了不小的篇幅。

事件一　　　　史上最牛团购——奔驰 smart

看点：汽车界团购最佳案例

2010 年 9 月初，淘宝网上演了一出疯狂的大价值商品团购，其销售目标就是奔驰 smart。250 辆车在不到 4 个小时的时间里被抢购一空，这个应该是目前为止最快的汽车网络团购记录。

该活动结束后，一项"你会选择在网上买汽车吗？"的网络调查结果显示，国内网友对网上买车虽仍持谨慎的态度，但有 54.6%的网友认为"如果条件成熟，愿意在网上购买汽车"。

效果：虽然网络售车瓶颈很多，如果从营销的角度，这个网络事件最重要的意义并非是"250 辆车"的销售数字这么简单，它是一次全新的尝试和运用，并且带来了成功。消费者对 smart 的关注度提升，使 smart 在线下的询问量也明显增长。也许更从观念上对汽车消费进行了更改：汽车不过就是一个交通工具，够用就行。

事件二　　新型潮流概念——东风雪铁龙“车上芭蕾”

看点：不那么平凡的车友聚会

8 辆新款东风雪铁龙世嘉在公共场合编队停放，突然有穿着不同颜色丝袜的性感美腿从打开的天窗内伸出来，模仿水上芭蕾的动作舞姿，将世嘉车顶当作水平面，倒立上演曼妙撩人的“车上芭蕾”，“快闪”这种流行文化关键词，也迅速“闪”进脑海。

当然，这一切还是为烘托东风雪铁龙世嘉 2011 款上市，首次全系标配天窗，为打响改款知名度、强调天窗特征而来！

从传播的角度讲，“车上芭蕾”最大的特点是“有趣”而“新颖”，能够带动网民的话题讨论及转载；从设计的角度来讲，“车上芭蕾”最大的特点是“日常”，贴近网民的日常活动，因此才具备共鸣与传播的可能性，形成了真正的关联记忆。

效果：此事件经过网民的疯狂转载后，仅优酷 10 天内就引起近 90 万次播放量、过万次“顶/赞”，而且事件引起电视媒体广泛关注，包括台湾在内的各大电视台都给予了不同程度的曝光，百度搜索词条结果 325 万个。

事件三　　精彩约会——北京现代 Mr.Right 与 ix35

看点：互动上市

任何一款新车上市都面临着如何向目标消费群体有效推广的问题，北京现代新车 ix35 同样如此。常规的通过媒体简单曝光的做法很难奏效，必须想方设法让消费者参与由品牌发起的相关活动，让消费者深入了解上市新车的相关信息。

ix35 以 Mr.Right 与 ix35 精彩约会为题，围绕 Mr.Right、约会等关键词，打造网友与 ix35 相关的唯美图片静影像故事。网友通过上传故事脚本、抢车标、每日打卡、邀请好友、投票等挣得活动积分，再通过活动首页轮盘赌的形式抽取奖品。ix35 的产品特性隐性植入在活动中，品牌元素灵活穿插在图片故事中，从而促进网友对 ix35 产品的认知和对品牌内涵的了解。

效果：线上征集作品数量达 14 万份之多，活动注册人数达 10 万人，作品数量为注册总量的 1.4 倍，活动专题曝光达 560 万次。

事件四　　汽车视频营销大片——雪佛兰科鲁兹挥洒“11 度青春”

看点：视频营销新模式

雪佛兰科鲁兹携手中影集团与优酷网，组织了 10 位中国当代年轻的新锐导演，共同创作主题《我奋斗、我表现——11 度青春》的网络电影系列，整合优酷网视频平台和中影集团院线的优势资源进行全方位传播。借助科鲁兹奋斗精神在整个“11 度青春”活动中的不断体现，提升其产品在网络受众中的美誉度，建立起科鲁兹与年轻一代消费群体在情感上的共鸣。

效果：“11 度青春”事件影响广泛，成为国内外媒体关注的焦点，国内上百家主流媒体，海外媒体如 Hollywood Reporter、Ad Age、IDG、PC World 等纷纷进行影片及活动的相关追踪报道。

活动和影片所引起的关于城市生存话题、都市婚恋观等现象大讨论，已经形成媒体专题焦点见诸报端。《11 度青春》两部种子视频播放数量目前突破 600 万次。

事件五　　借势年度事件——奇瑞“携手瑞麒，为梅西加油！”

看点：借力打力

2010 年最火热的运动事件莫过于世界杯，因此各大厂商纷纷盯准了这个不吵自热的话题。奇瑞瞄准了热门话题球员梅西，在梅西的名义下，成立瑞麒梅西俱乐部，邀请球迷参与一些系列活动。

归纳起来，奇瑞综合运用了病毒传播、博客推广、精确营销、视频推广等手段，成功在南非世界杯期间赚了一把喝彩。

效果：约有 197429 人访问活动官方网站；约有 21627 人访问某门户博客专栏，阅读植入性评论文章，并有 1172 人留言评论；约有 200863 人通过邮件、软文、视频等了解梅西代言活动；本次网络事件互动传播覆盖人群为 419919 人。

事件六　　我的车标你做主——广汽乘用车品牌名称、车标征集

看点：概念炒作

广汽乘用车借势亚运会，以“亚运会专用车”的概念向大众征集品牌名称和车标创意。充分发挥互联网的互动特性，创造了一件全民参与、全民投票的网络营销事件，并通过网友的自发传播，形成了极佳的口碑传播。

本次事件选在产品尚未上市前抢动营销宣传，推广策划的最大亮点在于，通过网络展开全程的参与、互动，体现“民族品牌全民创造”，提升消费者对产品的认同感。

效果：前后持续 2 个多月，近 6 亿次的曝光，覆盖 3000 多万用户，3 万多人次参与，结合企业高层专访及新闻稿的刊发，迅速、有效地提升了品牌影响力。

事件七　　生日盛典——宝马 MINI　50 周年速学院及全国巡演

看点：生日为名，文化侵略

2010 年是 MINI 50 岁的生日，今年 MINI 在中国拥有了大批的车主和 fans，特在中国以速学院招生的形式，召集全国各地车主拼车阵，比创意，同时在各地做 MINI 历史巡演活动，历时 3 个多月，将 MINI 文化再次在中国传播扩大。

在速学院的趣味的注册及授课方式中，集纳了 MINI 品牌、产品及营销的相关信息。通过一名网友的注册及考试就能实现一次信息的全面传输。

效果：每日曝光数约 2000 万次，专题流量接近 50 万。注册人数近 5 万人，完成课程考试注册人数近 7000 人。

事件八　　环游世界——东风风神征服五大洲品质之旅

看点：全球化

自驾车环游世界早有先例，但国产汽车品牌却是第一次。

2010 年 4 月初，由俞晓峰等自驾游爱好者自发组织的五大洲自驾游活动，得到东风乘用车公司的关注和支持后，该活动更名为“东风风神征服五大洲品质之旅”。东风乘用车公司提供东风风神 S30 三厢车、H30 两厢车各一台作为车队用车。

车队于 2010 年 5 月 15 日由上海出发，途经古丝绸之路，由霍尔果斯出境跨越亚洲、欧洲、非洲、大洋洲、南北美洲五大洲。此次活动将历时 6 个多月，绕地球一周，经历各种复杂的地形和气候，全面展现东风风神 S30、东风风神 H30 的卓越性能。

宣传方面有互联网、传统公关、广播宣传等方式支持：在全国和目标市场投放一定的活动广告，扩大活动影响、媒体合作、终端互动等多个方向发力。

效果：活动专题浏览量约为 1000 万人次，官网获得注册有效客户信息 7 万多人。网络报道 3 千余篇，海外媒体报道覆盖美国媒体 269 家、法国媒体 9 家、德国媒体 31 家。

事件九　　汽车抢购也疯狂——东风日产 1200 万人的疯抢

看点：最强销售

从“骊威连连看”到“骊威连连抢”，献礼于 2010 年 3 月 25 日新骊威家族的上市发布会，东风日产用“秒杀”抓住了目标人群的心。骊威的目标人群集中在 25—35 岁，是重度网民，时下流行的“秒杀”操作简单，立竿见影，满足了目标人群的上网心理。

效果：共有 473 万用户抢拍骊威劲悦；420 万用户抢拍骊威劲锐；401 万用户抢拍骊威劲逸！

上线仅一周时间（3 月 18 日～3 月 25 日）就创下腾讯单个活动访问量最高记录：2587 万活动网站流量（PV），1294 万用户参与。

事件十　　Fabia 晶锐“嘿！顶一个”

看点：手机游戏

Fabia 晶锐自从上市阶段的“相信生活”主题推广以来，没有举办其他的大型互动沟通活动，7 月 8 日，上海大众斯柯达正式推出 Fabia 晶锐 2010 年度车型，与此同时，开展线上活动，发布与“顶”有关的话题进行参与，以网民之声助力晶锐之势。

效果：酷创新城 Campaign site 活动一个月吸引了 24 万用户注册参与。

汽车由于其高端消费品的特点，购买前的信息收集成为购买决策最有效的影响力之一，而互联网正是提供网友所需信息最便利、最充实的平台。因此，互联网对汽车厂商的市场营销行为产生直接且重要的作用。

基于消费者购买行为和心理变化，我国市场的汽车厂商开始了针对性的深入研究，适时调整自己的营销战略，祭出“整合网络营销传播”的利器——各种网络活动、网络广告、网络宣传迅猛增长，厂家一切的动作，其最终的核心目标均是“销售”。

车市火热的局面能否继续，面对车市的起伏，汽车厂家的下一步动作值得期待。

分析与思考

1．什么是网络营销？网络营销的特征如何？

2．网络营销系统的功能是什么？由哪几个部分组成？

3．电子商务的功能有哪些？如何分类？

4．分析汽车企业应用电子商务的优势和劣势。

课程实践

1．目标

了解汽车企业开展网络营销和电子商务的基本方法和策略。

2．内容

登录各大汽车公司或汽车专业网站，对其页面各项功能进行体验，完成信息查询、比较决策、产品定制等购车手续，分析其特点。

3．要点及注意事项

上网前应明确目的，上网时间不宜过长。遵守网络社交礼仪，注意网络安全。

反侵权盗版声明

举报电话：（010）88254396；（010）88258888

传　　真：（010）88254397

E-mail：　dbqq@phei.com.cn

通信地址：北京市万寿路 173 信箱

　　　　　电子工业出版社总编办公室

邮　　编：100036